公共管理

（增訂二版）

林淑馨　著

巨流圖書公司印行

國家圖書館出版品預行編目（CIP）資料

公共管理 / 林淑馨著 . -- 二版 . -- 高雄市：巨流，
2017. 11
　　面；　公分

　　ISBN 978-957-732-558-7（平裝）

　　1. 公共行政　2. 行政管理

572.9　　　　　　　　　　　　　　106020127

公 共 管 理
（增訂二版）

著　　　者　林淑馨
責 任 編 輯　邱仕弘
封 面 設 計　黃齡儀

發 行 人　楊曉華
總 編 輯　蔡國彬

出　　　版　巨流圖書股份有限公司
　　　　　　80252 高雄市苓雅區五福一路 57 號 2 樓之 2
　　　　　　電話：07-2265267
　　　　　　傳眞：07-2264697
　　　　　　e-mail: chuliu@liwen.com.tw
　　　　　　網址：http://www.liwen.com.tw

編 輯 部　10045 臺北市中正區重慶南路一段 57 號 10 樓之 12
　　　　　　電話：02-29222396
　　　　　　傳眞：02-29220464
劃 撥 帳 號　01002323 巨流圖書股份有限公司

法 律 顧 問　林廷隆律師
　　　　　　電話：02-29658212

出版登記證　局版台業字第 1045 號

ISBN 978-957-732-558-7（平裝）
二版一刷・2017 年 11 月
二版六刷・2023 年 2 月

定價：650 元

再版自序

　　時間過得快，一轉眼這本書竟然也出版了快五年，到了再版的時候了。記得當時懷著忐忑的心情完成此書，即使已經交稿，仍擔心自己資料整理不足，內容有所疏失，而影響學生和考生的學習意願，增加閱讀負擔。然而，本書出版以來，漸漸成爲各大學的指定用書，個人也陸續接到讀者和學生的反應，甚至還有學生感謝我「寫了一本容易閱讀的好書」。猶記得聽到這句話的當下，感動的想哭，因爲我知道這本書還有許多尚待努力的空間，同時也體會到身爲一名作者所負責任之重大。

　　公共管理的內容相當多元，如何有條理的整理出每個單元的內容，以傳達給讀者，則考驗著作者的智慧與能力。記得以前教公共管理時，常聽學生抱怨內容很雜，很難理解。當時就常思考如何才能將這麼龐大繁複的資料以簡潔有趣的方式呈現，以降低學生在閱讀時所產生的抗拒與排斥，而這本書就是作者夢想的體現。然而初版時，因有些「貪心」，面對許多資料都不忍割捨，所以部分章節有些冗長，甚至概念有所重複。四年多來，藉由上課的教學與對學生所進行的問卷調查，慢慢發現本書不足之處，而逐一進行修正與補強，希望讓這本書能更加淺顯易懂，便於閱讀。

　　本書共由二十章所構成，前四章闡述公共管理與新公共服務等理論，以及政府再造、企業型政府的發展背景與內容，期望賦予讀者有較清晰的公共管理基礎概念。後十六章則分別透過管理工具，如標竿學習、績效管理、目標管理、策略管理、公私協力等概念和方法的介紹，探討這些管理工具在公部門的運用情形與可能面臨的限制，並適時搭配本土個案，希望

讀者們可以理解這些管理工具在我國公部門的實際運用情況。不同於初版，新增二版中除了大幅增修部分章節，如電子化政府、跨域治理等外，同時將原本占兩章篇幅的政府再造濃縮成一章，並增加了全新章節——「公部門人力資源管理」。另外在每章前面新增「學習重點」，提醒讀者在研讀各章節時所需掌握的要點，至於在每章最後，則新增研究所和高普考等國家考試的歷屆試題，以提供讀者們在閱讀完每章後的自我檢視與參考。

　　不同於初版，所有資料與內容皆是從零出發，再版則是基於前面的內容而做修正補充。原以為這件工作不難，殊不知在不辜負讀者期望之下，修訂和補充的內容越來越多，有許多章節在修正之後幾乎是滿江紅。唯一欣慰的是，將修正後的文稿請學生試讀並比較，再版的內容皆受到一致的肯定，這也證明努力與堅持是有所回饋的。本書的再版，應感謝巨流出版社主編沈志翰先生的熱心協助，也因台北大學提供了良好的研究環境，系上的同事與助教，以及公共行政領域的先進們平時對我的關心與提攜，都是讓我能持續研究與寫作的動力。在本書修正的過程中，特別要感謝台北市立大學社會暨公共事務學系黃煥榮教授所提供的多項寶貴意見，才能彌補個人在思考與寫作上所容易出現的盲點。另外，因為有宛育、宗穎、維倫與哲瑋等多位研究助理在資料蒐集整理和文稿校對上的協助，才能使本書更加完整，並如期出版，真得非常感謝。在國內，公共管理的研究已相當豐富多元，疏漏不周在所難免，敬請給予批評指正。個人希望修正後的版本能有助於國內公共管理的研究與教學，若能引起共鳴，自是萬分感激。

　　最後，感謝家人長期的鼓勵與支持，如果不是你們對我的工作與研究給予充分的體諒與尊重，讓我能無後顧之憂完全投入學術研究，這本書是無法如此快速完成的。先生毫無怨言忍受近二十年台日分離兩地的生活，

默默的在背後守護、支持著我，才能讓我有充份的時間與空間專心研究，
享受研究與教學所帶來的成就感與滿足感。因此，在本書再版之際，還是
想將這份喜悅與他和家人共享。

林淑馨
於國立台北大學
公共事務學院 326 研究室
2017.7.10

目 錄 CONTENTS

1

公共管理的發展概論

學習重點

▶公共管理興起背景和理論基礎為何？

▶區辨公共管理的研究途徑之差異為何？

▶釐清新公共管理的主要論點為何？

▶明瞭新公共管理的哲學基礎為何？

▶闡述新公共管理的優點與限制為何？

前　言

　　傳統行政理論之本質乃是奠基於大有為政府的觀念之上，並以韋伯（Max Weber）所提出之官僚體制作為公共組織設計的原理。然而，在 1960 年代末期到 1970 年代，激進的反國家主義之思維大為盛行，民眾對於政府無所不在的管制作為日漸感到不耐，取而代之的是，小而美的政府觀念逐漸受到重視，使得公共行政的論述朝向嶄新的內容發展（吳定等，2007：277）。

　　基於此，在跨越 21 世紀的前夕，公共行政學術領域最重要的大事毋寧是「公共管理」（Public Management）的崛起。公共管理肇始於美國 1970 年代，而在 1990 年代大放異彩，其著重目標達成、績效獲致，而非死守程序；強調顧客導向、解除管制（deregulation）、授能（empower）；行政機關只須領航，無須操槳（steer, not row），應盡量利用市場式的競爭（market-like competition），以獲致績效等觀念，在在顛覆傳統公共行政的中心思想，改變了公共行政學術理論與實務的原本面貌，成為世界各國行政管理學、政兩界矚目的焦點。正如同 Hughes 所形容的，這是傳統公共行政「改變的年代」（era of change），此種改變不僅是管理技術與管理公式的改變，也涉及政府在社會中的角色以及政府與民眾之間關係的改變（吳瓊恩等，2005：3）。

　　受到公共管理相關理論的影響，自 1980 年代開始，世界各國掀起了一股政府再造的風潮。公共管理企圖顛覆，或者轉化舊有公共行政的本質——僵硬、層級節制的官僚體制，取而代之的是形塑一個彈性的、市場導向的公共部門，而這樣的理念正好被視為解決過去政府組織積弊的一帖良方，不但政府層面，就連民間社會皆對這股再造風潮的預期效應寄予厚望（林鍾沂，2001：160；吳瓊恩等，2005：3）。然而，公共管理的興起是否真的意味傳統公共行政已經過時？或代表典範的移轉已經從行政移轉到管理、從官僚移轉到市場？公共管理的意涵、內容與理論基礎究竟為何？為何能引領風潮這麼多年，廣受各國政府部門的支持，進而促使各國政府部門進行內在的變革？其在公部門的實際應用情形與成效為何？是否會產生困境與限制等？這些都是本書所欲探究的議題。

　　針對上述的問題意識，在本書的各章中將一一予以探討，而在第一章中擬先對公共管理的發展歷程和理論基礎進行簡單的概述。基於此，本章首先整理公共管理的興起背景及研究途徑；其次就公共管理的意涵、特性與內涵要素加以敘述；接著對公共管理與企業管理進行比較；最後則將新公共管理單獨成一小節，針對新公共管理的發展背景、主要論點、哲學基礎及優缺點進行探討。

第一節　公共管理的緣起

一、公共管理興起背景

　　關於公共管理理論研究的起源，各家說法歧異。基本上可溯至 Wilson 於 1887 年所發表的〈行政的研究〉（the Study of Administration）一文，Wilson 倡議以「師法企業的公共行政」（businesslike public administration）方法來轉換政府的職能。不過，此一「企業管理」的概念在當時只是曇花一現，並未受到各界所重視（吳瓊恩等，2005：5）。其後，美國由於越戰、大社會方案等推行不順，導致政府背負龐大的赤字預算，而其他西方先進國家也面臨相同的財政危機，公共組織也因規模龐大導致運作失靈。

　　面對此一困局，許多人開始思考「大規模政府」存在的必要性；主張「小政府」的新右派理論逐漸在英國柴契爾政府和美國雷根政府的推波助瀾下被奉為圭臬。另一方面，各國政府為解決此一困局，也試圖將顧客至上、彈性、競爭、績效等企業管理之元素注入政府部門，以解決政府所面臨的困境，此即公共管理的起源（孫本初，1999：4；吳瓊恩等，2005：8）。

　　關於公共管理興起的背景有很多，許多學者採用不同的觀點加以分析。Minogue 指出推動公共管理的理念，係因為受到財務、服務品質及意識型態等三大壓力之下而興起的；另一位學者 Kettl 則認為公共管理的興起，應從政治、社會、經濟與制度四個角度來分析。而我國學者丘昌泰（2010：50-66）則指出：公共管理發展的背景大致可分別從內生因素及外生因素來觀察。內生因素包括新右派意識型態出現以及來自新古典經濟理論的批判；而外生因素則是指面對全球化的挑戰以及資訊化社會的衝擊，迫使傳統的政府管理思維必須轉型以為因應。此外，孫本初（2009：

30-31）則認為，公共管理出現的原因，可分別從理論面及實務面觀之。

在理論層面上，公共管理是一種跟隨對公共行政舊典範進行挑戰的「後官僚典範」而來，企圖跳脫傳統官僚典範陷入於層級節制的嚴密控制、狹隘的效率觀、空泛的行政執行程序（依法辦事）和抽象的公共利益等問題；另外，在實務面上則是受到 1980 年代新公共管理浪潮及各國行政改革運動的影響，而導致公共管理的產生。

綜上所述得知，公共管理的出現是肇因於理論界與實務界均普遍感受到傳統建構在韋伯式系絡下的公共行政已經出現「合法性危機」，因為在其偏狹的理性主義之下，已明顯地發生理論無法指引行動，以及難以忠實地實現人民的需求等現象。公部門不僅背負著龐大的財政壓力，也必須面對人民的不滿與抨擊，再加上時逢意識型態與經濟理論的變遷，導致傳統公共行政理論在二次大戰後、後工業社會來臨之際的時代環境下欲振乏力，於是開始有學者從管理面向著手研究，試圖改變傳統公共行政層級節制、嚴密控制的思維，以挽回人民信心。

二、公共管理的研究途徑

公共管理的研究途徑，Bozeman 的分類被視為是當前主流的看法：一為「P 途徑」（the P-approach）；一為「B 途徑」（the B-approach）。前者是從公共政策下沿而來（down from public policy）；後者則是從企業管理提昇而上（up from business），茲分述如下（余致力，2000：23-24；吳瓊恩等，2005：16-19；孫本初，2009：35-36；丘昌泰，2010：31-32）：

（一）公共政策取向途徑（public policy-oriented），簡稱 P 途徑

支持此途徑者認為，公共管理應與公共政策相結合，故稱為「政策管理」。強調以問題取向而非量化取向，研究焦點定位在高層政策管理者職

位上，關心公共政策的成果，以及每個政策領域中政治因素對於政策的影響。在公共政策學派下的公共管理，根據 Kettl 的看法，有以下特徵：

1. 對傳統式的公共行政及政策執行研究予以拒絕

因為政策學派中的公共管理學者大都來自政治學或公共行政學等領域外的學術背景，故均強調以自我原有的學科專長來研究公共管理，並將公共行政或政策執行的研究成果予以排除。

2. 偏向於前瞻性、規範性的理論研究

政策執行的研究焦點主要在克服執行時所遭遇之問題的解決，而公共管理的研究則著重於方案結果的形成，並將政治性主管人員視為是政府績效的關鍵人物。

3. 著眼於高層管理者所制訂之策略的研究

認為高層級官員的主要工作即在研擬策略，以利屬員朝其所訂之目標來提供服務。

4. 透過個案研究來發展所需之知識

即從實務運作及管理者的親身經歷中萃取出最佳的管理原則。

（二）企業管理取向途徑（business-oriented），簡稱 B 途徑

一般而言，企業管理學派取向下的公共管理與傳統公共行政較為接近，且倡導的學者亦大都是受過企業管理或一般管理課程教育。因此，「B 途徑」與「P 途徑」之間對於公共管理的見解有顯著之差異存在。Bozeman（1993）認為其主要的特徵如下：

1. 較偏好企業原則的運用。
2. 對公私部門間的差異不做嚴格的區分，並以經驗性的理論發展作為公私組織差異的解釋基礎。
3. 對策略管理及組織間管理逐漸予以重視外，並強調組織設計、人事、預算等方面過程取向的研究，並非如同政策途徑僅強調對政策

及政治的研究。

4. 以量化的實驗設計爲主要的研究方法，個案研究僅是教學上的一項補充教材而已。

（三）P 途徑與 B 途徑之比較

若比較 P 途徑與 B 途徑可以發現，其中有些特質相近，但也有歧異之處，茲分析說明如下（余致力，2000：24-25；吳瓊恩等，2005：19-20；丘昌泰，2010：33-34）：

1. 相同點

（1）關切的焦點已經超過行政機關內部的行政問題，而特別注重組織間的外在環境焦點。

（2）尊重管理過程中政治因素所扮演之角色。

（3）強調規範性取向，關切如何改進管理效能。

（4）對於經驗性學習的欣賞，特別是反映在個案研究的教學上。

（5）兩者都強調要在「科學」與「藝術」之間尋求平衡。

2. 相異點

（1）與公共行政的關係

P 途徑的公共管理學者一心一意想撇清與傳統公共行政的關係；而 B 途徑的公共管理學者與公共行政學者，特別是認同「公共行政即管理學」的學者，彼此之間有較密切的關係與相似的理念。

（2）公私部門有別與否

P 途徑的公共管理學者認爲公私部門本質有別；B 途徑的公共管理學者不認爲公私部門管理有何太大差異，在此前提下，B 途徑偏好、認同並接受企業管理概念與工具，並將之運用於公部門之上。

（3）研究方法之差異

P 途徑的公共管理學者幾乎完全仰賴「個案研究」爲獲取知識的方

法：B 途徑的公共管理者則兼採「個案研究」與「量化研究」作為教學研究的方法。

（4）研究對象之差異

　　P 途徑的公共管理學者以高階管理者，特別是政治性任命人員為主要研究對象；B 途徑的公共管理者以具備文官資格的公共管理者為對象。

（5）理論或實務取向

　　P 途徑的公共管理學者擅長於實務個案的編纂與羅列；B 途徑的公共管理學者較重視學術的研究與理論之建構，擅長從不同的學術領域中汲取有用的方法、技術與理論。

第二節　公共管理的基本概念

一、公共管理的意涵

　　公共管理是一門新興的學科與學派，旨在幫助公共管理者（即負責督導人員從事公務之政府官員），獲致解決公共問題、滿足民眾需求及處理公眾事務所需的知識、技能與策略，以造就一個績效卓越，也就是負責任、有反應、講效率、重公平的政府（余致力，2000：38）。

　　公共管理的意涵，就狹義而言，係指公部門的管理（public sector management）；但廣義來看，則包含公共事務的管理，從政治面向到行政面向，從公部門、私部門到第三部門的事務皆包含在內。一般學界的通說是指涉公共事務的管理，意即政府部門（具有公權力）及非營利組織（如慈善機構、學校、社團法人等）的管理。然由於公共管理是一門多元、複雜的學科，不同的學者可能以不同的概念來定義公共管理，如學者丘昌泰

（2010：15-16）認為，公共管理有下列三項意涵，分別是：（1）一種新興專業或管理實務。多數國家認為，公共管理只是一種專業或管理實務，而無須將其視為是一種「主義」來信仰，否則會教條化，欠缺彈性；（2）一種新修正的公共行政。意指公共管理不同於傳統公共行政關注的重點在於民主與行政之間的關係，而是偏重機關內部結構的安排、人員激勵及資源分配等管理面向；（3）為新公共管理的同義詞。意指兩者皆強調師法企業的管理實務與技術，企圖將官僚權威式的作風轉換成有效率、回應性及顧客導向的新典範。

另一位學者孫本初（2009：33-34）則綜合多位學者的見解，提出公共管理是繼承科學管理的傳統，為一種應用性的社會科學，反映出科際整合的取向，且其雖自公共政策與企業管理知識領域中獲取部分知識，但卻未自限於政策執行的技術性質，以及企業管理追求營利的狹隘目標。公共管理的重點在於將公共行政視為一種專業，並將公共經理人視為專業的執行者，不僅重視組織內部運作程序的有效性，同時也重視組織與外部環境的關係。

二、公共管理的特性

公共管理發展至今，已累積相當多的文獻與政府實務經驗，而其特質為何？各家說法分歧互異。Bozeman 在 1993 年所主編出版的論文集中，認為整合後的公共管理，不僅專注於組織內的經營管理，更重視組織外部的問題。特別是外部政治因素對公共管理的衝擊與影響，以及如何與其他組織間協力合作以貫徹政策方案，解決公共問題等（吳瓊恩等，2005：12）。而 Kettl（1993：57-59）則從公共政策的角度理解公共管理，認為公共管理的特質在於：擺脫傳統公共行政與政策執行之研究途徑，其研究領域比傳統的公共行政更具前瞻及規範性，而且以最高管理者的策略設計為

焦點，偏好以個案研究與個人經驗發展管理知識，並認為公共管理與政策分析是一體，並非分立的。而國內學者丘昌泰（2010：16-22）則從「管理主義」、「公共行政」、「政策管理」及「新公共管理」四個面向出發，歸納出公共管理的幾個共同特質如下：

（一）將私部門的管理手段運用於公部門之上，並未改變公部門的主體性

公共管理者並不否認形成公部門特性的公共利益、公共道德、公共責任、公共服務等價值的重要性。公共管理在維持公共性格的實質基礎下，主張應該謙虛的學習與吸收私部門管理策略與方法等手段，以實踐公部門所揭示的效率（efficiency）、效果（effect）、公平（equity）及卓越（excellence）的「四 E」目標。

（二）選擇性地運用市場機制手段，並非將公共服務完全的市場化

公共管理由於受到公共選擇學派的影響，主張引進市場機制，將公共服務民營化，以加強競爭、降低預算與權力的極大化，故稱之為「市場取向的公共行政」（market-oriented public administration）。不過市場取向的公共管理是指選擇性地運用市場機制的手段與方法，並非實質上將政府予以「市場化」，在將公共服務交給市場之前，通常都會經過審慎的可行性研究，如英國續階計畫（Next Steps）中，係將可能民營化的業務進行市場測試，可以交給市場經營的項目大都是例行性的、作業性的、非管制性的公共服務。

（三）主張吸收公共行政與政策執行的內涵並予以修正

不同於公共行政強調管理過程與規則，公共管理較重視目標的設定與

成果的衡量。另一方面，若從研究焦點來看，公共管理也不同於政策執行是重視執行組織的結構與過程研究，而是強調公共計畫的成果與績效。因此，公共管理學者認為，公共行政的管理程序與原則值得吸收，而政策執行因強調以公共計畫為單元的概念亦應重視，故公共管理吸收且修正了兩者的論點。

（四）重視外部環境的關係，強調最高管理者的策略設計為焦點

公共管理兼顧內部與外部的環境關係，特別是重視外部環境，故主張採取策略性的觀點進行資源的管理，包括：如何認定顧客的需求、如何研擬因應的計畫與如何進行資源的配置。但傳統的公共行政僅重視組織內部的環境因素，強調以標準作業程序與官僚控制完成組織目標。

此外，傳統的公共行政將官僚體系視為分析單元，主要分析官僚人員的行政管理程序與原理[1]；但是公共管理者的分析單元為官僚部門中最高管理者的策略，其所面對的問題是：如何為本身的計畫或官僚結構設計適宜的管理策略。

（五）公共管理不完全等於政府管理，是與私部門、非營利部門、公民社會或個人進行「公私合夥」的合作模式

公共管理中所謂的管理者不一定是政府部門，私部門、非營利部門等都是公共管理者的一環，且都扮演積極角色，故公共管理非常強調「公私合夥」（public-private-partnership）的合作關係。

（六）公共管理與政策分析有密切關係，不可分離

政策分析主要是關切政府做什麼（what）的課題，公共管理則關切如何做（how）的問題，兩者密切相關，互為因果。

1　如探討的主題是：行政人員應解決哪些問題？解決程序為何？如何能達到效率目標等。

三、公共管理的內涵要素

公共管理的內涵要素與傳統公共行政相較,已發生相當的改變。簡言之,公共管理係雖衍生自公共行政,但有其獨特的性質。公共管理對政府機關內部運作關注的程度,遠勝過其對政府相關部門互動關係的程度,而且公共管理所關切的研究課題是公經理人如何運用科學管理技術,諸如規劃、組織、控制及評估等方法,以達成經濟與效率之雙重目標,並且提昇政府的服務品質(吳瓊恩等,2005:15)。

就公共管理的實質內涵而言,傳統上以 Gulick 與 Urwick 的「POSDCORB」(計畫、組織、用人、指揮、協調、報告、預算)代表行政管理上的七項主要功能,已轉化為 Garson 與 Overman 等兩位學者所謂之「PAFHRIER」,甚至延伸至 Graham 和 Heys 所言之「PAMPECO」,反映了公共管理的新內涵與新功能。茲說明如下(余致力,2000:31;吳瓊恩等,2005:15-16;孫本初,2009:39-40):

(一)Garson 與 Overman 的「PAFHRIER」

Garson 與 Overman 在 1983 年《美國公共管理研究》一書中,提出公共管理的發展已從 Gulick 與 Urwick 的「POSDCORB」轉化成「PAFHRIER」,所代表之意涵如下:

PA:政策分析(Policy Analysis)

F:財務管理(Financial Management)

HR:人力資源管理(Human Resource Management)

I:資訊管理(Information Management)

ER:對外關係(External Relations)

（二）Graham 與 Heys 的「PAMPECO」

1993 年 Graham 與 Heys 於《管理公共組織》一書中，將「PAFHRIER」結合行政運作過程之需求，進一步整合爲「PAMPECO」，其內容分別如下：

P：規劃（Planning）

A：分配（Allocation）

M：市場（Market）

P：生產力（Productivity）

E：熱忱（Enthusiasm）

Co：協調（Coordination）

如觀察上述公共管理內涵要素的演變得知，從 Gulick 與 Urwick 的「POSDCORB」到 Garson 與 Overman 的「PAFHRIER」，意味著公共管理嘗試跳脫出傳統公共行政所強調的官僚式組織的控制管理模式，如預算、用人等，而著眼於引進私部門的管理概念，如財務分析、人力資源管理、資訊管理，甚至是重視對外關係的經營，以協助公共管理順利執行內部活動並瞭解外在環境。這對傳統公共行政而言，無疑是在觀念上的一大突破。至於 90 年代以後 Graham 與 Heys 的「PAMPECO」，更是將市場、生產力與熱誠等概念導入行政運作過程，爲公共管理的內涵注入新的活力元素。

四、公共管理的「公共性」

公共管理的公共性（publicness）可以說是核心特質，失去「公共」二字，公共管理即與企業管理無異。學者認爲公共管理一旦失去對於公共

的堅持，則很容易發生學科的認同危機。因此，公共管理的「公共性」是強調遵守憲法規範，以公共利益爲中心，且不能完全根據市場供需定律來進行，並須服從政治主權，故有必要理解並解析公共性的概念，茲分別說明如下（Rosenbloom & Kravchuk, 2002: 6，轉引自丘昌泰，2010：25-26）：

（一）恪遵憲法規範

公共行政的行動準則是代表國家最高法律位階的憲法，公共行政的組織設計與運作功能都必須在憲法架構下進行；依憲法規定而頒布的法律與行政命令，公共行政亦必須信守遵從。基此，對於公共行政而言，其與企業管理最不一樣之處爲其必須完全受制於憲法的規範。

（二）公共利益中心

相對於企業所強調的股東、董事長、管理階層與員工的私人利益，公共管理者所欲實現的是公共利益，一旦公共管理者無法展現以公共利益爲中心的行政行爲，則必然被認爲是以私益爲導向而備受抨擊。基此，公共管理必須回應公民的利益，否則民主政治無以爲繼。

（三）部分市場制約

私人企業必須以市場爲導向，亦須在市場競爭中依據市場遊戲規則求生存與發展。但是公共管理並不需要直接面對一個完全自由、競爭性的市場，政府對於某些業務項目收費標準的訂定，往往不能完全依據市場供需定律來決定，而是根據政府預算的編製、審議與執行的既定程序進行。

（四）服從政治主權

主權是一個國家最終的政治權力。在民主國家中，人民掌握主權，但

必須找到一個代表性的政府，以實現主權的意志，公共管理者就成為公眾信任的來源。公共管理接受政府與人民的託付，制定與執行公共政策，以有效、公平的配置資源，使社會民眾得以團結一起，完成國家發展目標。因此，公共管理是確保主權得以實現的執行者，這是一般私人企業所無法擁有的權力。

第三節　公共管理與企業管理之比較

有關公私部門管理異同之爭議，長年以來，一直是公共行政與企業管理學者專家所關心的課題。有部分學者認為，管理就是管理，無所謂公私部門之差異。無論是在政府機關或私人企業從事管理工作者，都需要類似的管理知識、技能、概念與工具，來幫助他們發揮相同的管理功能（如規劃、決策、組織、領導、溝通、控制等），俾將組織的資源（如人力、財力、物力與資訊）加以妥適地配置運用，以期有效地生產財貨與提供服務，達成組織的目標（余致力，2000：3）。

但另有部分學者專家並不認同「公私管理無異」的理念，認為公共管理與企業管理在本質上有許多差異，可分別從下列幾個面向來分析（Denhardt, 1991: 16-18；丘昌泰，2010：22-23；徐仁輝，2000：62-67）：

一、底線

公共管理者很少有一清楚的底線，亦即沒有損益考量的限制；民間企業的經理人則必須時時刻刻以利潤、市場績效或企業存活作為任何經營決策上的考量底線。

二、時間水平

　　主張公私管理差異者認為，公共部門管理人面對政治的需求與政治時效性，經常是只有相對較短的時間可做政策制定與改變；相對而言，私部門經理人顯然有較長的時間去做市場開發、技術創新、投資與組織重建等。

三、人事任免

　　在政府機關無論考試、任用、升遷、考績、解雇、退休等皆有詳細的法令規章與一定的作業程序，公部門管理者很難從效率的角度，善用人力資源。反之，私部門經理人對於人事的任用、調任與免職皆有很大的權限，可對人力資源進行較佳的利用。

四、分權與負責

　　主張公私管理差異者認為，公部門基於憲法均權與制衡的設計，公部門組織的權力與責任是分散的，結果是任何一個公共政策的推動，公共管理者皆需不斷地與其他機關進行溝通協調。相形之下，私人企業則較無須花時間資源去做外部的談判。

五、決策過程

　　主張公私管理差異者認為，私部門經理人在經過專注的研究過後做決定性的決策；相對的，公部門管理者則是不斷地在做、重新修正或不做決定，而且是處於草率的分散狀況下。公部門管理者可能面對較多急迫性危

機問題，暴露在來自各方利益的干擾，因此其決策經常是無法像私部門經理人一樣，可以在有計畫的時程表下進行。

六、公開性與封閉性

主張公私管理差異者認為，政府管理必須攤在公共的目光監督下，因此較公開；相對的，私部門企業管理皆是內部進行，不需經過大眾的審視，因此較封閉。

第四節 新公共管理

自 1980 年代以來，全球盛行起管理的風潮，而這波以「新右派管理主義」為基礎的行政改革運動，是以「市場機制」及「效率」為其核心理念，被稱之為「新公共管理」（New Public Management，簡稱 NPM）。廣義而言，公共管理與新公共管理雖為同義詞，但仍有些微差異：公共管理興起於美國，雖強調將企業管理手段運用於公部門，但其實並未改變公部門的主體性，且公共管理僅是選擇性的運用市場機制，並非實質上將政府予以市場化（marketized）；而新公共管理則起源於英國，並盛行在紐西蘭、加拿大、澳洲等地，由效率觀點出發，重視企業家管理精神的植入，並主張政府機關應盡量將公共服務交由市場來處理，才能確實達成小而美的政府改造目標（丘昌泰，2010：18、86；吳英明、張其祿，2006：119）。簡言之，公共管理與新公共管理主要在於「興起國家」及「公共性程度」的不同，形成兩者之間的差異。基於此，為使讀者更清楚公共管理與新公共管理之不同，在本章中乃以獨立的一節來介紹新公共管理的概念與相關理論。

一、新公共管理的發展背景

　　一般認為，新公共管理思維的興起，乃是肇因於兩股力量的影響：一為反國家主義（anti-statism）思潮的衝擊，使得以經濟學之市場理論為基礎的公共選擇理論，其小而美的政府觀被納入了公共管理的論述當中；其次則是 90 年代美國柯林頓總統主政後，授權副總統高爾所進行的行政改革，試圖屏除官僚體制的僵化，為公共組織帶來活力以提昇政府績效，一般稱之為政府再造（reinventing government）運動（吳定等，2007：277）。而這股自 1980 年代以來即盛行於各國的政府再造風潮，使得各國政府的行政管理文化產生「轉移」（transformation）的現象——從公共行政轉變為公共管理（孫本初，2010：17）。學者 Hughes 亦指出，自 1980 年代之後，一項新的公部門管理模式已出現在大部分先進國家中，而這個模式被賦予不同的稱號，包括：管理主義（managerialism）、新右派（the new right）、新治理（new governance）、市場導向的公共行政（market-based public administration）、後官僚典範（post-bureaucratic paradigm）或企業型政府（entrepreneurial government）等，名詞雖異，然所探究的實質內涵卻大致相同，可統稱為「新公共管理」（new public management）（吳定等，2009：52；林鍾沂、林文斌譯，2003：63；孫本初，2010：17）。

　　然而，為何世界各國於 1980 年代以降，風起雲湧地加入政府再造的行列之中？此乃因為 1970 年代隨著石油危機而導致全球性的經濟不景氣，面對停滯的發展、持續的通貨膨脹、能源成本的提高、生產力的降低、失業率的節節升高，加上政府財政收入的減少以及社會福利成本的持續擴張，使得凱因斯經濟理論顯得無力處理，而引發了福利國家的種種危機。若細加探討，這種危機可分為：（1）經濟危機：因石油危機導致的世界經濟不景氣；（2）財政危機：福利國家因經濟蕭條導致稅收減少，不足以支應持續增長的公共支出；（3）官僚危機：福利國家為分配龐大的福

利，勢必建立起龐大的官僚體制來執行，而其所關心是預算經費的擴張，將造成不正確的公共財觀念、過度供給及官僚政治的竊盜行爲等後果；（4）合法性危機：當一個國家出現了經濟危機、財政負荷過重，以及人民的需求又不斷增加，若政府無法有效的因應，不但不能表現施政的效能感，也喪失民衆的信賴感，如此的政府體制勢必喪失其合法正當性。上述這些危機亦爲新公共管理產生的背景系絡（林鍾沂，2001：166-168）。

簡言之，1980年代以來，市場取向的論述促使政府的觀念從大有爲轉向小而美，再加上各界對傳統行政理論所採行之政治控制行政的模式有所質疑，也不滿傳統官僚體制的組織設計不符合民主的要求且缺乏效率（吳定等，2007：277-280），因此英、美、紐、澳等先進民主國家先後出現強大的民意壓力，要求行政革新，提昇政府績效與加強公共服務品質，而新公共管理之改革運動隨即成爲一股世界潮流席捲全球。

二、新公共管理的主要論點

大抵言之，新公共管理係以市場取向的公共選擇理論爲基礎，發展出一套有別於傳統行政理論的論述內涵，並希望對行政實務進行改造。吳定等人（2007：281）從三項核心觀念來分析新公共管理的內涵：首先是顧客導向。新公共管理以市場取向爲起點，強調將人民視爲消費者，標榜以顧客導向作爲政府行動的方針；其次是公共組織內部市場化。新公共管理的支持者相信，市場的運作較官僚體制更爲有效率，因此行政改革的正確道路應該是將市場的競爭概念注入公共組織當中，論者謂之「組織內部市場化」，其實務上的作爲即Savas所謂的「將政府民營化」（to private government）；第三是企業型政府。新公共管理的倡議者目睹了許多成功企業的經驗，皆認爲政府的成敗與民選首長、政務官以及行政人員是否具有企業家精神息息相關，此一概念意謂大膽創新、追求變革、前瞻視野，

以及接受挑戰應成爲公共經理人（public managers）的特質，論者將具有此種企業家精神的政府稱爲「企業型政府」（entrepreneurial government）。

申言之，新公共管理主要是引進市場機制、推動企業型政府；即指公共行政必須追求有效率、彈性與回應性的制度，其核心概念是競爭、授能、績效、顧客優先而非官僚體制的命令。根據新公共管理研究頗負盛名的英國學者 Hood 所言，新公共管理造成公部門內在的變革，而此一變革是由下列幾項特質所構成，茲說明如下（Hood, 1991: 4-5；林鍾沂、林文斌譯，2003：74-75）：

（一）在公部門中實踐專業管理

意謂放手讓專業管理者進行管理，由組織中高層管理者享有主動、明顯的裁量權，此即所謂權責相稱的落實。

（二）明確的績效標準與測量

即明確地界定目標並設定其所需的績效，包括了任務成敗所需之課責的明確陳述，以及達成目標所需的效率指標。

（三）強調產出控制

新公共管理的精神強調政策產出或結果的控制更甚於過程。

（四）公部門各單位的解組

將公部門內的組織結構依據產品或服務特性化分爲若干管理單位，然後根據每一單位實施統合化的管理方式，以收管理效果。

（五）促使公部門中更具競爭性

強調市場的競爭，並以簽約外包的策略進行市場測試，提供公共服

務，期以競爭的精神，提高卓越的服務品質與降低成本。

（六）重視私部門管理實務的風格

將公部門軍事化的公務倫理予以革除，在人事甄補和獎酬方面更為彈性，以及運用私部門已經證實有效的管理工具。

（七）更加重視紀律與資源運用的節制

包括撙節開支、強化人員的紀律、抗拒工會的要求、降低受制於企業所需付出的代價等。

簡言之，在新公共管理看來，科層官僚組織所提供的服務總是品質低劣，同時亦無法符合消費者的需求或期望。基於新右派「私人就是好的；公共就是壞的」哲學，指出國家官僚組織應依比例地減少，若無法如此，私部門的管理技術就該引進（楊日青、李培元等譯，1999：565）。

三、新公共管理的哲學基礎

從 1970 年代以後，主張自由市場、個人責任與個人主義的新右派崛起，加上主張市場機制極大化、政府角色極小化的新古典經濟理論興起，促成了新公共管理的產生。而新右派的思想主要源自於自由經濟思想與公共選擇學派，其哲學基礎包含下列三個理論（丘昌泰，2010：57-61；陳立剛、王輝煌、陳朝建，2012）：

（一）交易成本理論（transaction cost theory）

交易成本理論係由 Williamson（1986）所提出，認為經濟與組織制度形成的最基本原因，乃進行經濟交易或契約過程中，由於不確定性

（uncertainties）與人類的有限理性（bounded rationality），導致可能遭遇到的各種成本，包括搜尋成本[2]、協商成本、締約成本、監督成本與違規成本等。若要降低交易成本，則必須仰賴「制度」來降低議價過程中的風險，因此制度正是降低交易成本的不二法門。

此外，市場中的買賣雙方具有下列特質，使得交易成本的概念十分重要（Williamson, 1975: 40）：

1. **不確定性**：無法控制與預測市場中許多不確定的因素與力量。
2. **少數人的談判**：僅有少數決策者和簽約者，所以無法完全瞭解契約上之規定。
3. **限制理性**：因受到資訊限制，無法完全瞭解契約規定。
4. **機會主義**：每個人都是自利的，以追求個人利益優於公司利益。
5. **反向選擇**：因資訊的差異性，造成買方被迫進行較差的選擇。
6. **道德淪喪**：因買方或雇主無法控制賣方、代理人或部屬，因此賣方或代理人將盡量擴大自己的利益，以致喪失從事簽訂契約的道德標準，只能以契約加以規範。

因此，對於公部門而言，為了減少交易所構成的行政成本，須盡量將公共事務簽約外包給民間部門，並提供適當的競爭，以降低交易成本。

（二）代理人理論（principal-agent theory）

代理人理論通常也稱「委託人—代理人理論」，是建立在兩個基本概念之上，一是社會「分工」（division of labor），另一是「契約」（contract）關係。就組織而言，上層的決策者委託下層的執行者執行組織功能，決

---

2 在現實社會中，資訊一般是不完全的，而完全的資訊則不是免費的，獲得資訊需要成本，因此「資訊的不完整」與「搜尋資訊成本」是互為因果的關係。不論是交易或協商中的哪一方，為了能使自己的利益最大化，均希望獲得充分的資訊，因而耗費許多時間、人力、物力與金錢，便成為交易行為中的成本（范世平，2009）。

策者與執行者形成一種「分工」關係，也形成一種「委託代理關係」。理性的經營者（即代理人）常試圖獲取自己最大利益（薪資、獎金、福利等），結果可能使當事人利益受損（盈餘減少或風險增加）。在有限理性的制度環境下，這樣的契約通常是一種「不完全契約」，代理人也會利用不完全契約所留下的「不確定性」，進行機會主義（opportunism，或投機主義）性行動，而成為代理人的「道德危險」（廖坤榮，2005）。

若將代理人理論應用在公部門，其課責問題顯然比起私部門更複雜。由於公共機構的委託人是選民，而選民的利益是分散的，實難以有效控制代理人，無法保證代理人能實現本身的願望。因此，主張代理人理論的學者認為，在政府與企業的關係上，政府可以將某些業務以契約外包的方式委託給民間來負責，政府依雙方簽訂之契約控制民間企業的經營品質，藉以縮減政府組織規模與確保其服務品質。

（三）公共選擇理論（public choice theory）

公共選擇理論是指經濟學者利用經濟學的基本假設與分析邏輯來研究政治活動，該理論假定人都是自利動機，以追求個人利益為最高原則，因此官僚體系中的文官和政客的作為均在追求個人利益，且基於這些自利動機的運作下，官僚體系在預算與政府組織規模上必然呈現極大化的現象，以致出現沒有效率的官僚病態。透過公共選擇理論的分析，可以發現政策市場的供給與需求的問題，將非常可能造成政府決策的偏差，進而產生「政府失靈」的現象。

四、新公共管理與傳統行政理論的比較

傳統公共行政基本上係建立在官僚主義的基礎上，企圖建立行政中立，樹立公部門的優越地位。然而，這種以官僚體系為基礎的公共行政遭

遇到如：政治對行政的干預與控制問題、官僚體系效率低落的問題以及追求政府規模與預算的極大化問題，必須加以改革。因此，在理論發展上，傳統公共行政漸漸變遷為新公共管理，並且有逐漸被其取代之趨勢（丘昌泰，2010：72-73）。

　　承前所述，新公共管理採取了公共選擇理論中源自於經濟學市場理論的基調，並據以針對傳統官僚體制的弊端進行修正。關於上述論點，可從學者 Rosenbloom 等人針對傳統與新公共管理二者所進行的比較，獲得更完整的理解，如下表 1 所示（吳定等，2009：284-285）：

▼表 1　傳統行政理論與新公共管理的比較

課　題	傳統行政理論	新公共管理
價值	經濟、效率、效能	成本效能、對顧客的回應性
結構	理念類型的官僚體制	競爭、師法企業
對個人的觀點	非人化的個案、理性行動者	顧客
認知途徑	理性—科學的	理論、觀察、測量、實驗
預算	理性的（成本利益）	以績效為基礎、市場導向
決策	理性—廣博的	分權化、撙節成本
政府功能特色之所在	行政部門	行政部門

資料來源：Rosenbloom 等人（2002：39），轉引自吳定等人（2009：284）。

　　如上表 1 所示，新公共管理在內涵上不同於傳統行政理論的重要面向，大致如下：

（一）相對而言，新公共管理更關注於顧客的需求。

（二）新公共管理認為公共組織的設計應該彈性化，而此一彈性化的措施則為引入市場的競爭機制於公共組織之中，被喻為「公共組織內部市場化」。

（三）新公共管理將傳統上公共服務的對象之認知意涵，由非人化
　　　（impersonalized）的個案轉換爲如同私部門一般所稱之顧客。

（四）新公共管理基於小而美的國家觀念，不再著重於理性—廣博的
　　　政策規劃，並且不認爲大有爲的政府是公共行政的使命。

第五節　新公共管理的優點與限制

　　雖然新公共管理有前述各項特色，但並不是沒有遭遇挑戰，這些挑戰
基本上都是來自於學術界基於捍衛公共行政理論的角度加以抨擊。此處首
先說明新公共管理的優點，然後再就其所受到的批評加以分析。

一、新公共管理的優點

　　一般而言，新公共管理的提出爲人肯定之處，乃是其因應過去經
濟不景氣、財政惡化和正當性危機等險惡環境，企圖克服雙環困境
（catch-22）而提出解決良方，希望釋放官僚，使治理工作更具彈性、創
新與回應，並導入民間活力，運用授能手段等來執行服務傳輸功能，以使
政府不必事必躬親，而擺脫萬能政府，實現「小而能、小而美」的自由
主義和新保守主義的理想（林鍾沂，2001：173-174），其產生的優點如下
（丘昌泰，2010：95-96）：

（一）許多國家的政府確實裁撤了多餘的人力，生產力在許多領域中
　　　也確實提高甚多，且並未減少對於公共服務的數量與品質。

（二）公共服務的決策制定更能採取理性途徑與策略設計導向，而且
　　　以契約管理方式兼顧了服務品質、效率與責任標準。

（三）公共服務對消費者更具回應力，公開的管道促進顧客參與，並

提供快速的服務方式。

（四）將公共官員的權力由專業者與工會轉移到管理者與主雇團體，減低工會對公共部門決策的影響力。

（五）使公共部門保持更大彈性，能夠提供各種創新與改進計畫，逐漸形成企業型文化。

二、新公共管理的限制

近年來公部門的改革深受新公共管理意識型態之影響，強調結果導向（Result Orientation），要求公部門之表現應該以結果或績效作爲衡量的指標。新公共管理探討焦點侷限於組織內部，探討行政人員如何有效生產，並未討論與剖析行政人員對政治社會的相關責任。因此，新公共管理是以組織導向、技術導向與生產導向爲特質。在此特質之下，新公共管理即可能產生下列幾項問題（林鍾沂，2001：174-175；顧慕晴，2009：8-15；蘇偉業，2009：113）：

（一）未注意公共行政的政治本質

新公共管理從管理技術面向改善政府績效，只能治標不治本，未能就公共行政的政治面向所應追求的價值，如社會公義、公平等進行深入的探討，將導致行政人員成爲缺乏倫理思維的技術官僚，再次陷入傳統行政理論只重視工具理性的迷思中。

（二）新公共管理無法協助達成社會正義

新公共管理強調以市場機制、競爭使生產效率、生產成果更高，行政機關在此觀點下以生產爲導向，充其量僅能達到平等的目標，對所有大小團體一視同仁，卻無法達到調處社會中各種團體的勢力之社會目的，使各

團體立足於平等的社會公正目標。

（三）使社會大眾無法參與決策

行政人員被期望具有前瞻性之遠見、具創新能力的公部門企業家，而此種特質與民主政治鼓勵人民參與決策過程悖離；其次，行政人員想保有競爭力，勢必在決策中保密，此與民主政治要求開放資訊，容許人民參與的精神相左；最後，新公共管理視人民爲顧客，剝奪人民參與決策、分享權力的基礎。

（四）公眾利益遭到棄置

在強調績效的體制下，新公共管理只重視行政方法的問題，而非行政目標的問題，此爲以往政治行政相分離的觀點，爲了提昇行政效率，將犧牲政治，無論國會議員或人民的觀點都將遭到忽視。簡單來說，欲求有效率的服務觀點，行政人員會盡量選擇容易達成的工作作爲目標管理的指標，避開任何的燙手山芋，使得公共利益成爲被棄置的概念。

（五）限縮行政人員的思考範圍與倫理角色

新公共管理強調企業取向，希冀行政人員成爲有效率的生產者，此種角色要求將壓抑行政人員的施展空間，限縮行政人員的思考與角色，忽視其所擔任更廣泛的教育與代表的倫理角色。此外，中下階層行政人員雖被賦予一定裁量權，但並未改變科層體制，政策方向仍把持在最高決策者上，整體運作仍是由上而下，政府機關的中下階層行政人員仍是處在被動狀態。

（六）忽視社區意識的培植

新公共管理視人民爲同質性高的市場內個體，均在追求個人的最大利

益，在此情況下，人民沒有意願參與公共事務，也不願和他人、行政人員分享觀點，建立整體的社區意識。

（七）新公共管理產生課責問題

　　政府在面對日漸拮据的財政狀況，勢必賦予官僚體制更大的行政裁量權，運用企業手段解決財政上的困境。為使官僚體制更具效率與效能，促使官僚所擁有的自主性越大，越讓民主課責更難發揮制衡的能力，民主課責即越受到威脅與挑戰。

歷屆考題

1. 宗才怡女士於今年三月請辭經濟部長，並發表聲明指出自己「像一隻誤闖叢林世界的兔子」；對照於前哥倫比亞大學教授謝爾（Wallace Sayer）的說法：「在一切無關緊要的面向上，企業與政府行政是相似的。」以及哈佛大學教授艾立森（Graham Allison）的主張：「差別的重要性，遠勝於其相似之處。」據此，請申論公部門叢林世界與私部門叢林世界兩個領域管理的異同，以及是異大於同或是同大於異？（091 年公務人員高等考試三級考試暨普通考試第二試—三等一般行政）

2. 綜合學者之論述，新公共管理具有哪些特徵？試說明之。（092 年公務人員高等考試三級考試暨普通考試第二試—三等一般行政）

3. 1980 年代為公共管理的萌芽時期，學者 Bozeman 認為公共管理的研究核心應當浮現。1991 年在雪城（Syracuse）召開第一屆「全國公共管理研究會議」之後，更多的學者主張有關公共管理較明確的主題之一便是強調公共政策取向（Public Policy-oriented，簡稱 P 途徑）與企業管理取向（Business-oriented，簡稱 B 途徑）的交集，於是 Bozeman 便指出公共管理的研究途徑可分為 P 途徑與 B 途徑，試問：何謂 P 途徑？何謂 B 途徑？此二種研究途徑的特徵各為何？（093 年公務人員高等考試三級考試暨普通考試第二試—三等一般行政）

4. 綜合學者之論述，（新）公共管理具有哪些特徵？試簡要說明之。（093 年交通事業電信人員升資考試—士級晉佐級事務管理）

5. 試界定公共管理之概念，並從理論與實務兩方面說明公共管理興起之背景。（093 年交通事業電信人員升資考試—員級晉高員級事務管理）

6. 公共管理蔚為世界風潮以來，已展現出哪些優點？同時也浮現哪些受人批評與質疑的缺點？試析述之。（093 年交通事業電信人員升資考試—員級晉高員級事務管理）

7. 試就主要學者及其論點，說明新公共管理（New Public Management）與新公共行政（New Public Administration）兩種途徑之間有何異同？其對我國政府再造之啟示為何？（094 年公務人員高等考試三級考試暨普通考試第二試—三等一般行政）

8. 卡爾森與歐爾曼（Garson and Overman）兩位公共管理學者所進行的「全美公共管理研究調查」（National Public Management Research Survey），從許多公共管理文獻中，歸納出公共管理的五項內涵，並以 PAFHRIER 一字代表之，請以

這個字來說明並論述公共管理的內涵。（094 年交通事業鐵路人員、公路人員升資考試—士級晉佐級事務管理）

9. 公共管理學興起緣由之一，乃為彌補過去一些學科「有公共而無管理」或「有管理而無公共」的缺憾，冀望成為既重視公共，亦重視管理的一門學科，以提供公共管理者最需要的知能。試問一位優秀的公共管理者應具備哪些知能？（094 年交通事業鐵路人員、公路人員升資考試—佐級晉員級事務管理）

10. 一位優秀的公共管理者在制定政策與執行公務時，常被期許要兼顧效能、效率與公平。何謂「效能」（effectiveness）？何謂「效率」（efficiency）？何謂「公平」（equity）？這些概念之間有無衝突或互補之處（請舉例說明）？（094 年交通事業鐵路人員、公路人員升資考試—員級晉高員級事務管理）

11. 公共選擇理論（Public Choice Theory）基於完全理性的假設，主張以市場機制取代政府功能，並對傳統官僚體制提出批評。請說明其批評的內容為何？（095 年公務人員高等考試三級考試暨普通考試—四等一般行政）

12. 市場導向的公共管理策略之核心概念為何？其運用應遵循何種原則？在當前我國相關政策與法制中皆有訂定使用者付費的管理策略，可否舉例說明？（095 年公務人員高等考試三級考試暨普通考試—三等一般行政）

13. 對於公共管理的意涵，學者每每有不同觀點之定義，譬如從管理主義、政策管理、新公共管理或公共行政等不同角度所界定之公共管理意涵。但是不論由何種觀點出發，吾人似乎仍能發掘出當代公共管理之共同特質，試說明之。（096 年公務人員、096 年關務人員升官等考試—薦任一般行政）

14. 論者指出，公共管理具有市場基本教義與民粹主義的迷思，試論述其觀點，及其對公共管理可能造成的影響。（096 年公務人員特種考試原住民族考試—四等一般行政）

15. 公共管理者與政務領導之間是一種動態發展的關係，彼此的關係決定了政府效能的高低。從理性模型來看，政務領導與公共管理者對彼此的期待所造成的落差，是二者互動出現緊張關係的主要因素。試問公共管理者與政務領導對彼此的期待是什麼？對公共管理者而言，縮小政務領導對其期望落差的策略是什麼？（096 年公務人員高等考試三級考試暨普通考試—三等一般行政）

16. 「新公共管理」（New Public Management）概念與實務的出現向來與所謂的「新右派」（The New Right）思維或意識型態密切相關，試問新右派的核心思想究竟為何？其核心的政府改革策略又為何？（097 年公務人員高等考試三級考試暨普通考試—三等一般行政）

17. 各國公共管理變革的背景因素有何相似之處？試以當前縣市整併為例申論之。（098 年公務人員特種考試原住民族考試—四等一般行政）

18. 請問何謂「新公民精神」（New Citizenship）？其對當代所流行之「新公共管理」（New Public Management）概念和實務有何批評？試請解析之。（098 年三等退除役軍人轉任考試—三等一般行政）

19. 公共管理的發展與公部門變革有密切關係，其中「公部門受到抨擊」為造成公部門變革的要素之一。試說明公部門受到哪些抨擊？（098 年四等退除役軍人轉任考試——般行政）

20. 在批評公共管理思潮的眾多論述中，最強烈的批判之一，當屬其對於現代民主的衝擊，請列舉三點負面影響，並舉例說明。（098 年特種考試地方政府公務人員考試—四等一般行政）

21. 「使用者付費」是將市場機制應用在公部門的典型策略，請舉例說明此一策略在政策設計時應該考慮的因素與限制。（099 年特種考試地方政府公務人員考試—四等一般行政）

22. 請問在公部門與私部門從事管理工作，有何重要的差異？（099 年公務人員特種考試身心障礙人員考試—四等一般行政）

23. 公部門的某些獨特性往往與私部門有著基本上的重大差異，使得公共管理在課責與績效的方法與技術也必須適時調整。試論述公部門在本質上有哪些異於私部門的特徵？（100 年公務人員高等考試三級考試暨普通考試—三等一般行政）

24. 公共部門必須建立組織的核心價值，試問公共部門組織的核心價值有哪些？現行公務人員的核心價值又為何？如何強化公務人員的核心價值？（100 年特種考試退除役軍人轉任公務人員考試—三等一般行政）

25. 試從「委託人與代理人」理論，析論其在公共管理之應用。（100 年公務人員高等考試三級考試暨普通考試—三等一般行政）

26. 「公共性（publicness）」是政府組織和企業組織間最大的差異，請以實例討論政府組織所面臨的環境因素、組織與環境的互動及組織所扮演的角色等面向說明二者的差異。（100 年特種考試退除役軍人轉任公務人員考試—四等一般行政）

27. 學者認為公共管理的研究途徑包括 P（公共政策）途徑與 B（企業管理）途徑，請分別敘述其意義以及特徵。（101 年公務人員特種考試原住民族考試—四等一般行政）

28. 新公共管理（New Public Management，簡稱 NPM）自 1980 年代蔚為公共行政

學術與實務的重要潮流後，發展已逾 30 年。試申論 NPM 對今日（21 世紀）公共行政學研究的重要性，以及未來在 NPM 基礎上可以繼續探索研究的主題（請至少舉出 2 項）。（101 年國立臺北大學公共行政暨政策學系碩士班一般入學考試）

29. 試舉出兩項新公共管理（New Public Management）所主張的改革措施及說明其背後的理論根據，並利用其他理論批判地分析這兩項改革措施的正當性。（101 年國立政治大學公共行政學系碩士班招生考試）

30. 請論述新公共行政與新公共管理之理論與內涵，並舉實例說明。（101 年世新大學行政管理學系碩士班招生考試）

31. 試問在全球化的趨勢下，政府公共管理需要變革的主要原因為何？又全球化對政府的本質及功能造成哪些重大改變？（102 年公務人員升官等考試—薦任一般行政）

32. 全球公共行政的理論與實務發展，已開始進入一場所謂「後新公共管理」（post-NPM）的反思與改革，請試就所知，說明在「後新公共管理」時代下，其所強調的政府改革重點及其所期望解決的問題為何？並請闡述比較「後新公共管理」改革與新公共管理（New Public Management）所主張的論點和立場，有何異同之處？（102 年國立臺北大學公共行政暨政策學系碩士班一般入學考試）

33. 請試列出五項「新公共行政」（New Public Administration）與「新公共管理」（New Public Management）主張的差異點。（103 年國立政治大學公共行政暨政策學系碩士班招生考試）

34. 請討論傳統公共行政與新公共管理這兩種理論典範對於「公共利益」概念的詮釋。（103 年國立中央大學法律與政府研究所碩士班入學考試）

35. 古立克與尤偉克（L. H. Gulick 與 L. Urwick）曾以「POSDCORB」來形容公共行政活動的內涵，試問箇中活動所指為何？如以公共管理觀點觀之，各項活動所對應的管理議題為何？試就己見分析之。（104 年特種考試地方政府公務人員考試—三等一般行政）

36. 請說明 New Public Administration, New Public Management, New Public Service 三者概念，並試從公務人員的角色定位此觀點，比較三者間的區別。（104 年國立政治大學公共行政暨政策學系碩士班招生考試）

37. 政府機關因為具備哪些特性，導致在推動公務時有一定的限制，無法像企業有效率且彈性地執行？並請舉實例扼要說明之。（106 年公務人員高等考試三級考試—高考三級一般行政）

參考文獻

一、中文資料

丘昌泰，2010，《公共管理（再版）》，台北：智勝。

余致力，2000，〈公共管理之詮釋〉，黃榮護（編），《公共管理》，台北：商鼎，
頁 4-48。

吳定、林鍾沂、趙達瑜、盧偉斯等著，2009，《行政學析論》，台北：五南。

吳定、張潤書、陳德禹、賴維堯、許立一，2007，《行政學（下）》，台北：空大。

吳英明、張其祿，2006，《全球化下的公共管理》，台北：商鼎。

吳瓊恩、李允傑、陳銘薰，2005，《公共管理（再版）》，台北：智勝。

林鍾沂，2001，《行政學》，台北：三民。

林鍾沂、林文斌譯，2003，《公共管理的世界》，台北：韋伯。譯自 Owen E.
Hughes. *Public Management and Administration*. Basingstoke, Hampshire:
Macmillan.

孫本初，1999，〈公共管理及其未來的發展趨勢〉，Golembiewski、孫本初、江岷
欽（編），《公共管理論文精選（I）》，台北：元照，頁 3-32。

孫本初，2009，《新公共管理》，台北：一品。

孫本初，2010，《公共管理》，台北：智勝。

徐仁輝，2000，〈公私管理的比較〉，黃榮護（編），《公共管理》，台北：商鼎，
頁 49-83。

范世平，2009，〈從交易成本理論探討當前中國大陸僑務之工作體系與運作模
式〉，《遠景基金會季刊》，10（3）：33-77。

陳立剛、王輝煌、陳朝建，2012，〈行政院與地方政府在組織改造後業務窗口對
應之研析〉，《研考雙月刊》，36（2）：53-66。

楊日青、李培元、林文斌、劉兆隆譯，1999，《政治學新論》，台北：韋伯。譯自 Andrew Heywood. *Politics*. Basingstoke: Palgrave Macmillan.

廖坤榮，2005，〈台灣農會信用部經營管理的道德危險研究〉，《公共行政學報》，17：83-112。

顧慕晴，2009，〈新公共管理理論下行政倫理的強化——新公共服務的理念〉，《T&D 飛訊》，87：1-25。

蘇偉業，2009，〈公共部門事前定向績效管理：反思與回應〉，《公共行政學報》，30：105-130。

二、西文資料

Denhardt, Robert B. 1991. *Public administration: an action orientation*. Calif.: Brooks/ Cole.

Kettl, D. F. 1993. "Searching for Clues about Public Management: Slicing the Onion Different Ways." In *Public Management: The State of the Art*, ed. B. Bozeman, Perry. San Francisco: Jossey-Bass Publisher, 55-68.

Hood, C. 1991. "A Public Management for All Seasons?" *Public Administration* 69(1): 3-19.

Williamson, O. E. 1975. *Market and Hierarchies*. New York: Free Press.

2
政府再造與企業型政府

學習重點

▶政府再造的核心特質為何？

▶企業型政府的意涵與十項原則為何？

▶闡述政府再造的特色為何？

▶思考政府再造所可能引發之衝擊為何？

前　言

　　政府再造（reengineering government）與行政革新是現代化國家重要的議題，並在 1980 年代成為各國政府關注的焦點，「政府再造」運動儼然已形成世界性官僚文官僚體系的一項「變革文化」，而成為文官體系提昇績效的改革聖杯，甚至轉化為象徵治理能力的政治圖騰（江岷欽，1998：64；詹中原，1999：20）。尤其歐美各國紛紛投入政府改革的工作，如英國「效率小組」（Efficiency Unit）、紐西蘭「執行長」（Chief Executive）、澳洲「聯邦監察長」（Commonweal Ombudsman）、加拿大「藍博特委員會」（Lambert Commission）與「公共服務 2000 計畫」（Public Service 2000，簡稱 PS2000），以及美國「國家績效評估」（National Performance Review，簡稱 NPR）等，均印證一個行政革新時代的來臨（Administrative Reform Comes of Age）（詹中原，1999：3），意味著各國政府嘗試改變過去行政價值及觀念，以求行政效能、服務品質達到符合人民期待的標準。

　　研究指出，80 年代以來，全球所發生的政府改革風潮具有雙重意義：一是推動政府改革的國家相當廣泛，從英美、OECD 等先進國家到開發中與第三世界國家都大力推動這種改造計畫，其範圍是全球性的；二是在改革方法及策略上都較過去的改革更為激進與徹底（丘昌泰，2010：134）。整體而言，政府再造運動涉及政策與管理兩個面向的問題。前者是關於政府規模與角色的定位，涉及各種價值優先序位的政治決定；後者著重的是使政府運作的更有效率，以提昇公民滿意度（Kettl, 2000: 30）。

　　由於政府再造所涉及的相關概念相當繁雜，在本章中，首先介紹政府再造的概念，說明促使政府再造的背景因素，釐清政府再造的定義；其次，整理政府再造的核心特質，並介紹奧斯本與傅瑞祺所提出之作為政府再造手段的五希策略；再者，以政府再造的核心——企業型政府為主，闡述企業型政府的形成背景、意涵、原則與特質等；接著介紹我國推動政府再造的歷程與實施內容；最後整理各國政府再造的特色，並嘗試對政府再造的困境提出反思。

第一節 政府再造的背景與定義

一、政府再造的背景

隨著政府職權的擴張，全球性的政府財政萎縮，行政環境快速複雜的變動，再加上人民需求的增多和期望的升高，現代民主政府普遍遭受「能力不足」、「績效不彰」、「欠缺效率」、「浪費資源」和「政府失靈」的種種批評。面對此種困境，1980年代產生「民營化」、「小而美」的政府革新風潮，希望以減少支出或增加服務的方式，挽回民眾對政府的失望，而形成另一波革新的風潮（張潤書，2009：455）。以美國為例，許多學者所倡導之行政革新的基本觀念，乃是希望將企業經營中所重視的品質、成本、顧客滿意等觀念，注入於政府部門的運作之中，藉由這些觀念的指引，使政府的運作更有效率且更具品質（吳瓊恩等，2005：35）。

G. Wamsley 認為行政體系需要再造的主要背景因素之一，在於政府面對劇變的外部環境與日增的公民需求，從而擴張其規模與職能以求因應，但擴張後的官僚體系在效率與效能上並未能顯著提升，預算的支出與財政的負擔也日益沉重，使得政權的合法性日趨式微（轉引自吳瓊恩等，2005：35）。

由以上所述得知，政府再造之所以成為世界各國的重要議題，其關鍵因素在於外部因素的壓迫及內部因素的限制，導致政府無法負荷人民所提出的服務需求，不僅效率上難以達到民眾的要求，預算上的限制也使政府部門陷入兩難的困境。此外，科技的進步使民眾服務的範圍與樣態日趨多元，而政府部門為了因應這些外部壓力，需要就目前政府的體質做通盤的檢討與改變，期望藉由各項技術的引進和觀念的轉變，以減少施政成本，提高政府的效能，使所提供之公共服務得以符合人民的需要與期待。

二、政府再造的定義

政府再造在不同國家間有不同的用詞，有學者認為這種政府的改革運動稱為公共管理改革（public sector reform），美國學者稱之為政府再造（reinventing government）或政府轉型（government transformation），德、法學者稱之為「行政現代化」。雖然用詞不一，但所代表的皆是**改造政府，希望提高政府效率與服務品質的改造運動，其最終目的在於建立一個「成本最少，做得最好」的「企業型政府」**（丘昌泰，2010：134）。

根據 Michael Hammer 所言，「再造」是對組織過程的徹底再思考及根本性的巨幅再設計，以促成組織績效劇烈的進步（radical redesign）。「再造」一詞所強調的是「過程」，尤其是顧客（服務對象）創造價值的全面性連接過程，這種過程必須是整體而非片段分裂的枝節流程。「再造」也不只是對現有結構的調整或是修正，其應是工作過程巨幅的重新創造及再設計，所期盼的不是績效或服務品質微幅的提昇，而是大幅的改進（轉引自詹中原，1999：7-8）。值得注意的是，雖然縮減工作人員，以降低預算支出，可視為是「政府再造」的部分內涵，但絕非等同於「組織精簡」（downsizing organization）。換言之，**「政府再造」和「組織精簡」兩個概念間絕不能等同視之**。另外，「政府再造」不是短期立即見效的特效藥，也非政府部門用於進行危機處理的萬靈丹，而是一項徹底的新原則及意識觀念，用來推翻以層級節制和專業分工來設計工作的觀念（詹中原，1999：8、59-60）。

第二節　政府再造的核心特質與五希策略

一、核心特質

論及政府再造運動，學者認為基本上大多環繞在下列六項核心特質（Kettl, 2000，轉引自丘昌泰，2010：137-138）：

（一）生產力

各國公民一方面希望夠減稅，另一方面卻希望政府可以提供更好的公共服務，導致政府必須在有限的財政資源或是更少的財政收入額度內為人民提供效率服務。

（二）市場化

許多國家已經將公營事業徹底的民營化，也有國家與非政府的夥伴進行服務提供計畫，這些改革策略的基礎觀念是以市場機制代替命令控制官僚體系，以改變計畫管理者之行為。

（三）服務取向

許多公民認為政府大多是缺乏回應能力，為使政府更具回應性，徹底改造服務提供系統，有些國家不再以官僚機構為優先地位，而將為民服務視為首要，讓公民有更多選擇不同服務提供系統的權利。

（四）分權化

為提昇政府的回應能力，許多國家的改革策略是授權給基層政府單位，而有部分國家則是將服務提供的責任由中央移轉至地方政府，甚至將

責任分權化，授權給第一線的管理者，並賦予誘因，以滿足公民需求。

（五）政策能力

許多國家將政府作為服務採購者的政策功能，以及作為服務提供者的服務運送功能予以劃分，由於政策不一定要假手政府本身，一方面可以改善服務提供的效率，另一方面則提高服務採購能力。

（六）結果責任

許多國家已開始將由上而下的、規則基礎的責任系統，改為由下而上的、結果導向的責任系統所取代，焦點著重於績效與結果，而非過程與產出。

二、五希策略

奧、傅兩氏在 1997 年合著的《解放科層體制：再造政府的五項策略》（*Banishing Bureaucracy: The Five Strategies for Reinventing Government*）書中，具體地提出五項策略（歐、傅兩氏稱之為「五希策略」）（Five Cs），作為政府部門推展政府再造的手段，徹底改造「政府的染色體」（government's DNA）。茲分述如下（轉引自江岷欽，1998：77-84；江岷欽、劉坤億，1999：121-132）：

（一）核心策略（the Core Strategy）：藉以釐清目標、構築願景

核心策略，係指公共組織的職能集中在領航，而非操槳；亦即行政體系應著重正確政策之研擬與施政方向之設定，而毋須汲汲於例行服務之傳輸。不論是民選的行政首長，抑或是其所任命之高階文官，均須充分瞭解此一趨勢與此項角色之特質。核心策略的執行途徑主要有：（1）簡併對公

共組織無所助益的業務目標及內容；（2）區分領航與操槳、管制與服務之業務職能；（3）設立新的領航機制三項。

（二）後效策略（the Consequence Strategy）：藉以考評績效、獎優懲劣

後效策略的目的，係在設計公平、客觀及科學的績效酬賞制度，以利獎優懲劣。後效策略若能充份發揮功能，則應是政府再造的希望工程中最具影響力的策略。執行後效策略有：（1）企業化管理（enterprise management）；（2）良性競爭（managed competition）；（3）績效管理（performance management）三項途徑。

（三）顧客策略（the Customer Strategy）：藉以加速回應、強化責任

顧客策略的作用，係在調整行政人員與民眾互動的方式，以顧客導向的方式處理行政業務，強調公共組織對顧客負責，藉以提高行政體系對外在環境的敏感度以及回應性。對大多數的公共組織而言，行政責任的歸屬係循命令體系（chain of command）由下向上逐級負責。公共組織在訂定目標的過程中，若以顧客的角度來思考，則爾後在落實目標的成效上，就能比較符合顧客的需求。執行顧客策略的途徑有提供顧客選擇權以及品質確保措施（quality assurance）兩項。

（四）控制策略（the Control Strategy）：藉以授能成員、提昇能力

控制策略，係指行政組織將內部重要的決策權逐級下授，必要時可對外授權社區。行政組織的控制形式由鉅細靡遺的法令規章以及層級命令，轉化為「績效責任」的共同願景。控制策略的落實途徑主要有：（1）組織授能（organizational empowerment）；（2）成員授能（employee empowerment）；（3）社區授能（community empowerment）三種。

（五）文化策略（the Culture Strategy）：藉以改變心態、調整行為

文化策略的效果，是五希策略中最隱晦難明的部分。然而，文化策略卻是政府再造成果能否持續的重要支點。五希策略中除了文化策略以外，其餘四種策略均可在不同程度上，對行政文化產生變遷催化的作用；但行政文化變遷的方向與強度，未必符合政府再造者所欲形塑的理想模式。歐、傅兩氏指出，幾乎所有成功的政府再造者都發現：要維繫政府再造的成果，就必須刻意改變行政人員的心思意念，以及行為習慣。文化策略的落實途徑主要有：（1）改變行政人員的工作內容及方法；（2）管理行政人員的情緒與壓力；（3）形塑「贏家心態」（winning minds）三種。

第三節　政府再造的核心：企業型政府

提到政府再造，多數學者都會提及企業型政府的概念，認為師法企業的管理技術有助於改善政府部門長期以來的各項缺失，透過企業管理的方法有效地將政府部門的資源做妥善的運用，並設法提高民眾對政府的施政滿意度。以下乃簡述企業型政府的相關概念。

一、企業型政府的形成背景

奧斯本與蓋伯勒（Osborne & Gaebler）在其著作《新政府運動：如何將企業精神轉換至公務部門》（*Reinventing Government：How the Entrepreneurial Spirit is Transforming the Public Sector*）一書中指出，如果政府管理文化與行為能夠加以改革，則可以從「官僚型政府」轉變為「企業型政府」，並

且像私人企業般，積極為人民解決問題。因而兩氏認為：政府機關唯有具備企業精神，以企業精神經營政府機構，才得以建立企業型政府，以滿足人民的需求與社會的期待。研究顯示，企業型政府的形成背景，可分別從兩方面來探討（莫永榮，1998：75-76）：

（一）從理論層面而言，政府再造的壓力來自於現代生活的三項特徵：

1. 社會大眾對公共服務需求的質和量大幅成長，但官僚體系提供服務的模式卻未能滿足民眾，因而期待透過企業型政府的能力來恢復社會大眾對於政府的信心。

2. 因科技的進步擴大服務範圍，並促使其多樣化，不僅提高了政府服務的成本，同時降低其效率和效能。因此希望藉由企業型政府的建立來改善上述的情形。

3. 官僚體系行事遲緩、缺乏效率的特質，使得社會大眾對於官僚型政府的運作情形普遍不信任，甚至認為政府經費的運用是缺乏效率的。

（二）就實務層面而言，大多數推動政府再造的領導者，經常面臨內外交迫的「雙環困境」（catch-22 situation）。對內方面，改革者需撙節施政成本，如裁撤機關、精簡員額，但卻容易遭致公務員的抗拒及既得利益者的排斥；對外方面，改革者若欲提高服務效能，滿足民眾的期望需求，則需要增加稅賦、擴大稅基，以增加可用資源，然此舉極易引發民意機關的質疑，與一般公民的負面回應。

基於上述，為解決理論和實務上的困境，乃考慮引進企業型政府的理念，作為政府和企業組織型態之外的第三種選擇。

二、企業型政府的意涵

「企業型政府」係指政府在既有的文官體制中，培育「政府的企業精神」與「企業型官僚」。所謂「政府的企業精神」係指在政府的體制及運作之中，具有某些變遷導向的內在特質，這些特質能夠積極引發革新理念，並將此種革新理念轉化成具體的方案設計，並以實際的行動體現方案設計，協助政府部門處理公共事務、解決政策議題與善用行政資源（孫本初，2009：142）。

而奧斯本與蓋伯勒在 1992 年出版的《新政府運動》，是形塑「企業型政府」最重要的概念架構，其不斷強調公共部門對於企業家精神的迫切需要，藉以去除陳腐的官僚文化積習。換言之，企業型政府強調揚棄舊方案和舊方法，不但求新求變且願意承擔風險，取消傳統的預算制度，與民間企業合作，真正運用商業頭腦來經營（吳瓊恩等，2005：47）。

然而，政府和民間企業在本質上仍存有差異，無法完全像民間企業般經營。政府的最終目的是謀求公共利益，而企業是創造產品和追求利潤，基於截然不同的組織目標，公私部門成員的誘因和面對風險及報酬的看法自然有所不同，況且民眾也不希望政府像企業般牟取私利。因此，企業型政府並不是要政府部門完全像商業機構一樣，人民所期望的是政府不要太官僚化（江岷欽，1995：15-16），而能擁有如企業般的彈性與機制。

三、企業型政府的十項原則

根據奧斯本與蓋伯勒所言，企業型政府運作或治理需遵循下列十項原則，茲說明分述如下（江岷欽、劉坤億，1999：74-77；張潤書，2009：458-459）：

（一）導航型的政府：強調領航而非操槳

強調政府的職能在於引導領航（steering），而非親自操槳（rowing）。奧斯本與蓋伯勒認為，高層的領導和實際的執行運作應予分開，以便高層全力做好決策和領導，而實際的運作則可交由基層人員負責，否則決策者恐將陷溺於運作細節，以致導航功能無從發揮；如藉契約外包、抵用券、特許制或租稅誘因，來達到以「導航」替代「操槳」的轉型。

（二）社區性政府：授權公民參與監督政府

政府應該提供有效意見發表管道，鼓勵民眾關心並參與公共事務，如此政府才能確實掌握社會問題，瞭解民眾需要，進而對症下藥。透過公民參與和公眾監督，有助於提昇人民對政府施政的認同感。

（三）競爭性政府：鼓勵公共服務提供者之間的競爭

競爭機制雖不是萬靈丹，卻是紓解官僚體制運作失靈的良方。官僚體制最大的問題在於其獨占的特性，會造成政府機能的僵化、保守、浪費和無效率，若是提供公共服務的組織，彼此之間能形成競爭態勢，將有利於效率的提昇，並刺激政府機關改變作法。

（四）任務導向的政府：以目標和任務為導向，而非以法規命令為策力

官僚體制強調藉由法規命令控制成員，然此種作法不僅無法確保課責性，反而造成政府管理成本過高，組織成員的消極抵抗和目標錯置等病症。而以目標和任務為導向的治理方式，強調政府要以民眾福祉為依歸，在合法範圍內，行政人員以所欲達成的目標成果為指引，發揮效率、創意、彈性，並提昇士氣。

（五）結果導向的政府：以實際成果為施政重點

　　一般官僚機關只重投入、不重產出，其後果是政府只重視施政形式，而不重視實際績效。企業型政府企圖改變此種本末倒置現象，強調施政的實際結果，預算和績效並重，企圖建立目標導向、分工協力與結果導向的管理體制。

（六）顧客導向的政府：強調建立即時回應系統並重視顧客滿意度

　　民主政府以創造民眾利益、服務民眾為目的，從市場的觀點來說，就是針對顧客的需要提供服務。因此，企業型政府強調政府的服務要以滿足顧客需求為優先，應建立即時的顧客回應系統，政府的施政績效和品質也應由顧客的滿意度決定。

（七）企業型的政府：強調開源，而非一味講求節流

　　傳統的財政理論強調國家應該撙節支出，達到收支平衡。企業型政府則強調如何增加利潤的觀念，認為機關應該發揮企業經營的精神，進行有效投資，以解決困窘的財務狀況，達到自給自足的境界；如藉由開創基金（enterprise funds）、配合使用者付費（user fees）或影響受益費（impact fees）等來解決財政困境。

（八）前瞻性政府：具有防範未然的能力

　　傳統官僚組織僅著重眼前問題的解決，習慣以被動姿態來處理問題，容易引起民怨。但企業型政府重視策略思考和長期性規劃，能夠以遠見來治理國家，危機管理能力較強，能面對未來的需求和問題預作因應，是一個具有前瞻性的政府。

（九）分權化的政府：講求分權，並鼓勵參與式管理

企業型政府講求分權的管理觀念，授權地方政府或派出機關發揮因地制宜的功能。對內則講求參與管理的觀念，授予部屬決定的權力，並透過集體參與凝聚向心力，以提高生產力和工作效率。

（十）市場導向的政府：強調市場機能優於官僚機制

現代政府在有限的資源條件下，無法扮演過去大有為政府的角色，所以企業型政府相信市場機能優於官僚機制，認為透過市場競爭機制能創造資源有效運用，如民間機構能共同分攤營運風險，協助處理公共事務，將有助於政府效率的提昇；如以課徵污染費、環境維護費等來取代原有行政管制機制，以解決公共問題。

四、企業型政府的特質

企業型政府中的企業型官僚若欲推動行政革新，落實「政府的企業精神」，抽象宏觀的概念架構固然重要，但具體實際的外顯行為尤不可缺。就行為的實踐觀點而言，企業型官僚需具備某些特質，才能體現「政府的企業精神」。茲整理企業型政府的共同特質分述如下（林水波、陳志瑋，1999：49-53；林水波編著，1999：41-44）：

（一）重視成本效益關係

企業型政府必須改變過去重視預算而不關心產出的作法，重視政策或計畫的成本效益關係。特別在非管制性的政策領域內，經濟效益的重視可以減少政府開支，並獲得更大之產出。基本上，要求政府重視成本效益關係，源自各國普遍面臨預算赤字與債務危機，就如 1997 年所爆發的亞洲

金融風暴，國際貨幣基金會趁機要求接受援助國家必須進行經濟改革、撙節政府開支、提高行政效率即是相同的道理。

（二）重視績效評估

企業型政府的運作講究產出與績效，因此必須重視評估工作，以衡量政府機關是否達到產出極大化、資源利用最適化的目標。績效評估通常需以量化的形式來進行，但政府機關本質上和企業並不相同，無法單純從利潤、收益或成本的角度來考量，而造成政府機關在規定評估標準時的困難。基本上政府機關衡量績效的標的包括成果（outcomes）和產出（outputs）兩項。

（三）對執行者授權與課責

企業型政府的管理者必須賦予執行者自由裁量權來完成其所執行的計畫，並保證其能達成清楚、具體目標的責任。由於創新的政策與管理必須使行政人員充分瞭解本身的工作目標，並給予其足夠的資訊與裁量權，這同時也蘊含支持、資助與包容錯誤。也因此，具有企業家精神的行政組織會提出一套清晰且涵蓋各組織功能的績效標準，並鼓勵行政人員達成這些目標，也就是負有履行達成績效結果的責任。

（四）重視選擇與競爭

競爭是市場運作的主要手段，企業型政府若欲滿足民眾對公共服務的需求，則可考慮透過競爭的手段，在公私部門中尋求多元選擇的機會。選擇與競爭機制的重視，促使企業型政府發展「標竿管理」（benchmarking）的技術，也就是以其他部門或民間企業的服務水準或產出訂為標竿，藉以督促該機關行政朝此標竿邁進；如 BOT 的引進、結合社區參與和非營利組織合作等，皆可以有效提高公共服務的品質，而選擇的結果也提高政府

機關間的競爭機會。換言之，選擇與競爭的意義不僅是簽約外包，還包括政府機關之間的競爭。

（五）強調創新與改革

創新與改革乃是企業型政府的主要特徵，因此解除規則枷鎖、打破結構慣性、活化官僚思維等便成為創新與改革之先決條件。創新與改革的需求來自環境變遷的壓力與現實問題之困境，以致無法使用舊方法加以解決，若政府體系本身過於保守、僵化，也無法提出因應之道。因此，創新與改革必須根據環境的特性與發展，找尋另外一條出路，故具有權變的意涵。

（六）主張法令鬆綁

官僚體系最受詬病之處乃是繁複的行政作業程序與規定，並以此作為管理控制的目的，但卻造成公部門為了遵守規定，必須花費更大的交易成本。因此，如何簡化法規與行政流程，改以較具彈性與效率的方式替代，便成為企業型政府努力達成的目標。其中的一項作法乃是法令鬆綁，授權管理者或下級，以彈性作法因應各種狀況之變化，進而達成活化官僚體系之目標。

（七）重視顧客導向

企業型政府高舉為民服務的口號，希望藉由顧客導向的行政管理方式，改善目前的作業流程，朝向結果導向的目標邁進。企業型政府不但認為公共服務不應先考量投入，而應更重視產出，認為公共服務不應只站在政府供給面的角度來看，也應以顧客需求面的立場來看，才能真正落實「民之所欲，常在我心」之理念。

五、形塑具企業精神的行政環境

由於公共組織的結構惰性（structural inertia），包括沉澱成本、有限理性、既得利益團體和歷史包袱，造成公共組織適應能力的內在限制，乃是其最嚴重的弊病。因此，成功的創新者就必須推翻政治和制度的障礙尋求創新，並以此作為改善公共組織績效的最重要手法。李文（Lewin）與辛格（Sanger）提出企業型官僚創造新環境的八大步驟，茲分述如下（孫本初、莫永榮，1997：23；孫本初，2010：31-33）：

（一）容忍錯誤

從成功經驗中不難發現，創新組織的重要因素之一為容忍可理解的錯誤。在公部門中由於鼓勵創新的有形報酬很少，倘若制度上欠缺支持積極進取的機制，將難以避免官僚惰性和組織僵化情形的產生。因此，管理者應表達容忍錯誤的訊息，授予行政人員適當自主權，以增加自發性創新提議的產生。

（二）有創造才能與對承擔風險的支持

高層管理者必須尋找官僚體制中抑制才能的結構因素予以改善，並設法塑造基本價值（initial value）和獎酬系統（reward system）以改變組織誘因。如和中、下層管理者溝通創新理念，以確實瞭解顧客的需求，並作為改善政府績效的基礎。

（三）賦予執行者自由裁量權與達成績效的責任

欲落實創新的政策和管理，必須給予執行者足夠的資訊和裁量權，同時表達對其支持、資助與包容錯誤。如此才能提昇工作能力和增進組織內部的互動參與，擴大創新的機會。

（四）重視分析和評估

分析的主要任務是在創新方案實施中加以衡量，以達成方案設計之目標；而評估是藉由反饋系統，持續不斷探索創新方案的執行情形，遇有錯誤立即修正。因此，企業型政府會將分析與評估納入例行活動中。

（五）藉由新的組織結構來加強彈性

由於大型的層級節制組織有較多的法規與限制，加諸於組織中不同層次和功能（如預算、人事），以致難以用新的提議整合資源。因此，扁平式的組織較能適應變遷的組織結構，而能自由的以非傳統方式來組織人員、資源和關係，如將政府服務外包（contract out）給民間，便可提供彈性，避免層級節制體系的限制。

（六）獎酬制度能彈性運用

由於公部門的獎酬受到法律、規則和工會契約的限制，因此公共管理者應找尋其他方式來對有成就者加以確認和獎酬。除了基本的物質報酬外，尚有聲望共享，尊榮感等培養「公共服務的價值觀」之措施。

（七）建立外在的擁護者

由於公共服務的創新，單靠政府部門是無法獨立完成的，須藉由公私部門的協力才能達成目標，因此，如何建立外在多元的擁護者，並將社會資源導入公部門中，則成為創新方案成功的關鍵。

（八）媒體：建立受歡迎的公共形象

欲尋求外在擁護者對方案的支持或至少降低反對聲浪，就必須為機關或方案塑造正面的公共形象。因此，行政人員必須瞭解如何藉由媒體向公

眾進行行銷與溝通的技術，如有系統的建立與媒體的關係，主動創造媒體事件等，都是有助於建立外在的擁護者。

六、企業型政府的限制與省思

「企業型政府」期望改變政府結構的制度性因素，從傳統的「管制導向」轉化為創新進取的「顧客導向」。不過，對於實行顧客導向動機的描述常是規範性的，亦即政府公務員的作為態度「應該」如何；政府設計策略「應該」如何。而有關如何達成里程目標的誘因機制卻付之闕如，此乃企業型政府最大的限制。以下將針對企業型政府所面臨的限制進行探討（吳瓊恩等，2005：47-50）：

（一）誘因結構的差異

驅使企業討好顧客、提高服務品質的原動力是市場競爭機制；企業服務顧客的基本動機，不是應不應該做，而是如果不做，就無法在激烈競爭的環境中生存。反觀政府部門，由於公共服務多具有獨占性特質，「只此一家，別無分號」。對於民選政治人物而言，服務人民最大的誘因是「競選連任」；對於政黨而言，交出亮麗政績的最大誘因是「極大化選票」，這是公共領域當中最接近市場邏輯的誘因機制。

但是對於不用選舉的常任文官而言，卻沒有上述強烈的誘因動機，由於常任文官的身分受到文官法保障，基本心態是「防弊重於興利」，任內不出事是最高原則。因此，民選政治人物與常任文官的誘因動機不同，在推動行政改革運動上，往往出現「上面一頭熱，下面冷冰冰」的現象。

（二）主觀意志論的限制

企業型政府的成功是建立在企業型官僚的積極開創之行為假設上，亦

即十分強調人的重要性。然而，政府績效的良窳不一定是人的因素，而是系統本身或政府設置的結構因素。此結構又和官僚文化、誘因機制、思維模式等有關，以致政府過於因循而保守，無法開創新局。這種結構上問題如欲徹底解決，唯有從改變組織文化著手，否則在結構改變前，任何人的涉入恐怕都沒有大用。也因此，企業型政府認為傳統的文官結構已經無法適應環境變遷與挑戰，必須精簡其規模和職能，並盡量導入私部門的力量，以協力合作或權力分享的方式，才可能有效落實改革。

（三）對私部門企業管理的迷思

政府存在的最重要意義在於矯正市場失靈（market failure）。所謂市場失靈包括自然壟斷、資訊不充分、外部效果等情況。當市場機能在某些市場領域的失調，將導致企業顧客至上誘因的失去，結果是消費者將任人宰割。換言之，自利動機若是缺乏競爭市場的制約，將造成消費者主權的瓦解。從福利經濟學的觀點，政府以財政政策與公共政策介入市場，設立官僚體系執行這些政策，以挽救消費者主權，改正社會上因市場機能失調所產生的問題，是政府存在的唯一目的。

正因為市場失靈的現象比比皆是，政府必須經常扮演管制者（regulator）的角色，不能只強調效率和成本，也必須要考慮公平、政治和人道層面的價值。因為完全競爭市場存在的障礙，市場競爭的維繫有賴政府公權力的介入。換言之，私部門令人稱羨的服務品質，部分是因為政府存在的結果。政府的管制干預功能是針對市場機能失調，而企業型政府卸下管制的角色，向市場學習，似乎有些角色混淆。

（四）創新與彈性的風險

再成功的企業也可能出現經營不當、投資錯誤，而慘遭市場淘汰的命運。企業型政府致力於創新與改革的同時，時空環境的不確定性也相對增

加，造成風險的增大，因此可能面臨失敗的命運。另外，企業化預算所強調的彈性、授權原則，也面臨預算執行者道德風險的問題，而可能出現貪瀆舞弊更為嚴重之情形。換言之，創新也需承擔風險，企業型政府本身就像兩面刃，取捨之間既涉及價值判斷，也受到政府情勢、環境變遷的影響，難有必然的是非對錯。

第四節　我國的政府再造歷程

一、改革背景

台灣之所以要推動政府再造，主要是基於政府國際競爭力的下降。根據瑞士洛桑（Lausanne）國際管理學院（International Institute for Management Development，簡稱 IMD）所做的國家競爭力報告提到，影響台灣整體排名的主要因素是「政府效率排名落後」，顯示政府的行政效率仍有持續改善的空間。研究指出，台灣執政當局相信影響政府效率的原因，主要是政府組織體系過於龐雜，導致行政效率降低（丘昌泰，2010：171）。

事實上，我國政府再造工程早在民國 76 年已開始推動，歷經兩次政黨輪替，顯示出政府再造是朝野一致共識。另一方面，行政院也有感於社會各界對政府施政寄予很高期望，看到行政機關的作為和表現，與民眾期許有相當的落差，因此於民國 82 年開始推動「行政革新方案」，揭櫫組織精簡化、機關法制化、員額管理合理化及經營現代化等行政革新的四大原則，陸續推出「行政院暨所屬各機關組織及員額精簡計畫」與「行政組織再造方案」，期許不斷為自我改造而努力，以提供民眾更好的服務品質（陳照明，1999：21）。

二、我國政府再造的改革內容

我國政府再造的歷程早期受限於政府體制為封閉的威權政府，改革運動多為由上而下的中央領導模式，目的在強化政府對民間社會的控制與動員能力，改革的幅度與成效相當有限，自民國 82 年 9 月通過「行政改革方案」之後，政府再造運動興起，大致上可以區分成四個重要的時期，茲分述如下：

（一）連內閣的行政革新（民國 82-86 年）

民國 82 年 9 月通過「行政革新方案」，並於民國 83 年 1 月正式全面推動，此一方案係以「廉潔」、「效能」、「便民」為行政革新的方向，並將方案內容分為「檢肅貪瀆」、「增進行政效能」與「加強為民」三部分。民國 83 年 9 月，行政院院會通過 84 年度行政革新方案。其主要是根據前一方案在 83 年度執行成效所作之初步檢討報告，參酌民意代表與學者專家的意見，並彙整各機關所提之下一年度行政革新實施要項規劃構想，釐定出此一方案。根據本案內容除延續「建立廉能政府」總目標與「廉潔」、「效能」、「便民」的革新重點要求外，另外還有檢肅貪瀆，端正政風、健全機關組織，精簡現有員額、健全政府財政，減少預算赤字、提昇行政效率，強化工作效能與落實制度變革，加強為民服務五大部分共三十三項[1]。

（二）蕭內閣的政府再造工程（民國 86-88 年）

整理相關資料（朱鎮明，1999：289-294；孫本初，2009：129-130）顯示，此時期主要推動的方案大致如下：

1. 發布「政府再造綱領」：民國 87 年發布「政府再造綱領」，期以

1　行政院經濟建設委員會網站，http://www.cepd.gov.tw/m1.aspx?sNo=0008768，檢閱日期：2012/02/21。

「引進企業管理精神，建立創新、彈性、有應變能力的政府，以提昇國家競爭力」。「政府再造綱領」的主要內容有：（1）研擬「國家機關組織基準法」：明定機關組織設置法規依據，調整機關組織架構；（2）研擬「政府機關總員額法」，主要是在特定政府機關總員額數內，授權行政部門彈性調整各機關員額；（3）釐清中央與地方組織架構及權限，包含擴大委託民間辦理範圍、簡化行政流程等。

2. 成立「政府再造諮詢委員會」與「政府再造推動委員會」，兼納並整合「由下而上」及「由上而下」兩種策略，期望藉由全民的力量推動政府再造。

3. 提出「政府再造推動計畫」：成立「組織再造小組」，包含調整政府角色、行政層級與職能；設立「人力及服務再造小組」，主要在改善組織文化、激勵士氣、強調參與；成立「法制再造小組」，檢討或修正相關法令與業務。

（三）扁政府時期的政府改造委員會（民國90-96年）

民國90年，總統府成立「政府改造委員會」，由當時的總統陳水扁先生擔任主任委員，提出「具全球競爭力的活力政府」為改造的願景。其基本精神在於「民間可以做的，政府不做；地方政府可以做的，中央政府不做」。該委員會提出政府改造「四化策略」，主要內容有：（1）去任務化：主張解除管制；（2）地方化：中央機關辦理的業務，改由地方辦理，符合地域性與親近性；（3）法人化：原本由政府所負責的業務改由公共法人來辦理，打破以往政府—民間團體的二分法，使業務執行更有效率、更為彈性；（4）委外化：將業務委託給民間辦理，主要目的在提高資源運用的效率（孫本初，2009：131-132）。

（四）馬政府時期的政府再造（民國 96 年迄今）

馬政府上任後，以「提昇國家競爭力」爲願景，目標是要打造一個「精實、彈性、效能的政府」，以大幅提昇國家的競爭力。整體執行策略與實際措施分述如下[2]：

1. 精實：（1）將現有 37 個部會精簡爲 29 個部會[3]（參考圖 1）；（2）檢討政府職能，合理配置公務人力並有效抑制員額膨脹；（3）秉持依法行政原則，徹底檢討未以法規設立機關問題。

2. 彈性：（1）鬆綁中央行政機關組織法規，賦予行政部門組織設計靈活度；（2）運用多元組織型態，重新建構公私部門間之關係，發揮便民效果；（3）推動行政法人制度，讓公部門在人事及經費運用上更有彈性。

3. 效能：（1）增強行政院院本部及各部會綜合規劃能力；（2）強化跨部會協調治理能力，解決機關間功能重疊及權責不清問題；（3）引進企業管理精神，使公部門展現「民眾第一」的服務特質。

綜上所述可知，建立一個快速因應民眾需求的政府組織，是所有執政者所追尋的目標。近年來，爲因應金融海嘯、氣候變遷、重大天然災害等

---

2 行政院研究發展考核委員會網站，http://www.rdec.gov.tw/np.asp?ctNode=11583&mp=14，檢閱日期：2012/2/28。

3 行政院組織改造五大基礎法案，在各界積極凝聚最大共識下，陸續於民國99年1月及100年4月間完成立法，確認行政院設14部、8會、3獨立機關、1行、1院及2總處，由現行37個部會精簡為29個機關，在「分批完成立法，分階段施行」的原則下，已完成立法之新機關自101年1月1日起陸續施行，至於尚未完成立法之新機關組織法案，在兼顧法制完備性、施政穩健度及堅實組改配套作業等因素下，與國會建立良好的溝通管道，積極協調立法院完成各項新機關組織法案的立法作業，將是行政院下一步努力的目標。同時，善用新機關籌備小組之研商平台，使新機關具備成立之條件，以免影響未來新機關組設之穩定性及為民服務之持續性，期望組改作業能在「提升效能」及「無縫接軌」之原則下穩健推動，達成組織改造「精實、彈性、效能」之目標。（資料來源：行政院人事行政總處組織改造專區http://www.dgpa.gov.tw/mp/info?mid=297&uid=298&pid=5641，檢閱日期：2017/5/4）。

許多突發情形，以及社會環境的變動，更迫使政府需再次檢視組織內部各項職能與施政的優先順序，以簡化行政作業流程、提昇公共服務品質並符合民眾的需求。

14 部
內政部
外交部
國防部
財政部
教育部
法務部
經濟及能源部
交通及建設部
勞動部
農業部
衛生福利部
環境資源部
文化部
科技部

8 會
國家發展委員會
大陸委員會
金融監督管理委員會
海洋委員會
僑務委員會
國軍退除役官兵輔導委員會
原住民委員會
客家委員會

3 獨立機關
中央選舉委員會
公平交易委員會
國家通訊傳播委員會

1 行 1 院 2 總處
中央銀行
國立故宮博物院
行政院主計總處
行政院人事行政總處

◎ 調整為 14 部、8 會、3 獨立機關、1 行、1 院、2 總處，共 29 個機關。

▲圖 1　行政院組織新架構圖（民國 99 年 2 月 3 日總統公布）

資料來源：行政院人事行政總處網站，http://www.dgpa.gov.tw/mp/info?mid=297&uid=301&pid=5652，檢閱日期：2017/5/4。

第五節　政府再造之特色與反思

一、政府再造之特色

　　政府再造雖被各國視爲是文官體制的改革手段，甚至是鞏固政權合法性與正當性的重要依據，但是絕大多數推行政府再造的國家，至今仍缺乏清晰完整的願景藍圖可資依循，相關的改革措施多半在改造過程中逐步調適、漸次修整（江岷欽，1998：73-74），故各國所推動的政府再造內容有些許不同。然基本上都秉持著建構企業型政府的共同中心思想，因而有其共通之處。對此，有研究歸納整理各國政府再造之共同特點如下（孫本初，2010：67-75）：

（一）引發政府再造的背景因素相似

　　從歷史分析的角度來看，政府再造的雛型構想始於 20 年前，約從1978 年美國的稅制改革與 1979 年英國柴契爾夫人勝選開始，繼而在 1980年代擴展爲一股世界風潮。觀諸各國政府再造的背景因素，基本上皆始於政府部門功能不彰，規模雖大但行動遲緩，且傳統官僚的獨占性治理結構也使民眾難以忍受，故有學者基於新古典經濟學的相關理論，提出公共選擇理論、交易成本理論和代理人理論，試圖引進市場自由競爭機制和私部門的作法，以彌補政府部門官僚體制的缺陷，並提昇行政績效。

（二）政府再造的目的與路徑趨同

　　各國政府再造的目的或有不同，但均以撙節施政成本和提高政府效能爲主，以重建新的治理結構。此外，由於各國政府再造的目的趨於一致，導致其所採行的改革路徑也趨於相同，基本上脫離不了分權、授能、民營

化，同時強調顧客導向、標竿學習和重視績效。

（三）組織精簡成為撙節施政成本的必然手段

由於人民普遍將政府施政成本過高，歸因於政府組織龐大且冗員充斥，加上改革者均視裁減人員為降低政府財政支出的最有效手段，因此，組織精簡似乎已成為各國撙節施政成本的必然手段，卻忽視可能因此而衍生出文官士氣低落的負面效應。

（四）永業化文官已漸被契約雇用制所取代

舉凡英國「續階計畫」所揭櫫的「執行機構」與執行長制，紐西蘭「政府組織法」所施行的策略性人力資源政策等，均是對傳統文官體制進行大幅改革的象徵。換言之，永業化文官已漸被契約雇用制所取代，文官體制的文化越來越像私部門的企業體制。

（五）廣泛運用市場的自由競爭機制

新右派的改革路徑，原本就是推崇市場自由競爭機制而貶抑傳統官僚體制的層級節制體制，如民營化、簽約外包等公共服務生產的方式，均是期望透過引進市場機制，來活化政府機能和迅速提昇政府部門的績效。

（六）顧客導向為政府再造的基本理念

無論是英國的「公民憲章」，或是紐西蘭的「行政文化重塑運動」，甚或美國的「高爾報告書」等，均強調以顧客導向的公共服務理念來提昇政府的施政品質，進而提高人民對政府施政的滿意度。

（七）建構績效型政府已成為各國再造的共同目標

優質的政府必須重視績效，因而目前各國政府再造的目標均指向建構

一個績效型政府，一方面能夠符合人民的期待，另一方面也可以滿足國會要求行政課責的體制問題。然而，在政府部門中客觀有效的績效指標卻不容易建立，此乃各國政府今後所欲努力的方向。

（八）憲政體制和政治因素仍將考驗各國的再造運動

新公共管理強調賦予政治管理菁英更大職權，以從事政府再造的工作，也因而必然導致行政權的擴張。儘管新公共管理試圖採用績效結果作為課責之標的，但實際的政府績效卻不易評量，而產生國會對內閣的監督及對政治管理菁英課責的問題。

二、政府再造的反思

政府再造的思潮，帶給許多國家不同的改變與思考方向，大部分的國家對於政府再造所帶來的效應期望甚高，甚至視其為「萬靈丹」。然而，政府再造仍有下列幾項迷思與困境值得深切探討（陳正隆，1999：145-148；孫本初，2009：97-98）：

（一）企業化政府與企業家精神之釐清

有學者指出，「企業化政府」基本上是一個錯誤的名詞，也是錯誤的隱喻。如果政府最終目標是要改型成企業，則「民主」必然受到傷害。因為公共行政和企業管理的本質原本就不同，前者強調公平正義，後者重視成本利潤。因此，企業精神的政府主要是強調政府部門學習企業之若干機制，如誘因、競爭等，藉以改變政府體質，以繼續執行公權力所賦予的維護公平正義之使命，但卻必須謹記，政府部門所提供的公共服務有時無法完全以成本效益來衡量，所以借用企業的機制也必須考量不得與政府基本性質相衝突。

（二）以「顧客為導向」的適當性

美國政府改革經驗認為，以顧客為導向之企業型政府具有諸多優勢，然而卻有研究提出批判，質疑將政府服務對象比擬為市場之顧客的適當性。因為公部門顧客的認定不易，顧客之間各自擁有不同的服務期望，而公部門本身所提供的服務又大都有一致性，很難滿足不同顧客之需求。加上公私部門有其本質上的差異，若完全師法企業的經營技術，純由私部門管理角度思考而非政策面著眼，恐怕有其缺失。

（三）利潤（營收）觀念之合宜性

政府再造雖以裁併機構、刪減員額、節省減少支出為其部分內涵，而如此的作法也確實有「可能」提高政府效能，但減少支出並不必然導致更高效能（Costs less ≠ Works better），實施政府再造也不一定可以提高政府績效或增加政府營收。若公務人員不改變使用資源的方式，同時培養成本效益的觀念，則很難獲得較佳的績效與具體改善成果。

歷屆考題

1. 企業型政府有賴企業型官僚來落實。試問：企業型官僚有何行為特質？請說明之。（092 年公務人員高等考試三級考試暨普通考試第二試—三等一般行政）

2. 何謂企業精神？企業精神對現階段推動政府改造有何啟示與意義？（094 年交通事業鐵路人員、公路人員升資考試—士級晉佐級事務管理）

3. 歐斯本（D. Osborne）與蓋伯勒（T. Gaebler）曾於 1992 年提出政府再造（企業型政府）的十項原則，以為實踐之指引。試一一列舉說明之。（095 年交通事業港務人員升資考試—士級晉佐級事務管理）

4. 何謂企業型政府？企業型政府有何共同特質？試說明之。（095 年交通事業港務人員升資考試—佐級晉員級事務管理）

5. 試述企業精神政府（entrepreneurial government）的基本理念及其具體的政策內涵，並評估之。（096 年公務人員高等考試三級考試暨普通考試—三等一般行政）

6. 自「企業型政府」的概念流行之後，政府預算管理制度正逐漸朝向「新績效預算」（new performance budget）的模式發展。請問何謂「新績效預算」？其與傳統績效預算制度之間有何不同？（097 年特種考試地方政府公務人員考試—三等一般行政）

7. 「企業型政府」概念對政府改造曾產生重大影響，請分析在落實企業型政府概念時會遭遇何種限制？又欲真正落實企業型政府之概念時，則須具備何種前提？（099 年特種考試地方政府公務人員考試—三等一般行政）

8. 請簡要說明（1）源自於 20 世紀晚期美國的政府再造（Reinventing Government）運動主要包含哪些元素？（2）你對政府再造的主張是否贊成？為什麼？（101 年國立臺北大學公共行政暨政策學系碩士班一般入學考試）

9. 企業型（精神）政府（entrepreneurial government）已蔚為新政府運動中熱門的主題之一，試說明其內涵與特質。（102 年公務人員高等考試三級考試—普通考試一般行政）

10. 1980 年代以來的新公共管理主義蔚為政府再造風潮，主張政府應師法企業（businesslike）。但也有論者持相反看法，認為政府組織與私人企業並不相同，不可一體適用。試比較公共管理與企業管理的異同，並論述你對此一爭議的看法。（102 年特種考試退除役軍人轉任公務人員考試—四等一般行政）

11. 試闡述企業型政府（entrepreneurial government）的原則與特質。（102 年公務人員特種考試身心障礙人員考試—四等一般行政）

12. 何謂「政府失靈」（Government Failure）？其主要原因為何？何謂「政府再造」（Reinventing Government）？您可以由哪些重要的評估標準來評估目前我國正在進行的行政院再造工程？（102 年公務人員特種考試國家安全局國家安全情報人員考試—三等政經）

13. 請從「公共行政」與「企業管理」的比較觀點，討論公共組織的組織目標、結構設計、決策運作環境與績效管理等特性。（103 年公務人員特種考試身心障礙人員考試—三等一般行政）

14. 何謂企業型政府？企業型政府具有哪些特質？又「新公共行政」學派對於企業型政府有哪些批評？試分別論述之。（104 年公務人員高等考試三級考試—高考三級一般行政）

15. 一九九零年代開始，世界先進國家默不致力推動所謂「企業型政府」，其中最重要的精神包含 a. 強調導航而非操槳、b. 結果導向、c. 市場導向。請分別解釋以上三種涵義，並提出您自己對這些原則的看法。（104 年國立臺北大學公共行政暨政策學系碩士班一般入學考試）

參考文獻

一、中文資料

丘昌泰，2010，《公共管理（再版）》，台北：智勝。

江岷欽，1995，〈企業型政府與行政革新〉，《台灣月刊》，156：14-19。

江岷欽，1998，〈政府再造之標竿：企業型政府〉，《行政學報》，29：61-131。

江岷欽、劉坤億，1999，《企業型政府──理念、實務、省思》，台北：智勝。

朱鎮明，1999，〈政府再造的政治分析──權力互動的觀點〉，詹中原（編），《新
　　公共管理──政府再造的理論與實務》，台北：五南，頁281-334。

吳瓊恩、李允傑、陳銘薰編著，2005，《公共管理（再版）》，台北：智勝。

林水波、陳志瑋，1999，〈企業精神政府的政策設計與評估〉，《中國行政評論》，
　　8（2）：45-73。

林水波編著，1999，《政府再造》，台北：智勝。

孫本初，2009，《新公共管理（修正第二版）》，台北：一品。

孫本初、莫永榮，1997，〈形塑企業型政府策略之探討〉，《人事月刊》，25（4）：
　　20-35。

孫本初編著，2010，《公共管理（第五版）》，台北：智勝。

張潤書，2009，《行政學（修訂四版）》，台北：三民。

陳照明，1999，〈我國政府組織再造的策略措施初探〉，《人力發展月刊》，66：19-
　　29。

莫永榮，1998，〈建構企業型政府之探討〉，《空大學訊》，223：75-80。

詹中原，1999，〈政府再造──革新「行政革新」之理論建構〉，詹中原（編），
　　《新公共管理──政府再造的理論與實務》，台北：五南，頁3-28。

陳正隆，1999，〈美國「國家績效評鑑」之省思與啟示〉，詹中原（編），《新公共

管理——政府再造的理論與實務》，台北：五南，頁 129-154。

二、西文資料

Kettl, Donald F. 2000. *The Global Management Revolution: A Report on the Transformation of Governance*. Washington, DC: Brookings Institution Press.

三、參考網站

行政院經濟建設委員會網站，http://www.cepd.gov.tw/m1.aspx?sNo=0008768，檢閱
　　日期：2012/02/21。
行政院研究發展考核委員會網站，http://www.rdec.gov.tw/np.asp?ctNode=11583&mp=14，
　　檢閱日期：2012/02/28。

3
新公共服務

學習重點

▶新公共管理到新公共服務的演變為何？

▶傳統公共行政、新公共管理與新公共服務三者之差異為何？

▶新公共服務的理論基礎與核心概念為何？

▶新公共服務的困境為何？

前　言

　　近年來，公共行政理論出現了所謂新公共服務的轉向。此一轉向是公共行政學者對於古典公共行政及新公共管理發展的一些限制提出反省，並且逐漸建立一些理論據以討論民主參與模式（歐崇亞，2009：120）。

　　之所以會有如此的改變，或許可以歸因於「對政府公共服務應以哪些核心價值為主？」之反思。事實上，自 Wilson 於 1887 年所提出的〈行政的研究〉（the Study of Administration）一文中指出，行政研究應專注的兩項重點：一是「政府可以適當成功地做哪些事？」；另一項則是「政府如何能以最大的效率及最少的金錢或成本來運作？」之後，「效率」相關的概念似乎成為政府從事公共服務最核心的價值。即使 1970 年代新公共行政學派為傳統以重視效率和效能為主的公共行政理論與研究，注入社會公平新元素，但仍未否認以效率、效能和績效等作為政府內部管理運作的主要價值觀，仍是政府公共服務的重要核心價值。而 1980 年代引領各國政府再造的公共管理學派，更是以效率、效能、績效等管理主義導向作為政府公共服務的主要價值觀。然這些價值均屬於典型管理高權的範疇，當這些價值在政府輸送公共服務過程中過度被強調時，即意味著政府在政策制定、執行與治理各面向，都扮演主導的角色。而且為了減少決策過程參與者過多，以致延宕決策時間與提昇溝通成本，影響效率、效能的表現，政府決策者的最佳決策就是減少治理過程中公民和民間的參與。然而，若對照當代國家民主政治發展，強調政府治理應以「主權在民」的民主作為公共服務的核心價值觀，和以強調效率、效能和績效為主的公共管理學派則顯得有些不一致（蔡秀涓，2009：112-113）。

　　在上述的背景之下，促使新公共管理在成為全球性的行政革新浪潮近 20 年後，在理論與實務的交互印證下，逐漸浮現出管理主義所造成的限制與困境，且開始受到各界的批評，有識之士更提出重新省思新公共行政的訴求。而「新公共服務」（New Public Service，簡稱 NPS）的相關理論即是在此情況於 2000 年由登哈特夫婦（Janet V. Denhardt & Robert B. Denhardt）所提出，以「服

務,而非領航」(serving, not steering)作為新公共服務論的口號,對傳統公共行政及新公共管理進行批判,頓時在公共行政學界中受到重視與討論,成為新治理時代中行政倫理變革探討的代表。有部分學者甚至認為,新公共服務將取代新公共管理(企業型政府),成為政府再造、行政革新的重要價值主流。

由以上所述得知,新公共服務的概念對現代國家治理的影響具有相當深遠的意義。因此,在本章中首先說明從新公共管理到新公共服務的演變過程;其次,整理新公共服務的意涵,比較傳統公共行政、新公共管理與新公共服務的差異;接著闡述新公共服務的理論基礎、核心概念與策略途徑;最後則探討新公共服務的實踐與困境。

第一節　從新公共管理到新公共服務

　　1980 年代各國政府爭相推動再造之因，主要是受到 1970 年代所爆發的石油危機，嚴重影響各國經濟成長之故。由於經濟衰退導致福利國家支出相對應的成長，預算赤字不斷擴大，使得政府時常面臨財政與人民不滿的雙重危機。此外，隨著政府職能不斷擴張，勢必需要建立龐大的官僚體系來執行，然而行政機關所關心僅止於預算的擴張，因為唯有預算的增加，才能創造更多的工作，增加升遷的機會，導致政府產生不正確的公共財觀念、過度供給與竊盜行為等結果[1]。而當國家面臨經濟危機、財政危機與官僚危機，又無法有效因應民眾的需求時，將產生人民對於政府的不信任。也因之，1980 年代以降，政府部門與人民間的關係趨於惡化，人民對於政府的信任度不斷下降，使得政府面臨失去合法性與正當性之危機。

　　在面對兩次全球石油危機所造成的經濟停滯與蕭條，歐美各國亟思尋找政府體制與公共服務提供方式的改革，包括：推動公共服務民營化，引進民間資源改革公共服務提供的品質與水準；建立小而美的政府體制等，開創了企業型的政府體制，形成一股全球性的政府治理改革風潮。這股風潮強調經濟市場自由化和公營事業民營化，引進企業精神來管理政府機關之運作與公共服務的提供，不僅緩解 1980 年代各國財政支出的不足與公共服務短缺的窘境，也改變了傳統治理的風貌，從強調威權、層級節制、依法行政的保守官僚轉化為重視組織願景、問題解決、顧客優先與成果為重的現代化服務機關。然而，過度強調市場機制與去官僚化，不但導致領導角色漸為企業菁英所取代，且受企業菁英所影響的政府也逐漸遠離公共利益的守護角色，而此種公民權利的漠視更導致民主法治行政的疏忽以及

---

1 不正確的公共財觀念：政府部門試圖影響民眾，使最後的決策內容符合政府官僚所認定「正確」的公共利益，而不是讓社會大眾獲得真正最大滿足的公共利益；過度供給：政府部門為突顯績效，常不計成本的生產遠比需求還多的服務；竊盜行為：政府官僚犧牲人民利益，以成就官僚本身的權益，亦即政府謀取私利的多，貢獻社會的少（林鍾沂，2001：166-169）。

民主課責機制的蕩然（廖俊松，2009：3-4）。

　　有鑑於近世以來的政府治理革新風潮中過分傾向管理主義的危機，部分人士不斷呼籲致力尋找新的公共行政價值，重建社群主義與憲政精神，以矯正過分偏重管理主義的不當價值傾向（廖俊松，2009：4-5）。在學術界也開始展開深切反省，其中以 Robert B. Denhardt 與 Janet V. Denhardt 所提倡的新公共服務（The New Public Service）爲代表，強調以服務導向來取代績效導向之政府（蕭武桐、陳衍宏，2009：11）。如前所述，新公共服務理論最早是起源於 Robert B. Denhardt 與 Janet V. Denhardt 夫婦在 *Public Administration Review* 期刊中發表的〈新公共服務：以服務代替導航〉（The New Public Service: Serving Rather than Steering）一文，主張「信任合作」、「公共利益」、「服務」與「共享」等理念，並在 2003 年改以「新公共服務：是服務而非導航」（The New Public Service: Serving not Steering），對於以公共利益爲規範基礎的公共行政之民主價值、公民資格以及服務等重新進行深層探究。下圖 1 乃是新公共服務發展的歷史脈絡。

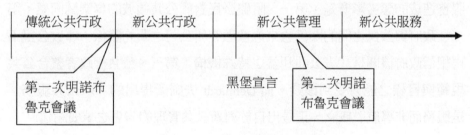

▲圖 1　新公共服務的發展

資料來源：林志鴻（2009：16）。

第二節　新公共服務之意涵

一、新公共服務之意涵

在新公共管理制度下，各國政府所強調的是企業型政府，政府必須在最小的成本下發揮最佳的績效；以顧客導向來對待一般民眾；鼓勵民營化來代替公共服務的生產等。針對此一改革風潮，許多學者發現，新公共管理在實行上有許多矛盾之處，包括價值提昇、公私協力的緊張關係、泰勒的新管理主義對民主和制度價值是有所威脅與傷害的（李宗勳，2003：135）。Haque（1999，轉引自丘昌泰，2011：9）即指出：隨著新公共管理提出建立企業型政府的理念，公民與行政之間的關係也隨之發生變化，一方面是公民成為公共服務的促進者，而非領導者的被動角色；另一方面是公共服務能力的下降，無法積極處理公民關心的公共事務。因此，新公共管理是市場偏頗的新自由主義者（market-biased neoliberals）。其對公共服務造成的惡劣影響是：第一、阻礙公民對於公共領域的專業認同感；第二、政府與公民之間的關係愈來愈像顧客與公司之間的關係，導致公民不再相信政府機關是代表公共利益之特殊機構；第三、公共行政者整合公共規範與目標之能力受到懷疑。而 Denhardt 夫婦所提出的「新公共服務：是服務而非導航」概念，正是出自於對新公共管理的省思之重要論述。

新公共服務一詞最早出現於英國布萊爾政府的執政藍圖之中，主要融合傳統文官體制與企業型政府之特徵，以及自我觀點形塑而成之執政理念。在現代化政府白皮書中，提出新公共服務理念如下（Cabinet Office, 1999，轉引自蘇俞如，2003：12-13）：

（一）具服務性質之政策應具備前瞻性，而非反應短期之壓力。

（二）公共服務之傳送應符合民眾之需求，而非只求提供服務者之

便利。

（三）政府應該具有高品質與高效率的服務態度。

（四）政府應運用嶄新之科技，以因應現代企業與公民之需求。

（五）政府應重視公共服務，藉由行政體系的改革，以提高服務品質。

　　而 Denhardt 夫婦在〈新公共服務：服務而非導航〉一文中，更明確說明新公共服務相關概念，指出新公共服務概念較能彰顯公共利益，而新公共服務的最核心主題有二：一是「提昇政府公共服務的尊嚴與價值」；另一則是「重視公民、公民權與公共利益等價值內涵及實踐。公部門不僅應該提供服務給社會大眾，更要運用公民對話與公民參與的方式，強化公民精神」（吳瓊恩、藍夏萍，2008：4），顯示新公共服務試圖從公民權利、公民參與與公共對話三個面向來勾勒出一幅當代政府與公民社會民主治理的新圖像。

二、傳統公共行政、新公共管理與新公共服務之差異

　　傳統公共行政以權威作為主要的協調機制，偏向層級節制的治理模式；新公共管理則以價格作為主要的協調機制，強調市場的治理模式；新公共服務乃以網絡互動為主要協調機制，傾向社群的治理模式。這三種治理模式以不同比例存在於各式各樣的組織中，各有其立論基礎。Denhardt 夫婦提出十個重要指標來區別傳統公共行政、新公共管理與新公共服務之間的差異，相關內容如表 1 所示（Denhardt & Denhardt, 2007: 28-29）：

（一）傳統公共行政的治理模式著重由上而下，但新公共服務的治理模式則講求內外領導共享的合作結構；政府角色由領航者轉變為服務的提供者，並站在公民的立場提供真正的需求與服務，

以創造共享的利益與價值。

（二）新公共管理模式認為個人利益的總和等於社會的整體利益，卻忽略公民參與的過程，並非靜態的從個人利益的加總即可得出公共利益。新公共服務則認為公部門、私部門與第三部門應該相互合作，藉由不同角度來整合多元意見，制定出相互滿意的政策，才能有效解決問題。

（三）新公共服務強調的是人際關係網絡，牽涉到組織內外多面向的社會關係，因此強調社會資本的累積，建立人際間的信賴，將有助於公民參與，並建立以公民為中心的治理，以培養長期的專業規範與合作信任。

（四）新公共管理多視公民為「顧客」，新公共服務卻認為政府應該視服務對象為「公民」而非「顧客」。

（五）新公共管理認為公部門涉及的程度越少越好，利益的創造僅需依賴私部門與非營利組織間的合作就能產生最大利益；新公共服務則認為公部門、私部門與非營利組織彼此間應該相互合作，透過不同的角度彙整多元意見，以設計出能滿足不同需求與期待的政策。

（六）新公共管理認為組織只要能夠達成最終目標，可以無限增加擴大權力範圍；新公共服務則認為公共行政人員的職權是有限度的，且必須主動為民服務，積極回應人民需求，提供全方位之服務。

▼表 1　傳統公共行政、新公共管理與新公共服務之比較

	傳統公共行政	新公共管理	新公共服務
基本理論與認識之基礎	政治理論，以簡樸的社會科學所延伸的社會與政治評論。	經濟理論，奠基於實證的社會科學為基礎的更精緻之對話。	民主理論，包括實證、詮釋、批判與後現代的各種知識途徑。
對於理性的主要論述與有關的人類行為模式	概要理性，「行政人」。	技術與經濟理性，「經濟人」或自利的決策者。	策略理性，理性的多元檢驗（包括政治、經濟與組織）。
公共利益的概念	公共利益由政治界定並由法律層次中所展現。	公共利益乃個人利益之整合。	公共利益乃共用價值與對話之結果。
接受公共服務者（公共服務人員對誰回應）	委託者與選民	顧客	公民
政府角色	操槳者（著重單一的政治界定之目標，其政策之設計與執行）	領航者（扮演市場力量的媒介）	提供服務者（公民與社群團體利益的談判與協商，以創造共用之價值）
達成政策目標之機制	藉由既有的政府機關執行方案。	藉由民營化與非營利機構創造機制與誘因結構以達成政策目標。	建立公營、民營與非營利機構聯盟以滿足相互之需求。
課責之途徑	層級節制：公共行政人員向民選政治領袖負責。	市場導向：自利的加總將導致廣大的公民團體或顧客所要求的結果。	多面向之途徑：公共行政人員必須關注法律、社群價值、政治規範、標準與公民利益。
行政裁量	允許行政官員有限的裁量。	寬廣的自由裁量空間以達成企業的目標。	裁量是必要的，但必須受到限制。
組織結構的假定	官僚組織，機構乃由上而下的威權結構，及對服務對象的控管。	分權化的公共組織，機構內保有基本的主控權。	內外共同領導的合作結構。
公共服務人員與行政人員激勵基礎的假定	薪資與福利，文官服務的保障。	企業精神，意識型態上縮減政府規模。	公共服務，要求貢獻社會。

資料來源：Denhardt & Denhardt（2007: 28-29）。

第三節　新公共服務之理論基礎與核心概念

一、新公共服務的理論基礎

　　新公共服務的主要理論基礎來自「民主的公民資格理論」（Theories of Democratic Citizen）、「社群與公民社會的模型」（Models of Community and Civil Society）、「組織的人文主義與新公共行政」（Organizational Humanism and the New Public Administration）與「後現代公共行政」（Postmodern Public Administration），以下分述之（孫本初、羅晉，2004：10-13；顧慕晴，2009：15-17；孫本初，2009：161-165）：

（一）民主的公民資格理論（Theories of Democratic Citizen）

　　民主的公民資格理論乃公民應主動積極參與治理。學者 Sandel 認為政府與公民間的關係基礎是政府藉由民主程序與個人權利（如投票）來保證公民可以選擇與其一致的個人利益，此觀點所強調的是個人的權利與利益。新公共服務則認為應該超越此種狹隘的公民資格論，更加重視公共精神的實現。其強調公民在參與治理的過程中，個人將超越自我利益的考量，將公共利益置於自我利益之上。而在新公共服務的公民資格論中，行政人員應該視民眾為公民，而非僅是選民或顧客，並且減少對公民的控制，主動分享決策權，建立起信任合作的基礎與效力。

（二）社群與公民社會的模型（Models of Community and Civil Society）

　　近年來社群概念與如何重建社群的連結重新在實務界與學術界受到重視。社群具有凝聚共識、整合各種團體，以及能使社會整體產生穩定的作

用；而公民社會乃是一群具有社群意識、情感與共同意見的公民所組成，被視為制衡政府的機制防止政府集權。在建構社群上，政府扮演關鍵性的角色，促進與支持公民與其他社群的連結；社群是一個媒介，可以將公民的需求予以彙整，擴大公民參與政治的實質經驗，在參與的過程中體現社群建構與民主治理的本質。

（三）組織的人文主義與新公共行政（Organizational Humanism and the New Public Administration）

行政機關不應該受權威與控制所主導，更要注意公共行政人員與公民的需求與觀點。Golembiewski 認為唯有透過創造開放的解決問題環境，才能使組織成員面對問題，而不是逃避問題。因此，新公共行政的學者期盼公部門創建一個更人性化的組織，具備開放、信任與誠實的網絡，以取代傳統官僚組織，並針對管理者在公共政策發展上，應該扮演更積極的批判角色，對於公共問題提供解決之道。這意味著對所有人提供相同或更高的服務，並將平等、公正與回應等概念都納入討論。

（四）後現代公共行政（Postmodern Public Administration）

後現代公共行政觀點特別強調「對話」的概念，認為公共問題透過對話來面對問題，會比透過「客觀的」觀察或理性的分析更容易解決問題。此理想將行政人員和公民視為集合在一起充分討論、理性的自利個體，且被視為充分參與的討論者，在討論的過程中，不僅充滿相互關懷的人性，也具備理性、經驗、直覺與情感。而這正是新公共服務所強調的精神之一。

二、新公共服務的核心概念

如上所述，新公共服務是由「民主的公民資格理論」、「社群與公民社會的模型」、「組織的人文主義與新公共行政」與「後現代公共行政」等理論構築而成，強調民眾回應性以及公民參與的過程，回歸政府設立的初衷非僅在於追求效率、生產力等理性表現，強調憲政價值以及對人性問題的探討，以真正瞭解並回應公民需求。新公共服務的核心理念簡述如下（Denhardt & Denhardt, 2007: 42-43）：

（一）服務公民而非服務顧客（Serve Citizens, Not Customers）

公共行政人員應該著重於公共利益，所要回應的是公民的需求而非顧客，其焦點在與公民建立信任與合作的關係。而所謂的公共利益是公民透過對話、價值分享逐漸累積而成，而不是個人自我利益的總和。政府必須能敏銳的感受公民需求，並對於公民需求及利益負責。

（二）公共利益的追求（Seek the Public Interest）

公共行政人員要建立一個集體共享的公共利益，不同於傳統公共行政中文官僅是扮演恪守本分、依法行政與價值中立的消極角色，而是必須扮演建立共享的公共利益之積極角色。企業追求私利，而政府強調公平與公正的價值，新公共服務則更著重在提昇公民資格與維護公共利益的責任，並指出這不只是政府的責任，也是每個人的共同責任。

（三）重視公民精神更勝於企業家精神（Value Citizenship over Entrepreneurship）

有別於傳統公共行政重視權力集中、形式化規範與有效的控制，以及新公共管理強調政府必須師法企業精神與作為，新公共服務則強調公民應

涉入政府決策的過程，真正的參與、改善與審議式的決策過程。換言之，新公共服務主張公共利益要由公共行政人員與公民共同努力創造，而不是操控在管理者之手。

（四）策略思考與民主行動（Think Strategically, Act Democratically）

新公共服務認為政策執行的重點，在於促進公民聯盟與社群的建立，政策執行是政府與公民兩者的共同責任。公民與公共行政人員有相同的責任，憑藉公民由下而上且多元參與途徑，來共同界定公共問題與落實解決方案，使治理更具正當性與成長性。

（五）體認到課責並非單純簡單之事（Recognize that Accountability is Not Simple）

有別於新公共管理過於強調利潤與成果的追求，忽略課責的重要性；新公共服務則體認到課責是複雜且多面向的。新公共服務不只是回應市場需求，其主張公共行政人員除了必須依法行政外，還必須恪守憲法、法律、命令、社會價值、政治規範、專業標準與公民利益。所強調的課責是透過資訊公開、多元對話、公民授權等途徑化之行動，明確化其內外在課責性，進而保障公民相關權益。

（六）服務而不是掌舵（Serve Rather than Steer）

有別於傳統公共行政的政府角色，在於界定問題與主導政策過程；新公共管理則強調必須效法企業管理策略與原則，來引導政策之走向；而新公共服務強調公共行政人員要運用共享價值為基礎的領導，政府作為公民的公僕，應該幫助公民並共享利益，而不是控制與領導政府施政作為與政策方向，藉由分享互動與對話，尋求對社會問題與政策方案的共識與共同認知。

（七）重視人性價值，而非僅是生產力（Value People, Not just Productivity）

　　新公共管理強調以誘因來達成生產力；新公共服務則認為公共組織的成功有賴於人性價值的重視及透過合作共享的領導，著重在提昇公共行政人員體認工作價值、榮譽及自我成就的重要性，而不是單純生產力的評估。

三、新公共服務的策略途徑

　　新公共服務旨在提昇政府施政滿意度與公民參與的滿意度，藉此提昇整體公共服務之形象以及政府整體的競爭力。而新公共服務的策略途徑，根據學者所言，可以分為下列四點（施偉仁，2004：21；林水吉，2005：106-109）：

（一）建立公私協力的夥伴關係

　　公私協力關係（public-private collaboration）指在處理公共服務上，公私部門以互惠的對等地位進行經常性的互動，形成共同參與及責任分擔的互動關係，並各自保有獨立自主性。建立共識是驅動協力關係的基礎，在面對多元化的組織與利益追求，為使政策執行、執行結果更為順利與完善，促使參與者以對等方式，在瞭解彼此情況後所產生的對話與合作。此外，新公共服務強調社會資本的累積，建立人際間的信賴關係，將有助於公民參與並建立以公民為中心的治理，培養長期的專業規範與合作信任。

（二）解決跨域的政策議題

　　跨域政策議題強調制度上、組織疆界或管轄權間所忽略或忽視的議

題。其中，夥伴關係在跨域政策議題中，具有相同的重要地位，當部門間藉由協議形成信任，可以避免各單位在組織文化、本位主義與立意上的堅持，促使合作更為順暢，以提昇公共服務遞送品質與績效目的之達成。

（三）以催化型領導形塑新公共服務精神

在急劇轉變的社會環境中，公部門應以服務公民為目標，並擴大公民參與，才能提昇政府的形象與服務品質。相對於強調市場機制的公共管理，政府的領導著重於中介的角色。催化型領導（Catalytic Leadership）涵蓋四個特質：領導者專注於將議題提昇至公共政策議程中；參與多元議論以界定利害關係人與解決問題之本質；鼓勵多重的策略選擇；推動制度化的合作及促成網路的建構。因此，公共行政人員應以催化型領導促進公民團體間的合作，以建構相互連結的網絡，而在此網絡中的公部門，不僅是參與者也是對話平台的建構者，促進公民團體間的對話，以滿足公民參與的需求，提昇公共服務之品質。

（四）聚焦願景並描繪出價值曲線

新公共服務必須提出願景，藉由願景來構想建立組織發展的策略草圖與描繪價值曲線。新公共服務策略草圖的功能包括：清楚的指出新公共服務成員的競爭因素；展現目前競爭對手的策略組合；顯示新公共服務的策略組合與價值曲線。總而言之，新公共服務的行政人員必須扮演服務的先驅者，創造服務願景、聚焦願景，以便創新價值，把服務推向新的境界。

第四節　新公共服務的實踐與困境

一、新公共服務在公共價值上的形塑

公共價值在新公共管理的研究中並非主要的研究議題，卻突顯出市場取向的治理模式的核心問題。新公共管理師法企業的改革方式，顯示出：若缺乏國家或政府的規範，市場並無法有效自我管理，以及克制人性的自利行為，將對公共利益造成極大的危害（鄭國泰，2011：37-38）。其中Nicolette van Gestel 等人即認為要鑲嵌公共價值，可以從三個主要途徑著手（轉引自鄭國泰，2011：41-43）：

（一）普及途徑（Universalistic Approach）

普及途徑認為公共價值是放諸四海皆同，所以必須由政府來保護。普及途徑認為天賦人權、生而平等，公共價值應該客觀、不可更改與統一的，也認為公共價值由私部門供給時將被忽略，因此有必要由政府來保護公共價值，建構績效稽核於契約、法令與管制中，以有效的監測。

（二）利害關係人途徑（Stakeholder Approach）

利害關係人途徑認為公共價值是動態與相互主觀性，利害關係人或許同意大致的價值形成，但當具體政策開始實現時，利害關係人就會有所謂的價值操作化的產生，如利害關係人可能會支持再生能源的價值，卻會反對在其鄰近地區興建相關設施。在價值操作化的過程中，妥協與協調（Trade-offs）必須先予以瞭解，包括公共價值實現過程與實現成本的妥協，或公共價值間的妥協，如環境保護與經濟發展間的雙元困境。因此，利害關係人所強調的是在公共價值間的平衡妥協。

（三）制度途徑（Institutional Approach）

制度途徑在公共價值的看法上與利害關係人途徑相同，但其認為公共價值並非單純利害關係人間的互動結果。政策行動者認為公共價值會因不同時空背景、文化與部門而有所差異，因此不同時空背景、文化與部門的妥協，也會受歷史、國家與制度系絡的影響，這也清楚說明移植最佳經驗到其他環境是有所限制的。

二、新公共服務對政府再造之啟示

新公共行政與新公共管理各學派均有其理想與主張，而 Denhardt 夫婦所提出新公共服務之觀點，乃針對新公共行政之價值主張進行修正，而增加新公共行政在實務界具體實現與嶄露頭角的機會。學者丘昌泰則針對新公共服務之內容與論點，提出幾項討論，以探悉新公共服務對政府再造之啟示（丘昌泰，2010：649-651）：

（一）彌補新公共管理過於重視顧客的缺失

新公共服務可以扭轉公共管理過於重視顧客，過分強調服務提供者與顧客之間的關係，以致忽略公民作為國家主人的角色。其實，顧客滿意只是公共服務的手段，而不是最終目標，公共行政的目標是培養高素質的公民，由這些公民來治理國家，才能真正落實「主權在民」的意旨。

（二）避免陷入管理主義的瓶頸

新公共服務彌補新公共管理忽視公民精神與民主內涵的面向，不致陷入管理主義的瓶頸。事實上，國家治理與企業管理在本質與內容上有很大的差異，國家的目標是多元，且強調和平安定和公平正義，照顧弱勢族

群，但這些目標都無法以新公共管理的手段加以實現，而必須運用足以彰顯國家多元目標的新公共服務才能達成。主要的原因在於新公共管理的許多管理工具只有在具體而又能以績效指標來衡量的基礎下才能發揮效用，而這些管理工具和績效指標卻未必適用於國家治理所欲達成和平安定與公平正義等目標上。

（三）拓展公務員的視野，改變其角色並增加貢獻度

新公共行政可以拓展公務員在公共行政發展過程中的視野，提昇其對國家的貢獻度。在舊公共行政時代，公務員只是服務政治人物的行政機器，為使公務員確實貫徹政治領導者的意志，發展出十分僵化的官僚體系，而在此體系中，公務員享有一定的保障與福利。新公共管理則強調應該實施績效管理與人力資源管理，以激勵公務員，設法從僵化的官僚體系中解放出來，但其最終目的仍是政府的生產力目標，公務員只是提昇生產力的行政機器，並無長遠而偉大的目標，導致淪為著眼於短期的利益。至於新公共服務眼中的公務員，其責任是以謙虛態度為各種不同利害關係人建構一個公平對話的平台，最終目標是培養民主公民的精神與社區意識，更重要的是，實踐民主精神的過程符合民主價值。

三、新公共服務的實踐

新公共服務強調公民資格、公共利益與公共服務，其中，公民參與占據重要的核心地位，因此培育成熟的公民乃是公共行政最重要的任務，協助公民創造與分享公共利益，並藉由平等對話形成公共利益之共識，以累積互信互惠的社會資本。而關於新公共服務的實踐可分為五點：教育與改變公共行政人員的公共服務觀、鼓勵與補助公民結社參與公共事務、鼓勵社區居民參與社區公共事務提振公共意識、政府必須體認到公民參與相關

制度的缺乏以及透過教育從小灌輸與培育人民實踐公共事務之知識與能力，以下分別詳述之（廖俊松，2009：12-14；陳衍宏，2011：34-35）：

（一）教育與改變公共行政人員的公共服務觀

倘若公共行政人員擁有較高的新公共服務相關理念，整體行政組織與對外網絡將具有較高的利他行為，公民社會也會在網絡中逐漸生成；而公共行政人員在教育養成的過程裡，多是問題導向或技術導向為主，在新公共管理時期則師法企業，導入管理機制企圖藉此提昇組織績效，卻逐漸忽略行政機關之存在，其目的是公共利益的追尋。故新公共服務認為公共行政人員必須扮演積極主動的角色，促進公民參與、執行法律與政策，以及確保公共服務品質。此外，公共行政人員應該成為促進公共對話的平台，並且確保公民在治理過程中的每一個階段都有發言權，而非僅在選舉中有所表現。其次，身居領導者的政府官僚必須堅定信仰、堅持公民參與價值，護衛公共利益，才能達到社會公平理念的實踐。

（二）提供資源鼓勵與補助公民結社參與公共事務

新公共服務秉承後現代主義對對話的尊崇，期盼透過政府、公民以及公民社會組織間平等的溝通與協商，以累積彼此間的信任與社會資本的能量，彌補新公共管理下過度提倡經濟資本重要性而導致社會資本匱乏的現象。因此，政府應該制定相關法律，提供資源補助鼓勵公民參與公共事務，並輔導公民社會組織的專業能力與活動能力，與政府協力合作共同創造公共利益。

（三）鼓勵社區居民參與社區公共事務提振公共意識

就治理角度觀之，網絡規模越大則背後因素越趨複雜，彼此間的共識越難形成，故從社區或地方政府出發，從該層級導入新公共服務相對可

行，透過共識的凝聚，擁有共同的語言與願景後，推動將更為容易。因此政府要積極推動社區營造，輔導社區居民藉由社區參與，凝聚社區意識、關心社區環境與營造社區特色，營造民主化與公共化的生活環境；透過社區參與的民主行動方式，來提昇社區居民的公共意識，形塑一個富含生命共同意識的社區社會，實踐公民社會的理想。

（四）政府必須體認到公民參與相關制度的缺乏

首先，公民應該被視為民主治理政策中的必要組成份子，因此政府必須積極健全公民參與法制，建立無障礙的公共議題之討論與空間；其次，藉由政府公開透明的決策過程，利用充分流通的資訊，建立政府與公民間互信的合作基礎；接著，發展多元的參與決策模式，以包容多元之意見，及培育公民參與之能力；最後，留意相關參與式決策與代議士決策間之輕重，並務實調和公民與政治人物決策間的公共利益之共識。

（五）透過教育從小灌輸與培育人民實踐公共事務之知識與能力

新公共服務精神的實踐有賴社會眾多公民的積極參與，因此政府須透過教育培養人民參與公共事務的興趣與習慣，使其具有成熟的公民意識與思想，以及實踐公共利益的能力；此外，教育人民從小即認識政府相關法律制度，實際學習相關公共參與之知識與能力，如集會、對話技巧、政策規劃、執行與評估等機制，使其成為未來公民社會之中堅份子。

四、新公共服務之困境

傳統公共行政主張依法行政；新公共管理強調經濟（Economy）、效率（Efficiency）與效能（Effectiveness）等三個 E 的價值主張；新公共服務則強調公民參與與社群主義的價值。然而，Denhardt 夫婦並未對行政學

三分法之源由做出說明，因此韓保中等乃針對理論內容，提出數項疑義，以下分述之（韓保中，2009：135-138；丘昌泰，2010：650-651）：

（一）分析架構方面

在對美國行政學發展進行探討與分類上，Denhardt 夫婦選取威爾遜（Woodrow Wilson）、泰勒（Frederick W. Taylor）、古利克（Luther Gulick）及賽蒙（Herbert Simon）作為傳統公共行政理論之代表；威爾遜、泰勒、古利克與賽蒙等四位學者，所探討之主題雖有相關卻重心不同，而且未必是 1990 年代前行政學唯四代表。Denhardt 夫婦將四者相連結成傳統公共行政理論代表，並賦予支配行政學意象，實有「以偏概全」與「過度化約」之嫌。

（二）批判內容方面

Denhardt 夫婦以划槳（rowing）、領航（steering）與服務（serving）分別代表傳統公共行政、新公共管理與新公共服務等三階段下官僚與行政倫理的意象（image）；新公共服務理論的口號：「服務，而非領航」（serving, not steering）乃是對傳統公共行政與新公共管理的批判，而划槳、領航、服務之意象便是符號化的結果。Denhardt 夫婦以符號化的做法，讓人簡單快速知道其行政學的三分法，即傳統公共行政、新公共管理與新公共服務；傳統公共行政與新公共管理是支配行政的元兇，而新公共服務則可供參考作為解決支配行政問題的理論。然言過其實的符號化是否導致傳統公共行政與新公共管理兩大理論體系被汙名化，或是以提昇自己學說影響力，進而創造 Denhardt 夫婦在美國行政學圈的地位。

（三）知識啟發方面

Denhardt 夫婦依年代劃分三個主要理論體系，卻未明示所引用之分析

途徑；而以時代氛圍與年代劃分，傳統公共行政橫跨百年，新公共管理僅有十年時間，而新公共服務卻是未來式，此種區分方式卻有探討比例不對等之嫌。歷史演進的詮釋與重要理論的歸結，看似具有科學歸納之意義，但歸納後卻導向價值批判，此種連結似有邏輯過度跳躍之爭議。

（四）理論運用方面

Denhardt 夫婦與 Maria P. Aristigueta 於 2002 年共同出版《公共與非營利組織中的行為管理》（*Managing Human Behavior in Public & Nonprofit Organizations*）內容偏重組織與人力資源管理，而未能完全超越恪遵權力分立、行政中立等固有行政倫理規範，雖可視為新公共服務理論實踐的代表作，然而尚有努力之空間。此外，也有論者認為，新公共服務不過就是新公共行政學派的觀點，再融合後現代主義、批判理論的思維，並無特別創新之處，實難以稱為是一種理論或研究途徑。

（五）在實務運用方面

新公共服務的公民觀點過於理想，是一種應然面的思維，在實然面上是難以做到；因為放眼全球所謂民主國家，哪個國家領袖不重視公民精神？然而，真正落實的又有哪些？可見公民精神不是那麼容易可以形塑的。新公共服務雖然被認為是不僅止於新公共管理的反思，但在實務上究竟可以實踐、落實到何種程度，則是較受到質疑之處。

歷屆考題

1. 試就主要學者及其論點，說明新公共管理（New Public Management）與新公共行政（New Public Administration）兩種途徑之間有何異同？其對我國政府再造之示為何？（094 年公務人員高等考試三級考試暨普通考試第二試—三等一般行政）

2. 1980 年代間的政府改革浪潮，延續至 1990 年代末期，或可以「新公共管理」論之，主張政府應多領航而少操槳；然而 Denhardt 夫婦卻從「公民參與」的觀點，主張政府應強調服務而非僅只領航，進而提出新公共服務（New Public Service）的主張。請您說明其理論基礎，及對未來政府再造的啟示。（095 年公務人員特種考試身心障礙人員考試—四等一般行政）

3. 新公共行政（NPA）運動的主流價值之一，乃是從人道精神與人本主義的觀點倡議對弱勢團體的關懷，進而有「弱勢優先」（Affirmative Action）的主張。請問：我國對於身心障礙人士的相關政策規劃，是否符合這樣的精神？並請從「多元化管理」（Diversity Management）的理念論述將來的政策規劃方向。（095 年公務人員特種考試身心障礙人員考試—四等一般行政）

4. 學者 R. Denhardt 與 J. Denhardt 檢討傳統公共行政與新公共管理的理論缺失，而提出新公共服務（new public service）的主張，新公共服務觀點的主要核心概念為何？試分析陳述之。（096 年公務人員特種考試原住民族考試—四等一般行政）

5. 何謂「新公共服務」（New Public Service）？其理論基礎為何？其對政府再造又有何啟示？（096 年交通事業公路人員升資考試—員級晉高員級事務管理）

6. 新公共行政（New Public Administration）理論的特點為何？其對我國之政府再造有何啟示？（096 年特種考試地方政府公務人員考試—三等一般行政）

7. 請問何謂「新公民精神」（New Citizenship）？其對當代所流行之「新公共管理」（New Public Management）概念和實務有何批評？試請解析之。（098 年三等退除役軍人轉任考試—三等一般行政）

8. 試論述並比較傳統公共行政、新公共管理、新公共服務對於「政府角色」的主張；在從事公共管理時，如何擷取上述三種論點之精華？（099 年公務人員高等考試三級考試暨普通考試—三等一般行政）

9. 公部門的某些獨特性往往與私部門有著基本上的重大差異，使得公共管理在課責與績效的方法與技術也必須適時調整。試論述公部門在本質上有哪些異於私

部門的特徵？（100年公務人員高等考試三級考試暨普通考試—三等一般行政）

10. 何謂「新公共服務」（New Public Service）？其理論基礎為何？試比較並說明新公共管理與新公共服務之差異。（103年國立臺北大學公共行政暨政策學系碩士班甄試招生考試）

11. 何謂「公共服務動機」（public service motivation）？何謂「公共價值」（public value）？請運用兩項行政學理論或觀點，來說明當代官僚體系應如何體現上述兩個概念？（103年國立臺北大學公共行政暨政策學系碩士班一般入學考試）

12. 請試以去（103）年3月之反服貿太陽花運動（或其他類似案例）為例，說明實踐新公共服務（New Public Service，簡稱NPS）核心理念的可能性及限制。（104年國立臺北大學公共行政暨政策學系碩士班甄試招生考試）

13. 請說明New Public Administration, New Public Management, New Public Service三者概念，並試從公務人員角色的定位此觀點，比較三者間的區別。（104年國立政治大學公共行政暨政策學系碩士班招生考試）

14. 學者R. Denhardt與J. Denhardt對新公共服務（New Public Service）的主張，除了促進公共服務的尊嚴與價值之外，旨在重申民主價值、公民資格與公共利益等三者是公共行政的無上價值，面對今日充滿不確定的政治環境，公共管理者從事政治管理應具備哪些認知。（106年公務人員高等考試三級考試—普通考試一般行政）

參考文獻

一、中文資料

丘昌泰，2010，《公共管理（再版）》，台北：智勝。

丘昌泰，2011，〈當代政策管理與新公共服務〉，《T&D 飛訊》，110：1-18。

李宗勳，2003，〈新公共服務視野下行政法人的未來走向〉，《中央警察大學警政學報》，45：133-154。

吳瓊恩、藍夏萍，2008，〈檢視新公共服務之實踐：台灣社區治理制度現況〉，「2008 TASPAA 夥伴關係與永續發展國際學術研討會」論文（5月25日），台中：東海大學行政管理暨政策學系。

林鍾沂，2001，《公共行政》，台北：三民。

林水吉，2005，〈新公共服務的七個向度分析：由理論基礎邁向政策倫理的論述〉，《理論與政策》，18（1）：97-128。

林志鴻，2009，《新公共服務與國家競爭力之研究：跨域治理的觀點》，桃園：開南大學公共事務管理學系碩士論文。

施偉仁，2004，〈從新公共服務理論看公民社會在公共行政中的角色〉，《行政試訊》，11：15-23。

孫本初、羅晉，2004，〈新公共服務理念的民主實踐：公民數位參與機制的發展〉，《城市發展半年刊》，4：6-21。

孫本初，2009，《新公共管理》，台北：一品。

廖俊松，2009，〈新公共服務的理想與實踐〉，《T&D 飛訊》，88：1-17。

歐崇亞，2009，〈新公共服務下之行政倫理〉，《空大行政學報》，20：119-156。

陳衍宏，2011，〈迎向「新公共服務」的具體實踐〉，《研習論壇》，125：25-36。

蔡秀涓，2009，〈台灣文官的公共服務價值觀與新公共服務精神的比較〉，《文官

制度季刊》，1（4）：111-135。

鄭國泰，2011，〈新公共服務之公務行為芻議：公共價值的途徑〉，《研習論壇》，
　　125：37-47。

蕭武桐、陳衍宏，2009，〈從新公共服務（NPS）觀點論我國關務人事制度改
　　革〉，《公務人員月刊》，155：11-25。

韓保中，2009，〈新治理的行政倫理意象：新公共服務論後設語言之分析〉，《哲
　　學與文化》，36（1）：121-140。

顧慕晴，2009，〈新公共管理理論下行政倫理的強化：新公共服務的理念〉，《T&D
　　飛訊》，87：1-25。

蘇俞如，2003，《新公共服務理論之政府與社區合作關係探討：以花蓮縣壽豐鄉
　　池南村為例》，花蓮：國立東華大學公共行政學系碩士論文。

二、西文資料

Denhardt, R. B. & J. V. Denhardt. 2007. *The New Public Service: Serving, Not Steering*.
　　New York: M. E. Sharp.

4

顧客導向管理

第一節　顧客導向的基本概念

第二節　顧客導向服務文化的理念與原則

第三節　顧客導向的特質與推動步驟

第四節　顧客導向的執行方式與經營策略

第五節　我國政府機關推動顧客導向的現況與課題

學習重點

▶公部門導入顧客導向的意義與目的為何？

▶顧客導向的特質與推動步驟為何？

▶顧客導向的經營策略為何？

▶我國公部門推動顧客導向的現況與課題為何？

前　言

　　如第二章所述，政府再造具有提昇治理能力、形塑優良政府的功能。為了發揮此項功能，政府再造大量轉借企業管理的經驗與實務，企圖注入民間的活力；其中，「全面品質管理」的引進，更為公務部門的服務方式，注入了迥異於傳統層級的管理思維。全面品質管理的主要原則有三：顧客為主、團隊工作以及永續改善；三項原則之中，「顧客為主」實居首要。由於政府再造的「顧客導向」服務理念，是以顧客價值（customer value）作為行政措施的重要基礎，直接與顧客互動，蒐集顧客的相關資訊，再依據資訊改善行政機關的服務與產品。因此，許多國家的政府再造方案，皆以具體法規及措施，落實顧客導向的服務理念（江岷欽，1999：52）。

　　對私部門而言，提供顧客導向的服務是市場經濟體制運作永遠不變的經營原則。近年來不僅是私部門，連公部門都積極引進此概念並予以落實，「顧客導向」儼然已經成為許多策略宣言中熟悉的口號。尤其是過去十年來，公部門熱衷於推動為民服務品質提昇的計畫，更顯示重視顧客導向的目標已經不僅限於私人企業。但是誠如 Williamson（1991）的觀察發現，如果對於顧客導向意義僅有粗淺的瞭解，則很容易導致組織業務無法進行徹底的改善。這些表面的改變對於組織的發展不但毫無貢獻，相反地會讓組織沾沾自喜，並且傷害組織策略性的發展。根據美國 The Pew Research Center 於 1998 年所進行的大規模調查顯示，有 64% 的受訪者認為政府無效率而且浪費公帑，對政府的信任度只有 34%；1999 年更降低至只有 20% 的受訪者認為政府所執行的業務多半符合民眾期望；反之，相同的問題在 1963 年的調查卻有 76% 的受訪者持肯定的態度（轉引自劉典巖，2001：19）。

　　為了解決此困境，以顧客導向作為政府再造的策略，具有時代的意義，顧客導向提出一個市場競爭觀念的新思維，強調公共服務的提昇，讓服務者直接對顧客負責，建立民眾對政府的信任關係，重視成本效益的概念，減少不必要的浪費，並突破官僚體制僵化的層級節制，避免政治過度干預，所以顧客導向

是公部門可以嘗試發展的趨勢（陳菁雯，2002：117）。也因此，在本章中，首先介紹顧客導向的基本概念，釐清公部門中「顧客」與「顧客導向」的意涵，以及影響顧客導向的因素；其次，整理顧客導向服務文化的理念與原則；接著闡述顧客導向的特質與推動步驟，進而說明顧客導向的執行方式與經營策略；最後則論述我國政府機關推動顧客導向的現況與課題。

第一節　顧客導向的基本概念

一、顧客導向的意涵

在早期賣方市場的時代是以產品產出（product-out）為導向，產品製造完成後，再行銷到市場上，並不在乎市場的需求。然而隨著市場競爭劇烈，消費者意識抬頭，為了提高顧客的滿意度，讓企業更具競爭力，「顧客導向」（customer orientation）的理念便應運而生，將顧客需求帶入製造過程中，讓產品更能被顧客支持與接受。「顧客導向」係以顧客的利益為優先，讓員工能破除本位立場解決問題，進而設身處地，為顧客著想（溫璧綾，2005：2）。Christine Gibbs（1996）曾指出，「現代就是以客為尊的時代，『顧客導向』成為改革的新趨勢，不只是企業強調顧客導向，現代政府也必須以人民為尊，以顧客導向規劃各項施政作為才能如期推展，並獲得民眾的支持」（轉引自賴建都，2008：2）。

究竟「顧客導向」所指為何？所謂「顧客導向」，是以顧客為中心（customer center）的服務設想與作業。換言之，所有的服務項目、內容，以及進行方式，甚至服務可能產生的感覺，都事先以顧客的立場（customer rospective）與角度思考和設計。

由以上所述得知，「以顧客為中心」的作業規劃，就必須達到以下幾個方向：（1）以顧客的立場思考；（2）傾聽顧客的聲音；（3）瞭解顧客的需要；（4）達到顧客的滿意度；（5）體認解決顧客問題是存在的目的；（6）主動瞭解、傾聽、滿足顧客的需求；（7）並更進一步的超越顧客的期望（葉維輝，2008：26）。顧客導向所努力的終極目標，就是創造「顧客滿意」（customer satisfaction）。任何人或單位建立顧客導向為該單位的服務指標，努力創造和達到顧客滿意的服務目標時，由於顧客的需求是無止

境的，人雖有理性，但面對自己的慾望，以及自己的問題時，人的自私、貪婪與投機，常會讓有心認真服務者帶來錯愕與挫折。所以，在開始前則需要先認識追求顧客滿意的四個假設（葉維輝，2008：26）：第一、顧客心理上或行為上，都由「滿足自己需求」來思考；第二、每個顧客的手中資源有限，因此無法任意揮霍；第三、顧客對需求，有著主觀的排序；第四、顧客會在慾望與實踐中取得平衡。

二、公部門中「顧客導向」的意義

（一）公部門中「顧客」的概念

　　本章所談的「顧客」並非狹隘的指位於組織外部，使用組織最終產品或服務的人員而已；它同時亦指組織內部，由於分工而形成的單位，所以顧客的範圍應同時包含內部顧客及外部顧客。對公部門來說，外部顧客就是指人民整體或社會大眾，而內部顧客則是政府部門組織的各級公務人員（江行全，2002：94）。

　　從公共服務與人民的關係而言，人民與公共服務單位（即政府機關）之間從來就不存有市場機制。結構上，比較像大型托拉斯現象，而且是多產業的，端視政府的服務層面（或管轄層面）的多寡，這也是全世界公務系統普遍被評為最沒有效率的原因；以及西方民主經過數百年的發展，存有政府管得越少，對國家社會和人民越好的概念由來（葉維輝，2008：25）。

　　若比較政府與企業存在目的之差別在於：政府存在之目的，在於服務人民；企業存在之目的，則在追求利潤。企業之一切以顧客導向為決斷，有別於政府機關之官僚體制。其主要原因很簡單，因為政府機關的經費並非直接來自「顧客」；但企業卻是，企業之營運讓顧客滿意，生意就興

隆，顧客不滿意，生意就清淡，甚至導致關廠倒閉。所以，企業都必須在激烈競爭環境中想辦法吸引顧客，滿足顧客以成就事業。相形之下，政府機關的經費雖然來自立法機關、議會，對於一向獨門生產供給的政府機關而言，「顧客」大多數手到擒來，只要坐著守株待兔，「顧客」根本沒有選擇機會。對於公務員的公共事務生涯，政府的主要收入來自稅賦（taxation），其支出配置，則依循法制程序決定。因此，政府機關的「顧客」比較著重於規範性定義，而非經濟性定義（林建山，2008：18-19）。

（二）公部門中「顧客導向」的意涵

政府再造中所提及之顧客導向概念（customer concept）乃取自於企業家精神與現代企業經營理念。顧客對企業而言，是收益的主要來源，也是其產品服務獲取財物財源的對象。因此，顧客導向概念在企業本身及其員工心目中是一項極為自然且必然的價值觀。然而，顧客導向觀念在政府機關的公務運作中，卻存在若干嚴重模糊不明的問題，主要原因如下（林建山，2008：18）：

第一、是收支不對等問題，政府提供服務與收取服務費用的對象，往往不一致，也不對等。

第二、政府施政的「嘉惠目標與對象」通常相當多元，較少單一而確定，其「真實的顧客」不易明白辨識。以公辦學校為例，必須負責滿足學生的廣泛需要，同時也須兼顧反映社區價值，以達成國家競爭力與公民秩序紀律的社會性目標。

第三、政府對顧客既提供服務也同時要求管制，享受政府公共服務者是顧客，其收受政府稅單者、接受行政管制指令者、受罰受刑的犯罪者，也都是政府之「顧客」。

由以上所述得知，受到公部門特質與公共服務供給特性的影響，公部

門中的「顧客」概念較私部門複雜且多元，而其「顧客導向」的意涵自然無法像私部門般清楚、明確，以致引起日後執行上的爭議。

三、影響顧客導向服務之因素

　　為提昇政府機關推動顧客導向為民服務工作的品質與效率，以因應民眾對公共服務的期待，政府各階層的領導者、管理者及工作者，不僅要善用資訊科技提昇政府效率及服務品質，更需要改變工作內涵，重新及不斷學習新的工作技巧，才能滿足顧客日益增加的需求。在組織中影響顧客導向服務之因素約可以整理如下（陳啓光等，2004：209-210；葉維輝，2008：19-20）：

（一）領導者的態度

　　領導者在培養顧客導向服務文化中扮演著關鍵性角色，若沒有組織承諾與有效的領導，不論組織如何努力，顧客導向的策略永遠僅流於形式。因為追求顧客導向的目標需要配合改變組織的行為，而居於組織首位的高階領導者對顧客導向的認知與看法，則攸關組織改革的成敗。

（二）組織文化

　　根據席恩（Edgar Schein）的說法，組織文化是由特定組織團體發展出來的一種行為基本假設，用來適應外在的環境，並解決內部整合的問題。組織文化的內容包含信念、共同的價值觀念、思考模式（轉引自張潤書，2009：214）。也因之，當政府部門將顧客導向視為組織文化的一環時，意指組織將強調顧客作為策略規劃與執行的焦點，且該文化會遍及整個組織，並影響組織成員的表現行為。

（三）資訊科技

資訊科技在公共服務方面所扮演的角色日益重要，主要乃是因資訊科技能改善組織運作的效益，提昇內部的溝通。同時還能藉由資訊科技的應用，提昇行政機關的生產力，對於政府組織、領導管理及為民服務的工作，帶來相當的影響與衝擊；例如政府部門使用 LINE、APP 或 FB 向民眾宣傳政策。

（四）行銷觀念

在過去，以供給面為主導觀念的政府公務人員，總認為民眾是找麻煩的，所以打從內心不喜歡民眾，甚至以對立之態度看待民眾，認為「顧客永遠有過高的期望」，要滿足顧客之需求幾乎是不太可能的。但在今日，講求以需求面為主導觀念的政府施政，所以公務人員的觀念必須予以改變，重新界定「顧客」一詞，並賦予全新的意義與價值。

行銷觀念是指公司的策略與運作皆以顧客為中心的一種組織文化，亦即顧客導向是行銷中最重要的觀念。大抵而言，行銷觀念中最常被提及的是行銷組合（marketing mix）。在公部門中，行銷組合被視為是目前公務人員在講求顧客導向工作觀的施政過程中所必須要有的一套「策略性變項」（strategic variable）。公務人員在運用行銷組合時最重要的核心觀念在於：任何一種組合都必須充分反映機關本身之資源條件、目標市場與需求狀況。在民主政治體制下，一般政府所採行的普遍化公共服務行銷組合，大多以 1970 年代應用於製造產業的四個變項，亦即產品（product）、價格（price）、地點（place）和推廣（promotion），簡稱 4Ps 組合為基礎，其各項內涵如表 1 所示。

▼表 1　現代公共服務之行銷組合

變項	內涵
一、產品（product）	1. 領域（range）、2. 品質（quality）、3. 水準（level）、4. 品牌名稱（brand name）、5. 服務項目（service line）、6. 保證（warranty）、7. 售後服務（after sales service）。
二、價格（price）	1. 水準（level）、2. 折扣（discount，包括折讓 allowances 及佣金 commissions）、3. 付款條件（payment terms）、4. 顧客之認知價值（customer's perceived value）、5. 品質／訂價（quality/price）、6. 差異化（differentiation）。
三、通路（place）	1. 所在地（location）、2. 可及性（accessibility）、3. 配銷通路（distribution channels）、4. 配銷領域（distribution coverage）。
四、促銷（promotion）	1. 廣告（advertising）、2. 人銷（ps）、3. 銷售促進（sp）、4. 廣宣（publicity）、5. 公關（PR）。

資料來源：作者修改自葉維輝（2008：20）。

四、顧客導向在公部門的發展背景與影響

　　顧客導向會在公部門受到關注，是民主行政強調政府「回應性」（responsiveness）的必然結果。在奧斯本與蓋伯勒合著的《新政府運動》一書中提及，政府再造的重要內涵是「顧客導向」和「企業精神」，而政府應該是一個有效回應大多數民眾需求的公共組織。學者 Rosenbloom（1998）則主張顧客滿意可以適用於公、私部門，政府應將顧客滿意作為施政目標。為了督促政府改革能力的步調，使公共組織能夠快速回應內外環境的變遷，有必要運用市場途徑造成顧客導向的壓力，使民眾成為公共服務的顧客，而官僚組織將改善過去被動消極的態度，並將顧客的回饋作為執行或修正的參考（陳菁雯，2002：119）。

　　根據奧斯本與蓋伯勒（1992）的看法，推動顧客導向服務的組織將產生下列正面影響：（1）促使服務提供者對顧客真正負起應有的責任；（2）組織成員制定決策時，能減少政治因素的不當干預；（3）對組織成員激發更多創新的思維；（4）對民眾提供更廣泛的選擇；（5）產生較能符合大眾

的需求，並且較不容易產生浪費；（6）培養顧客的選擇能力，並協助瞭解本身應有的地位與權益；（7）創造更多公平的機會（轉引自陳啓光等，2004：208-209）。

第二節　顧客導向服務文化的理念與原則

一、顧客導向服務文化的理念

　　整體而論，顧客導向的服務理念，係在調整行政人員與民眾互動的方式，以「顧客導向」的方式處理行政業務，揚棄舊官僚之思考，藉以提高行政體系對外在環境的敏感度以及回應性。對大多數的公共組織而言，行政責任的歸屬係循命令體系（chain of command）由下向上逐級負責。如果公共組織在訂定目標的過程中，是以顧客的角度來思考，則日後在落實目標的成效上，就能比較符合顧客的需求。因此，**落實「顧客導向服務理念」的第一項要務在於「提供顧客的選擇權」**；亦即顧客如能依據個人偏好選擇行政業務的提供者，並依偏好的選擇給付行政規費，則行政組織必須負責達到顧客的需求，才能繼續獲得資源與支持。

　　第二項落實「顧客導向服務理念」的途徑，是為「**品質確保措施**」（**quality assurance**）；此項途徑，係指公共組織依事實資料與未來趨勢，設定「顧客服務標準」，作為行政人員的行為規範準則。除此之外，公共組織亦可設置「顧客意見箱」，不論是書面方式抑或是語音方式，作為服務品質的改善依據。近年來，英國的行政機關以「公民憲章」（Citizen's Charter）的措施，首開風氣之先。例如，英國鐵路旅客服務憲章（British Rail's Passenger Charter）規定：凡是班車誤點超過一小時以上的旅客，均

可獲得該次旅程票價 20% 以上的折價券；一班通勤列車若有其他輕微誤點情況，旅客亦可得到下一季的季票 5%~10% 的折扣優待。

二、顧客導向的服務理念原則

研究指出，欲有效推動「政府再造」，落實「顧客導向」的服務理念，有下列三項原則值得注意（張廷駿，2003：28）：

（一）講求策略，勇於實踐

政府再造的成敗，取決於具體實踐的程度。欲使僵化保守的官僚體系蛻變成爲具富於創新、有彈性且兼備企業精神的公共組織，高階管理層級必須「講求策略」，運用智慧，尋找關鍵支點，巧妙地改變公共組織的目標方向，在責任歸屬、酬賞制度、權力結構以及組織文化上作全新的考量，形塑文官體系。

（二）持續有效地實踐

政府再造的方案內容，固然兼顧理性規劃與組織文化，並力求實踐，而更重要的是，持續地執行具體的相關方案，以累積成果。

（三）從制度層面著手，以真正落實「顧客導向的服務理念」

行政機關欲有效執行顧客策略，理應聽取顧客的心聲與需求、應用顧客意見調查技術、親自拜訪懇談、服務評鑑制度、顧客抱怨追蹤處理制度等。

第三節　顧客導向的特質與推動步驟

一、顧客導向的特質

　　顧客導向策略並非是可單獨存在的改革工具,而須仰賴結果策略與文化策略互相配套而行。顧客導向策略能否產生正面效應,事實上更有賴於政府結構與制度能否適度調整、行政程序能否彈性化、顧客至上的文化是否能建立、結果導向的改革策略能否實施等因素而定。此外,顧客導向策略的趨動力不是來自政府本身;策略成敗的評估也不是由行政官僚、政務首長或立法者定奪,政府績效良窳最終取決於顧客本身的評價。根據研究指出,顧客導向策略備有下列六點重要特質(林水波,1999:228-234):

(一)由外而內改造

　　傳統科層體制講究政策制定與執行均由上而下(top-down)來貫徹,而參與型政策模式則講究由下而上(bottom-up)傳輸。但在顧客導向的改造文化上,政府的行動是依循由外而內(from-the-out-side-in)的路徑而行。換言之,顧客的期望決定政策設計的藍圖;顧客的需求決定財貨和服務的供給內涵;顧客的滿意度決定政策執行的成效;顧客的評價則決定政策變遷的方向。

(二)顧客永遠優先

　　顧客導向策略的第一課是「顧客永遠優先」(Putting the Customer First-Always!)。換言之,政府施政所念茲在茲者,應是「顧客之所欲,常在我心」,顧客是行政與管理的中心、政策與服務之標的。顧客導向策略使公共組織的焦點從「過程」轉向「人」身上,因此反映行政改革中的民主取

向，使政府、顧客與公務人員的參與心、投入情、權能感及責任識得以建立，透過顧客優先的理念，提高顧客對公共服務得滿意度，進而建立改革的口碑。

（三）雙重課責要求

總體而言，官僚組織面臨兩大群顧客：首先是一般人民；其次是政務首長與立法人員。雖然在名義上，人民應是頭家與主權者，但實際上這兩大團體各有不同的行動邏輯與利益關懷，因而形成雙重課責（dual accountability）的現象。代議政治假定代議士或民選官員具有良好的代表性，並根據其良心與判斷力行使職權，為人民謀取最大福祉。然而代議政治不免遭受利益被扭曲，或假民意之名遂行個人私利的問題，因而顧客導向策略強調官僚組織也應直接向人民負責述職，以彌補代議制度之不足。因此，顧客導向策略形成雙重課責機制，從制度面確保公共組織和顧客之間的連帶關係，以增強公共組織的責任意識。

（四）政府顧客對話

顧客導向策略之所以發揮功效的前提之一，便是政府是否建立充分的溝通機制，進行雙方的對話與互動，以使雙方反省固有視框的限制，得以重新調整彼此視框，並且互相適應與諒解，否則「外情無法內達」，則政策設計將無法呼應顧客的心聲與需要，政策產出勢必與傳統的決策模式並無二致。因此，顧客導向策略試圖建構一種新型決策模式，透過與顧客的諮商與互動，進而開發新的政策議題、明瞭問題本質、研擬行動方案，並作為評估政策成敗的準繩。

為了服務顧客，提昇顧客的參與乃一必要手段。因此，政府必須提供顧客參與的管道，使得顧客的聲音得以進入行政過程。除此之外，政府應該顧及基層公務人員的重要性，賦予一定的地位與裁量權，如此才能建立

政府與顧客雙方有效互動的基礎。但顧客是否願意參與、基層公務人員是否願意扮演充分溝通機制的重要角色，實有賴於雙方對於參與效度的認知。換言之，若顧客與基層公務人員根據過往經驗，認定參與及對話只是一種形式或障眼法，則在缺乏信任的情況下，將降低參與的意願與熱情，而無法塑造有效的互動關係。

（五）小眾市場區隔

由於民間企業的產品和服務均有特定標的階層與對象，因此容易掌握顧客的特質與需求。但公共服務浩瀚無邊，政府所面對的顧客含括各個階層、團體，其需求與利益又彼此不同，甚至互相衝突，因此公共政策亦常面臨價值衝突的窘境。為了避免上述問題，顧客導向策略重視公共服務的小眾市場區隔，以反映顧客的異質性與多元性。因此，顧客導向策略必須根據不同型態的顧客特質與需求，擬定相契合的政策對應工具，如此將能提高顧客導向策略的功效，減少價值衝突與顧客彼此扞格所帶來的抵銷效應。

小眾市場區隔的另一層功能是提供事前的篩選（selection）功能，以確保獲得服務的進入者是該公共組織真正的服務對象，如此可減少資源浪費，致使接受服務的顧客均是真正需要服務者。以我國行政院所提出的企業紓困方案為例，即應對要求紓困的企業進行分類與篩選，以處罰蓄意掏空公司資產的個人、拯救正常營運但亟需短期資金的企業，而不得一視同仁，否則將有失公平性[1]。換言之，政府的財貨和服務並非盲目的一體適用，應針對政策目標尋找相對應之利害關係人，以有效的政策工具輸送服務或提供財貨。

---

1 金融研究訓練中心董事長侯金英於「金融風暴的衝擊與對策」研討會之專題演講（參見自由時報，1998/11/28，19版）。

（六）多重顧客角色

　　政府不僅須面對異質且多元的顧客組合，同時也應瞭解任何單一或團體顧客均具備多重角色，如此方能設計出合宜的顧客導向策略。簡言之，在公共服務的轉換過程中，顧客經常扮演資源者、合產者[2]、購買者、使用者、主權者[3]、受造者[4]等諸多角色（參見圖1），因此政府施政應以能盡量滿足多重顧客之不同需求為目標。

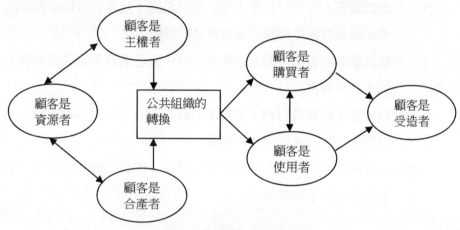

▲圖1　顧客的多重角色

資料來源：Lengnick-Hall（1996: 797，轉引自林水波，1999：232）。

---

2 本角色假定公共組織與顧客本身各具專長與資源，雙方若結合就可增加公共服務的效率和效能，且更能符合顧客己身的期望與需求。由於民營化漸漸成為服務提供的主流趨勢，以及公私部門之間的分際受到重新定義，而使顧客的合產者角色備受重視。顧客可能提供技術、資金、人員或通路，間接或直接和政府合作提供某種服務或財貨。
3 本角色假定公共組織和顧客之間並不是相對立的個體，而是所有者與經營者，或授權人與代理人之間的關係，因此可說是公共組織的主權者。在公共服務的過程上，顧客有義務承擔更主動的責任，但亦擁有絕對的權力要求其代理人（即行政官僚）改善政府的功效，因此公共組織必須面對雙重課責的要求。
4 本角色假定公共服務皆有特定目的，「人」本身亦為公共服務最終產品的一部分。例如，性別平等、族群融合、教育、衛生、勞工、福利、環保等政策產出，無一不和顧客作為產品的一部分有關。

二、顧客導向的推動步驟

要如何建立「顧客導向」的服務理念呢？首先要瞭解顧客及其消費的心理，建立良好的顧客關係，並注意與顧客關係的管理及維護。對於顧客投訴的抱怨也要盡速處理，要隨時聽取第一線服務人員的意見，更要掌握社會的脈動與趨勢。Cocheu（1988）提出組織要落實顧客導向有四個步驟（轉引自溫璧綾，2005：3-4；何雍慶、莊純綺，2008：7）：

（一）**確認顧客**：先確認目標市場的客戶是誰，凡是與組織所提供的產品服務有直接相關的人員皆是目標顧客。

（二）**確認顧客的需求**：確認目標客戶後，關心顧客是否滿意所提供的產品或服務。

（三）**設定員工的績效目標**：主管必須為員工設定以顧客導向為主的目標，並制訂績效評估的標準。

（四）**建立回饋系統**：透過回饋系統的設置，使員工瞭解其所提供的服務是否滿足顧客需求。

第四節　顧客導向的執行方式與經營策略

一、顧客導向的執行方式

在瞭解顧客導向的推動步驟後，接下來則是該如何執行。作者整理顧客導向服務的執行方式，說明分析如下（黃韻如，2002：69-70）：

（一）**找出顧客的期望、品質與偏好**：顧客導向要能落實，首要之道在於找出顧客真正需求。以我國為例，交通部中央氣象局氣象

預報中心以顧客導向的服務理念提供各種客製化之服務，如於台北花卉博覽會舉行期間，提供展場天氣預報、園藝氣象、藍色公路及農業氣象預報等，滿足參觀民眾、花農及展場工作團隊等不同顧客之需求，這些做法都是顧客導向之展現。

（二）**蒐集顧客及員工的意見：**所謂「三個臭皮匠勝過一個諸葛亮」，任何一個單位應廣納意見提昇本身服務的發展，而組織成員及顧客則是最接近本業的一群，其意見應具可行性，平日即應蒐集與注意。

（三）**異業學習的企業標竿：**除了同業的學習外，異業的學習近年來亦受到重視，尤其是近年來公部門經常效法企業的經營理念與精神以作為提昇效率的學習與參考對向。

（四）**第一次服務就做到零缺點：**第一次出錯，第二次做時要做得比第一次更好。因為如果在經營的理念上是以顧客為導向的服務，則「以客為尊」的觀念隨時隨地烙印於員工心中，便可做到零缺點並可日益進步。

（五）**有效處理顧客抱怨：**研究指出，有效處理顧客抱怨的步驟有四：（1）感謝顧客的抱怨；（2）聆聽：即先不要反駁，只要先靜靜聆聽；（3）注重天時、地利、人和；（4）提出令顧客滿意的解決方案。

二、顧客導向的經營策略

根據李宗勳（2002：24-25）在一篇〈顧客導向的新服務觀〉的文章中指出，顧客導向的經營策略可以整理如下：

（一）ABCD 的服務模式

Deming（1986）指出某一產品的品質取決於三項因素，包括產品本身、產品的使用者或消費者、以及對消費者使用該項產品或服務的指示與說明、對產品維修服務之提供及維修人員的訓練等，顯見服務在各環節的重要性。因此一項產品的服務應包括售後服務（after service）、售前服務[5]（before service）、顧客諮詢服務（consultant service）、主動出擊服務[6]（detective service）等四項基礎服務（簡稱 ABCD 服務模式）。

（二）建立顧客申訴迅速處理機制

為了創造與吸引忠實的顧客，應強化顧客對於組織認同，因此建立一個靈活的、迅速的顧客申訴，迅速處理是非常重要的顧客滿意經營策略。而更積極的做法則應進行民意調查瞭解服務需求及服務改進事項。

（三）訂定服務標準與服務倫理手冊

為了建立政府部門與社會大眾對於公共服務生產與輸送的服務素質、服務績效與服務品質達成雙向共識，政府各機關亟待訂定服務標準與服務倫理手冊（法制倫理）。

（四）確保服務選擇權

要落實消費者主權，首要條件便是確保民眾對於所需服務具有選擇權，才能藉由競爭機制不斷提昇服務品質。

---

5 民眾在購買某項產品之前，可以給予「試用期間」，以加強顧客對於產品的認識；政府機關也可印製各種宣導手冊，告訴民眾辦理何種證件時需要何種身分證明（丘昌泰，2010：536）。

6 在機關的門口設置服務台是一種「被動式」的服務，不會創造顧客來源；必須要主動走出去，看看民眾需要的究竟是什麼？主動調查，主動提供服務，這樣就能製造顧客的感動（丘昌泰，2010：536）。

（五）永續改善服務團隊

在職位互動與工作設計上強調「團隊合作」的相互參與及眞正投入，也就是組織成員之間不僅是維持溝通管道的順暢，更是經由一連串的承諾、認同過程，使彼此間關係得到更密切的結合。若能將此方式進一步推動至機關與外界民衆的關係上，則可落實顧客導向觀念。

（六）建構完善政府服務網絡

在知識經濟時代，網路化的服務需求已成爲「新公共服務」的時代象徵，政府部門被期待積極建構完善政府服務網絡（service network），以提供民衆查詢與申請。這種做法有助於政府部門關注暨瞭解掌握「品牌忠誠度」與「品牌轉換率」，品牌忠誠度的顧客越多越好，品牌轉換率則越低越好。

（七）更人性化使用方式與公開資訊

把過去需要填具很多申請表格的手續整併爲單一窗口，提供更人性化的使用平台，並將基層建設的管線資料透明化，讓顧客掌握更全面完整的服務資訊，俾便較有能力向公部門提出統整性的服務需求。如桃園縣政府研發處之線上申辦系統專案，即是以單一窗口水平整合服務的概念，將線上申辦整合系統結合五大資料庫及九類書證謄本，讓民衆在任一申辦單位即可取得全程服務。

第五節　我國政府機關推動顧客導向的現況與課題

一、我國政府機關推動顧客導向之現況

根據劍橋大學 Parasuraman、Zeithaml 與 Berry（1988）三位教授提出的 PZB 服務品質模式研究發現，不同性質的機關，在推動服務品質提昇的過程所強調的重點亦有所不同，很少機關對所有面向皆給予相同程度的重視。與民眾直接且頻繁接觸性質的機關，在實體性、反應性、關懷顧客等方面較為重視。相對地，業務性質屬察查、或工商登記等業務的機關，則容易因堅持業務的專業性，而較注重保障性及可靠性，忽略服務的重要。由以上所述可知，造成政府機關對服務品質要求面向不同的因素，除了業務屬性的差異外，還與機關定位的堅持及個人心態有關。因此，唯有徹底改變組織成員的心態，將政府單位由過去所扮演的管制角色，全面轉變為服務提供者的角色，方能真正落實顧客導向的服務文化。以下乃根據PZB 服務品質模式所列舉的五個面向，來檢視我國政府機關推動顧客導向的情形，茲分別敘述如下（江行全，2002：97-99）：

（一）實體性

大部分行政機關在推動服務品質提昇過程，均首先從機關的硬體設備改善，與業務流程簡化與改造做起，例如洽公區櫃檯矮化、設置叫號機、電視機、公共資訊站等各項便民設備等。具體案例如：新北市樹林地政事務所全國首創整合三大主要服務類別櫃台，將登記、測量收件及申領各類謄本服務櫃台規畫整併為單一窗口，突破原先系統的限制，使民眾能享受一處申辦、全程服務的完善服務，無需於各類櫃台間往返奔波。但是有關

實體性所包含的另一項內容，即對於服務人員儀容的要求則比較少提及，僅有部分機關配戴識別名牌，或者要求志工必須穿著背心。

（二）反應性

在改善服務場所硬體設施之後，發現部分政府機關會進行各項業務流程的簡化，推動單一窗口、或綜合服務櫃檯等措施，以提高組織之反應性。整體而言，機關對於立即服務及案件申辦進度或回覆的重要性皆有所要求，但礙於機關業務屬性的關係，實際執行業務時，卻有其困難性，例如：部分機關必須外出稽查，或因同時有多項陳情案件，無法即時處理而使服務延遲。另外，有關服務人員快速服務的意願及敏捷度，例如是否能夠快速的回答民眾的詢問、或者在完成服務後是否立即按下跳號，縮短民眾等待時間，也代表組織成員快速提供服務的意願。

（三）關懷顧客

有關關懷顧客的部分，部分政府機關多以延長服務時段，或提供特殊服務系統等方式來增加民眾對於各機關的接觸時間或管道，以提高服務的可接近性。例如有部分機關提供結合電話語音系統與電話中心的特殊服務系統，使部分服務可透過這個系統來提供。又如台北市政府地政處土地開發總隊之「台北市北投士林科技園區小蜜蜂計畫」，擺脫過去政府機關的本位思考，以「顧客—居民導向」的理念，由居民的角度出發，主動關懷、協助，由根本上化解當地居民的反對，成功完成土地徵收和都市重劃。

另外，還有機關是訂定服務人員在提供服務時與民眾溝通的標準作業程序，並將業務介紹文件置於服務台以供索取，以增加與民眾的溝通性。然而在瞭解顧客的需求與提供個別照顧方面，一般則採比較被動的方式，如設置意見信箱、網路、電話抱怨管道等，甚至還有部分機關表示有進行

滿意度調查，但亦僅調查部分服務作為，難以對民眾需求有全面性的瞭解。

（四）保障性

在此面向的現況以服務的禮貌要求以及服務提供的安全性比較受到重視，大部分的機關均制定完整的服務規範、現場服務的應對禮儀、與電話禮貌要求準則，同時亦均設有電話禮貌測試、禮儀考核、優良服務人員選拔等活動，更設有考核的機制以確保其推行成效。但仍有部分機關表示，民眾對該機關最不滿意之處，即在於組織內部同仁的應對態度。探究其原因主要是服務人員未能確實遵循機關要求的標準規範，譬如電話禮儀僅能透過訓練增強，有關訓練成果是否達到標準，則需要透過服務人員出自內心的自我要求。

（五）可靠性

整體而言，根據業務屬性的不同，該面向的推行程度也有差異，強調專業的機關，對可靠性要求較高。大部分的機關對於各項申辦業務的時間均有要求，但僅少數的單位能夠完整的將之公布；另外部分機關也表示相關法規及服務的複雜性，使服務的一致性難以落實；而有關服務的正確性，雖然也是政府單位所重視的，例如：機關對於民眾的陳情案件，規定處理時間，也要求同仁對需要補件之規定一次告知民眾，承諾於時間內完成服務，且強調一次做對的精神。但是大部分機關的努力僅止於服務過程，至於服務結果正確性的控管，則比較缺乏主動進行再確認的動作。

二、顧客導向運用在公部門的限制與課題

各國政府在推行政府再造的運動過程中，顧客導向觀念的引進與推廣實有其必要，能促使公共服務的供給獲得相當程度的改善。然而，即便如此，公部門和私部門在本質上畢竟有所不同，顧客導向管理難以完全適用而產生部分限制。以下乃整理分述之（林水波，1999：249-252；陳菁雯，2002：147-149）：

（一）資訊不對稱問題

顧客導向在公部門難以實行的主要因素來自於資訊不對稱。因為官僚掌控行政程序運作，有解釋、執行法令的權力，所以產生行政裁量的空間，並成為政府權力與資訊的獨占者，會在依法行政的基礎上，朝向有利於官僚自身的利益，或回應到最有影響力的顧客。換言之，若沒有強而有力的驅力促使官僚釋放出資訊，則容易造成與顧客間的資訊不對稱，使顧客導向無法真正落實。

（二）利益團體的宰制

顧客導向是假定透過政治管理，便可塑造一個去政治化的公共行政市場，且可依循市場邏輯而使選擇與競爭機制自行建立。然而，資源豐沛、政商關係良好的利益團體，往往可獲得較豐富的資訊、較高的發言地位，以及較廣的接近管道，因此造成不平等的聯合策略聯盟。這些利益團體彼此結盟後，勢必破壞顧客導向所期待的去政治化的平等服務系統，製造利益團體對全民「綁票」的可乘之機。

（三）引發部際衝突

政府部門欲落實顧客導向的目標，很難僅靠單一部門即可達成，而需

依賴各部門通力合作、相互溝通協調，才能有良好的績效與服務品質。然而，在實際行政服務輸送的過程中，政府部門往往出現本位主義、整合困難的問題，甚至引發部際衝突，致使顧客導向流於形式並淪爲口號。

（四）缺乏誘因機制

顧客導向所面臨的最大困境是公共服務都具有獨占壟斷的性質，例如在管制性政策裡，被管制者恐怕難以被視爲顧客來對待。另一方面，公務人員也沒有來自「市場」的實質誘因去實現顧客導向策略。其次，許多顧客導向所需提供的財貨和服務，多屬於第一線基層人員直接和顧客打交道的下游服務，如警政、地政、戶政、衛生等，基層人員若未能被賦予實質權限，則顧客導向服務難以全面落實。

營造顧客至上的文化：台南市提供民眾導向的登記戶政服務[7]

　　登記婚制度的出現，對於戶政事務所的影響主要是民眾基於「良辰吉日」的觀念而於「假日」前來該所登記，台南市戶政事務所為因應民眾假日辦理婚姻登記之需求，戶政人員必須於假日加班出動，再另行擇日補假，由於地方財政困窘無法發放加班費，乃造成加班者心情低落，基此，此一便民措施對戶政事務所人力之調配造成嚴重衝擊，同時影響戶政人員之家庭生活與作息。

　　以台南市六個戶政事務所為例，自 2008 年 5 月 23 日起至 2008 年 7 月 20 日止（含 18 天例假日）受理結婚登記件數及假日加班情形調查統計分析，可以發現下列幾項事實：

一、假日中申辦結婚登記之案件僅占平常日結婚登記之 1/4，但每件（含結婚登記、戶籍遷移、換發身分證）平均約需一位戶政人員 3 小時加班的成本，與平常日每件結婚登記約 30 分鐘相比，足足多出六倍人力。探究其原因有三：（1）戶政人員需有準備時間（一般均提前 30 分鐘就定位）；（2）結婚新人當日婚事奔勞，延誤原訂時間；（3）同日申請時段未連續，導致戶政人力苦候浪費時間與人力。

二、各戶政事務所非主管人員平均每人每 2 個月需假日加班出勤一次，每次加班約 2.6 小時，但此項加班尚不包括每星期六上午輪勤之人力；如將該段輪勤人力併入計算，每位戶政人員平均每個月需輪勤或加班 1.1 次（432 人次除以 183 人除以 2 個月），時間約 3.5 小時（1,530 小時除以 432 人次），而事後補假時，勢必減少平常服務之人力。

　　為解決上述問題，台南市戶政事務所提出下列幾項因應對策：

---

7 資料來源：丘昌泰（2009：79-80、81-86）。

一、透過政策宣導，設法改變民眾對於結婚的良辰吉日概念

　　婚姻的維繫是依靠夫妻兩人的愛情是否堅定，而非良辰吉日的時辰可決定，換言之，婚姻的未來發展是操之在夫妻手上，而非操在時辰手上。此外，良辰吉日應是指舉行儀式當天，不一定要將登記日視為良辰吉日，故「結婚儀式日」可與「結婚登記日」分開辦理，不一定非要同一天舉行不可。婚姻之發生效力是自登記之日開始，分開辦理固然可能產生毀婚一事（舉行完了婚禮，卻不去登記），縱使如此，亦是民眾的私事，政府不宜過分介入民事糾紛，大有為政府時代是警察國家的落伍想法，應該予以改變。

二、建議修改相關法令規定

（一）宣導民眾結婚須經登記始生效力，而結婚是各項戶籍登記之一，應儘量於戶政機關正常上班時間辦理登記。建議內政部統一規範縮短假日辦理結婚登記之受理時間，例如自上午 8 時至中午 12 時止，以節省人力、物力成本，符合成本效益。

（二）建議修訂「戶政事務所辦理結婚登記作業規定」第 3 條第 2 項，監所收容人辦理結婚登記得比照離婚登記，可委託他人辦理，俾使監所收容人辦理結婚登記及節省戶政人力。

（三）將「假日結婚而於假日後的第一個工作天登記者，得以該結婚日為生效日；但未在假日後的第一個工作天登記者，自登記日生效」的期日、期間原則納入修正民法第 982 條之考量。變更目前戶籍登記僅能記載結婚登記日之情形，例如加註【○年○月○日與○○○結婚，○年○月○日辦理結婚登記生效】之文字，俾同時符合國人擇良辰吉日結婚之習俗及民法自辦理結婚登記日生效現定。

三、推廣自然人憑證辦理結婚登記

研究開放民眾使用自然人憑證辦理結婚登記，並由內政部統一規定如需於假日辦理結婚登記者，應使用自然人憑證至「戶政網路申辦服務系統」登記辦理。自然人憑證如同「網路身分證」具有保密及不可否認性，故內政部目前已著手研究開方民眾使用自然人憑證辦理結婚登記可行性。

歷屆考題

1. 顧客滿意經營是組織作業過程、人力資源管理與顧客期望三合一的結果。試問顧客滿意經營有哪些重要的策略性作法？請析述之。（093 年交通事業電信人員升資考試─員級晉高員級事務管理）

2. 「顧客導向」的服務觀念，為近年來各國政府再造的核心理念之一，試問何謂顧客導向的服務？此一理念對政府機關中行政人員的影響為何？（093 年特種考試退除役軍人轉任公務人員考試─三等一般行政）

3. 請就下列陳述：「……顧客導向策略之終極旨趣在於落實民主行政，讓顧客逐步當家作主，而不僅單純提昇顧客滿意度而已。因此，行政改革能建立在政府與顧客相互主體性的基礎上，將能成就更前瞻性與更遠景性的再造工程。」評論之。（095 年特種考試地方政府公務人員考試─三等一般行政）

4. 請問政府行政人員在實施顧客導向管理時，應注意的要點為何？又可能出現什麼問題？（098 年特種考試地方政府公務人員考試─三等一般行政）

5. 公共管理學派期望政府扮演服務提供者之角色，為民眾提供顧客導向的公共服務。試問公共管理學派所採取的服務策略有哪些？請列舉而簡要說明之。（093 年交通事業電信人員升資考試─佐級晉員級事務管理）

6. 顧客導向觀點與傳統組織所強調的命令─服從關係不同，請說明顧客意指為何？又顧客導向觀點對行政機關運作可能產生何種影響？（096 年公務人員特種考試身心障礙人員考試─四等一般行政）

7. 傳統組織運作所強調的「命令─服從」關係已被「供應者─顧客」的合作關係所取代，試從顧客導向的觀點說明其對行政機關造成何種影響？（096 年交通事業公路人員升資考試─佐級晉員級事務管理）

8. 顧客導向的意義為何？其重要特質有哪些？公部門推行顧客導向理念時，有哪些限制？試說明之。（101 年公務人員高等考試三級考試─普通考試一般行政）

9. 在各國努力提升政府競爭力時，政府服務的優質具有決定性的影響力。因此，顧客導向的策略在政府改造策略中扮演極重要的角色。請試就下列二點申論之：（1）顧客導向策略的特質。（2）顧客導向策略的管理途徑和策略設計內容為何？（101 年公務人員高等考試三級考試─高考三級一般行政）

參考文獻

一、中文資料

丘昌泰主編，2009，《地方政府公共管理個案選輯：第一輯》，台北：行政院人事
　　行政局地方行政研習中心（編），頁 77-86。

丘昌泰，2010，《公共管理（再版）》，台北：智勝。

江行全，2002，〈建構顧客導向服務文化的觀念與作法〉，《研考雙月刊》，26（5）：
　　93-101。

江岷欽，1999，〈政府再造與顧客導向的服務理念〉，Golembiewski、孫本初、江
　　岷欽（編），《公共管理論文精選（Ｉ）》，台北：元照，頁 39-66。

李宗勳，2002，〈顧客導向的新服務觀〉，《研習論壇》，19：20-28。

何雍慶、莊純綺，2008，〈從顧客導向的觀點看為民服務〉，《研習論壇》，85：
　　5-12。

林水波，1999，《政府再造》，台北：智勝。

林建山，2008，〈顧客導向的公共服務思維與策略〉，《研習論壇》，85：18-23。

張潤書，2009，《行政學（修訂四版）》，台北：三民。

張廷駿，2003，〈經營顧客──談服務型政府〉，《今日海關》，27：26-30。

陳菁雯，2002，〈建立公部門對顧客導向機制：以蒙藏委員會對藏事服務為案
　　例〉，《法政學報》，14：117-152。

陳啓光、于長禧、楊秀娟、張秀珍，2004，〈影響政府機關推動顧客導向為民服
　　務作為之相關因素探討〉，《品質學報》，11（3）：207-222。

黃韻如，2002，〈從顧客導向的服務理念談二十一世紀公務機關人事人員的角
　　色〉，《人事月刊》，30（5）：68-72。

溫璧綾，2005，〈由「顧客導向」看公立博物館的觀眾服務〉，《文化驛站》，17：
　　2-7。

葉維輝，2008，〈顧客導向與公共服務〉，《研習論壇》，85：24-34。

劉典嚴，2001，〈落實顧客導向行政品質，提昇國家競爭力〉，《品質管制》，37
　　（10）：18-21。

賴建都，2008，〈顧客導向的工作態度與實務作法〉，《研習論壇》，85：1-4。

5
全面品質管理

學習重點

▶ 全面品質管理的意義為何？

▶ 公部門導入全面品質管理的目的為何？

▶ 全面品質管理的特性為何？

▶ 全面品質管理與傳統組織管理、ISO9000 的差異為何？

▶ 說明公部門運用全面品質管理的作法與限制為何？

前　言

　　自 1950 年代戴明（W. Edwards Deming）博士倡導全面品質管理（Total Quality Management，簡稱 TQM）的概念以來，全面品質管理已成為近代的一種管理哲學，使企業更重視產品的品質和顧客滿意度，並不斷創新突破，以期能永續經營與發展（湯玲郎、林正明，2002：59）。近年來，不僅是企業部門，連政府機構都開始重視服務品質，顯示提昇品質已成為政府機關與民間企業所共同追求的目標。

　　事實上，全面品質管理在企業界及外國政府部門中早已經行之有年，但遲至民國 85 年之前，我國公部門中仍尚未有實施案例，除了經濟部於民國 83 年曾經有實施「團結圈」的經驗外[1]，其他行政機關內尚無實施全面品質管理的經驗。直到民國 85 年，政府為展現與民眾期望緊密結合，再創服務品質新境界的決心，重新規劃為民服務工作的總體目標與具體作法，於同年底研擬完成「全面提昇服務品質方案」，自民國 86 年 1 月開始推動執行，希以全面品質管理方法推動革新，帶給政府服務工作嶄新面貌，進而於民國 87 年起訂頒行政院服務品質獎，以獎勵具績效卓著的機關。邁入 21 世紀，前總統陳水扁先生更於民國 90 年 2 月 25 日行政院召開全國行政革新會議致詞時，強調「政府存在的目的，是為了滿足人民的需求，一個以服務為優先的政府是人民共同的期待」，顯示當今世界各國莫不進行行政改革，強化施政績效，滿足人民的需求，以贏得民心（趙美珍，2003：89），而全面品質管理正是滿足民眾需求的一項重要策略。

　　基於上述，在本章中首先從發展背景和意義來整理全面品質管理的基本概念；其次闡述全面品質管理的特性；接著比較全面品質管理與傳統組織管理、ISO 9000 之間的差異，最後探討公部門運用全面品質管理的原因、優點、限制與因應之道。

---

1 所謂團結圈活動，係指由工作性質相同或有相關聯的人員，共同組成一個圈，本著自動自發的精神，運用各種改善手法，啟發個人潛能，透過團隊力量，結合群體智慧，群策群力，持續性從事各種問題的改善活動；而能使每一成員有參與感、滿足感、成就感，並體認到工作的意義與目的。

第一節　全面品質管理的基本概念

一、全面品質管理的興起背景

　　自 1980 年代中期以來全面品質管理盛行全球。雖然全面品質管理一詞在私部門中已有數十年以上的發展歷史，但在公部門中仍屬較新的管理觀念。若追溯全面品質管理的發展緣起發現，全面品質管理是由美國統計學家戴明博士首先提出產品、服務的優良會造成利潤提高的觀念。然而戴明的主張最初在美國產業界並未受到重視，反而被日本視為是轉型的寶典[2]。第二次世界大戰結束後，日本之所以能很快重建國內經濟，提昇企業，立足國際，都要歸功於戴明所提出的「重視品質」的觀念。受到日本的影響，全面品質管理觀念在 1980 年代回銷美國，並在私人企業大放異彩。之後，全面品質管理隨著美國產業界的發展歷久不衰，為各種產業所奉行，如在 1980 年代初期盛行於工業界，1985 年左右活躍於服務業界，1988 年起為許多醫院管理所採用，到了 1980 年代後期甚至被廣泛應用於教育界與政府部門（宋秀鳳，1997：37-38；黃朝盟，2000：637）。

　　而公部門之所以開始重視全面品質管理觀念，視其為提昇公共服務品質的管理工具，根據 Martin（1993）的看法，其興起因素約可以整理成下列四項（轉引自丘昌泰，2010：558-560）：

（一）拯救公共服務品質的危機

　　研究顯示，政府部門所提供的服務品質普遍不佳，民眾對於政府所提

2　日本認為如果一開始就能建立一個好品質的生產系統，那麼品質將會隨著不良率的降低而提高且會越來越優良，並受到顧客的信賴，利潤也會相對的大幅成長，成本自然降低。反之，顧客若是買到不良產品，可能要求退貨或賠償損失，並相傳於他人甚或經由媒體曝光，造成顧客流失，成本增加（宋秀鳳，1997：37-38）。

供服務品質多表示不滿。以美國為例，民調結果發現，多數的公民相信，美國政府無論是哪個層級，服務能力都是低落的，甚至是政府層級越高，民眾對服務的不滿意程度也越高。基本上，美國民眾之所以對政府服務感到不滿意，並不是因為政府服務計畫本身出現問題，而是政府組織的「績效」有問題。因此，應該檢討政府的組織規模與績效。

更重要的是，不滿意政府服務品質的公民會產生所謂的顧客乘數效應（customer multiplier effect），意即如果有 10% 的顧客表示不滿意，則必須要乘以九至十倍的不滿意度。因此，如何因應民眾對於服務品質的不滿意，解決品質危機乃是全面品質管理運動出現的首要原因。

（二）為了創造忠實的顧客

有學者指出品質的五個核心概念分別是信賴性、回應性、保證性、同理心和實質性，而這五個核心概念都是由顧客來界定的。所以，產品或服務品質必須要符合顧客的期望與評價，才能受到肯定。基於此，不少公司組織皆以顧客滿意度作為衡量品質的重要標準之一。

全面品質管理可以創造忠實的顧客，對於服務性組織而言有其重要意義，若顧客滿意該組織所提供的服務，則會願意成為該組織的志工，甚至對組織提供政治支持、爭取經費。對於民主政治體制下的政府機關而言，創造忠實的顧客就等於是延續執政黨的生命，由於忠實顧客意味著死忠選民，唯有不斷改善服務，改變中間選民的印象，才可使死忠選民的人數越來越多，成為繼續執政的選票基礎。

（三）基於「品質是免費」的理念

推行全面品質管理的另一項原因是基於「品質是免費」的主張。許多研究顯示，凡是實施全面品質管理成功的組織，必然可提高其生產力，大幅降低生產與服務成本。換言之，創造高品質服務與產品的成本為零，而

創造低品質服務與產品的成本則等於「把事情做對」與「應付不滿意的顧客」成本之總和。

傳統的工業生產模式係以投入產出關係爲思考模式，對生產力的評量標準在於「效率」；全面品質管理的概念則以整個生產流程爲思考模式，生產力的評量標準在於「品質」。過分的重視效率，可能會造成品質的低落，一旦服務或產品的品質低落，就必須要爲此付出多餘的成本，如：應付顧客抱怨、找出問題並解決問題，故其高效率不過是自欺欺人的說法。

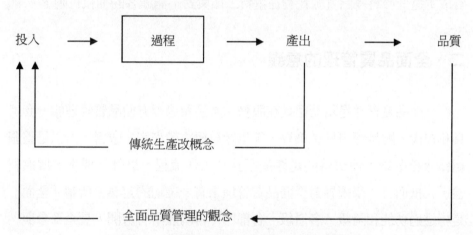

▲圖1　傳統與全面品質管理觀念的異同

資料來源：丘昌泰（2010：560）。

（四）期盼品質管理與人類服務價值的相結合

服務性組織最受人所抨擊之處在於其效率不彰，特別是政府組織。因此，多數人認爲品質管理僅能應用於非服務性的生產組織，無法應用於提供抽象服務的組織。但是全面品質管理挑戰了這種刻板印象，服務性組織如果能徹底實施全面品質管理，則必能提高服務效率，強化服務品質。全面品質管理與人類服務價值緊密結合，可從下列三方面觀察：

1. 全面品質管理強調運用顧客的回饋作爲改進服務與產品品質的依

據，依此自然將顧客需求的滿足列為品質管理的首要任務。

2. 全面品質管理非常強調員工的自我價值、雇主與員工之間的合作共識以及公私部門間的合夥關係。

3. 全面品質管理重視對於補救行動的預防措施，使得組織不致浪費太多的精力在補救缺點的工作上。

因此，長期而言，全面品質管理為一個組織的產品與服務所創造的品質成本遠低於將多餘資源耗費在重新工作與對不滿顧客的補救行動上。

二、全面品質管理的意義

全面品質管理是幫助組織在服務、產品和過程方面品質管理的一套工具和技術，雖是源自於企業界，卻也能為組織帶來許多改善，所以是整體組織永續改善；而改善的是產品服務及工作流程，以降低成本，增進利益。大抵而言，學術界對全面品質管理未有一確切的定義。所謂「全面」是指透過功能和階級，各層級、各部門、各功能所有有關人員全部參與。此種說法取代傳統認為品管是指製造部門的事，參與的人無非是現場工作人員與主管的觀念。「品質」是指組織中，符合和超過顧客的期望，每一個面向都是卓越。「管理」則是指經由品質管制過程，追求品質結果。因此，全面品質管理可以說是全方位、從有形到無形、從實質到程序的管理（Bounds et al., 1994: 61；李清標，1995：148）。

有研究指出，全面品質管理是一門整合性的管理哲學，其內容包含持續性改善、迎合顧客需求、降低重做產品、建立公司願景、重視長期性績效、強調團隊合作提高員工參與度、重新設計流程等，藉由此基本訴求，共同以最經濟有效方式，達成全面提昇生產績效與品質的管理活動（湯玲郎、林正明，2002：59）。

　　奧克蘭（Oakland, 1993，轉引自李清標，1995：148-149；宋秀鳳，1997：46-47）認為，全面品質管理就是指「對顧客需求的滿足」，認為組織最終目標是顧客導向。換言之，組織運作無論有形或無形之服務，均以顧客滿足為前提。因此，奧克蘭以顧客導向的觀點為全面品質管理建立一種運作模型，如下圖2所示：模型的中央是顧客與供應者，顧客包括內、外部顧客，為一連串過程；圈內三角形由三個頂點──團隊、系統、技術等三個部分所構成；「團隊」（teams），指組織運作係以團隊合作方式進行，如會議、品質改進團隊、品質圈等；「系統」（systems），係指管理制度規劃或施行，均以品質達成為基礎，以滿足顧客；「技術」（tools），指各種品質管制之技術。三者之間分別以文化形成、相互溝通、彼此承諾等方式互相聯結以達顧客及供應者需要為基礎的過程，使持續變革能在今天競爭的環境中成為組織中每一個人的生活方式。全面品質管理藉著以顧客為重的觀念有效的改變了整個組織。也因之，顧客為主、不斷改善和團隊工作可視為是全面品質管理的三項共同原則。

　　Denhardt（1991: 316，轉引自林長宏，1995：19）指出，全面品質管理與其說是一新的管理技術或發明，不如將其視為是概念的新詮釋或整合，全面品質管理乃是一範圍廣泛的途徑，用以轉變組織整體文化，以便於集中建立與維持高品質的標準，特別是關於滿足顧客的期望，並包含帶領組織成員共同創造一種「卓越的文化」（culture of excellence）。

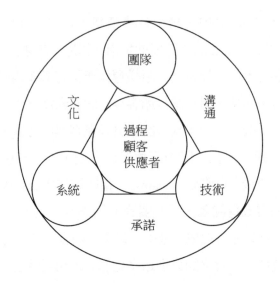

▲圖 2　全面品質管理模式

資料來源：Oakland（1993，轉引自宋秀鳳，1997：46）。

第二節　全面品質管理的特性

全面品質管理是以行為主義（behaviorism）為基礎，加上部分員工參與及分散決策等概念轉化而成的「思考上的新管理學派」（new managerial school of thought）。綜合歸納全面品質管理的基本要素或特性大致有以下幾項（轉引自林長宏，1995：22-24）：

一、顧客至上（customer focus）

全面品質管理強調組織成員需持續的滿足顧客的需求與期望，甚至要超越顧客原先的要求，以增加其滿意度。而產品或服務品質的達成與否也是由顧客決定的。顧客乃是指從過程中接受產出的任何人而言，因此組織

顧客包含外在顧客與內在顧客兩者，前者即一般認知的位於組織外界接受組織輸出之服務與產品的個人或團體，後者則是組織運作過程各個分工單位與個人，因為在運作中不同單位或個人間亦是一種輸入—輸出的關係，且全面品質管理強調與顧客及供應者間的溝通，著重持續、雙向及開放的溝通，以確保顧客及供應商的需求能正確的被接收，有關的問題及事項能被雙方清楚的瞭解。

二、全員投入

全員的投入包含所有人員的參與，從最高階層的領導者、中階層管理者、基層人員，還有顧客和供應商應也包含於其中，所參與的範圍則包含產品或服務品質產生的所有過程。全面品質管理特別強調組織全員的投入以及每位成員對於品質的允諾與責任，只有在人人皆對品質負責的狀況下，才能有效的推行全面品質管理。而品質文化之塑造也必須獲得組織最高階層到第一線工作人員全員的投入與奉獻、承諾才能達成。因此，全面品質管理是組織所有階層及部門參與的活動，但是各部門或人員不只是參加，它必須是一個大家具有共同目的，整個組織為達此目的之相互推行、投入的活動。

三、高階管理人員的支持與承諾

高階管理人員必須直接且積極的投入全面品質管理的活動中，建立一種鼓勵變革及為所有顧客而持續改善的環境，鼓勵組織各單位的合作環境，並以獎勵的行動來反應組織對全面品質管理的支持行動。在全面品質管理中，高階人員必須充分授權、塑造團隊工作的環境，重視團隊與個人的表揚、利益分享，重視員工的意見，與員工充分溝通，引導成員的自動

自發，投入全面品質的改善，親自督促考核，才能真正落實全面品質管理的精神。綜合歸納來說，機關首長的支持行動與責任主要有六大項：

（一）塑造組織的未來遠景與使命。

（二）追求改善與持續進步的長期承諾。

（三）人員的參與。

（四）使用正確、規律的方法以追求持續的改善。

（五）建立正確、合適的支援體系。

（六）提供不同層級員工不同的相關訓練。

四、事先預防（prevention），而非事後的檢視（detection）

全面品質管理所強調的是「第一次即以正確的方法完成任務」的工作觀，以往的品管方式是在生產過程後查驗產品的缺陷再加以修正，而全面品質管理著重的是在事先便找出問題、缺陷所在並立即加以處理，事先預防不良產品與服務的產生，強調品質的提昇關鍵乃在於「上游階段」，即較基本的原料品質、製造流程、制度設計便能決定最後產出的品質，即所謂的「源流管理」或「管理源流」，只要事先確實整合每一製造環節，去除浪費及其他不正確的程序即可產生高品質及降低品質的成本。就如Crosby 所言，品質的目的，不在於寬容錯誤的事和物，而在於根除和防範錯誤的事物發生。因此，品質需建立在生產過程的起始階段（上游階段），而非是在生產過程結束後才建立。

五、重視團隊合作（teamwork）

在推行全面品質管理的過程中，特別需要團隊合作與協調合作，因在品質改善的過程中，所有相關成員的通力合作乃是相當必須的，全面品質

管理的團隊中在工作程序認同與問題解決取向的共識上將管理者、部屬甚至其他單位或組織外部人員均納入其中，使其成為一整體。在整體中，命令與服從的比重將降低，取而代之的是相互支援及對團隊問題的共同關注。因此需使員工有賦予活力感（empowerment），可以自主的決定與改善其所從事的工作，如此才能確保每位成員皆能順利且卓越的完成其所擔負的職責。此外，由於全面品質管理認為品質是眾人經由組織體系運作而達成，不是個人的努力。個人特別優異的表現對組織品質並不能產生重大的影響，相反的情形卻可能產生極大的破壞，因此提昇品質重視的是團體、體系，而非是個人。另外，重視團體的觀念認為導致組織品質衰退的原因不在人員，而在制度。人們由於遵循不當制度才導致錯誤發生，故此時應優先檢討的是制度而不應歸罪於個人。

六、持續性的改善

所謂改善（improvement），乃是一種顧客導向的策略，所有的改善活動都是以增進顧客的滿足為唯一目標。因此改善即是要求組織成員從不間斷的追求改良與進步，每位成員隨時不間斷的注意所有能改善的大小事情，一切生活方式，無論是工作方法、社交方式或家庭活動皆可以透過不斷的改善而獲得進步。此外，持續性的改善是一種「過程導向」的思考方式，認為唯有透過過程的改善，工作才有改善的可能；工作改善活動也是一種「以人為導向」的活動，它強調人員的努力以達成目的。持續性改善活動之推行必須由上而下，而改善建議的提出則必須由下而上，因基層的員工最瞭解問題，也最有資格提出具體的建議。換言之，全面品質管理持續性的改善活動需要由上而下，也需要由下而上兩種方向的努力。

七、教育與訓練的重視

在全面品質管理的活動中，教育與訓練是激勵組織朝向全面品質管理邁進的重要要素。在概念上，對於組織使用不同的技巧去支持全面品質管理過程的人需要教育並接受必須的訓練。「教育」的目的在於使員工不斷的成長，提高品質的意識，瞭解施行步驟；「訓練」則是讓員工學習運用持續性改善的工具與技術，但是必須注意接收訓練的範圍和程度應視組織層級、工作性質及特定過程的改善而不同。

第三節　全面品質管理與傳統組織管理、ISO 9000 之比較

一、全面品質管理與傳統管理之差別

全面品質管理是一種新的觀點，不同於傳統的管理。根據全面品質管理之定義及原則，全面品質管理是全員參與方式，以持續不斷的改善，追求全程品質等。當組織採取全面品質管理途徑時，組織文化會有某些改變，整個組織在權力、結構、流程方面將有新變革。如表 1 所示，全面品質管理和傳統管理有下列之差異（宋秀鳳，1997：53-54）：

（一）**組織結構**：傳統管理是金字塔型層級和權威式僵硬的結構；全面品質管理是水平和彈性組織型態，打破了結構障礙。

（二）**組織文化**：傳統管理的組織文化是個人主義、專業分工；而全面品質管理強調的組織文化為團隊努力、顧客滿意、追求品質持續改善。

（三）**溝通方式**：傳統管理溝通方式是下行溝通；全面品質管理是全

員參與、跨部門，其溝通包括下、上、斜向及多向溝通。

（四）**參與方式**：傳統管理成員沒有參與權，完全由主管決策；全面品質管理是參與建議制度，以團隊（品質圈）參與決策。

（五）**變革的態度**：傳統管理對於組織變革的態度是保守、抗拒的；全面品質管理則是持續變革，追求顧客滿意之品質。

（六）**員工對上級認知**：傳統管理員工視上級如同老闆和警察；全面品質管理上級位於指導和輔助者之地位。

（七）**上司－部屬關係**：傳統管理是上級控制下級，下級充滿恐懼及依賴；全面品質管理為相互信賴之關係，管理者是一個指導者或輔導者，甚至是朋友。

（八）**員工努力焦點**：傳統管理是個人自我中心，互為競爭；全面品質管理是團隊導向，增進彼此溝通，互為合作。

（九）**決策**：傳統管理決策由管理階層憑個人經驗及直覺做決策；全面品質管理重視品質，重視資料蒐集，以事實做決策依據。

（十）**勞力和訓練**：傳統組織視員工的勞力和訓練為成本；全面品質管理則視為價值和投資。

（十一）**品質決定者**：傳統組織視管理者決定品質；全面品質管理以顧客至上，追求符合顧客需求，由顧客決定品質。

（十二）**績效評估**：傳統管理績效評估決定於個人因素，並由主管考核；全面品質管理則以團隊因素考量，由顧客、同仁、主管共同考核強調品質與服務。

（十三）**薪資制度**：傳統管理薪資決定於個人因素，依個人職位及考績晉敘俸給；全面品質管理則以團隊績效為酬償之基礎，包括財務性之酬償及非財務性之表揚等。

（十四）**升遷考核與生涯發展**：傳統管理升遷因素決定於個人，依個人績效、年資、學識等因素決定升遷及生涯發展；全面品質管理則以團隊

績效爲酬償之基礎，依團隊表現決定。

▼表1　傳統管理和全面品質管理之比較

	傳統管理	全面品質管理
組織結構	層級化和充滿權威和責任的僵硬	水平，較有彈性和較少層級
組織文化	個人主義、專業分工	集體努力、跨部門合作、追求品質
溝通方式	下行溝通	下行、上行、斜向、多向溝通
參與方式	主管決策	態度調查、參與建議制度（品質圈）
變革的態度	保守	組織的持續變革和過程
員工對上級的認知	老闆或警察	指導和輔助者，管理者被視爲領導者
上司—部屬關係	依賴、恐懼和控制	互賴、信任和多元承諾
員工努力焦點	集中在個人，視彼此爲競爭者	以團隊爲主，視彼此爲團隊成員
決策	管理階層憑經驗與直覺	重視資料蒐集，以事實作決策依據
勞力和訓練	管理者視勞力和訓練爲成本	管理者視勞力和訓練爲投資
品質決定者	管理者決定什麼是品質	由顧客決定品質，爲「使用者導向」
績效評估	個人因素並由主管考核	團隊因素、由顧客、同仁、主管共同考核、強調品質與服務
薪資制度	以個人單位爲衡量	以團隊績效爲基礎之酬勞，如財務性或非財務性之表揚
升遷考核與生涯發展	由主管考選、以個人績效決定升遷、狹窄直線式生涯	由同儕決定考選、以團隊表現決定升遷

資料來源：宋秀鳳（1997：54）。

二、全面品質管理的倒立金字塔模式

　　全面品質管理與傳統管理有不同的對照，全面品質管理不只是整體品質或服務流程改善而已，而是去變革組織文化，使組織具全面品質文化，全面品質管理的組織是扁平、少層級、具彈性、轉控制為授權。「一個成功的組織就像一把三隻腳的凳子，組織成功有賴這把凳子的三隻腳，把凳子穩穩地托住。這三隻腳分別是穩定的財務狀況、授權、顧客滿意。向心力則是這把凳子本身的底座，如果這三隻腳有任何一隻過短或過長，凳子就會失去平衡甚而翻覆，所以，組織想要經營得當，『穩定的財務』、『授權』以及『顧客滿意』，這三隻牢固的椅腳缺一不可，組織需要它們來凝聚向心力。」全面品質管理正符合此一導向，包括授權及顧客導向，全面品質管理且超越顧客期望，其運作與傳統管理並不相同，所以 Morgan 與 Murgatroyd 二人以為全面品質管理在公部門組織系絡如同「倒立的金字塔」結構，為求服務品質不斷提昇，將顧客擺在最前面，授權組員對顧客需求予以滿足，以團隊方式不斷改善以符合顧客滿意，如圖 3 所示（宋秀鳳，1997：55-56）：

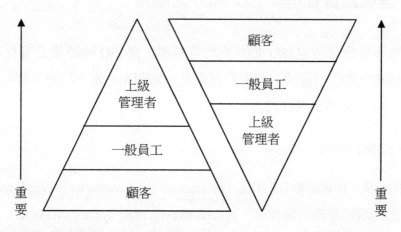

▲圖 3　全面品質管理：倒立金字塔（TQM：The inverted pyramid of control）

資料來源：Morgan & Murgatroyd（1994: 17，轉引自宋秀鳳，1997：56）。

傳統官僚組織是層級節制體制，權威和控制型態就如同頂點向上的正三角形，高階主管以一般員工為基礎位在金字的頂端，權力由上向下遞減，對於顧客需求及如何達到產品品質需求都是從封閉需求觀點，員工被視為管理者奮鬥的支持者；但是全面品質管理哲學是一個倒立金字塔，顧客至上，將顧客倒立於上，管理者以員工或團隊去接近顧客，瞭解顧客需求並聽取員工在改進服務品質的建議，惟有倒立金字塔組織結構才能反映員工需求並回應顧客需求。

　　在這倒立金字塔模式中所包含的是最低層級、民主化以及對員工及團隊的「授權」，此時傳統金字塔控制型態相對於全面品質管理倒立金字塔型態之下已被放棄。事實上，在這種倒立金字塔型態，組織管理者已由控制者轉變成整個組織的支援者，以顧客第一，講求服務品質的提昇，組織之間的關係成為由下而上溝通協調，對員工或團隊授能並將責任往下授權，經由個人或團隊在一起工作，自我管理、不斷學習，以提昇能力，達成目標及更高的績效。公共組織在倒立金字塔之下，一改過去「管理者」姿態為「服務者」之角色，把民眾需求列為第一，將民眾尊為顧客。

三、全面品質管理與 ISO 9000 之關係

　　全面品質管理是 ISO 9000 的理論基礎，而 ISO 9000 更是實行全面品質管理後的品質保證，兩者的關係是一體兩面、密不可分（林素鈺，2003：50）。以下整理說明之：

（一）ISO 9000

　　近年來，由國際標準化組織（International Organization for Standardization）所提出的通用管理系統標準（generic management system standards）可說是蔚為世界風潮，它是一個專門為公私組織進行品質管理認證的系統。

ISO 9000 包括五種不同管理品質標準的系統：其中，ISO 9000 為對於品質標準的概念和定義，ISO 9001、9002 與 9003，則是涵蓋品質管理的各個面向；ISO 9004 則提供創設與維持品質保證管理系統的建議。凡經過 ISO 9000 認證的組織就表示品質管理已經符合國際標準，對於產品在國際市場上的競爭力自然提高。目前 ISO 的管理認證幾乎成為商品進入市場的基本條件，通過 ISO 9000 認證至少可以產生創造忠實的顧客、改進產品在市場中的份量、提高股票價格、減少服務需求的次數、提高產品價格，以及提高生產力與降低成本等多項益處（丘昌泰，2000：254）。

（二）全面品質管理與 ISO 9000 之相同點

研究指出，全面品質管理與 ISO 9000 有下列五項共同之處（林素鈺，2003：50-51）：

1. 管理原則相同

ISO 9000 的品質管理原則，如顧客導向、領導、全員參與、程序管理、系統管理、持續改善、依據事實決策等，與全面品質管理強調顧客為重、全員參與等理念有許多相同之處。

2. 管理模式相同

品質管理大師戴明曾指出，全面品質管理的管理迴圈為 PDSA ──計畫、執行、研究和行動，而 2000 年版的 ISO 9000 則明確指出運用 PDCA ──計畫、執行、查核和行動之管理循環模式，可見兩者具有相同的管理模式。

3. 管理責任相同

全面品質管理如欲實施成功，管理者的承諾，也就是管理者必須使人確信並堅定品質的重要性，而 ISO 9000 在 2000 年版條文的五項構面中，管理責任占其中一項，包括管理承諾、職責、溝通等，顯示兩者皆重視管理責任。

4. 顧客導向相同

全面品質管理強調顧客不僅是對組織外部消費者而言，還包括組織內外所有顧客，以顧客滿意為最大目標，而 ISO 9000 也是如此。其強調顧客焦點、內部溝通，重視組織內外所有顧客與組織成員的感受，所以兩者皆重視顧客導向。

5. 持續改善相同

主張全面品質管理的研究者認為，品質改進是一項永無休止的任務，唯有持續改進，才是品質的最大保證。而 ISO 9000 在測量、監督與改進的一項構面中則指出，組織應隨時監控內部品質管理系統並持續改進，顯示出兩者皆重視持續改善。

（三）全面品質管理與 ISO 9000 之相異點

簡言之，全面品質管理屬於機動性組織，重視高階管理者策略性決定，自始即強調統計技術的運作，視實際情況而調整組織動向，以顧客滿意為最終目的；而 ISO 9000 則屬於制度性組織，重視文件化與資源管理，高階管理者必須承諾持續改善品質管理系統，自 2000 年版開始強調運用統計技術，並以取得國際認證與顧客滿意為最終目的（林素鈺，2003：51）。兩者相異之處如下表 2 所示：

▼表 2　全面品質管理和 ISO 9000 之差異分析

要素	全面品質管理	ISO 9000
背景	企業競爭（1980 年，美）	企業競爭（1987 年，英）
屬性	策略性	制度性
組織	機能別組織	部門別組織
動機	・ 改變企業文化 ・ 爭取競爭優勢	・ 維持工作紀律 ・ 符合合約需要 ・ 獲得國際認證
管理	・ 方針管理 ・ 領導型	・ 目標管理 ・ 監督型
作業要點	・ 策略規劃 ・ 團隊形成 ・ 統計方法應用	・ 文件化 ・ 品質稽核 ・ 系統認證
稽核	高階管理者	高階管理者及第三者
目的	結合團隊力量改善品質	建立顧客對組織的管理信心
工具	強調統計技術	自 ISO：2000 版開始強調
評價指標	管理成熟度	是否獲得認證資格
獲得方式	依指導原則自行實施	經第三者認證
優勢	具選擇性與擴張性	具主控性與一致性
關心對象	・ 企業與非企業顧客 ・ 全體員工	・ 企業與非企業顧客 ・ 人員、過程、設備
期望利益	顧客滿意	・ 國際承認 ・ 顧客滿意

資料來源：林素鈺（2003：51）。

第四節　公部門運用全面品質管理的限制與因應之道

　　雖然全面品質管理在私部門有相當卓越的實施成果，而吸引許多公共行政學者與實務界人士的高度關注，但因公部門具有特殊的組織風格及複雜的外在環境，均與民間企業有很大的差異，故公部門在實施全面品質管理時，需審慎檢視組織本身的特質，以及實施時所可能產生的限制與困難，進而思索因應之道。

一、公部門實施全面品質管理的原因

　　檢視國內外相關研究發現，有關公部門採行全面品質管理的原因有許多不同的說法，但基本上都脫離不了政府財政不足困境與民眾對公共服務需求提高兩項，茲整理分述如下（林長宏，1995：71-74；張靜月，1999：93-96）：

（一）政府面臨財政不足的困境

　　80 年代以來公部門面臨預算緊縮與赤字、資源缺乏等眾多問題，其中尤以財政問題最為嚴重。然在政府稅收不足之際，由於民眾不願增加負擔，但卻又希望政府提供更高服務品質的公共服務，政府既難以增加賦稅，也無法減少支出，在此雙方皆有困難的情況下，自然希望以同樣的投入獲得更多服務的產出，或以更少的支出，產出同質量的服務。

（二）民眾對公共服務需求提高

　　由於國民生活水準的提高，以及政治與經濟結構快速的變遷，人民對於政府所提供的服務產生覺醒，在質與量的要求也相對提高。因此，政府

機關如無法適時回應民眾需求，便會使民眾失去對政府的信心。在此情況下，唯有不斷的修正調整，提昇自身的能力為民服務，才能符合民眾需求。

二、公部門採行全面品質管理的優點

公部門推動全面品質管理將為組織帶來下列六項優點，分述如下（吳瓊恩等，2005：118-119）：

（一）提昇員工工作士氣

由於工作中不良的工作關係所帶給內部員工的壓力，將因工作改善而減少，另一方面組織內部溝通的改良，以及有更多的機會參與決策，都會使得員工士氣有顯著改善，進而提高組織的生產力。

（二）帶來更高的工作品質及較低的生產成本

工作品質的改善及成本的降低，來自於合理的工作安排及改善的原物料供給。

（三）提高顧客滿意度

全面品質管理為組織提供評估顧客偏好的工具，使組織提昇滿足顧客需求的能力。

（四）為公部門帶來生存發展的轉機

公部門管理者普遍面臨提昇工作效率的挑戰，以解決財政困窘所帶來的生存危機。一般民眾對於提高政府施政品質的要求也是日益迫切，而全面品質管理能有效地為公部門帶來生存與發展的轉機。

（五）提昇員工的素質

員工是組織永續發展所依賴的競爭優勢來源，全面品質管理刺激組織中個人腦力之成長，使組織產生綿延不絕的學習及再生能力。全面品質管理使員工變得更有彈性，更有思考的能力，以應付日益複雜的環境之需求。

（六）增加員工參與決策的機會

現代組織的員工不再單方面的奉命行事，其對於決策的合理性，經常會提出質疑，全面品質管理提供結構上的機制，來汲取、彙整員工的專業技術、知識及意見，提高員工參與決策所帶來的工作滿足感。

三、公部門運用全面品質管理的限制

全面品質管理的概念，在我國及其他許多國家的公共部門中，一開始即被推崇為一種必然可成功且絕對適用於公共行政領域的新管理經典，而未有充分的思考與討論。此種現象除了因全面品質管理在許多私人企業組織中應用的成功之外，一般人的基本心態認為，企業組織的管理模式普遍優於公共組織則是更重要的因素。此種心態目前雖然廣泛地見於新近各國的行政改革方案之中，但公共行政學界已許多人開始質疑，全盤轉移私人企業之全面品質管理模式的適當性與可行性，歸納反對政府組織一體適用全面品質管理之最重要理由至少有五點，分述如下（李清標，1995：150-151；黃朝盟，2000：658-662；吳瓊恩等，2005：119-120）：

（一）全面品質管理的本質與公共服務無法相容

全面品質管理的基本精神與公共組織的目的及特性先天上即不能相

容。因全面品質管理的原始內涵乃純為工業與製造業的操作環境而設計，而工業與製造業的操作環境與政府機構的運作環境可謂有天壤之別，因此以全面品質管理來控制公共服務的效能可能產生互斥的效果。換言之，反對者根據全面品質管理的特性，認為全面品質管理所適用的領域為可經由重複的過程所製造之有形的產品，而公部門所提供的公共服務多屬勞力密集之服務。服務與產品之最大不同在於：服務的產出與使用往往在同一時間，使得產品品質的統一難以控制；且消費者評估服務品質的標準常常除了服務的結果外，還受到服務者的行為等因素的影響，而使得品質管制的工作難以有可靠的基礎。

（二）公部門的本質排斥全面品質管理的運用

相對於前述的觀點，亦有人認為兩者的互斥性並非源自於全面品質管理的本質，而是由於公共部門本身的特性，這些特性包括下列兩點：一是公部門抗拒改變的力量較大；組織成員對組織使命的固有觀念，極易阻礙其對新管理理念的認識，而這種現象又以公部門科層化傾向最為明顯。另一則是公部門管理者即使績效提昇，也不易獲得實質的獎勵；但若不依循舊規，試圖引進創新的方法，一旦犯錯又得承受政客與媒體的指責，所以難以激勵公共管理者進行大幅度的改變。

（三）公部門的組織文化與全面品質管理相違

全面品質管理的成功有賴於組織文化的改變。然而公部門中明顯的層級關係，以及權威性的特殊官僚型組織文化，與全面品質管理強調向下授權及廣泛的參與式管理相互牴觸。此外，由於大多數公部門內部存有多種不同專業人員，且這些不同專業的人員通常堅持本身專業的立場與專業法規，而無法與其他組織成員產生協調合作的工作關係，形成全面品質管理要求摒除單位間障礙的一大阻礙。再加上許多公共服務的主旨在於約束、

規範人民的行為，此與全面品質管理希望在組織內創造「顧客至上」的品質文化相違，所以，全面品質管理並不完全適用於公部門。

（四）對公部門而言，「顧客」是一個有問題的概念

政府機構必須同時對許多懷有不同（或甚至互相衝突）目的之不同顧客提供公共服務，除了這些鮮明的顧客外，政府的施政還須考慮一般沉默大眾的不同意見。因此，公共服務的內容往往是這許多不同壓力下妥協後的產物。但全面品質管理的第一個原則，乃是要求以顧客的滿意程度作為服務品質的標準，這對許多公部門而言，由於顧客對象的多樣性與顧客間目標的衝突性，「顧客至上」即成為一個非常不明確的無用口號。

（五）公共服務品質與成本的關係較私人企業複雜許多

全面品質管理的最重要目標之一是在不增加成本的前提下，提高產品的品質，但對於公共服務而言，提高品質而不增加成本卻有相當的困難。公部門的主要政策及預算都決定於選舉產生的行政首長及立法人員，對組織所追求的品質目標與達成目標所需的成本並無控制的權力；而民選的首長與立法者，由於爭取連任的壓力，在權衡利害得失時，通常以短期可立即顯現利益的政策作為優先的選擇，且在考慮不同族群間之政府預算分配時，傾向增加政府的預算以滿足其主要選民的要求。此外，預算審核過程的誘因結構，又變相鼓勵行政機關將所分配到的預算耗盡；以上種種的現象說明全面品質管理之提高顧客滿意度而節約成本的理想，在公共組織實現的政治環境中是不切實際的。

四、公部門運用全面品質管理之作法

根據相關研究顯示，公部門如欲引進全面品質管理的作法，需有下列

幾項（李清標，1995：152-155；趙美珍，2003：96-100；孫本初，2010：90-94）：

（一）機關首長的領導與支持

　　全面品質管理起於單位首長，終於顧客。因此，公部門如欲成功推動全面品質管理，機關首長必須有強烈的改革決心，爲品質文化之變革賦予動力，並拋棄高層宰制基層的心態，積極協助基層工作人員從事心理建設，消除抗拒與恐懼，才能改變長期以來存在公部門的官僚型組織文化，建構支持性組織文化。

（二）策略性規劃

　　進行策略性規劃的目的，是在於促使組織進行持續性的品質改善，進而建立一個動態的與參與的規劃過程。因此，策略性規劃的相關過程是實施全面品質管理組織日常管理工作中不可或缺的一部分。

（三）以顧客爲導向

　　有研究指出：「除非先取悅你的員工，否則無法期待你的員工會去取悅你的顧客。」一般而言，組織顧客包含外在顧客與內在顧客兩者；前者是指位於組織外界，使用組織輸出的個人或團體，也就是一般顧客，後者則是指組織運作過程中各級單位人員。因之，一個具有高績效的政府部門不僅要滿足民眾的需求，更需要建立開放的管道，以確實掌握民眾所需的資訊，同時還需注意不可忽略內部顧客的需求，可透過建立良好工作環境、照顧員工福利、滿足員工的尊榮感和成就感、給與員工適當的教育、訓練機會等措施，以滿足其所需，進而提供良好品質的公共服務給外部顧客。

（四）機關間的配合

全面品質管理的績效觀點符合現代組織生產力的界定，組織績效的提昇，不但應重視與外在環境的配合，滿足其對組織之需求，以繼續獲得生存所需資源，更應注重組織運作過程的每一環節，因為只有每一環節的密切配合，組織方能順利輸出。倘若機關各單位不能配合，各做各的，將容易造成無效能的政府。

（五）改變組織文化

組織文化是組織成員所擁有的共同哲學思想、意識型態、價值觀、信念、假設和規範，會形成社會力量而影響人類的行為。人們趨向留在習慣的情境，容易因改變會造成不安全並帶來不便，而產生抗拒。因此，行政革新要能有所成效，就不能不改變機關的組織文化。其改變方法主要是透過訓練和教育，先從改變個人的思維與態度著手（如賦予員工品質管理的概念與技術），進而影響團體，才能重塑機關組織成為具有品質導向的組織文化。

（六）民眾滿意度調查

人民既然是全面品質管理的中心顧客，革新的執行評估標準就視民眾對施政的滿意度而定。定期對民眾進行問卷調查，可以瞭解全面品質管理的施行成效，發現問題，並從而改進。

全面品質管理個案——中央健保局中區分局[3]

中央健保局中區分局為 1995 年因應全民健保開辦而成立之新單位，該局成立初期旋即實施全面品質管理，且實施具相當成效，1997年通過 ISO 9002 品質管理制度的驗證，1998 年更獲得的第一屆行政院服務品質首獎。以下就其組織設計與推動策略，以提昇服務品質的相關作法加以說明。

一、中央健保局中區分局組織設計

中區分局其秉持「服務、溝通、效率」之經營理念，雖組織設計仍不脫一般行政機關之層級節制型態，但領導階層為避免層級僵化產生，遂推動作業流程之改革，將相關組室依作業相關性加以整合，並運用資訊系統相串連。再者，分局也成立聯合服務中心，作為服務的單一窗口，以兼顧組織運作彈性與效率，達到一處受理，全程服務的目標。另外，分局中設置任務編組——「品質經營中心」，旗下設有領導與經營理念組、創新及策略管理組、顧客及市場發展組、人力資源與知識管理組、資訊策略應用與管理組、流程管理組及經營績效組等七個品質小組，統籌分局之相關業務，並推動組織各項流程創新方案與鼓勵措施。

二、中央健保局中區分局推動策略

（一）QCC 品管圈

TQM 全面品質管理推動上，首先推行的是 QCC 品管圈活動，並配合提案制度，期許員工主動發現及解決問題。局內自 1995 年起開始導入、輔導、全面推行品管圈活動，並成立「品管圈推行委員會」負責查核及督導工作。1996 年後推行 ISO 9000 品保系統，隔年成立「ISO 9000 推動委員會」進行定期進度提報及成效評估。另外，中區分局 2001 年推動員工自主管理活動，推動之初便成立了 47 組自主活動小

---

3 資料來源：陳雅芳（2002）。

組，以整合品管圈品管活動，更增強基層自發改善意識。

（二）5S 運動

分為環境 5S 運動與環保 5S 運動兩部分，環境 5S 運動由分局內各單位訂定共同行動時間，每天及每週皆有相關活動進行，每月則由推動委員會不定期評分；環保 5S 運動則為建立環境保護網，與財團法人塑膠工業發展中心合作，實施基礎訓練及現場輔導，並建立資源回收管道。

（三）策略性方針管理

依中央健保總局願景及局內目標進行 SWOT 分析，規劃中長程經營策略，並參酌總局方針，擬定年度方針，依據 PDCA 循環圈定期改善與追蹤。在方針展開前，各級主管會由下而上先行審視自身業務經營指標、目前進度，以及其他分局最高水準，訂定中長期目標，且對於方針計畫之執行，係著重團隊合作，每年會進行各單位對支援單位的滿意度調查，各部門依工作計畫執行後，在每季定期提報執行成效。

（四）顧客導向的品質服務

中區分局為了瞭解民眾滿意度與所提供之各項服務是否符合民眾需求，每年針對洽公民眾及醫療院所各進行滿意度調查。另外，分局內還辦理服務楷模選拔，以提昇櫃檯服務人員之榮譽感。在意見回饋方面，中區分局另印製顧客意見書、顧客反應處理單等文宣，供民眾自行取用填寫，如有意見書投遞，局內員工須針對民眾不滿之處，於三日內做出回應。此種顧客滿意度調查與意見回饋，使員工可瞭解作業流程及品質管理運作中所發生的問題，並透過自主管理活動、提案制度，替顧客設想更貼切便利的服務。

此外，為使健保服務能注入更多外部的活力，其作法有：辦理各項服務品質應用與實務講習、邀請民間企業辦理禮儀教育訓練、推行品管

圍與學術界及企業界進行交流、研究報告發表指導，以及拜訪社會福利機關及慈善團體。

（五）流程管理

對於品質的稽核，中區分局將其流程予以標準化並定期接受總局、審計部及主計處之審核和 ISO 9002 的認證。而這些相關業務的紀錄均藉由品質記錄管制及電腦的雙重管控，以確保健保相關業務的紀錄均能妥善保存，且能隨時追溯各業務當時運作及品質情況。

歷屆考題

1. 試從管理哲學、焦點、目標、參與者四方面說明全面品質管理（TQM）之要義。（093年交通事業電信人員升資考試—士級晉佐級事務管理）

2. 團隊建立（Team building）是公務人力發展的重要干預技術之一。試問團隊（Team）與團體（Group）有何差異？團隊建立對行政革新有何啟示？（093年特種考試退除役軍人轉任公務人員考試—三等一般行政）

3. 全面品質管理（Total Quality Management）的意義為何？戴明（W. E. Deming）在全面品質管理中有何重要點？我國許多行政機關都有推動「工作圈」的作法，其與全面品質管理究竟有何關係？試評述其得失。（095年公務人員高等考試三級考試暨普通考試—三等一般行政）

4. 何謂全面品質管理（TQM）？全面品質管理各學說中有何共同原則？試析述之。（095年交通事業港務人員升資考試—士級晉佐級事務管理）

5. 工作品質管理所欲追求的目標為何？如果要從人力品質管理方面提昇工作品質管理之效果，可採取哪些策略（途徑）？試分別析述之。（095年交通事業港務人員升資考試—員級晉高員級事務管理）

6. 策略性全面品質管理，要求管理者應將以文化為基礎以及以過程為基礎的不同途徑，結合為組織整合行政功能的策略性架構。換句話說，對公共管理者而言，全面品質管理一方面是一個提高操作效能的技術性工具，但在提昇操作效能的過程中，更隱含了轉變官僚系統之基礎邏輯與價值的潛在作用。請就所知，列舉並說明此一策略架構的基本原則。（096年公務人員高等考試三級考試暨普通考試—三等一般行政）

7. 政府部門推行全面品質管理（Total Quality Management，簡稱TQM）運動，主要係欲改變公務人員對品質文化概念的認定、提昇全體組織成員對品質的承諾。試說明TQM的原則為何？其如何在行政組織中落實？（096年交通事業公路人員升資考試—士級晉佐級事務管理）

8. 團隊合作是組織運作獲致高績效的方法之一。試問團隊（team）與團體（group）有何差異？高績效的團隊有何特徵？試扼要說明之。（096年交通事業公路人員升資考試—士級晉佐級事務管理）

9. 公部門為何要實施全面品質管理？在實施時可能出現哪些限制或困難？（101年特種考試地方政府公務人員考試—三等一般行政）

10. 試說明公部門組織採行全面品質管理的意涵、重要性及其優缺點。（103 年公務
人員高等考試三級考試─高考三級一般行政）

11. 全面品質管理（total quality management）乃從顧客觀點去找出最重要服務面
向。一般而言，有哪些方法可以了解顧客需求？再者，有效推動全面品質管理
應重視哪些要素？（106 年公務人員高等考試三級考試─高考三級一般行政）

參考文獻

一、中文資料

丘昌泰，2000，《公共管理——理論與實務手冊》，台北：元照。

丘昌泰，2010，《公共管理（再版）》，台北：智勝。

吳瓊恩、李允傑、陳銘薰，2005，《公共管理（再版）》，台北：智勝。

宋秀鳳，1997，《從全面品質管理到公共組織應用品質圈之研究——以財政部所屬機關實施品質圈經驗為例》，台中：東海大學公共行政研究所碩士論文。

李清標，1995，〈從行政落後論政府全面品質管理〉，《中國行政評論》，4（4）：141-160。

林長宏，1995，《行政機關採行全面品質管理之研究》，台北：國立政治大學公共行政研究所碩士論文。

林素鈺，2003，〈全面品質管理、ISO 9000 與服務品質關係之研究〉，《品質月刊》，39（12）：50-55。

孫本初，2010，《公共管理（第五版）》，台北：智勝。

張靜月，1999，《我國行政機關實施全面品質管理策略之研究》，台北：中國文化大學政治學研究所碩士論文。

陳雅芳，2002，《健保局中區分局推行 TQM 之案例分析——以國品獎為架構》，桃園：中原大學工業工程學系碩士學位論文。

湯玲郎、林正明，2002，〈品質成本制度實施程度與 TQM 製造績效之相關性研究〉，《中華管理學報》，3（3）：57-73。

黃朝盟，2000，〈全面品質管理策略〉，黃榮護（編），《公共管理（第二版）》，台北：商鼎，頁 633-670。

趙美珍，2003，〈行政院推動提昇服務品質現況之研析〉，《研考雙月刊》，27（3）：
88-100。

二、西文資料

Bounds, Greg, Mel Adams, & Lyle Yorks. 1994. *Beyond Total Quality Management:
Toward the Emerging Paradigm.* Singapore: McGraw-Hill, Inc.

6

電子化政府

第一節　電子化政府的基本概念

第二節　電子化政府的功能

第三節　我國電子化政府的發展歷程

第四節　電子化政府的挑戰與展望

學習重點

▶電子化政府的定義與服務類型為何？

▶電子化政府的功能為何？

▶審議式民主與電子化政府的關係為何？

▶實施電子化政府的挑戰為何？

前　言

　　20 世紀末可說是政府治理模式快速轉型的年代。由於新公共管理運動的蔓延，使民眾頓時轉變為政府亟欲服務的「顧客」，新右派的意識型態成為各國政府積極推動的改革方向，「顧客至上」、「組織精簡」、「企業型政府」等口號到處充斥。然而，面對民眾需求日益升高，政府人事、預算等資源卻日漸減少的情況下，政府如何紓解官僚體制失靈，改善組織與流程的僵化，從而提昇組織效率，發揮「以小事大」的綜效，以快速回應民眾之需求，則被視為是當前政府實踐「公共治理」（public governance）的首要任務。在諸多改革方法中，網際網路（World Wide Web）及資訊通訊科技（Information and Communication Technologies，簡稱 ICTs）技術的快速發展，不僅造成全球電子商務的急速成長，更促使各國政府積極思考如何利用資訊科技，進而帶動公共服務輸送的轉型（曾冠球、陳敦源、胡龍騰，2009：3-4）。在這幾年中，由於電腦及網路相關資訊技術的發達及普遍應用，使得一般民眾的生活產生了變化，電腦及網路使用者不僅可用電腦來處理大量資料，還可利用網路來傳輸各種訊息。此外新時代的資訊革命，也衝擊了政府的功能定位及運作型態，因此如何面對資訊數位化時代的來臨，邁向電子化政府之路，就成為現今各國政府機關必須思考的課題。因此，資訊科技（IT）的採行受到許多先進國家的重視，而成為各國政府再造的主要方針之一（許清琦、曾淑芬、劉靜怡、吳鴻煦，2003：74-75；宋餘俠，2006：36）。

　　在 1990 年代初期，「政府再造運動」希冀政府能夠從根本上改變，即從傳統的官僚型政府轉變到企業家政府，成為進取、顧客導向及結果導向的行政機構。我國行政院受到新公共管理與政府再造浪潮的影響，自 1994 年成立 NII 小組推動國家資訊通信基本建設，網路化的議題開始受到重視。而為了促進政府再造，在國家資訊通信基本建設的架構下，行政院研究發展考核委員會[1] 在 1997 年提出並推動「電子化政府」計畫，其意義在於使政府機關運用資訊與通信科技形成網網相連，透過不同資訊服務設施提供自動化之服務，讓行政業

1　已於民國103年1月22日，併入國家發展委員會後裁撤。

務得以藉助現代資訊及網路通信科技提昇效率與效能（李仲彬、陳敦源、蕭乃沂、黃東益，2006：79-81）。

　　隨著資訊技術的蓬勃發展與電子化政府的建構逐漸完整，民眾和企業與政府互動越來越少使用面對面的方式或是書面郵寄，而是透過電子郵件、網站和互動式語音系統來進行，而政府方面也藉由網際網路以多元化方式來發布政策宣傳政令，甚至與民眾溝通。但另一方面，有關安全和隱私等問題卻隨著電子化政府的發展而成為民眾關心的焦點，並成為現代法治國家所關心的議題之一。基於此，在本章中首先介紹電子化政府的概念；其次，整理電子化政府的功能；接著闡述我國電子化政府的發展過程，探討其所面臨的挑戰；最後則論述電子化民主與電子化政府之展望。

第一節　電子化政府的基本概念

一、電子民主時代的來臨

　　由於民眾對政府信任（trust in government）程度逐漸下降，是否會影響民主治理一直是個受到重視的研究議題。再加上近年來因爲政府在治理過程中對於資訊科技不斷擴大，能否藉此來提振公民對政府服務的滿意及信任程度，則受到學術界與實務界的重視。主要的理由是：在透過讓民眾參與公共政策的制定，提昇決策過程的透明度，而產生的參與途徑，如目前的電子治理推動策略中的線上政策討論、投票等，都屬於這類的功能，一般稱之爲電子民主（e-democracy）或線上公民參與（e-participation）（黃東益、李仲彬，2010：79-80）。由此可知，電子民主是電子化政府之下的新興課題。期望藉由資訊科技的快速、公開、正確與便宜的資訊接近方式，使民主政治過程更爲活絡，更有可能進入直接民主的型態。整體而言，電子民主的出現背景有下列幾項因素（丘昌泰，2010：397-398）：

（一）改革代議民主的缺點

　　代議民主政治雖然強調代表性、參與性與對談性，但目前的實際運作呈現許多缺點，如限制性的民眾參與、政客扭曲公共利益，以及資訊的欠缺與壟斷等。

（二）加強資訊革命下的民眾參與

　　資訊革命的特徵是民眾可以透過資訊科技與電子通訊設備進入政府資訊系統，以參與政府的政策過程，電子民主正反映這種時勢需要。

（三）提高政府服務民眾的品質與效率

新公共管理成為政府再造運動的理論背景，民眾對於政府機關要求提高行政效率與服務品質，電子民主正好足以達成此種目標，滿足民眾的需求。

二、電子化政府的定義

電子化政府（e-government）的具體內涵非常廣泛，而電子化政府的推動代表一種新穎、高效率的服務提供。根據聯合國的定義，所謂電子化政府係指「政府應用資訊通訊科技提昇內外部關係」，或更具體的說是「使用資訊通訊技術提昇政府與民眾、企業或其他政府機關之間的關係」（United Nations, 2003: 1）；而世界銀行（World Bank, 2012）網頁中則將電子化政府定義為：「政府使用資訊通信技術提昇政府行政效率與效能，促進政府資訊透明化，強化政府的責任，也就是透過資訊能力將服務有效率的移轉至相關的人民、企業與所屬單位之中」。至於經濟合作與發展組織將其定義為「利用資訊和通訊技術，特別是網際網路，作為實現良善政府的一種工具」，這意味著實現「更好政策結果，更高質量的服務，更多的公民參與，並且推進公共改革議程」（OECD, 2003: 1；OECD, 2008: 1）。

我國研考會則將電子化政府定義為：「透過資訊與通訊科技，將政府機關、民眾及資訊相連在一起，建立互動系統，讓政府資訊及服務更加方便，隨時隨地可得。」由以上所述不難得知，電子化政府背後的理念乃是希望透過網際網路提供更為便民的服務，為了達到這項目的，政府不僅要以資訊科技達到政府再造政府行政業務流程，也要讓政府行政在電腦科技的輔助下，改善政府內部的工作效率，最後才能對民眾提供更快更有效率的服務（轉引自陳祥、許嘉文，2003：103）。所以，電子化政府是政府建

立一個與各界網網相連的資訊網路，把政府公務處理及服務作業，從現在的人工作業及電腦作業轉為數位化及網路化作業，便利各界在任何時間、人和地點都可經由網路查詢政府資訊，即時通訊，並且直接網路申辦。

三、電子化政府的服務類型

有研究認為電子化政府是源自於電子商務，因此電子化政府有許多概念可以與電子商務相通，也因而發展出類似於電子商務 B2B、B2C、C2C 的概念。現今電子化政府的主要發展類型，是指政府與顧客群之間的關係。一般認為有政府對政府（G2G）、政府對企業（G2B）、政府對公民（G2C）等三種類型，相關內容如下（王百合、王謙，2008：152；丘昌泰，2010：394）：

（一）政府提供民眾的電子化服務（G2C，簡稱 Government to Citizen）

當人們習慣於使用網際網路與銀行、書店及其他商務服務進行交易時，會預期希望與政府能夠進行類似的電子交易。因此政府機構透過網際網路直接提供人民所需要的服務，藉此可以簡化民眾洽公的手續，以及節省時間、人力、金錢等各項政府所需耗費的服務成本，並有效提昇國家治理的效率。若根據不同的使用族群，如學生、銀髮族等使用者，提供不同的專屬服務區，可概分為：行政層面服務（如線上申辦各種事項、下載各種表單、繳交稅金等），以及民主層面服務（如首長信箱、公共論壇等）。

（二）政府與企業間所進行的電子化業務（G2B，簡稱 Government to Business）

其主要體現在政府對電子商務的應用，並把焦點放在改善政府採購的

效率上，所以對於政府採購實行電子化是今後改革的方向。線上申請功能、電子郵件傳遞的安排，以及對檔案管理都有利於提高採購過程的效率與效能。G2B 方案把焦點放在市場交易時能減少採購的行政成本，及擴大市場交易的機會；如所有政府採購案，承包商可在線上競標、發展及傳遞產品，除可節省舟車往返費用，還能加強行政效率。這與簡化工作流程，減少郵寄時間，增加資料的正確性有異曲同工之妙。目前我國政府部門的作法有經濟部與內政部主導建置維運的「商工行政服務 e 網通」、「全國建築管理資訊系統」，公共工程委員會主導建置營運的「政府電子採購網」等。

（三）政府各部門與單位間的電子化整合（G2G，簡稱 Government to Government）

G2G 是指應用軟體設備，改善政府內在的運作，其中包括會計、預算、人力資源等領域，另外也包括檔案管理的概念或所謂資料庫的解決方案等，這些通常能夠減輕資訊管理的負擔。G2G 的目標是促進資料整合，以及經由除去分裂的系統來改善整個流程。這樣的系統，旨在建立整個組織的整合性解決方案，並非僅侷限在單一機關中行使，也就是借由建立資訊系統以進一步改善整個組織的決策效率。

從上述三種「電子化政府」的服務類型來看，資訊的取得、服務的傳遞以及雙向的溝通，是「電子化政府」的基本核心功能。透過政府網站的應用，可以達到資訊公開透明、服務申辦跨越時空限制、民主職能充分發揮的目的。而 G2G 的跨組織服務、G2B 的利商服務、G2C 的便民服務則是「電子化政府」用以提供顧客導向的服務，滿足不同族群需要的手段，進而強化其功能應用的層面。

四、審議式民主與電子化政府

　　審議式民主又稱「商議式民主」。審議式民主起源於對民主品質的反思，認爲民主政治不應該止於選舉結束或是代議士的選出，而應該是強化政策形成過程中，公民有意義地參與討論以及決策（曾冠球、陳敦源、胡龍騰，2009：10）。審議式民主的概念著重於「在集體決策的過程中，公民在具有充分資訊之下審愼思辨的討論參與」，Weeks（2000）認爲審議式民主包含廣泛的公共參與、公平審議的機會、充分資訊下的公眾判斷及可信的結果等四個重要元素；Button 與 Ryfe（2005）認爲審議式民主之所以能夠提升民主政治品質，主要是因爲合法正當性、更好的產出，以及偏好的形成與轉換三項特性所致（轉引自陳敦源、黃東益、李仲彬、蕭乃沂、林子倫，2011：645）。此外，根據 Cohen 的說法，審議式民主的內涵包括以下五點（轉引自曾冠球、陳敦源、胡龍騰，2009：10-11）：

（一）自由結社：不斷地、獨立地「結社」。

（二）價值分享：結社成員分享一些關於結社的價值，這種分享的價值成爲一種「承諾」，也就是成員都願意互相合作，使充分討論的制度得以維持，並對充分討論所獲得的共識規範，都願意遵守。

（三）多元價值：充分討論的民主是一個多元的結社。成員對於個人的偏好、對世界生命的看法，可以非常的不同，對於「集體選擇」，成員都允諾以充分討論的方式來解決，沒有任何一種偏好、信念應該占有強制性的地位。

（四）充分認知：因爲結社成員皆視充分討論爲該結社正當性的來源，不只結社的產出都是充分討論的結果，結社的充分討論本質也應該是「了然於心」的。

（五）互相尊重：成員之間都承認對方具有參與充分討論的「能力」，這能力包括參與討論與執行討論結果。

電子化政府的發展過程中，為因應電子民主的呼籲，試圖透過深度的公民參與來深化台灣民主，以強化政策合法性。但是審議式民主的實踐，比起傳統行政部門的民調與公聽會，往往曠日廢時且成本高昂。近年來興起的資訊與通訊科技，以其快速、低成本、直通個人、網絡連結、社群建構等功能及特性，似乎提供審議式民主模式實踐的契機，故審議式民主的線上實踐，已經成為電子化政府下一階段的發展重點。

第二節　電子化政府的功能

隨著網際網路的普及，人們使用網路溝通的能力提昇，研究治理的學者已發現，電子化政府不但可以節省經費、精簡人事，更能強化公民與政府之間的互動，提高公民參與的機會與意願。因此，學者們除了探究電子化政府所應具備之提高績效、改善政府的能力以外，亦開始研究如何利用電子化政府達到「善治」（Good Governance）的政治理想。

根據相關研究指出，電子化政府是公共管理的改革工具，是「應用資訊溝通科技，特別是網路科技，以達成更佳的政府」的計畫，其功能包括下列幾項（OECD, 2003: 11-13，轉引自孫本初，2010：112-113；Pardo, 2000: 3-4，轉引自王詠蓉，2010）：

一、資訊透明化

電子化政府採取線上作業方式並提供服務，可以讓資訊透明化且有助於加速政府資訊的流通，便利社會大眾、民意機構、媒體及社會大眾來監督政府施政，達到行政透明化的作用，並提昇政府責任性。

二、增進行政效率

透過網際網路、企業網路等現代科技的應用，政府一方面可以簡化工作處理流程，另一方面可以促進行政作業的快速運作，再加上網路溝通技術節省了資料蒐集、資訊的供應和傳輸，節省與顧客溝通的時間以及金錢、物資上的花費，故可用較低的成本擴大政府內部與外部資訊分享的過程，形成較佳的管理效率。若將其與企業的成本投入和效益產出做比較，電子化政府縮短了時間與地域的限制，提昇政府的主動性與回應性。

三、提昇政府政策與服務品質

電子化政府藉由資訊科技整合各種不同資料來讓政府各個部門間可以直接相互連結、交換資訊，進而提昇政策規劃及施政決策。同時透過整合式的單一入口網站，簡化作業流程，加速政府的反應速度，提昇政府的辦公效能，甚至提供民眾 24 小時的資訊查詢及通信服務。

四、增進民眾與政府的互動

網際網路允許民眾、政府官員進行雙向式、多層次的溝通，而政府藉助網際網路、電子郵件、電子佈告欄等系統，民眾一方面可以即時取得政

府最新的資訊與服務，也可即時向政府反映意見，以增進民眾與政府的互動，改變了政府與民眾之間的關係。而網際網路的使用也會降低政府在宣導政策時的支出。

五、促進公民參與

電子化政府促使公民樂於參與政治與政策，強調民眾直接參與及涉入公共政策制定過程，民眾不再只是被動的接收政府政策，而是能夠透過各項公共論壇，充分表達意見，並提供建言，強化與民眾的互動性，故電子化政府有助於塑造公開和課責的政府形象，並在民眾和政府之間建立關係。因此，有越來越多的政府機關使用通訊科技，尤其是網際網路，以在政府、民眾、企業之間提供更好的服務，傳送數位化政府資訊。

第三節　我國電子化政府的發展歷程

在電子化政府的潮流下，我國政府亦針對體現電子化政府發展了一連串的計畫進程，在這近二十年的期間，投入大量人力、物力。目前可以分為五個階段，即從 1998 年開始推動第一階段「電子化／網路化政府中程計畫」，其中歷經第二階段「電子化政府推動方案」和「數位台灣 e 化政府計畫」，第三階段「優質網路政府計畫」，以及第四階段「電子化政府計畫」，截至目前為止已邁入第五階段。各階段的說明如下（陳祥、許嘉文，2003：103；李仲彬、陳敦源、蕭乃沂、黃東益，2006：79；林裕權，2007：18-20；吳毓星，2009：140-142）：

一、萌芽期（1997 年以前）

台灣電子化政府的萌芽可以追溯於 1985 年。當時政府警覺到網際網路的發展可以加以運用，於是開始建構政府網際服務網的單一窗口，致使全球資訊網（WWW）的盛行。另一方面，政府也同時提供全球資訊網網站，提供機關網站索引，稱作政府便民服務電子窗口，此時網站功能以靜態功能的目錄瀏覽為主（陳祥，2005：80）。自 1996 年 9 月開始，當時政府將政府便民服務電子窗口進行改版，引進搜尋引擎及資料庫管理系統，並加入政府機關網頁索引、政府新聞網、電子民意信箱索引等，此時系統的主要特色為提供靜態即時的網頁式資料。當時，大部分的政府機關都因為缺乏連結至網際網路的硬體設備，而無法在網際網路上建構機關網站，電子化政府的名稱也僅以少數幾個代表性中央機構網站作為表徵。

二、發展期（1998 年以後）

（一）第一階段（1998-2000 年）——「電子化／網絡化政府中程推動計畫」

第一階段的電子化政府提倡網絡的基礎建置與方便性，計畫內容考量當時行政部門資訊化程度的客觀條件，因此選擇策略性及關鍵性的項目來做突破。因此舉凡可使民眾接收到政府在 24 小時不打烊的服務，例如電子公共安全、電子工商、電子保健、電子公用事業服務等提供民眾便利性及快速性的管道都是本階段建置的重點。主要內容包括：架設政府網際服務網（GSN）、電子郵遞、電子認證、資訊安全及資料交換等計畫。由於政府體認到行政革新工作的重要性，在政府的全力支持下，促使第一階段的電子化政府得以順利進行（陳祥，2005：81）。第一階段電子化政府計

畫主要致力於建設政府骨幹網路、發展網路便民及行政應用、加速政府資訊流通、建立電子認證及網路安全機制等電子計畫，並配合該時期我國國家資訊通信基本建設所定「3 年 3 百萬人口上網」之總目標。

（二）第二階段（2001-2007 年）──「電子化政府推動方案」及「數位台灣 e 化政府計畫」

第二階段的電子化政府於 2001 年展開，並以「服務效能提昇」、「辦公效率提昇」、「決策品質提昇」為三大主軸，繼續推動基礎環境建設、資訊應用發展、資訊流通共享及上網應用服務。但是我國政府在實施第二階段的計畫過程當中遭逢經費困難，因此於 2003 年另行擬定「數位台灣 e 化政府計畫」，也就是所謂的第 2.5 階段計畫，包含「推動政府線上服務」、「提昇政府效能」及「開放政府數位資訊」等項目；使第二階段得以在過去的基礎上，進一步整合應用（蔡清彥，2004：10-11；林裕權，2007：15；蕭乃沂、羅晉，2010：3）。此階段的主要目標包括建立暢通及安全可信賴的資訊環境、促進政府機關和公務員全面上網、全面實施公文電子交換、推動 1500 項政府申辦服務上網及政府資訊交換流通與書證謄本減量作業。

（三）第三階段（2008-2011 年）──「電子化政府計畫──優質網路政府」

我國第三階段的電子化政府在面對外在環境變遷下，視創新變革為本階段最重要的課題，因此政府以發展「好環境、好產業、好生活」的優質網路社會（Ubiquitous Network Society，簡稱 UNS）為願景。由研考會統籌優質網路政府推動業務及推動策略，協調各機關依三大目標、五大策略提出優質網路政府整體計畫。秉持「因應資通技術發展，適當調整電子化政府服務」、「強化民間夥伴關係，創造多贏」及「發揮人本包容理念，嘉

惠全民」的三大理念，希望能達到「發展主動服務，創造優質生活」、「普及資訊服務，增進社會關懷」及「強化網路互動，擴大公民參與」的目標。而近年來主要國家電子化政府相繼廣納以 Web 2.0 技術為主軸之新興創新服務，例如社會網絡應用、部落格應用、影音多媒體網路分享及公民參與等，原訂計畫之各項子計畫推動重點，亦宜參酌納入 Web 2.0 精神，因此計畫重點亦配合技術發展趨勢，適時擴大電子化政府之應用深度與廣度（行政院研考會，2007：24-34）。此階段的計畫重點包括統整各機關分散建置之 e 化服務，簡化與整合服務流程，精進提升服務效能，並能將服務方式從 E 化、M 化（Mobile）提升到 U 化（Ubiquitous），在著重社會關懷的前提下，無縫提供民眾優質的政府服務。

（四）第四階段（2012-2016 年）──「電子化政府計畫」

由於第三階段的電子化政府計畫已於 2011 年 12 月執行屆滿，行政院研考會為發展第四階段電子化政府計畫，先行蒐集包含美國、澳洲、芬蘭、新加坡等經濟合作發展組織（OECD）十餘國電子化政府發展先進國家之推動經驗與方向，並研析如聯合國、世界經濟論壇（WEF）、經濟合作發展組織等國際組織對電子化政府趨勢研究，綜合整理成《各國電子化政府發展趨勢報告》，據以規劃我國電子化政府整體推動藍圖。規劃重點為建構政府服務的 DNA 核心理念，包括 D（設備，即 Device）發展可攜式行動裝置上的服務、N（網路，即 Network）因應無線寬頻網路應用發展便捷服務，及 A（應用，即 Application）善用 Web 2.0 社會網絡發展貼進民眾需求的創新服務，彰顯「民眾服務」、「運作效率」及「政策達成」三大公共價值為主軸，聚焦提供電子化政府的主動服務、分眾服務，以受惠對象的角度進行思考、發展全程服務及跨部門間之協調，並以對內提昇運作效率、對外增進為民服務品質、並兼顧社會關懷與公平參與等三面向為核心。

（五）第五階段（2017-2020 年）──「電子化政府計畫數位政府」

隨著全球化、國際化、分權化、市場化以及數位公民興起等主客觀環境的變化，先進國家電子化政府的發展趨勢，已從早期「公共事務管理」推移到當前的「公共服務創新」，逐漸推向「公共價值創造」的發展目標。同時，電子化政府的影響層面，亦從政府行政逐步推及政治、社會及經濟發展等層面。

第五階段電子化政府規劃重點將以資料導向之角度重新設計政府服務樣態。以資料驅動、公私協力、以民為本為政府服務的核心理念，並以巨量資料（Big Data）、開放資料（Open Data）、個人資料（My Data）為工具，透過「基礎環境數位化、協作治理多元化、產業營運智能化、數位服務個人化」等四項推動策略，達成「便捷生活」、「數位經濟」及「透明治理」三大目標以及「打造領先全球的數位政府」之願景。

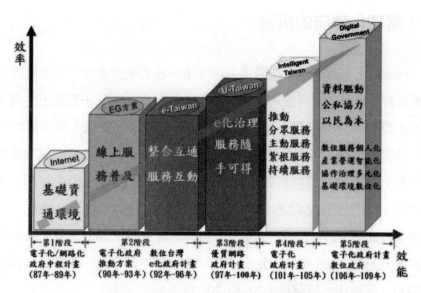

▲圖 1　我國推展電子化政府的歷程

資料來源：國家發展委員會網站，http://www.ndc.gov.tw/Content_List.
aspx?n=E0C48B7F39ACB61F，檢閱日期：2017/5/3。

回顧我國政府開始推動電子化政府計畫（參考圖1）以來，截至目前為止在許多著名的國際性評比皆獲得不錯的成績，例如：「世界經濟論壇網路整備度評比」（World Economic Forum Network Readiness Index，簡稱 WEF NRI）、「美國布朗大學電子化政府評比」（Brown University Global E-Government Report）及日本早稻田大學電子化政府評比（Waseda University Global E-Government Report）等。無論是在政府網站服務內容功能、運用資訊通訊能力或是網路化社會準備度等項目的評比均取得佳績（崔灝東，2008：156）。但電子化政府不能就此滿足於現狀，而是要與時俱進，還必須要面臨解決未來可能面臨的挑戰。

第四節　電子化政府的挑戰與展望

一、電子化政府的挑戰

我國電子化政府在各機關通力合作下，推動成績斐然，不但屢獲國際評比肯定，更有效提昇政府運作與服務效能。根據相關研究指出，電子民主的出現有即時的結果、遞增的服務、單位成本的降低、減少資料的流入、對環境有利、減低人民參與公共事務的成本、藉由政府資訊公開提昇人民對公共事務的瞭解與對政府機關的信任，以及促進組織的創新等多項功能，以下分別說明之（管中祥，2001：303-304；項靖，2005：3-7；葉俊榮，2005：21-22；陳敦源、李仲彬、黃東益，2007：54；陳海雄、蔡世田，2007：105；丘昌泰，2010：398-400；黃東益、李仲彬，2010：111-112；宋餘俠、楊蘭堯，2013：20）：

（一）資訊安全

隨著雲端運算服務及行動化服務的普及，伴隨而來的是不同類型的資訊安全威脅，各類 APP 應用服務的盛行，在使用智慧型行動裝置的同時，更應正視其衍生的潛在威脅，如有不慎，將可能洩漏使用者資訊，進而影響到雲端資訊安全，故資訊安全乃是目前最普遍被提及與關注的主題。不可諱言的是，網路的使用雖然很方便，但首先必須克服資訊安全問題，由於在網際網路上傳送訊息容易遭到截取、偷竊等不法行為的侵害，加上網路資料很容易遺失與毀損，故如何確保網路資料的安全性，即成為電子化政府的重要課題。

（二）隱私和身分認證

隱私被視為商業、衛生保健、數位通訊、財務事項、教育和許多其他領域不可缺少的部分。個人身分和能力驗證以及保護隱私是重要的議題，使得在設計和提供個性化服務，以及所需的電子商務和控制之時，人民得以相信並接近所提供的系統、服務和資訊。因此必須驗證對方身分，以防他人冒名傳送，又必須能保持資料傳送之順序及內容完整，以防被複製、遺失、刪除或篡改，同時確保民眾無法否認已送出資料，以及政府無法否認已收到資料等問題。

（三）跨機關資訊共享與整合

政府資訊整合需要各部門、組織通力合作，但受限於政府部門的本位主義，常使資料的蒐集整合不易，合作難以落實。以往各機關為求安穩，常有以資訊安全或機敏性為由，不能充分提供跨機關資料分享；資訊化過程以機關內部需求為主，較少考量到以民眾為觀點的服務流程，而雲端服務強調資源共享，如何屏除各機關「本位主義」的狹隘思考模式，改以便

民角度思考，結合民間資源發揮利用有待政府部門費心結合。

（四）公民接近和參與保證

　　立法機構和地方政府所關注的議題，包括縮小數位落差、寬頻部署、公眾意見及社群對話。惟這些資源只注意民主參與的過程，大多集中在單向通信（例如，立法網站、廣播、電子郵件管理），而非互動式討論或審議，故僅能發揮增加民眾瞭解政府資訊管道的功能。如要實現公民接近和參與，重點在於要為這些溝通管道建立規範與制度，如針對民眾的反應意見需於一定時限內回覆或完成；以及打造資訊設備的基礎設施，這些可透過寬頻部署、市政無線網絡系統及電信管制來實現。

（五）數位落差的消弭

　　電子資訊的使用者與非使用者之間對於資訊的取得差異甚大，如何協助後者進入政府資訊系統，不僅是政府政策而已，更牽涉消費者意願問題。現階段政府所推動的電子化政府相關架構無法完全符合民眾需求，較偏重原本即是習慣於網路使用之族群需求，而忽略其他公眾接觸之面向。

　　關懷弱勢族群及落實公平數位機會一直是政府推動資通建設與普及政府服務的施政重點，因此，如何減少因資訊與通訊科技使用機會不同而可能導致的「數位落差」問題，對偏鄉民眾、銀髮族、新住民與弱勢團體提供適當的資源協助，創造且提供數位機會，以縮短數位落差，也是未來努力的方向。

二、電子化政府的展望

　　根據近年來電子化政府的發展，可發現各國政府提供線上資訊服務的形態與以往截然不同，大多數的國家莫不積極化被動為主動，試圖將傳統

政府所扮演的角色重新詮釋成為現代小而美的政府治理。在本章最後，作者試圖整理有關電子化政府未來的發展如下：

（一）改善數位落差與安全問題

在電子化政府的政策框架裡，資訊的安全、隱私、技術管理、數位落差和監督要求尤被重視（Dawes, 2008: 92）。其中，Norris Pippa 指出數位落差（digital divide）對於政府從事電子化政府之影響，其以社會經濟發展、民主化程度及科技擴散程度等三因素，解釋電子化政府網站的推行與網站的民主特性，發現電子化治理的推行與特性大致受到科技擴散程度的影響（Norris, 2001: 26-40）。就此而論，部分都市之所以未建置政府網站或網站不具民主特性，主要肇因於上網人口比例的低落（項靖，2005：5-6；林裕權，2007：22）。

安全獲得政府資訊已成為重大的政策關注，各級政府設法保護資訊資源和基礎設施（陳祥、許嘉文，2003：110；葉俊榮，2005：21）。要消除網際網路上安全的疑慮，必須要有良好的資訊安全機制，健全完善且安全的電子環境，使人民的資料權和隱私權等基本權益受到保障，政府機關電子化和網路化就比較容易推行，普及率也能迅速提昇（陳海雄、蔡世田，2007：105-107）。而為了在網路上辨識使用者的身分，防止身分被偽造、冒用，歐美等先進國家即建置了所謂的「公鑰基礎建設」（Public Key Infrastructure）和「電子簽章制度」（Digital Signature），以確保資訊交流的可信度，增加網路活動的安全保障，加速推動各類網路申辦業務以及跨機關資訊的交流，避免網路成為敵意國家與駭客入侵的管道，並建立網路安全防護機制與緊急事件通報體系，進而對連接於機關網路設備與資料安全提供多一層防護（林俊宏，2006：37）。因此，在政策架構之中要以解決資訊落差以及安全等議題為優先考量。

（二）提供公共服務與建立評估機制

政府官員身為公共利益的代表者，其首要目標是創造公共利益以及提供公民服務，因此電子化政府必須以加強服務為目標，即改變以往威權的作法轉變為顧客導向，提供民眾接觸的管道、便民服務以及提供尋求政府資訊或服務公民和企業的選擇（林裕權，2007：22）。電子化政府之所以能夠提昇政府的內外部關係，主要是因其能夠改革公部門傳統服務遞送之模式，使民眾皆能在網際網路上即時取得政府提供之資訊及服務（李國田，2007：47）。

（三）設立資訊官與建立資訊管理

電子化政府增進各種各樣的管理、專業和技術，以提昇政府的效率、基礎設施投資、資訊管理和使用、組織創新、風險管理、採購改革、勞動能力和績效評估。然而電子化政府並不會，也不能夠改變人與人之間的互動關係（Shafritz, Russell & Borick, 2009: 339），還是需要 IT 人才加以來管理。因此近年來，資訊長的角色與功能受到公私部門的重視。其主要功能在掌握資通訊技術，發展組織的策略性資訊應用，提昇組織競爭力。為強化政府資訊發展政策領導功能，行政院組織改造已規劃在行政院設置資訊長，行政院所屬各部會亦規劃設置專責資訊單位，並規劃由政務副首長兼任資訊長，以加強資訊組織的功能，發揮資訊領導力，有效落實職掌範圍內的資訊策略規劃，進一步強化電子化政府整體的推動發展（何全德，2006：110；吳毓星，2009：142-143）。

（四）重視數位公民與建立單一入口網站

公民參與在電子化政府當中通常被稱為「電子參與」，涵蓋民主過程的範圍，其包括技術和資訊內容的無障礙和可用性、公眾與政府互動、公

眾對政治議題討論以及公眾諮詢，或在議程設置過程中納入利害關係人。

　　我國電子化政府整合型入口網站（以下簡稱入口網站）之推動，即扮演民眾與網路化政府間單一溝通的橋樑角色，是政府服務民眾的網路單一窗口，並提供高品質資訊查詢及線上申辦服務。預見未來，不僅政府的各項施政作爲、資訊可隨時經由入口網站取得；各項與爲民服務有關的查詢、申辦等業務，也可透過此一網路單一窗口獲得線上服務（楊秀娟，2003：48-49）。入口網站以全球及網際網路應用先進國家，如美、歐、日、澳等國政府之入口網站，爲主要參考網站，並且將從即時、快速、多樣、完整、高品質等五個方向努力，以提供服務（研考會，2001：3-5；吳毓星，2009：143）。

（五）進行流程再造與重視跨域治理

　　現今的政府因爲受到新公共行政之影響而對新公共管理做出反思，因而強調課責、透明度和信任，制度改革涉及到政府的結構和過程，以及政府實現公共利益的角色和責任。隨著電子化政府的日漸普及應用，政府與各式利害關係人之互動與依存的關係變得日益緊密，對政府服務的提供以及施政決策產生相當程度的影響；且隨著新興資通科技（寬頻／無線網路）的普及，以及工作流平台的實現、上傳（uploading）的推波助瀾，電子化政府的利害關係人可能成爲一股力量，促進（電子化）政府內涵的改變（張玲星、游佳萍、洪智源，2010：209-210）。而這些技術的改革也因此讓政府發展出跨域、多元組織的結構，對於政策決策和行動代表著邁向一個新的領域，更激進的行政改革意識正在展開。因此有必要在此時重新界定政府與政府跨域的府際關係概念，以及政府與利害關係人之夥伴關係，形塑良好之互動，以調整政府電子化政策方向及服務之設計（宋餘俠，2006：40-42）。

電子化政府個案——電子公文交換與線上簽核[2]

　　根據世界銀行之定義，電子化政府是指一種運用資訊通信技術以增進效率、效能、透明性以及責任的活動。現階段我國電子化政府發展的願景為：充分運用資訊和通訊科技，以達到提高行政效能、創新政府的服務、提昇便民服務品質及支援政府再造，邁向全民智慧型政府之目標。為達成前述願景，我國對公務處理型態上，致力於運用現代資通科技進行大幅改造，其中對於公文電子化、網路化推動更列為重點發展目標。

一、我國推動電子公文簽核推動階段

　　行政院研究發展考核委員會（以下稱研考會）為主管全國公文系統管理的機關，其對於電子公文簽核流程的改革可分為下列三階段：

（一）先導試驗階段

　　研考會於91年為實驗公文線上簽核之可行性，初步選擇立委質詢案件、院長信箱、研考會信箱及機關憑證申請案作為試辦標的，試行後發現，線上簽核以頁數較少文件及易於切換公文閱讀介面者為佳，但也發現部分單位主管有運用電腦系統修改公文的困難，且公文管理系統後端作業也未臻完備，以致公文保密防範性降低，基於前述問題，該階段該主要針對前述流程及作業模式尋求變革的設計與規劃，且於先導試驗階段，也通過電子簽章法，確立電子文件及電子簽章使用與交易安全規範，奠定未來各機關公文電子化基礎。

（二）正式實施階段

　　此階段為研考會推動公文線上簽核最關鍵階段，其重點在於以使用者導向來修改系統介面與功能，藉此調整公務員線上簽辦與批核的操作

---

2 資料來源：陳海雄、辜惠瑩（2010）和朱欣鈴（2010）的論文，以及電子化政府服務平台，http://www.gsp.gov.tw/index-intro-4.htm，檢閱日期：2017/6/7。

習慣。再者，公務機關亦將案情較單純、來文屬存查或函轉性質與頁數較少公文，改採紙本與線上並行方式，待各承辦人員於收到待辦公文及系統通知後，依案件複雜度自行判斷是否進行線上簽核動作。

（三）擴大減紙階段

為達減紙目標，研考會於 99 年 1 月 1 日起，將已建立的線上簽核模式，轉換為文書處理流程的各種減紙行為，推動行動包含電子來文不列印紙本、改免用紙本、簽稿及附件均採雙面影印、少紙化會議、擴大運用電子郵件及電子公布欄等。並且配合行政院 99 年「電子公文節能減紙推動方案」，將過去研考會內部之「公文線上簽核推動小組」改制為「節能減紙工作小組」，並提高其層級，強化方案推動之力道。同時，在使用系統上，強化線上分文、改分，並建置線上引用前案、補簽章機制及公文系統雲端化等介面支援。

二、電子公文節能減紙具體措施與績效

（一）六大減紙措施

1. 實施公文線上簽核：從收文簽辦或創簽稿、逐級簽核至主管或首長決行、發文、歸檔及線上調檔的公文處理流程，皆為全程電子化作業。

2. 實施公文雙面列印：研考會對外發文採雙面列印，內部參考或研商會議，則鼓勵員工使用單面紙張列印。

3. 推動少紙化會議：新聞聯席會報、行政管理座談會均以電子郵件傳送會議資料及紀錄，會議召開時採用直接投影方式，不另印紙本。此外，研考會之會議及業務會報紀錄均置於其內部網站供員工自行查閱，研考會外委員則以電子郵件寄送提供。

4. 發文優先採公文電子交換方式：實施線上簽核後，擴充追

蹤修訂功能，減少繕打與分發等作業，提昇發文正確率及效率。

5. 推動線上表單申請：內部員工之差勤表、會議室登記、公文調案單等內部作業皆以線上電子表單申請方式，以加速傳遞效率。

6. 質詢擬答電子化：研考會已完成立委質詢答覆擬答與網路回覆之電子化作業。

（二）具體效益

1. 增加公文線上簽核及交換比率：公文簽核由 97 年 32.56% 提昇至 99 年之 67.77%；公文交換則由 97 年 66.3% 增至 99 年 69.8%。

2. 提昇公文處理時效：公文平均處理日數由 97 年 2.64 日降低到 99 年 2.12 日。

3. 增進檔案管理效率。

4. 節省檔案庫房空間。

5. 即時調檔及應用：公文資訊系統開發輸入收文號，可引用承辦人已辦理檔案作為前案，免去列印、掃描再上傳之步驟。

6. 增進公文流程掌握及稽催效率：公文處理全程皆有電子紀錄，方便查詢承辦公文進度及各級人員批核意見，且有助於文書單位催促逾期未結案件及統計公文處理時效，強化課責明確性。

歷屆考題

1. 自從電子化政府（digital/electronic government）的入口網站（http://www.gov.tw）正式啟用後，民眾可以透過網際網路（Internet）接受中央及地方政府所提供的至少三個方面的網路服務（online governmental services），即資訊公布（information dissemination）、線上申辦（online service delivery）與電子民主（digital democracy）。首先，請針對此三層次的線上政府服務各舉一例，並簡要說明其運作方式；其次，如同傳統的政策或施政計畫，這些網路政府服務於實施一段時日後也須審慎評估其成效，請嘗試從效率（efficiency）、效能（effectiveness）、公平（equity）的觀點，評估其前述屬於線上申辦的案例。（091 年公務人員高等考試三級考試暨普通考試第二試—三等一般行政）

2. 何謂電子政府？電子政府概念之實踐，已展現哪些面貌（成果）？試列舉說明之。（093 年交通事業電信人員升資考試—士級晉佐級事務管理）

3. 根據《經濟學人》（The Economist）在公元兩千年六月廿四日的一篇特別調查報導指出，「在未來的五年內，電子化政府不但將改變大部分公共服務的提供方式，也將會改變政府與人民之間最基本的關係。繼電子商務與電子產業之後，下一個網路革命將會是電子化政府。」試從政府對民眾（G2C），政府對企業（G2B），以及政府對政府（G2G）等連結，說明我國近五年來電子化政府的景況以及對官僚體系產生哪些影響？並且舉出電子化政府，像任何革新的過程，可能會遭遇到哪些潛在的問題？（094 年公務人員高等考試三級考試暨普通考試第二試—三等一般行政）

4. 「資訊科技」已然成為政府改革的重要工具之一，是以「電子化政府」的訴求成為政府再造中的重要政策目標。請問：電子化政府的意涵為何？電子化政府又有哪些功能？（095 年公務人員特種考試身心障礙人員考試—四等一般行政）

5. 試說明「電子化政府」的基本內涵為何？並請進一步論述您對我國未來「電子化政府」的政策有何期許？試扼要說明之。（096 年交通事業公路人員升資考試—員級晉高員級事務管理）

6. 伴隨資訊科技發達，電子化政府已成為世界各國政府爭相發展的管理工具。試問：何謂電子化政府？綜觀各國電子化政府的運作，依其與民眾互動的情形和發展階段，可分為哪些類型？試分別說明之。（096 年特種考試退除役軍人轉任公務人員考試—四等一般行政）

7. 電子化政府與公共管理改革之間的關係為何？試申論推行電子化政府的過程中

存在哪些潛在問題？（098年公務人員、098年關務人員升官等考試—薦任一般行政）

8. 電子民主出現的背景因素有哪些？面臨哪些應用限制？（100年公務人員高等考試三級考試暨普通考試—三等一般行政）

9. 何謂電子化政府？政府部門的資訊和通訊技術（ICTs）發展主要經歷哪些階段？試說明之。（100年公務人員高等考試三級考試暨普通考試—四等一般行政）

10. 近年來電子民主（electronic democracy）已成為電子化政府下的新興議題，試分別說明電子民主產生的背景，及其運作上可能產生的問題。（100年公務人員特種考試原住民族考試—四等一般行政）

11. 請論述資訊通訊科技的變遷對官僚體制的衝擊，並請舉實例說明之。（101年特種考試地方政府公務人員考試—四等一般行政）

12. 近年來電子化政府所推出的線上公共服務（例如戶籍謄本線上申請、e管家……等），有時面臨民眾實際使用率偏低的困境，請問其可能因素為何？並提出解決策略。（102年公務人員升官等考試—薦任一般行政）

13. 雖然電子化政府（e-government）已是各國政府的發展趨勢，但也面臨許多發展上的難題，試請評述這些難題及其發展原則。（102年特種考試退除役軍人轉任公務人員考試—三等一般行政）

14. 請從政府採購、電子化政府以及危機管理三個不同的面向討論最近新戶政系統無法如期運作引發民怨的事件。（102年國立臺灣大學公共事務研究所碩士班招生考試）

15. 近年來，政府部門嘗試利用資訊與通信科技（Information and Communication Technologies, ICTs）經營公民關係。請說明公民關係的意涵及重要性，並闡述ICTs運用帶來的效益與挑戰。（103年公務人員高等考試三級考試—高考三級一般行政）

16. 資訊鴻溝（information gap）或數位落差（digital divide）為資訊社會重要議題之一。請解釋何謂數位落差？其主要的形成原因為何？面對此一數位落差的現象，政府機關如何與企業、非營利組織與社區協力合作予以改善？請舉出一個實例並加以說明。（103年特種考試地方政府公務人員考試—三等一般行政）

17. 請列舉及解釋電子民主的出現背景，並探討資訊落差的現象及因應之道。（103年特種考試地方政府公務人員考試—四等一般行政）

18. 台北市新任市長柯文哲先生以I-Voting的形式，不僅選出其任內的第一位勞動

局長，更將此模式用來決定北市公館徒步區試辦方案的去留。請試著從行政學的理論中，選擇二項理論或學說，來闡述您認為 I-Voting 對於我國公共行政的意義或啟示，以及衝擊或影響。（103 年國立臺北大學公共行政暨政策學系碩士班一班入學考試）

19. 一般言之，在推動電子化政府時，可能會遭遇哪些潛在問題？試分別說明之。（104 年公務人員特種考試身心障礙人員考試—四等一般行政）

20. 請舉例並說明 E-management、E-governance、E-government、E-democracy、E-service 等 E 化過程在公共治理上的意涵。（104 年公務人員升官等考試—薦任一般行政）

21.「電子治理」概念的興起，對於我國各階段電子化政府的發展有何影響？並請從「電子治理」的角度，對我國電子化政府提出相關建議。（105 年公務人員特種考試一般警察人員考試—三等行政警察）

22. 電子民主參與已經成為電子治理中相當重要的一環，也是公共管理者政治管理的新途徑。請依照公民參與政策制定的深淺（政府與公民互動的程度），說明電子民主參與的三個層次？並以我國政府的實例闡述之。（106 年公務人員高等考試三級考試—高考三級一般行政）

參考文獻

一、中文資料

王百合、王謙，2008，〈行政機關推行電子化政府政策之研究——以海巡署爲例〉，《政策研究學報》，8：147-178。

王詠蓉，2010，《我國電子化政府網站運作之研究——以縣市政府所屬一級機關爲例》，屏東：國立屏東教育大學社會科教育學系碩士論文。

丘昌泰，2010，《公共管理（再版）》，台北：智勝。

行政院研究發展考核委員會，2001，《電子化政府整合型入口網站發展計畫》，台北：行政院研究發展考核委員會。

行政院研究發展考核委員會，2007，《電子化政府報告書》，台北：行政院研究發展考核委員會。

朱欣鈴，2010，〈「電子化政府」政策之推動——以電子公文交換與線上簽核作業爲例〉，《丘海會刊》，13：43-50。

何全德，2006，〈電子化政府對社會發展的影響〉，《國家菁英季刊》，2（3）：97-114。

吳毓星，2009，〈台灣電子化政府發展之研究〉，《華人經濟研究》，7（2）：137-145。

宋餘俠，2006，〈重組行政組織及資訊系統提供整合服務〉，《研考雙月刊》，30（6）：35-43。

宋餘俠、楊蘭堯，2013，〈結合雲端科技推動電子化政府的機會與挑戰〉，《公共治理季刊》，1（3）：8-21。

李仲彬、陳敦源、蕭乃沂、黃東益，2006，〈電子化政府在公共行政研究的定位與價值：議題連結的初探性分析〉，《東吳政治學報》，22：73-120。

李國田，2007，〈電子化政府創新與整合服務〉，《研考雙月刊》，31（1）：38-48。

林俊宏，2006，〈檢視電子化政府與資訊安全機制之建置〉，《植根法學雜誌》，22（6）：21-40。

林裕權，2007，〈政府 e 化十年的回顧與展望〉，《研考雙月刊》，31（1）：13-22。

孫本初，2010，《公共管理（第五版）》，台北：智勝。

張玲星、游佳萍、洪智源，2010，〈台灣電子化政府資訊系統的挑戰——利益關係人觀點〉，《資訊管理學報》，17（2）：201-231。

崔灝東，2008，〈由全球化觀點探討臺灣電子化政府之發展〉，《多國籍企業管理評論》，2（1）：155-168。

許清琦、曾淑芬、劉靜怡、吳鴻煦，2003，〈公元二〇一〇年台灣網路化社會之發展策略〉，《國家政策季刊》，2（1）：71-89。

陳海雄、蔡世田，2007，〈政府實施計畫網路化管理後的新課題〉，《研考雙月刊》，31（4）：102-111。

陳祥，2005，〈電子化政府成長與演化——以我國「我的 E 政府」入口網站例〉，《研考雙月刊》，29（4）：76-91。

陳祥、許嘉文，2003，〈各國電子化政府整合型入口網站功能比較分析〉，《研考雙月刊》，27（5）：102-115。

陳敦源、李仲彬、黃東益，2007，〈應用資訊通訊科技可以改善「公眾接觸」嗎？〉，《東吳政治學報》，25（3）：51-92。

陳敦源、黃東益、李仲彬、蕭乃沂、林子倫，2011，〈資訊通訊科技下的審議式民主：線上與實體公民會議比較分析〉，項靖、朱彬妤、陳敦源（編），《電子治理：理論與實務的臺灣經驗》，台北：五南，頁 641-681。

陳海雄、辜惠瑩，2010，〈公務機關愛護地球的無悔策略——電子公文節能減紙經驗分享〉，《研考雙月刊》，34（4）：79-85。

曾冠球、陳敦源、胡龍騰，2009，〈推展公民導向的電子化政府：願景或幻想？〉，《公共行政學報》，33：1-43。

黃東益、李仲彬，2010，〈電子治理與民眾對政府信任：台灣的個案分析〉，《行政暨政策學報》，51：77-124。

項靖，2005，〈數位化政府的城鄉差距：以我國鄉鎮市公所爲例〉，《公共行政學報》，15：1-48。

楊秀娟，2003，〈政府網路服務單一窗口〉，《研考雙月刊》，27（1）：40-49。

葉俊榮，2005，〈電子化政府資通安全發展策略與展望〉，《研考雙月刊》，29（1）：20-34。

管中祥，2001，〈從「資訊控制」的觀點反思「電子化政府」的樂觀迷思〉，《資訊社會研究》，1：299-316。

蔡清彥，2004，〈數位台灣計畫推動現況與展望〉，《研考雙月刊》，28（1）：9-17。

蕭乃沂、羅晉，2010，〈電子化政府的價值鏈評估觀點：以數位台灣 e 化政府計畫爲例〉，《公共行政學報》，36：1-39。

二、西文資料

Dawes, Sharon S. 2008. "The Evolution and Continuing Challenges of E-Governance." *Public Administration Review* 68(1): 86-102.

Norris, Pippa. 2001. *Digital Divide: Civic Engagement, Information Poverty, and the Internet Worldwide*. UK: Cambridge University Press.

Organisation for Economic Co-operation and Development (OECD). 2003. "The E-Government Imperative." Paris: OECD.

Organisation for Economic Co-operation and Development (OECD). 2008. "The E-Government Project." Paris: OECD.

Shafritz, Jay M., E. W. Russell & Christopher P. Borick. 2009. *Introducing Public Administration* (8th Edition). New York: Pearson Education, Inc.

United Nations. 2003. *World Public Sector Report 2003: E-government at the*

Crossroads. In https://publicadministration.un.org/publications/content/PDFs/ E-Library%20Archives/World%20Public%20Sector%20Report%20series/ World%20Public%20Sector%20Report.2003.pdf. Latest update 7 June 2017.

World Bank. 2015. "A Definition of E-Government." In http://www.worldbank.org/en/ topic/ict/brief/e-government. Latest update 7 June 2017.

7
績效管理

學習重點

▶績效管理的意義與功能為何？

▶績效指標的概念、類型與工具為何？

▶公部門運用績效管理的成功要件為何？

▶公部門運用績效管理的限制為何？

▶我國績效管理制度的問題為何？

前　言

　　「績效」（performance）是所有企業組織致力追求的目標之一，然而公部門開始正視績效，並引進「績效管理」（performance management）此一概念，則大約始於 1980 年代。分析其背景，主要與英國首相柴契爾夫人推動行政革新所引起的政府再造風潮息息相關（郭昱瑩，2009：31）。當時各國政府普遍面臨嚴重的管理危機與信任危機，迫使政府機關必須重新思考其傳統管理機制及制度的適當性，並轉而採用民間企業的管理哲學與管理方法來重塑政府，期望在強調市場機制、以顧客需求為導向的新治理模式下，能夠建立一個「成本最少、效率最高、回應最快、品質最好」的企業型政府（汪家淦，2011：14）。

　　在這波形塑企業精神政府的浪潮中，「績效管理」扮演相當重要的角色，因為只有對政府的績效進行衡量，民眾才能知道政府各部門的施政作為如何，且使得課責變成可能（汪家淦，2011：14）。其次，行政機關施政績效之良窳，在競爭日益激烈的國際社會中，常左右一國的國際競爭力，同時也深深影響公共服務的遞送。因此，為提昇國際競爭力及加強為民服務、重拾人民信任，近年來各國政府亦竭盡所能加強其施政管理，致力提昇施政績效，在此情況下，完善的施政績效管理制度乃是一個必要的手段（古步鋼、陳海雄、林珊汝，2009：3）。

　　自 1990 年代以來，政府部門導入績效管理制度已成為歐、美等先進國家政府再造的核心工作，例如美國 1992 年通過政府績效與成果法（Government Performance and Result Act of 1993，簡稱 GPRA），將政府績效評估帶向法律層次全面推動；英國在 1979 年柴契爾夫人主政及 1991 年梅傑主政時期，均不斷提出改革計畫，釐訂階段績效評估制度；瑞典亦基於成果管理的概念，積極推動新的預算作業程序（林嘉誠，2007：151-152）。至於我國也順應此一潮流，在公部門中推動一系列相關的考成及績效評估管理工作，這一切無非是為了能夠提昇政府績效，滿足人民需求。尤其當前全球經濟普遍衰退，政府財政日益緊縮，人民對政府服務的需求卻因民主深化而日益增加，在此施政環境日趨複

雜的情形下，政府如何運用有效的管理制度以提高施政績效，實為必須重複思考與正視的課題（古步鋼等，2009：3）。

　　從上述可知，績效管理無論對於人民、政府機關本身甚或國家競爭力的提昇皆極為重要。基於此，本章將以績效管理為主軸，首先探討績效管理的基本概念意涵，其次說明績效指標的建立及其評估工具，並分析績效管理可能的問題和成功要件，接著將焦點轉移至國內，探討我國政府機關績效管理制度之現況、問題及未來展望。

第一節　績效管理的基本概念

一、績效管理的意涵

（一）績效

　　管理大師彼得杜拉克（Peter F. Drucker）在其《有效的管理者》（*The Effective Executive*）一書中指出，績效是「直接的成果」（轉引自吳泰成，2010：19）；而國內研究則進一步指出，績效意指「有效率的應用資源，以提供有效益的服務或產品」。一般所稱之績效，包含效率、效能與滿意度。效率強調經濟效率、回應效率及生產效率；效能係指產出的品質是否良好，是否達成原先設定之目標；而滿意度則指對政府服務的感覺或情感性反應。簡單來說，效率強調以對的方法做事（do things right），效能指做對的事（do the right things），而績效結合兩者，即以對的方法做對的事（do the right things right）（郭昱瑩，2009：31）。

（二）績效管理

　　「績效管理」一詞乃是源自於私部門領域，是一種企業用來強化員工表現的管理技術，以及如何執行策略、達成目標的管理過程。關於績效管理的意涵，學者孫本初認為：「績效管理就是一套如何有效執行策略，達成組織目標的管理過程。」不過，其亦指出，績效管理對於公、私部門的意義顯然不盡相同。因為對於企業部門而言，由於其經營目標相對單純，顧客對象和競爭對手都比較容易確認，所以管理者很容易由上述界定掌握績效管理的意涵。但是對於政府組織而言，績效管理的意涵則顯得複雜些，主要乃是在民主政治體制中，政府績效管理的意涵至少需要滿足以下

四類行動者的需求（孫本初，2010：615）：

1. 對民選首長而言，藉由績效管理可以強化對文官系統的政治控制力。
2. 對民選的議會代表而言，藉由績效管理可確立民主政體的課責制度。
3. 對文官系統內從事革新工作的管理者而言，藉由績效管理可以有效控制行政流程，持續改善生產力和品質，以及提高組織的競爭力。
4. 對於一般執行政策的文官來說，績效管理具有引導（steering）的作用，藉由明確的績效標準和指標，能使其更加清楚管理的工作要求和個人的任務重點。

　　從以上所述可知，民選行政首長、議會代表、公共管理者及文官成員等，對於「績效」一詞的認知是有所差異的，而這也正是一般政府推動績效管理的主要困境。

　　若深入探討績效管理之定義，Gary Cokins 將績效管理界定為：「一個管理其組織策略如何落實的過程，以期將策略（計畫）轉化為實際結果。」Weiss 與 Hartlw 對績效管理所提出的解釋為：「建立一個使員工對所要達成績效目標有著共同瞭解的過程；同時也是一種管理員工使之成功可能性增加的取向。」（轉引自林文燦，2009：535-536）另外，根據美國國家績效評鑑研究小組（Performance Measurement Study Team）的定義，所謂績效管理是指「利用績效資訊協助設定同意的績效目標，進行資源配置與優先順序的排列，以告知管理者維持或改變既定計畫目標，並且報告成功符合目標的管理過程」。因此，績效管理係對於公共服務或計畫目標進行設定與實現，並對實現結果進行系統性的評鑑過程。此過程包括三種不同的功能性活動（丘昌泰，2010：283-284）：

1. 績效評估（performance evaluation）

係指一個組織試圖達成某項目標、如何達成與是否達成目標的系統化過程；績效評估的對象並不是個人的績效，而是以組織績效為主。

2. 績效衡量（performance measurement）

為了進行績效評估，必須設計一套足以衡量組織目標實現程度之指標系統，以進行不同機關與不同時期間的比較。而用來衡量公共計畫成果的指標，通常包括量化與質化指標兩大類。

3. 績效追蹤（performance monitoring）

績效追蹤或稱績效監測，係指對於公共計畫的目標與過程所進行的持續性考核與紀錄，通常注重於低層次目標的考核。

由以上所述得知，績效管理是一個有系統的過程，當中包含事先目標的設定、績效能力的提昇、績效的測量與排序、事後的持續監測，並對這一連串活動中所產生的相關資訊加以蒐集、整合與分析的評鑑活動。

二、績效管理的意義與功能

（一）意義

績效管理的意義是希望透過績效目標與標準之規劃（plan）、執行（do）、考核（check）與改善（action）來增進員工及組織之績效成果，並關注於員工能力與心態之發展。而績效管理之範圍包括組織之績效管理與個人績效之管理；前者還可以細分為部門業績之考核與組織整體之考核，後者則又可以從工作成果之考核、行為過程之考核與能力發展之考核等三方面來觀察。也因之，一般在談論績效管理的意義時，多從下列兩個面向來進行：

　　一是對組織而言，消極來說，績效管理的目的在於調校績效落差（performance gap），透過定期的檢查來發現組織成員的行為與工作成果是否與組織的期望相符，並進行必要的獎懲以調整組織成員的行為與態度。積極來講，績效管理的目的為預測人員、部門與組織在未來週期中所可能產生之變化，以便及早發現問題並進行改善（黃新福、盧偉斯編著，2006：375-376）。另一是對組織成員而言，在進行績效管理時所採行的績效評估，應具備肯定或鼓勵的意義，因這兩者是創造高績效的要素（何明城審定，2002：208）。

（二）功能與作法

　　關於績效管理的功能，根據 T. Poister 的看法，有計畫實施績效管理可以發揮下列幾項功能：（1）強化管理與公眾溝通；（2）落實策略規劃；（3）健全財務管理；（4）反映活動計畫效益；（5）發揮目標管理綜效；（6）進行全面品質管理；（7）健全外包合約管理（轉引自黃新福、盧偉斯編著，2006：376-378）。而有關績效管理之作法則包含績效目標規劃（plan）→ 業務執行（do）→ 績效評核（check）→ 績效回饋及改善（action）等四項步驟（張博堯，2001：32）。

三、績效管理的原則

　　關於績效管理的原則，學者丘昌泰（2010：294）分別從總體、目標設定、績效資訊蒐集及績效回饋等四大面向提出說明，茲分述內容如下：

（一）總體原則方面

　　進行績效管理的最重要原則為得到上層管理者的全力支持，並且必須要求部屬的參與；此外，必須將所擬評鑑的相關任務與部門，都應加以考

慮與評估。因此，績效管理非單一部屬或某一部門的事，而是全體成員共同參與來改進績效程序。

（二）設定目標與標的方面

最重要的是必須界定相關使用者，並且研擬中程與年度計畫。

（三）績效資訊的蒐集

須以正確的資訊科技，針對量化與質化的績效資訊進行蒐集，而且必須注意資訊客觀性的問題。

（四）績效結果的回饋

將回饋的訊息與標的結合在一起觀察，要特別注意同儕、績效使用者與資深管理者的參與。

四、績效管理的作法與步驟

整理國內外文獻，績效管理之作法與步驟有下列七項（郭昱瑩，2009：32）：

（一）建立願景（Vision）

所謂願景是組織成員心中共同願望的景象，企圖形成令人深受感召的內心力量，使組織成員願意為此理想而努力付出。因之，願景可以凝聚組織共識，激發組織成員無限的創造力。願景建立是任何組織永續發展的關鍵，主要在釐清機關的未來發展願景和機關之基本任務。

（二）策略規劃（Strategic Planning）

策略規劃一般是指中、長程規劃，常採用 SWOT 分析，包含機關內部能力的優勢（Strength，簡稱 S）與劣勢（Weakness，簡稱 W）分析，與機關外部環境的機會（Opportunity，簡稱 O）與威脅（Threat，簡稱 T）分析。

（三）目標管理（Management by Objective）

當組織設立願景與策略後，則據以訂定目標，就時間層次而言，依序有長、中、短程目標與年度目標；就組織層次而言，則依序包含組織目標、單位目標、個人目標等，構成目標體系，作爲管理依據，即爲目標管理之意義。

（四）績效標竿管理（Benchmark Learning）

組織設定目標的同時，組織往往也會嘗試找出績效卓越的政府機關、私人企業或非營利組織，將之定爲標竿，學習其卓越的理由，以提高機關績效。

（五）設定績效指標（Setting Performance Indicators）

包含量化績效指標與質化績效指標，量化指標通常指可以統計數據加以表示的指標，如單位成本、產出比例、投入產出比等都是；質化指標則往往涉及價值評斷的指標，僅能以主觀感受加以表示，如抱怨分析、滿意水準、個案評鑑、例外報告。績效指標的設定，也可參考 Kaplan 與 Norton（2000）所提平衡計分卡架構，由顧客、財務、內部程序與學習成長等構面設定。

（六）績效評估與報告（Performance Evaluation）

上述績效指標訂定後，可根據評估個人、單位、組織績效，以瞭解組織是否達成既定目標，此系統化評估過程即為績效評估。績效評估後，為求績效資訊公開，需作成績效報告，以符合課責要求。

（七）獎酬制度（Reward System）

績效評估的結果除了作為課責依據外，也應與獎酬制度結合，以達激勵作用，促使績效較佳者可繼續維持，績效不佳者可進行改善。現行政府機關採行績效獎金制度，即是希望達成績效與獎酬結合之目標。換言之，機關的績效評估是獎酬制度的依據，而獎酬制度則可提供回饋、強化機關績效提昇。

第二節　績效指標的建立及評估工具

一、績效指標之概念基礎：投入、產出與結果

績效指標在概念上可從投入、產出及結果三個層面進行如下以分析（丘昌泰，2010：285-286）：

（一）**投入**：係指組合公共服務所需的資源，包括實質投入（substantive inputs）和準投入（quasi inputs）。實質的投入，如某項公共服務的幕僚作業時間、資本設備與營運成本，通常盡量以貨幣化或量化的形式加以呈現；而準投入包括公共服務的特性與幕僚的個性，其評鑑較為困難，通常不加以評鑑。

（二）**產出**：係指組織活動所製造出來的財貨與勞務，如每位老人可以使用的養護中心家數，每位警官逮捕的犯人數等。

（三）**結果**：是指組織活動產出對接受者產生的衝擊與影響。

根據前述的分析可以得知，公共政策的績效可以從兩個角度加以分析：一是為民眾提供服務的過程，包括公共服務的投入、製造與產出；二為服務接受者，強調公共服務對其之衝擊或影響程度。

二、績效指標之類型：4E

「績效指標」是近年來公共管理理論與實務的重要課題，建立績效指標有助於行政機關落實績效管理。績效管理大致上可分為三個不同的重點途徑，首先是傳統的績效管理途徑，強調的是「事」的績效評估，故評估的重點在於「是否把事情做好」，在管理上是屬於「效率」觀點，研究方法偏向「量化」的研究，績效指標偏向量化基礎；其次是修正傳統的績效管理途徑，開始注意到「人」的因素，故評估重點漸漸轉向「做對的事情」，在管理上屬於「效能」觀點，研究方法偏向「質化」的研究，績效指標偏向質化基礎，品質觀念的萌生是其代表；最後則是整合的績效管理途徑，同時強調事與人，指標的建構同時注意到量化與質化指標的建構及其意義，重視「顧客導向」、「顧客滿意」等措施可為其代表（黃一峰，2003：35）。

此外，有研究指出，績效指標的建立除應重視信度、效度外，更應重視其實用性，亦即指標能夠確實衡量不同業務性質之機關績效或政策績效。同時，績效指標還必須兼顧定量（如成本—效率）與實質（如民眾的滿意程度、政策品質等）的要求（吳瓊恩等，2005：145）。

至於如何建構績效指標，芬維克（Fenwick）指出：績效測量包含了

三層面，經濟（economy）、效率（efficiency）與效能（effectiveness），即所謂三 E；但福林（Flynn）則再加上公平（equity）指標，而成為四 E，整理分析其概念如下（轉引自吳瓊恩等，2005：145-147；謝佩珊，2005：27-28；丘昌泰，2010：286-290）：

（一）經濟（economy）

經濟指標是指「政策資源（人力、預算、財產等）應用於一項公共事務活動的水準」；例如，針對幕僚人員的薪資水準進行比較，看看哪個機關在人事費用上的運用比較經濟。又如比較採購的物料或其他成本，在哪個單位的採購成本較經濟。

依此而論，經濟指標係關心「投入」的項目，如何使投入項目作最經濟有效的利用；進一步而言，經濟指標係以「最低可能成本，供應與採購維持既定服務品質的公共服務」。所以，經濟性的績效指標，主要是從「數量」的觀點評估投入是否符合經濟原則，公共服務的「品質」似乎並未列入考慮。

（二）效率（efficiency）

此處所關心的問題是：「該機關在既定的時間內，預算是否有效運用？產生了哪些效果？」效率指標通常包括：服務水準的提供、活動的執行、產生數目的製造、每項服務的單位成本等。因此，所謂效率指標係指「投入與產出之比例或投入轉化為產出的比率」，效率是關心「手段」的問題，經常以貨幣的方式加以表達或比較。

另一類則是強調配置效率（allocative efficiency），係指機關所產生的許多不同服務水準是否能夠滿足利害關係人的不同偏好。換言之，在政府部門所提供的種種服務項目當中，如國防、社會福利、教育與健康等，其預算配置比例是否符合社會民眾的偏好順序？這是配置效率的問題。

（三）效能（effectiveness）

或稱爲效果（effect）。所謂效能通常是指公共服務實現標的（targeting）的程度；又可稱爲公共服務對於標的團體狀態或行爲影響；抑或公共服務符合政策目標的程度，通常以產出與結果間的關係加以衡量。因而，效果只是關心「目標或結果」的問題，例如，使用者滿意度或現狀改變的程度。

（四）公平（equity）

公平指標是指接受公共服務的團體或個人所質疑的公正性而言，通常無法在市場機制中加以界定，故一般來說，公平性指標相當難以衡量。其主要關心的問題是：「接受服務的團體或個人，是否都受到平等的對待？弱勢團體是否享受到更多的服務？」

根據以上的分析可知：「經濟」指標與「投入」具有密切的關係；「效率」指標則與「服務製造過程和產出」都有密切關係；「效果」指標與政策「結果」和政策本身的「架構」藍圖具有密切關係；至於「公平」指標則與「結果」和「產出」有密切關係。

三、績效評估工具

績效評估工具經過多年發展，學者專家不斷的改進，已日益多元與精緻。學者整理國內外文獻，歸納績效管理之工具主要包括有標竿學習、全面品質管理、六標準差及平衡計分卡等，全面品質管理和標竿學習在本書中分別有專章（第五章和第十章）予以介紹，在此暫時省略，而將焦點放在六標準差和平衡計分卡兩項工具的說明，茲介紹如下（林嘉誠，2007：

155-161）：

（一）六標準差（Six Sigma）

六標準差是一種邏輯理念及改善手法，運用策略、文化改變及各種管理與統計工具，達到顧客滿意、成本降低、增加利潤及追求完美之目標。該指標原本運用在產品生產線的品管上，現已從過程管理提昇到事前規劃、講求即時的資訊、即時的修正，以追求最小的錯誤與浪費。

六標準差應用的模式即是以流程為導向，著重於流程關鍵輸入的控制，而達到越多越好的輸出。推動六標準差過程最常見的步驟為界定（Define）、衡量（Measure）、分析（Analyze）、改進（Improve）及控制（Control），又稱為 DMAIC。各項步驟內涵茲分述說明如下：

1. **界定**：定義高品質的必要條件，指顧客對於一項產品或交易流程改到滿意之必要條件。

2. **衡量**：瞭解現狀與顧客間的差距，找出關鍵流程所造成的缺失。

3. **分析**：瞭解流程造成失誤原因及關鍵變數。

4. **改進**：找出關鍵變數最大容忍範圍，修正流程使其保持在可接受的範圍內。

5. **控制**：將改善的成果持續維持下去。

（二）平衡計分卡（Balanced Scorecard，簡稱 BSC）

1.BSC 的基本概念

平衡計分卡是 1990 年由 Kaplan 與 Norton 首創，自發表迄今已廣為企業界使用，被哈佛商業評論評定為過去 75 年來最具影響力的企業管理觀念之一；另外，依據 *Fortune* 雜誌的報導，全球 1,000 大企業中，至少有 40% 導入平衡計分卡，且比率仍在持續增加。Kaplan 與 Norton 於哈佛管理評論上指出，平衡計分卡將企業制訂的策略與關鍵性績效評估指標相

互結合，能在長期與短期的目標下，對財務性與非財務性、外部構面與內部構面、落後指標與領先指標及主觀面與客觀面等具體指標績效間取得平衡之策略性管理工具。

　　平衡計分卡運用最大的意義，在於能克服選擇指標的問題，將指標之選擇與策略目標（strategic objectives）連結，並以策略地圖（strategic maps）方式呈現策略與指標間之關聯性。Kaplan 與 Norton 認為一張好的策略地圖不僅要能清楚地闡述策略的因果關係，並且在實務應用上必須能用箭頭將所有的目標加以連結，藉此串聯組織策略從策略形成到徹底實施的動態管理工具。申言之，平衡計分卡不僅是績效衡量制度，更是衡量策略的制度。Kaplan 與 Norton 提出建構策略核心組織的五大基本法則，將策略轉化為執行面的語言、以策略為核心整合組織資源、將策略落實為每個人的日常工作、讓策略成為持續性的循環流程及由高階領導帶動變革等，成功運用平衡計分卡貫徹組織策略，並化策略為實踐的力量（參考圖 1）。

▲圖 1　績效評量指標之形成

資料來源：林淑馨（2010：76）。

　　不同於營利事業，政府機構較不曾將財務面的成果，視為最主要的目標，財務面只是基本要求或保健因子。政府機構是將顧客面置於最重要之地位，又將焦點集中在達成提昇社會公益的崇高使命與理想上。因此，需針對平衡計分卡的架構做一修正，主要在提昇機構之使命和顧客面的重要性，降低財務面的影響力。綜而言之，如圖 2 所示，平衡計分卡包括以下四大構面：

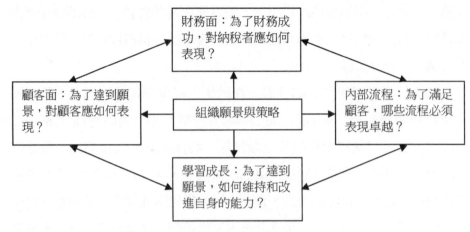

▲圖 2　平衡計分卡與策略願景之關係

資料來源：林淑馨（2010：78）。

（1）**顧客構面**（**customer perspective**）：對於政府機關而言，服務之對象為民眾，因此政府機構必須致力達成民眾的期望，為民眾創造最高之價值及福祉。

（2）**財務構面**（**financial perspective**）：對於政府機構而言，經費之提供者為納稅義務人（包括企業及個人），為了維持及確保經費之持續投入，政府機構得重視納稅義務人的權利。就政府機構而言，在顧客及財務構面的主體皆為民眾，所以政府必須盡全力創造民眾之利益。

（3）**內部程序構面**（**internal perspective**）：為滿足顧客面及財務責任面的目標，政府機關必須在業務運作流程上表現卓越，如強化服務品質、效率、時間及彈性等。

（4）**學習成長構面**（**learning and growth perspective**）：學習與成長構面為其他三個構面的目標，提供了基礎架構，是驅使前面三個構面獲致卓越成果的動力。又員工能力及資訊系統的強化，及組織氣候之建立等，皆為學習成長構面之主要內容。

2.BSC 在公部門的應用

　　Kaplan 與 Norton 討論平衡計分卡應用在公部門時，特別強調平衡計分卡的構面可以重新調整。其明顯不同之處在於，私人企業是以股東價值最大化為目標，也就是以利潤為導向，而公部門則以達成任務作為該組織成就的目的，亦即以成果為導向。因此，公部門在運用平衡計分卡時必須將其「使命」或「任務」轉換成「行動」，其構面層次也有所不同，如圖3所示（葉嘉楠、施婉婷，2009：204-205）。

　　Kaplan 與 Norton 認為，雖然平衡計分卡最初之焦點和應用，是為了改善營利（私營）機構的管理，但是平衡計分卡用在改善政府和非營利機構的管理上，效果更好。對於追求利潤的公司而言，財務構面起碼提供一個清晰的遠程目標，但對於政府和非營利機構而言，公部門組織必須把開支控制在預算之內，因此財務構面不一定與營利單位一樣是最重要的目標。衡量公部門成功與否，不能僅以控制開支為標準，即使開支低於預算也不足為奇。衡量政府與非營利機構經營是否合乎效益，應該視其是否能有效滿足選民和贊助者的要求，必須為選民或顧客界定具體目標。平衡計分卡能提供政府機構一種價值重心所在、行動的方式和可以解釋的方法，也就是經由平衡計分卡告訴外部顧客（選民），這些組織存在的理由，非僅是由預算上費用的支出來說明（葉嘉楠、施婉婷，2009：204）。

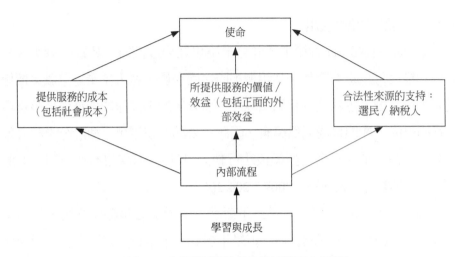

▲圖3　公部門機構的財務與顧客構面

資料來源：Kaplan 與 Norton（2001: 208，轉引自葉嘉楠、施婉婷，2009：205）

　　若以上述修正後的架構（圖3）為基礎，則政府部門有三個高階的構面必須考量如下：

（1）**相關的成本：**此構面強調作業效率的重要性，而成本的衡量不僅應包含部門本身的成本，還應考慮百姓及相關組織因而投入的社會成本。例如，環保機構的規定會增加民間企業的成本，這部分的成本也應一併計入。政府機構應該在執行使命創造福祉時，將直接成本與社會成本降至最低。

（2）**創造的價值：**此構面界定政府機構為百姓創造的價值與效益。這是最困難，也是最難衡量的部分。對於提昇教育、減少污染、促進健康、改善交通、強化治安的效益，都很難以財務數字來量化。但運用平衡計分卡，仍可以由其活動中界定並衡量相關的產出（output），即使並非成果。因此，其所創造的價值之替代值可以學生接受技能訓練的百分比，空氣、水、土壤的污染密度，某群組市民的死亡率、犯罪率，市民對治安的評

價，市民所需的通勤時間等等來表示。一般而言，相較於成果，政府部門可能會使用較多的產出來衡量，而百姓及民選的民意代表終會對這些產出以及對應的成本作綜合的判斷。

（3）**贏得立法機構及民意之支持**：對政府機構而言，經費的捐贈者通常指的是立法機構，是其重要的顧客。為了要維持經費的持續，政府機構必須致力達到經費提供者的期望，也就是立法機構和百姓、納稅人的期望。

簡言之，政府機構要實現其使命，必須達成三項高層的目標：創造價值、降低成本，以及贏得立法機構與民意代表的認同和經費支持。以此為基礎，機構得以進一步的界定其內部流程和學習與成長構面的目標，以支持此三項高層目標的達成。綜觀以上策略管理的步驟，可以發現在規劃與執行的兩個步驟，公部門可以借用企管理論中的策略管理概念去進行規劃，但是在針對整體的策略評估中，就必須要檢視公私部門本質上的不同，再次進行整體策略的調整，以達到政府所希望達成的願景。

有研究以新竹市環保局為例，建構出新竹市環保局平衡計分卡的四個構面與各項策略指標如下：（1）「財務構面」計 7 項策略指標，（2）「顧客構面」計 9 項策略指標，（3）「內部流程構面」計 9 項策略指標，（4）「學習成長構面」計 12 項策略指標；共計 5 大策略性議題，37 項策略指標（如表 1）。

▼表 1　新竹市環保局平衡計分卡

構面	策略性議題	衡量指標
財務	財務	年度獲得經費
		經費公平分配
		預算成本適當控制
		預算執行率
		預算成長率
		爭取上級補助
		依限撥款速度
顧客	顧客滿意度	顧客滿意度
		顧客抱怨率
		服務公平分配
	服務品質	服務回應性與即時性
		服務態度
		服務對象配合程度
		與服務對象之關係良好
		服務品質
		民眾對組織整體形象
內部流程	內部流程	機關對外協調
		作業流程的合理性
		組織內各單位之協調
		計畫執行率
		團隊績效
		與民意機關之關係
		資訊系統的功能
		目標暨成果管理
		管理監督水準之合理性

構面	策略性議題	衡量指標
學習成長	學習與成長	員工建言與建言之採納
		員工滿足感
		員工調、離職率
		員工教育訓練
		員工缺勤率
		個人與組織配合度
		員工之獎懲
		員工能力
		升遷成員數
		申訴次數
		成員工作負荷
		組織創新與學習

資料來源：葉嘉楠、施婉婷（2009：216-217）。

第三節　公部門運用績效管理的成功要件與限制

一、績效管理之成功要件

　　根據學者 Fenwick（1995）的研究和美國會計總署的調查（Newcomer & Downey, 1997）顯示，績效管理的成功要件有下列幾項（轉引自丘昌泰，2010：299-301）：

（一）對於績效資料要有清晰的期望

許多聯邦機關實施績效管理的經驗顯示，各機關的領導者與資深管理者對於績效資訊的提供有相當的疑慮，特別是當這些資料準備對外公布時，各機關的首長大都持有較保留的態度。

（二）對於績效資料的蒐集與應用要有一定的誘因

績效管理涉及機關的任務、策略規劃與目標、預算編列、績效指標等工作，這一繁複的過程如果沒有提供強而有力的誘因，則很難推動績效管理。另外，幕僚人員未能充分參與和責任過於沉重都無法激起誘因。

（三）對於績效管理要有熟練的技巧

調查顯示，部分政府官員認為本身需要接受有關績效管理的訓練，如策略規劃、組織文化改變的技巧、面對多元利害關係人的諮詢與妥協技巧、績效衡量的分析與報告方法、提供有關績效資料的資訊系統、激勵員工使用績效指標資料的方法及實施績效預算等知識與技巧。

（四）獲得最高決策者的認同與支持

績效管理若沒有最高決策者的認同與支持，無論績效管理者如何努力，都不會產生明顯的成效。同時，負責推動績效管理的管理者也應擁有公正的權威，以決定績效指標。

（五）必須培養互信與自主的組織文化

績效管理可以是一種學習的動力，也可以是一種懲罰的措施，關鍵就在於培養實施績效管理的文化。此種文化乃是基於互信與自主，而非嚴格的控制文化。

二、公部門運用績效管理的限制

公部門由於組織目標、結構與任務的特性，普遍存在績效難以衡量的現象。Lynch 與 Day 在回顧美國公部門組織的績效衡量沿革時就指出，要有效地衡量政府績效並不容易。主要乃是在實務上績效衡量常常有以下之限制（徐仁輝，2004：24-25；王毓仁，2004：18-20；吳瓊恩等，2005：165-167；張四明，2008：17-19；古步鋼等，2009：8-12；郭昱瑩，2009：33）：

（一）目標設定無法一致

政府機關目標與私人企業的目標有很大的不同，私人企業以追求利潤為主，政府機關的目標經常是無法量化的。加上政府機關有多元的利害關係人，正如同多重委託人般，彼此的目標經常是衝突的，如何透過政治妥協取得共識，並非易事。但目標的確定，卻是績效評估的先決條件，如無法確定目標，即無法訂定績效指標，進而影響評估結果。

（二）績效指標難以量化

公部門所肩負的「公共性」、「社會性」等規範性價值，以及公務活動本質的特殊性 [1]，使組織的施政或運作績效難以用企業經營的成本效益或利潤標準來衡量，也因而造成公部門績效指標難以具體化和量化的問題，並影響評估的信度與效度。

（三）資訊掌握的不實與不完整

績效衡量是否有效端賴資訊的提供是否完整與正確。然而，計畫的執

---

1 不同於私部門的交易活動是有對價性（quid proquo）的基礎，公共服務難以精確地計算其成本和效益，而且政府施政活動的效果具有遙遠性（remoteness）和不確定性（uncertain nature）。

行資訊經常是片面的與泛政治化的，且蒐集資訊經常是為不同目的；如過度側重產出指標，像是多少服務被遞送、多少人接受服務等，然而這些都將使績效評估產生偏頗，無法正確且客觀地進行。因為蒐集績效資訊來源的不同，可能會產生績效衡量基礎不一致的情形。

（四）有關品質績效指標難以制訂

品質指標係指產出的性質與服務的輸送是否適當、是否符合使用者需求以及計畫目標，如民眾滿意度、服務人員態度等。品質需經由顧客認定，透過即時性、回應性及成本等概念來界定顧客所需的要求，而難以用客觀具體的指標與數據衡量，造成指標設計上的困難。

（五）政府績效的因果關係難以確認

政府部門往往必須面對複雜環境所產生的擾亂性因素，如不確定性、多樣性、互賴性等，造成政府的政策常有多元甚至衝突的目標，以致政府部門的施政或運作結果，以及產出的價格和單位成本難以衡量，真實效益與影響無法精確掌握，造成績效指標的設計及操作困難。

第四節　我國政府機關績效管理之現況與展望

一、我國績效管理之現況

基於公部門推動組織績效管理之必要性，我國早在民國 40 年即公布實施「行政院所屬機關考績獎懲辦法」，建置及推動有關政府機關組織績效評核工作。自民國 90 年起，行政院基於營造高績效政府之目標，更參

考美國政府績效與成果法規設計，函頒「行政院所屬各機關施政績效評估要點」，並自民國 91 年起開始推動機關施政績效評估制度，可分爲組織績效、計畫（政策）績效及個人績效三方面。由於個人績效獎金因預算凍結，在本小節中僅將探討重心置於「組織績效管理」與「計畫績效管理」兩制度的介紹（林嘉誠，2007：129-133；郭昱瑩，2009：33）。

　　組織績效管理制度的實施方式以目標管理結果導向原則評估機關組織整體績效，各部會每年依據機關願景、總統治國理念與院長施政主軸，檢討修正未來四年中程施政計畫及年度施政計畫，擬定施政策略及績效衡量指標。評估重點分成「業務」、「人力」及「經費」三個面向，作爲施政之策略引導。同時，各部會需提報年度施政計畫及年度績效報告，以作爲行政院衡量各機關施政績效良窳及獎勵之客觀準據，有效結合策略管理與績效管理，以提高各部會施政計畫之「前瞻性」、「策略性」與「整合性」（郭昱瑩，2009：32-33）。

　　「計畫績效」則意指施政計畫的執行績效，施政計畫管考基準的訂定係源自於績效管理中的績效評估、績效指標及衡量指標訂定等作法，包含中程施政計畫與年度施政計畫之訂定，研擬相關策略績效目標、衡量指標，並界定年度目標值，於年底作爲施政績效評核的依據。此施政績效管理之目的在於促使行政院所屬機關積極落實績效評核及管理工作，進而全面提昇行政效能。過去藉由行政過程的監督，不僅無法有效課予機關責任，同時由於管制法規重複，導致機關運作遲滯、績效不彰，倘若沒有一套健全的制度，立法部門和公民將難以監督政府的作爲。因此，由過去強調控制投入轉換爲政府施政成果的測量，藉由以成果爲導向的策略管理，使各機關之政策方案或計畫執行成果成爲客觀的課責標的，將有益於檢測政府對人民需求的回應能力，計畫績效是整體組織績效重要的一環，因此，提高計畫績效相對能提高組織績效（郭昱瑩，2009：33）。

　　行政院推動的政府機關施政績效評估制度，除著重於以考評結果爲導

向，參照各機關所訂之績效目標及績效指標，並於各機關實際達成目標值進行評核後，作爲行政院衡量各機關施政績效良窳及獎勵之客觀標準之外，本項績效評核制度也盡量與行政院人事行政局辦理之「行政院暨所屬各級行政機關績效獎金實施計畫」相互配合，俾期其績效評估結果可作爲核發績效獎金之依據。另一方面，爲期近一步結合績效評估與獎酬兩套機制，行政院研考會已修正《行政院所屬各機關施政績效評估作業手冊》之相關獎勵措施規定，將績效評估作業與行政院人事局之績效獎金實施計畫二者相互搭配整合（林嘉誠，2007：135）。

　　簡言之，績效評估制度的建置及實施，已成爲行政部門推動績效管理制度工作之里程碑，其具有以下幾點重要功能（林嘉誠，2007：115-116）：

（一）落實從計畫階段起即強調成本、結果導向及顧客導向的觀念。

（二）與中程及年度施政計畫制度結合，以強化策略及績效管理。

（三）從個別計畫績效管考轉變爲著重對部會整體策略績效管考。

（四）建立以衡量指標爲主體之施政績效評估體系。

（五）結合國家競爭力指標，提昇施政績效評估的客觀性，亦有助於使機關績效評估與國際競爭力評比接軌。

（六）各機關每年的年度績效報告皆須上網公告，公開接受社會大衆的檢視。

二、我國績效管理制度之檢討

　　我國自民國 91 年實施績效管理制度以來，雖然各機關落實績效管理之比率有逐漸上升的趨勢，但因我國推動績效管理制度的時程尚屬短暫，仍有許多改善空間，需藉由不斷檢討才能使該制度發展更趨健全。大體而言，目前我國績效管理制度仍有下列問題待改進（林嘉誠，2007：139-

143；古步鋼等，2009：8-12；丘昌泰，2010：298）：

（一）仍停留在觀念啟發階段，尚未顯現明確管理成效

西方國家的發展經驗顯示，績效管理是一項可以提昇管理效率的工具，但目前我國由於教育訓練時數不足，欠缺實務演練，許多公務員未能充分瞭解其運作程序，故僅停留在「觀念啟發」階段，未能展現實際運作成效。

（二）策略績效目標與衡量指標連結仍待強化

衡量指標係指各機關為進行施政績效評估，設計一套衡量策略績效目標與年度績效目標實現程度之指標系統，以從事比較作業。簡言之，衡量指標即各機關作為衡量策略績效目標與年度績效目標是否達成的工具，除須符合效果、效率、經濟及公平等原則外，尚須具備信度、效度、時限性、敏感性及成本效益等特性。然而，過去的資料顯示，部分衡量指標多偏向於效率面指標，且內容過於簡略、保守，以致無法有效衡量績效目標實現程度。

（三）績效目標與衡量指標挑戰度不足

衡量標準係指能直接衡量指標達成結果的比較基礎標準，惟由過去各機關所訂定的衡量標準顯示，主要偏向產出型，非結果型，如將補助計畫總數（經費）列為衡量標準，並非以補助計畫所產生效益列為衡量標準，以致執行效能無法有效突顯。

績效目標與衡量指標的訂定目的，在於引導政策方向，作為各機關當年度施政工作努力的依據與展現績效的良窳，由於現行制度對達成目標機關不會帶來太多的實質獎勵，但若未能達成事先設定的目標，卻往往遭受長官、社會大眾、媒體或立法機關的責難，以致形成各機關訂定績效目標

值偏向保守、挑戰度不足，不利於策略管理的推動。

（四）施政計畫與預算編列尚難結合

依年度總預算案之籌編作業時程，各主管機關及所屬在歲出概算額度範圍內編制概算，包括歲入、歲出及債務之償還應於會計年度開始六個月前完成，然而績效評核在年度結束後四、五月才能完成，以致作業時程上有所落差，評核結果無法立即回饋修正下年度預算編制。

（五）施政管理及評估資訊建立不夠完整

年度結束後，各機關應依據各年度績效目標及衡量指標檢討執行績效，並撰擬年度績效報告，提送行政院研考會辦理評核。評核機關辦理評核作業除參考年度績效報告及中程施政計畫外，並參考國外各指標之國際競爭力研究機構所發布之世界競爭力報告（資料）、民意調查與輿情資料及各機關年度重大施政績效等，以確實評核各機關年度績效目標實現程度。惟評核機關與受評機關尚未建置完整資訊內容，相關資訊無法獲得，影響評估作業進行。另外，受評核機關有感於評核機關無足夠時間及能力進行細部瞭解，則在不違背事實之範圍內，盡可能隱匿不利機關之資訊，或以粗略之敘述將事實帶過，使得評核機關須在有限時間內再蒐集相關資料進行分析，造成作業困擾。

（六）評估專責單位及評估人員專業能力仍待持續提昇

績效評估制度之推動，有賴於各級行政機關首長的認同與支持，然現行行政院所屬各機關多未設置專責績效評估單位，影響績效制度推動及發展。加上評估人員大多為兼任性質，對機關業務性質及評估技術並不完全熟悉，直接影響制度推動成效。

（七）機關績效與激勵制度仍待持續結合

一個完整的績效管理制度必須能夠有效結合績效評估與激勵制度。透過逐步開展機關整體績效目標、內部單位績效目標及員工個人績效目標環環相扣機制，形成所謂績效目標金字塔，就執行狀況予以考核，並給予及時獎勵，以落實機關總目標、單位目標及個人績效目標的達成，有效提昇機關整體施政績效。

現行行政機關績效評核是依據「行政院所屬各機關施政績效評估要點」辦理，而績效獎金制度是依「行政院暨地方各級行政機關年度實施績效獎金計畫」辦理，兩者的目的雖均是提昇政府施政績效與國家競爭力，但績效獎金制度偏向於各機關就其所屬機關及內部單位績效之評核，未能與機關施政績效評估作業相連結，以致機關績效評核結果與績效獎金無法結合，降低機關績效評估制度推動成效。

此外，由於機關績效評核結果在年度結束後四、五月才能完成，而依行政院暨地方各級行政機關年度實施績效獎金計畫規定，年度終了各單位應就各項績效目標進行自評後，提送績效評估委員會進行複評等作業，並於年底前完成單位評比等作業，兩者作業時程的落差，形成機關績效評核與績效獎金制度結合之障礙，有待持續檢討調整。

三、我國績效管理制度之展望

為使我國政府機關績效管理制度能真正落實，確實提昇機關整體績效，學者提出推行績效管理之相關建議，以作為參考。茲分述如下（林嘉誠，2007：143-148；古步鋼等，2009：13-15；翁栢萱、陳薇如，2011：13-17；林淑馨，2011：169-170）：

（一）建構完整績效指標體系

1. **績效指標適度彈性調整**：各機關績效目標與衡量指標除配合施政重點及核心業務訂定外，並應依據平衡計分卡精神，運用目標管理模式，建立由上而下及由下而上參與機制，如應配合施政重點業務及因應社會環境變遷需求，授予適度彈性修正空間，以增加實際執行成效。

2. **建構衡量指標資料體系**：各機關因業務屬性不一，不同政策領域已累積衡量指標相關經驗與資料，未來宜以過去及現有指標系統為基礎，經由系統性之研究，逐步建構客觀之衡量指標體系資料庫，提昇其在各層面之效度，並擴增其涵蓋範圍，以作為各機關訂定指標參考，並納入中長程施政計畫審查及評估作業之參考。

（二）加強績效評估者之專業度

1. **強化機關內部績效評估能力**：機關組織係由各內部諸多單位組成，因此，評估機關績效時，必須從評估單位績效開始，下至單位主管與內部同仁討論績效目標達成情形，上至機關首長與各單位主管確認整體組織施政成果並給予最後評等。換言之，績效評估結果之確定，必須透過多次個別及團隊共同討論，以增加組織成員對績效結果之認同度，並透過討論過程，發揮形成未來努力方向之回饋效果。

2. **設置外部績效評估專責單位**：行政院績效評估作業現在分別由研考會、經建會、工程會、國科會等幕僚機關共同負責評估，外部評估方式，容易因評估資訊蒐羅不易，增加評估困難度；建議配合行政院組織再造整合，籌設政府施政績效評估作業專責單位，負責績效評估整體規劃，建立完整績效評估體系，減少評核機關與受評機關

資訊不對等，確保政府各機關績效評估作法的一致性及整體性，以及評估各部會所訂定績效指標之客觀合理性。

（三）健全績效評估體制

1. 強化績效評估之內部溝通協商：在績效評估過程中，各機關首長、重要評估成員與內部受評業務單位主管及成員進行溝通協商，共同釐清問題、評估標準、時程等重要事項，並在不牴觸機關策略與目標之情況下，考量業務特性、個人差異、執行方法、不可抗力等因素，主動適當地調整為正確之績效成果，促成績效極大化。

2. 擴增績效評估之外部參與管道：績效評估作業期間有限，對於長期性統計資料、前年度達成數、其他機關類似成果比較、專業標準等輔助判別資料，除由各機關自行舉證外，平時亦應加強蒐集民情資訊，並宜建立資訊蒐集第二管道，如運用監察、審計機關各類查處報告，或邀請專業領域專家學者提供諮詢意見等，俾回饋績效評估人員參考。

（四）多元化運用績效評估方法

1. 實際驗證執行成效正確性：進行績效評估時，所得基礎資訊是否充足或適當，將影響程序的進行及評估的準確性，各機關如在平時建立動態查證機制，在年度執行過程中發現執行落後或異常狀態，應即時處理及修正，平時累積之驗證資訊可提供評估時之重要參考依據，以避免年度績效評估作業時間短促，無法實際驗證而產生評估結果錯誤。

2. 兼顧量化衡量指標與質化衡量指標：如前所述，量化指標與質化指標各有其特色與優缺點，而政府機關不同於私部門，非以追求利潤為存在之目的，無法僅以量化指標為評估依據。也因此，在衡量

指標的設定上，各機關應視業務性質採用適當指標並兼顧兩者，而非現行普遍重視量化衡量指標，而忽略質化指標的重要性。

3. **嘗試引進 360 度評估（360-degree rating）**：360 度評估或稱多重來源評估（multiple-source rating），或多位評估人評核（multi-rater assessment），其爲要求包含自己在內的多位評估者，如主管、同事、顧客等在內，來進行評估的一種方式。換言之，即透過管理者本身與其周圍的人對其本身管理做多方面的評估以達客觀之效果。主要的目的是希望能夠增加管理者對於本身優勢與劣勢的瞭解，以作爲未來發展計畫的指引。

（五）加強績效評估結果的運用

1. **強化資訊公開以促進外部參與監督**：未來各機關績效評估階段宜加強公共參與管道，平時可透過國家政策網路智庫、機關全球資訊網等交流平台，廣泛徵詢社會民眾建言，提昇民眾對機關績效評估的參與度。

2. **提昇機關自主管理及主動回饋修正**：績效評估之功能在於各機關發現預期目標與實際執行成果有差距後，能隨時調整做法，以有效達成組織目標，才是績效評估真正的目的。因此，各機關應落實自主管理機制，依前年度評估結果調整績效目標執行方法或研提修正措施，隨時導正執行不佳之績效目標。另外，爲強化即時回饋效果，未來整體施政績效評估作業時程應予縮短，期能有效回饋於未來年度施政計畫調整修正。

台灣警政部門績效管理的實施經驗[2]

近年受到新公共管理的影響，政府紛紛將績效管理視爲公共部門最重要改革一環，受到該波潮流下，政府亦在政府部門進行改革，但對台灣警政部門而言，績效管理所強調的產出導向（output oriented）觀念和量化指標採行，並非新鮮的事，其本身的人事升遷制度與績效指標作連結，早已行之多年，也產生不少爭議。

一、警政部門採行績效管理概述

台灣警政部門主要指警政署，隸屬內政部管轄。直至目前，台灣警察管理仍重視績效，採用「重獎重懲」原則，對達標者記功或給予獎金，未達標者，則予以記過或調職。

早期績效考評著重於刑案偵辦上，採轄區間評比方式，但 1985 年改頒「加強偵查預防罪犯執行計畫」後，除偵破刑案外，也加入了預防犯罪項目（如少年犯罪預防、查獲銷贓場所、犯罪宣導……）作爲績效指標，改採年度自我評比方式，並與前三年偵查績效基準分作比較，在計算上各給予案件不同權重，再乘以破案數（或查獲數），成爲偵查（預防）績效分數，其中偵防績效項目分爲：偵破刑案、檢肅非法槍彈、檢肅毒品、查捕逃犯、取締職業賭博五項。2005 年，警政署本欲試驗質量並行的績效評估制度，試圖降低以往警察人員辦案的偏頗，但因新制度太過複雜與主觀性強，未被正式採納。

因前述評比制度皆有問題，警政署近年來已停辦常規性和綜合性績效評分及評比，但仍制定年度計畫和下達各種專案（如春安工作、暑假期間的青春專案等），要求地方警察局執行。同時，地方首長也會對地方警察局施壓，力求政績表現。地方警察首長會爲了交差或未來升遷，實際上仍採各式績效專案和評比，更編列特殊預算作獎金激勵，且亦將

---

2 資料來源：蘇偉業（2009：89-95）。

交通違規和選舉查賄也增列評核數量中。

二、問題

(一) 績效管理難以跳脫「事前定向」的前提，即被測量者在做出表現和評核前，已被告知行動的目標即評估的指標和方法，並且績效管理使警政部門偏向於只考量可計算性的結果。

(二) 簡化的效率指標：如警政上級設定的量化指標多以去年的目標為基準，再加上一定破案數而成，或假設警察單位能控制事件發生的所有變數，只看前線警察是否盡力執法，例如2008年警政署依往年各地交通意外死亡人數訂出交通意外死亡容忍值，要求警察局要控制交通意外死亡率下降3%。

(三) 唯利是圖：如警察在公路巡邏時，其原功能應是防止駕駛人超速，但交警為求績效成果，卻躲在隱匿處架設測速照相機偷拍，或未按規定在偵測點前放警告標誌。另外，沒有績效與激勵的工作，如查戶口則容易被忽視。

(四) 績效悖離

1. 創造業績的「灌水行為」，刻意膨脹績效統計數據，例如實施機車烙碼專案時，浮報機車烙碼數。

2. 吃案：匿報案件，甚至不作處理。如2003年內政部部長余政憲提出「犯罪零成長」維安專案，在其專案壓力下，有些警局只對報案開發二聯單，而非三聯單。並且，將嚴重案件改為較輕微案件，像搶劫案則改寫為遺失案。

3. 養案：不即時逮捕罪犯，而是為美化績效統計帳面，直至有春安工作等專案活動時，才逮捕犯人，因而會產生一日內破案上千件的情況，然這種作為，卻要冒罪犯逃跑和其他部門的捷足先登等風險。

4. 釣魚：警察以引誘手法使罪犯上鉤，上網路聊天室偽裝女生引誘男生上鉤，教唆他人犯罪，但這些案件送到地檢署多以暫緩起訴處理。

5. 交換：對已被逮捕的罪犯開出交換條件以提昇績效，如為檢肅非法槍彈案件成效，警察要求嫌犯把槍枝找出，藉以交換不以現行犯逮捕的條件。

6. 買業績：經由人頭販子找失業者或流浪漢為簡易案例人頭，保釋後付費。

7. 自己製造案件：如利用親友製造失竊案，再由自己尋回，或是警員在轄區內見有停在路邊的機車且鑰匙未拔，就將車騎到其他轄區停放，等到車主報案，再到原處將車找出作業績。

歷屆考題

1. 學者布蘭查（Ken Blanchard）等人，認為一個高績效團隊的建立，必須具「P.E.R.F.O.R.M.」等七項特質，試列舉說明各項特質之內涵。（092 年公務人員高等考試三級考試暨普通考試第二試—三等一般行政）

2. 績效管理之意涵為何？績效指標可分為哪些類型？試分析說明之。（093 年交通事業電信人員升資考試—佐級晉員級事務管理）

3. 一位優秀的公共管理者在制定政策與執行公務時，常被期許要兼顧效能、效率與公平。何謂「效能」（effectiveness）？何謂「效率」（efficiency）？何謂「公平」（equity）？這些概念之間有無衝突或互補之處（請舉例說明）？（094 年交通事業鐵路人員、公路人員升資考試—員級晉高員級事務管理）

4. 政府部門日益重視績效觀點，而績效與課責具有相輔相成關係，請問現代政府與傳統官僚組織所強調的課責有何差異？（096 年公務人員特種考試身心障礙人員考試—四等一般行政）

5. 請說明政府績效指標設計的主要問題，以及好的政府績效指標應符合哪些特質？（100 年特種考試退除役軍人轉任公務人員考試—三等一般行政）

6. 請說明公部門實施績效管理時的問題，並以我國當前公務人員考績制改革為例論述之。（100 年特種考試退除役軍人轉任公務人員考試—四等一般行政）

7. 常用的績效衡量指標包括：經濟（economy）、效率（efficiency）、效能（effectiveness）與公平（equity），試闡釋這些績效指標的意義與內涵，並舉例說明之。（100 年公務人員升官等考試試題—薦任一般行政）

8. 政院所屬各機關施政績效評估自民國 91 年開始推動，迄今已經 9 年多，試評析這項績效管理制度已實踐的成就與現存的運作缺失。（100 年公務人員升官等考試試題—薦任一般行政）

9. 在許多推動政府改造運動的國家中發現，因為受到科層體制的制約，出現了績效突破的瓶頸，成為改善生產力的障礙，請試就下列二點申論之：1. 傳統官僚科層體制對績效造成的瓶頸有哪些？2. 針對上述瓶頸，績效管理的激勵作法可以採取哪些工具？（101 年公務人員高等考試三級考試—高考三級一般行政）

10. 各國施政重視績效已蔚為氣候，績效管理為公共管理相當重要之一環，請就績效管理之意義、目的與原則分別說明之。（101 年公務人員高等考試三級考試—普通考試一般行政）

11. 有關績效指標之類型，有「四 E：Economy、Efficiency、Effectiveness、Equity」的說法，試說明其內涵為何？（101 年特種考試地方政府公務人員考試─四等一般行政）

12. 一般民主國家的政府常被民眾批評為績效不彰，試說明其原因及改進之道。（101 年公務人員特種考試身心障礙人員考試─三等一般行政）

13. 績效管理在各國推行以來，已產生若干問題，試說明實施績效管理所產生之問題與改善措施。（102 年特種考試地方政府公務人員考試─四等一般行政）

14. 何謂成本效能分析（cost-effectiveness analysis，簡稱 CEA）？請舉例說明之？（102 年公務人員特種考試外交領事人員外交行政人員考試─四等）

15. 請說明下述這一段話的內涵，並討論台灣績效管理的現況是否符合以上的論述。

The logic underlying the assumption that performance management will lead to stronger performance rests on the importance of both goal clarification and performance monitoring in managing for results ... Even when programs readily lend themselves to measurement, the lack of utilization of performance information has long been recognized as a critical barrier to the efficacy of performance management. This may be attributable to a lack of administrative flexibility, an organizational culture that is not performance oriented, a lack of leadership commitment to results, or low levels of public service motivation...（102 年國立臺灣大學公共事務研究所碩士班招生考試）

16. 公務人員、民意代表或媒體經常會主張，為更有績效地處理某項問題或提供特定對象服務等，行政院或縣市政府就必須設立專責行政機關，同時，該行政機關層級若愈高就會有愈好的問題解決能力、需求服務或回應能力等。相對地，組織管理理論或企業組織實務卻不完全贊同設置專責機關等於增進能力的看法。（1）分別簡要說明第一項和第二項看法背後所持的政府組織績效理論知識。（2）行政院目前設有部會層次的行政院客家委員會。請延續第一小題的回答，提出你對應否設置「部會層級」「客家委員會」增進服務績效的分析結論。（102 年國立政治大學公共行政暨政策學系碩士班招生考試）

17. 請討論將績效（performance）的觀念與制度導入公部門的預算與人事層面，所可能產生的限制。（102 年國立中央大學法律與政府研究所碩士班入學考試）

18. 新公共管理的重要機制之一是建立績效導向的管理工具，而具體化的內容就是績效指標的設計，但公私部門的績效指標設計考量重點未必全然相同，試問其

主要差異為何？（104年公務人員高等考試三級考試—高考三級一般行政）

19. 何謂績效管理（Performance management）？公部門運用績效管理的成功要件有哪些？其可能的缺失又有哪些？試分述之。（104年特種考試退除役軍人轉任公務人員考試—三等一般行政）

20. 何謂團隊？高績效團隊有何特質？（104年特種考試退除役軍人轉任公務人員考試—四等一般行政）

21. 為了提升政府效能以及財政資源的運用效果，許多國家紛紛推動績效預算制度，例如美國政府自柯林頓總統任內起至今一直推動GPRA。（1）請說明這種預算制度與傳統預算制度的設計有何不同。（2）您覺得這種新的預算制度有哪些可能的好處？要推動這種預算制度，可能會有什麼困難或限制？（104年國立臺北大學公共行政暨政策學系碩士班入學考試）

22. 現行公務人員考績制度存在諸多的缺失，其中考核項目不適當是考績效度不足的問題根源。請先闡釋考績制度的考核項目不適當問題；再從工作績效導向的評核制度，提出改善考核項目設計之具體建議。（105年特種考試地方政府公務人員考試—三等一般行政）

23. 請說明各組織領導者必須重視「團隊管理」的意涵。又其與「高績效團隊」的異同為何？（105年公務人員特種考試原住民族考試—四等一般行政）

參考文獻

王毓仁，2004，〈政府再造之關鍵——企業精神與績效管理制度〉，《研習論壇》，44：5-23。

丘昌泰，2010，《公共管理（再版）》，台北：智勝。

古步鋼、陳海雄、林珊汝，2009，〈行政機關施政績效管理制度之現況與展望〉，《政府審計季刊》，29（4）：3-15。

何明城審定，2002，Rober B. Bowin、Donald F. Harvey 著，《人力資源管理》，台北：智勝。

吳泰成，2010，〈我國文官績效管理的回顧與前瞻〉，《人事行政》，171：19-26。

吳瓊恩、李允傑、陳銘薰，2005，《公共管理（再版）》，台北：智勝。

汪家淦，2011，〈政府再造績效管理策略之研究〉，《主計月刊》，661：14-20。

林文燦，2009，〈策略性績效管理〉，吳定（編），《行政學析論》，台北：五南，頁 535-568。

林淑馨，2011，《人力資源管理：理論與實務》，台北：三民。

林嘉誠，2007，《政府改造與考選創新》，台北：國家菁英季刊社。

孫本初，2010，《新公共管理》，台北：一品。

徐仁輝，2004，〈績效評估與績效預算〉，《國家政策季刊》，3（2）：21-36。

翁栢萱、陳薇如，2011，〈政府機關組織績效評估實務探析〉，《T & D 飛訊》，119：1-23。

張四明，2008，〈政府實施績效管理的困境與突破〉，《T&D 飛訊》，7：14-25。

張博堯，2001，〈NPO 員工激勵與績效評估〉，「非營利組織『管理與發展』系列研討會」，台北：國家展望文教基金會、台灣省文化基金會、海棠文教基金會、國立政治大學公共行政學系與國立中正大學社會福利學系。

郭昱瑩，2009，〈政府績效管理與執行力建構〉，《研考雙月刊》，33（2）：30-47。

黃一峰，2003，〈行政機關業務評估指標建構：以衛生署為例〉，《研考雙月刊》，

27（5）：33-44。

黃新福、盧偉斯，2006，《非營利組織與管理》，台北：空大。

葉嘉楠、施婉婷，2009，〈平衡計分卡應用於公部門之研究〉，《中華行政學報》，
6：197-231。

謝佩珊，2005，〈從績效管理觀點淺談我國公務人員績效獎金制度〉，《研習論
壇》，58：26-32。

蘇偉業，2009，〈執法部門實行績效管理之探討——以台灣警政部門的經驗為
例〉，《香港社會科學學報》，37：75-100。

8

目標管理

學習重點

▶目標管理的定義與要素為何？

▶目標管理的基本型態為何？

▶目標管理的理論與步驟為何？

▶公部門運用目標管理的限制為何？

前　言

　　目標管理（Management by Objectives，簡稱 MBO）的觀念最早出現於私部門。很多具有經驗的經理人早就發現，目標是組織的未來希望和象徵，具有指引組織成員朝正確方向前進的作用，同時並具有激發員工努力的龐大力量。早在 20 世紀 20 年代美國杜邦公司和通用汽車公司就已經採行類似現代目標管理的制度作為管理工具，而史隆（P. Sloan）在 50 年代和 60 年代之間所實施的獎勵計畫，若以今日的眼光看來，雖無目標管理之名，但已有目標管理之實。至於管理學大師彼得・杜拉克（Peter F. Drucker）早年在通用電力（General Electric Company）擔任管理顧問，得以參與該公司副總裁所推行的「經理人信函」（manager's letter）計畫，而得以孕育出「目標管理」的想法，並以此為基礎著手撰寫《管理實務》（*The Practice of Management*）一書。在該書中，杜拉克曾提到「目標管理與自我控制」的觀念，認為一個企業的經營若要成功，所有經理人的工作都必須指向該企業的目標，而管理者也應該設定自己的目標，並且要能控制自己的未來，此一想法即成為後來「目標管理」的基本哲學。

　　目標管理觀念之所以會被引進公部門，並蔚為風潮，主要是因為傳統政府機關處理公共事務的原則是「依法行政」，非常重視「過程合法性」，卻因而容易忽略「最終結果」的重要性。基於此，有鑑於公共事務的處理原則太過於重視過程的正義性和合法性，許多國家的政府再造經驗都希望進行「政府再造」，簡化作業流程，回歸到以結果為導向的目標管理。換言之，遵守程序正義已不足以表達公共政策的內涵，程序正義只是公共事務管理的「消極要件」，更重要的是目標實現的最終結果。所以，目標設定與實踐就成為當前公共管理的「積極要件」（丘昌泰，2010：308）。

　　大抵而言，目標管理被提出至今，已逾半個世紀。雖然其管理技術和觀念每隔幾年就推陳出新，但依然被部分學者批評為是一個過氣的管理技術。然而，無論是學術或實務界，目標管理卻從未消失，反而因融合新的技術，如與增進品質、成本控制、生產力促進等方案結合，展現其強韌的生命力，而仍存

有一定的價值，與受到世人的重視（許道然，1998：252）。

　　基於上述，本章首先介紹目標管理的意涵、要素與功能等基本概念；其次，整理目標管理的基本型態與實行步驟；接著討論行政機關運用目標管理所可能產生的限制；最後，闡述行政機關實施目標管理應有之作法。

第一節　目標管理的基本概念

一、目標的內涵

（一）目標的意義

　　關於目標的認知，各有不同，也無一致的看法。管理大師彼得‧杜拉克則認為，並不是有了工作才有目標，而正好相反，有了目標才能確定每個人的工作。「企業的使命與任務，必須轉化為目標。」由此可知，目標是組織未來的希望與象徵，具有指引員工朝向正確方向前進並具有激發員工努力的激勵力量。一個組織訂定目標，必須先從組織能確認「組織是什麼？將來是什麼？未來應變成什麼？」開始。有研究更指出，「目標是組織或個人在某一特定時間內想要達成的事物或狀態。目標是管理上的目的與方向，是整體組織及個別部門的行為指針。」（李怡慶等，2007：21）

（二）目標的特性

　　目標管理不同於傳統計畫的目標，須有完整的目標體系，並以目標作為衡量成就的標準，研究指出，目標應有下列幾項特性（鄧子正，1994：348）：

1. 須含有應達成的程度（scope）和期限（time）。
2. 盡量用量化的方法表示應達成多少，若難以數量化，須表示出達成程度的好壞。
3. 須採用特定的目標才能清楚地指出預期的成果，因為若是一般的目標很難讓人有清楚努力的方向。
4. 須以具體的成果為中心，而非所需要的努力。

5. 須具有可行性，因為太高將失去鼓勵作用，太低則無所貢獻。

6. 須能夠轉變為明確的標的和指派，成為可以作業的。

7. 管理組織就是均衡許多目標，因此必須是多目標的。

（三）目標的內容

在制訂目標水準時，應盡量採用較為客觀和準確的資料及工具，目標的內容也應盡量符合下列幾項要求（鄧子正，1994：349）：

1. 力求清楚、簡明、不含糊。

2. 對終結狀況的正確描述。

3. 應與組織的政策、程序和計畫力求一致。

4. 目標應有其挑戰性和達成性，太高太低都不宜。

5. 須明白完成該目標的行動區域。

6. 對數量和期限均有特定的完成要求。

（四）目標的類型

根據組織的結構和系統來看，組織目標大致可分為以下三大類型（鄧子正，1994：349-350；丘昌泰，2010：312-313）：

1. 總目標：也就是機關或組織的整體目標，意指一項政策或計畫的總體性與策略性的目標，其指出計畫的大方向，表現出該機關或組織的總體任務與職掌，因此，總體目標的設定必須是宏觀的、前瞻性的、整體的、整合性的，具有引導機關或組織是否能夠健全發展的關鍵要素。如根據其目的再加以細分，又可區分為：

（1）社會目標（social goals）：組織與外在環境通常具有互動，因此，除了組織本身的利益以外，還須考量到社會的貢獻與和諧，故也稱之為「策略層次」的目標（strategic level goals）。

（2）管理目標（managerial goals）：指的是組織內部管理是否做

得合宜，像是分工是否合宜、溝通是否順暢、決策是否合理等，也可稱爲「協調層次」的目標（coordinative level goals）。

（3）技術目標（technical goals）：指的是組織的工作技術可否以最少的代價獲得最大的效果，以達到效率的要求，可稱之爲「作業層次」的目標（operating level goals）。

2. **分目標**：一旦設定總目標之後，接下來是各個層級的目標，如各部門的主目標與各單位的分目標，須視政策內容與組織任務而定，總目標與分目標之間存在「隸屬」的關係。換言之，各層級的分目標無法脫離總目標之系統，若集合所有分目標就可以達成總目標。若以消防組織爲例，其分目標約如下：

（1）火災預防目標：即從事預防火災所追求的目標，如防火宣導教育、消防設備檢查等。

（2）災害搶救目標：消防搶救的目標，如火災的搶救、各種災難的應變和救援。

（3）火災原因調查目標：調查單位應做的目標，如調查和鑑定火災的原因。

（4）人事目標：包含人事單位應做到的考核。

3. **個人目標**：組織的目標除了達成整體之目標外，通常也須滿足個人目標，也就是個人的需求，否則組織的目標亦不能呈現，根據學者 Maslow 指出個人的需求包含生理、安全、愛、尊榮感以及自我成就等這五項需求。

二、目標管理的定義

如前所述，目標管理的觀念是美國管理大師彼得‧杜拉克於 1954 年所率先提出的，用以糾正專業化、層級化及個人主義和本位主義的缺陷，

促進層級間、科組間、個人間的溝通與連繫，使組織成員皆有其努力的方向，故其認為所謂「目標管理」，是以激勵與參與為基礎，利用目標設定會談，使各級人員親自參與計畫與決策，將機關內成員的願望與組織任務相結合，使每一階層的人員，都有目標意識並運用授權，圓滿完成組織使命的一種管理體制（姜運、蔡進閱，1995：276；李怡慶等，2007：21）。

事實上，學術界關於目標管理一詞，雖未有一致看法，但大致都脫離不了杜拉克所建構的原始意涵，其中又以 Odiorne 對於目標管理的定義最常被引用，最具代表性。根據 Odiorne（1965: 55-56）說法，「**目標管理是一種程序，藉由組織上、中、下層級的管理人員一起來確定組織的目標，並以對組織成員的期望成果來界定每一位成員的主要責任範圍，同時以此來指導各部門的活動，並評估每個人的貢獻。**」此外，Weihrich（1985: 16）則將目標管理以系統的觀念定義為：「一套廣博的管理系統，期以系統的管理方式整合諸多管理的關鍵活動，有意義地訂定組織與個人目標，並且有效能且有效率的達成」，強調目標管理是一套管理系統，用以整合各項管理的關鍵活動，以有效達成個人或組織的目標；而全鐘燮（Jong S. Jun）認為：目標管理是一個過程，在此過程中，組織中的「大目標」（goal）和「小目標」（objectives）係經由組織成員的參與而設定。其基本哲學是來自於參與管理的理念，而所謂參與管理則是一種過程，員工在其應負之責任內，獲得較多的自我控制和較大的決定自由（轉引自許道然，1998：252）。

另一方面，國內學者吳定（1991，轉引自許道然，1998：252）視目標管理為一種強調「參與管理」的管理哲學，是由機關上下級人員討論確定工作人員之工作目標，並進行自我控制與自我評價，以策勵工作人員，增進工作效能的一種計畫與考核管理方法。而丘昌泰（2010：309）則指出，目標管理是指設定好的目標與實現預期目標之系統方法，如何設定合理可行的目標階層體系、如何研擬實踐目標計畫、如何進行管理目標實現

的活動，以及設定可行的新目標等，則成為目標管理非常重要的任務。至於顏國樑（2004：23）則認為，目標管理是一種以目標為手段，以正面的人性管理為中心、成果導向之有系統的管理制度。在管理過程中，強調組織成員的自我控制與自我評鑑的回饋系統，透過上下層級組織成員的參與，共同建立組織到個人的目標，再將目標化成具體的行動方案加以執行，最後以設定的目標作為考核工作績效的標準，並期望達成兼顧組織目標與個人目標的滿足，進而提昇組織績效與個人能力。

三、目標管理的要素

管理者認為，完整的目標管理過程，包含下列三項要素（Rodgers & Hunter, 1992，轉引自許道然，1998：253；吳瓊恩等，2006：139）：

（一）目標設定

實施目標管理首先要設定目標。依目標的層級，大至組織的總目標，小至員工的個人目標均需環環相扣。研究指出，當個人或團體擁有具體明確的目標時，其績效比目標含糊籠統者以及未設定目標者高。目標設定之後，必須排列執行的優先順序，同時還要定期檢討。必要時組織的結構須重新設計，以配合目標實現的特殊需要。

基本上，目標管理的推行通常是以高階主管為起點，由高階主管設定整個組織大目標及組織目標。大目標是較廣泛性的指導原則，用以作為層級較低、內容較為具體明確的「單位目標」的依據。一旦在大目標及組織目標確定之後，事業機構依管理的層次，就各事業部、各部門及各單位個別設定目標，並進行部門間橫向的關係調整。各部門（單位）負責人依其部門目標訂定自我目標，然後依序由上到下來設定各層級的目標（如圖1所示）。

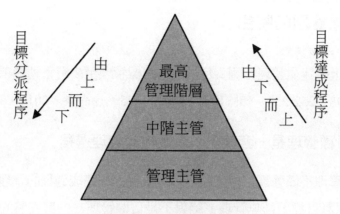

▲圖 1　目標分派程序

資料來源：李怡慶等（2007：22）。

（二）參與

目標管理的第二個要素是強調各階層人員的參與。從目標的設定、定期檢討到目標的執行，各階層的人員都必須積極投入。相關研究指出，員工如認為他們的參與具有合法性，對組織的生產力將產生正面的影響。而目標管理也認為投入（involvement）會導致承諾（commitment），進而對員工造成激勵，使其對組織目標的達成產生直接的貢獻。

（三）回饋

管理階層必須定期的告訴員工目標執行的情形，並針對員工完成目標的情形進行績效評估。清楚的回饋有助於員工釐清目標方向並協助他們提高目標達成的控制感，進而增進員工解決問題的能力。此外，積極的回饋會增強管理階層和各級員工做決定的信心。若員工認為回饋具有客觀事實時，會激勵他們採取更積極的作為。

四、目標管理的特色

從以上所述並整理相關資料得知，目標管理至少有下列幾項特色（許道然，1998：252-254；顏國樑，2004：23-25；丘昌泰，2010：309-310）：

（一）目標管理是一套整體、有系統的管理過程

目標管理不僅強調目標的設定，更重視目標完成過程的管理或控制。因此，「只訂目標，卻無管理」絕對不是目標管理。一套完整的目標管理須包含目標設定、參與和回饋三要素。

（二）兼顧組織與個人目標

目標管理利用成員參與訂定目標的方式，結合成員的期望與組織任務，以期在達成組織目標的同時，也能兼顧個人目標，進而提昇組織的績效，促進個人成長。

（三）具備成果或目標導向

實施目標管理的首要工作，在訂定明確的目標，而「目標」是指在一定的期間內所必須達到的「成果」，獲得目標的「成果」乃是組織存在的意義。因此，組織成員的活動均以達成「成果」為中心，並將目標化為具體行動計畫加以執行。

（四）重視成員參與

目標管理對於組織成員的參與相當重視。在設定目標時，透過成員參與組織目標及個人目標的訂定，以尊重成員的工作意願與尊嚴，並使其清楚瞭解自身工作對組織的重要性，以建立其榮譽感和責任心。

（五）對人性的看法趨於正面

推行目標管理的組織，對人性的看法通常是抱持著較寬容、信任、關愛的態度。基本上，目標管理對人性多抱持「人是希望能有機會親身參與、能享受職務上的滿足、能有個人成長機會，以及希望獲得讚許與鼓勵」的正面假設。

（六）強調成員的自我評鑑

在目標管理的制度下，組織及個人目標均由組織上下層級之成員共同參與訂定，組織成員也因而獲得適當的授權。成員在執行目標的過程中，以自我評鑑方式，對本身的工作進度及目標達成度予以評估、檢討改進，主管僅從旁協助，期能藉此建立成員主動負責的精神。

第二節　目標管理的基本型態、理論與實行步驟

一、目標管理的基本型態

如前所述，目標管理為一管理體系，其基本型態包括目標設定、預算、自主性、回饋、獎償等五個部分，茲將其分述如下（Odiorne, 1976: 28，轉引自孫本初，2010：296-297）：

（一）目標設定（goal setting）

每一位行政人員應就工作的產出結果與其主管達成協議，然後行諸文

字，以書面方式將組織目標、單位目標及個人目標分別呈現出來，並釐清其相互間的關係及排定優先順序。

（二）預算（budgeting）

目標的達成與資源配置息息相關，而預算的充沛與否，將影響目標設定的順序與目標的執行程度，因此，目標管理應涵蓋完善的預算審查制度，才不致使目標和預算間無法相互支援。

（三）自主性（autonomy）

自主性乃是在目標執行過程中，賦予部屬適當之責任與權力，使其在執行目標之際，得以自行控制自己的行為及活動，依其自訂之工作方式，主動執行目標、解決問題，並對實施成果加以負責。

（四）回饋（feedback）

回饋在目標管理中居於重要地位，透過資訊之回饋，得以確保目標能如期達成或適當修正。其中，目標管理的回饋部分應包含兩項過程的設計：一是每位成員在自我控制下執行目標，並適時地將執行情況向上級主管報告；另一則是主管人員應提供各種資訊給部屬，並認可部屬的執行績效或加以修正。

（五）獎償（payoffs）

基於獎勵的原理，為促進目標的達成，獎償系統的設計是不可或缺的。換言之，任何管理制度若一味地要求高度績效水準，而未能正面肯定達成績效者之成就，且未給予適當之獎償，終究會歸於失敗。因此，獎償制度的建立亦是目標管理制度重要的一環。

二、目標管理的理論體系

目標管理乃根基於行為科學之管理原則，但不僅是一種管理技術，還包含激勵的人性論、相互依存協力合作的社會觀、溝通、民主參與等各種思想相融而成之理論（江明修，1996：24）。由此可知，目標管理係一套具有系統與整體性的管理機制，以下整理該理論之體系逐一說明之（莊榮霖，1993：7-8；江明修，1996：25-26）：

（一）人人參與

管理學者早期在界定人性之本質時，認為人是一種理性之動物，其反映在管理上即是各種科學管理之手段，也是麥克葛瑞格（Douglas McGregor）所提出的 X 理論。然而，麥氏對於該假定之正確性抱持懷疑，並以馬斯洛（Abraham H. Maslow）的需要層次理論基礎，提出另一種 Y 理論，將人性的假定轉持更高的價值肯定。

在此系統之下，管理者對於部屬必須抱持信心與信任，並共同分享決策，以充分授權的方式培養部屬的信心與責任感，拉近彼此之間的距離。此種參與管理的型態與 Y 理論的人性假設相對應，是建立在相互信任與合作之基礎上，更是以人際關係為導向之管理方式。

（二）潛能激勵

潛能激勵根據於馬斯洛的需要層次理論以及赫茲伯格（Frederick Herzberg）的兩因素理論（Two Factor Theory）而來。前者理論主張人類有低到高不同的需求層次，分別為生理（Physiological）、安全（Safety）、社會（Social）、自尊心（Selfesteem）及自我實現（Self-Actualization），當低層次的需求獲得滿足後，人類才會進一步產生高層次的需求。後者則分別從激勵因素與保健因素的觀點出發，從激勵因素的觀點來看，在其因

素成就的條件下，人員一定會獲得高度滿足感，不至於產生不滿足感；而從保健因素的觀點來看，在其因素成就的條件下，人員不會獲得滿足感，只是無不滿足感，但一旦保健因素的條件「惡化」，人員的不滿足感必然升高。

在上述理論觀點下，目標管理重視工作設計的多樣性、完整性、重要性與自主性，藉此豐富化組織運作時的工作內涵。除此之外，目標管理鼓勵員工應自行自訂目標，並自行執行與達成，要求管理者給予員工更多的自主權與激勵，以提昇員工的績效。

（三）溝通參與

過去管理原則採行機器式的組織設計，較缺乏人性之考量，促使組織內部員工產生不受重視的感受，甚至極度的無力感，進而產生個人與組織之間的疏離感。為了破除員工與組織之間的疏離感，目標管理鼓勵管理者開放員工參與組織目標的設定，讓員工充分瞭解組織運作的方向，並藉由不斷的溝通與參與，讓員工感受組織給予之重視感。因此，不論是管理者向員工說明組織目標與方向，或是主動聽取員工意見，都必須透過溝通，且不單只是垂直溝通，也應發展同僚之間的水平溝通，甚至創造出網狀型的溝通管道。

（四）充分授權

今日組織環境受到各種因素影響下日趨複雜，傳統管理者採取的集權式管理方式已經不適合現代的組織管理，主管無法事必躬親完成組織各大小事，必須採取授權的方式，將組織權限與責任分散給其他管理者，由不同部門的管理者領導該部門員工，發揮其領導特性結合每個員工的努力，共同達成組織目標。

（五）互動過程

目標管理所追求係為一種「共識型的決策決定」（Decision-Making of Consensus），其內容乃是強化組織員工參與決策的空間。因此只有透過員工之間面對面的互動過程，藉由彼此分享、相互瞭解與溝通下，方能掌握問題的關鍵，結合集體與個人之間的利益，共同達成組織設定之目標。

（六）協力合作

協力合作是目標管理之基礎，無論是在目標開始之初，或是最後結果的評估與回饋，都是由管理者與部屬共同合作完成的，主管改變以往監督控制的角色，成為與部屬共同合作解決問題的推手。

（七）評估

評估是目標管理過程中的一種偵測及回饋系統，管理者不僅可以藉評估掌控進度，更可以隨時檢討缺失，尋找問題所在，並透過評估的方式，對於表現優良的員工給予獎勵，更能使組織目標較容易達成。而在目標管理的運作過程中，一旦確立目標，對於執行的結果必須持續評估，以利隨時修正並改進已設定的目標，而非到結束時才進行總結性的評估。

（八）彈性

目標管理涵蓋彈性是為了因應目前快速變遷與挑戰的時代，讓員工與組織保持一定的彈性，可有效因應各項變遷帶來的影響。因此組織設定目標時，應留給員工修正目標的彈性；在目標執行時，則應充分授權，使員工有權因應各種突發性的危機或挑戰；而目標評估時，也必須保持修正目標的彈性，方能迎接瞬息萬變的時代。

（九）宏觀

目標管理在目標設定的過程中，經所有員工的參與，讓組織的成員不但瞭解個人的工作目標，同時也瞭解組織的整體目標，使得組織中的成員皆具有宏觀的視野，避免員工與組織目標不一致以致互相抵銷。

由以上所述得知，目標管理有別於傳統的管理思想，其理論基礎是以激勵與參與理論為思想的根源。彼得·杜拉克後來也認為，目標管理是架構在馬斯洛的需求層級理論、赫茲伯格的激勵保健理論、麥克葛瑞格的Y理論的基礎上，以及「目的之階層」的概念上。所謂「目的之階層」是指一個目的通常是另一個更高目的的手段，因此變形成目標與手段之間的聯鎖，而目標管理正是以各層目標相互聯鎖而形成的連接網（李怡慶等，2007：22）（如圖 2 所示）。

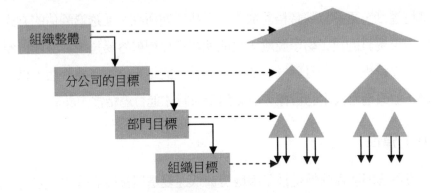

▲圖 2　目標聯鎖連接網示意圖

資料來源：李怡慶等（2007：22）。

三、目標管理與傳統管理之比較

　　若比較目標管理與傳統管理之差異可以發現：傳統管理是以 X 理論為基礎，但目標管理則是以 Y 理論乃至馬斯洛的需求層次與自我實現理論為基礎，所以其中有許多不同之處，試以下表 1 來說明之。

▼表 1　傳統管理與目標管理的差異

傳統管理	目標管理
以目標為管理手段	著重達成目標過程的程序管理
事後追究成效（向後看）	事前設定目標、規劃執行（向前看）
單向的計畫與策略規劃	雙向的集思廣益，共同協商
目標由上而下指派，流於上級所好	目標是整體成員的共同願景與理想
細緻分工，部門獨立	強調任務與目標的整合
以任務為中心	以人為中心，重視人群關係
集權與命令	授權與溝通
上級控制下級	自我控制、自我管理
使用監督方式減少偷懶	使用激勵方式激發潛能
人擔任機器的事務	人員參與全面過程，提昇價值
機械性工作，無明確預設整合目標概念	整合個別目標為整體目標 預設目標成果並成為追求的任務與動力 目標多元、有一定的期限、明確
機械性工作，無明確績效概念	績效評估與考核明確，並強調再修正績效成為獎賞的重要依據
分工細緻化，員工不需太多學習	員工不斷學習達成任務的技能
上級指導下級	員工自我指導、自我學習

資料來源：林金郎（2004：23）。

四、目標管理的實行步驟

然而，目標管理究竟要如何付諸實行？一般分為目標設定、計畫及執行、自我控制與定期檢視四個步驟，茲整理分述如下（賴景煌，2001：92-93；顏國樑，2004：25-26；李怡慶等，2007：23；丘昌泰，2010：310-311）：

（一）目標設定

本階段可說是目標管理相當關鍵性的步驟，因為若無法制訂合理可行，並可以測量的政策目標，則後續各項步驟即無實行的可能。因此，在設定目標前，應先從事需求評估（needs assessment），以瞭解組織當前的優劣與未來需求，並作為設立目標的依據。

（二）執行計畫之擬定

不論任何層級的主管或員工，在目標確認後，勢必要擬定一套達成目標的執行方案及計畫，否則流於空談，因此擬定行動計畫在目標管理中相當重要。

（三）自我控制

目標管理的精神在於自我控制，員工在執行的過程中主動修正策略與方針，朝組織目標而努力。若未達目標，應主動思考如何修正自己的行為與策略，以建立對工作的責任感。

（四）定期評鑑

對管理者而言，定期檢視員工目標的達成狀況非常重要。因為成員的表現經由定期的評核，可以瞭解行動目標的進程，也可適時導正偏離的組

織目標，達到管制的效果。另外，在評核的過程中，如能檢討得失，善用回饋，將可激勵員工自我實現。

第三節　目標管理在公部門的運用原則

為使公部門機關能落實目標管理，並發揮其成效，作者整理相關資料，嘗試論述目標管理運用在政府機關的原則如下（賴景煌，2001：93-94；顏國樑，2004：29-31；孫本初，2010：524-525）：

一、高層主管的態度是影響成敗的關鍵

任何管理制度的引進與實施，皆需高層主管的承諾與支持。倘若缺乏高層主管的大力支持，任何良好的制度都將難以有效推行。因此，高層管理者對於目標管理是否有全盤的認知，並帶頭實行，甚至塑造適合採行目標管理的組織文化等，亦即高層主管對推行目標管理的態度將是攸關該制度成功與否的重要關鍵。

二、建立「參與管理」的行政哲學觀

政府機關行政的推展，目標計畫的訂定，應透過民主歷程，以擴大組織內部成員的參與，同時建立良好的溝通管道，使組織成員在參與的過程中，得到被尊重感及親自參與目標制訂的成就感，自然樂於為組織奉獻心力，為達成組織目標而努力。因此，參與式的行政管理將有助於化阻力為助力，提昇政府機關的行政績效。

三、目標的設定應符合政府機關的特性

　　為使目標管理能運用在政府機關中，在設定目標之初即應考量政府部門的特性。如目標應兼顧量化與質化目標：在公部門中，由於目標的多元化與模糊性，使得組織目標之設定較企業更加困難，且不容易衡量。尤其是公部門所提供的公共服務，會涉及公平、服務品質、對政府的信任等質性目標，因此目標的設定不能僅侷限於可量化的目標，還需納入質性目標。另外，為避免目標的執行受到政務官任期與預算年度的影響，目標的設定也應整合短期和長期計畫。

四、強化「計畫、執行、考核」的行政過程

　　機關行政計畫是組織發展的藍圖，也是執行、考核的主要依據。然一般政府機關的行政運作，未能配合組織整體發展，導致計畫未能落實，執行欠缺績效，考核流於形式等弊病。而目標管理從目標的設定、形成行動計畫、定期評核實施行動之進展、對於計畫目標的管制甚具效益。因此，為使政府部門的行政績效得以發揮，應加強機關行政計畫、執行與考核的過程。

五、有效運用自我控制、回饋與激勵的技巧

　　目標管理之所以能在企業中有效運用，主要乃是善用自我控制、回饋與激勵技巧。在政府機關中雖受限於既有的法規制度，無法如企業般彈性，但若能援引其重要概念適切地運用於行政管理中，同樣能有助於目標管理的實行；如自我控制可以確保組織目標的達成及資源的有效運用，而透過績效標準的建立、資訊回饋與適時的激勵，都將有助於組織目標的達成及維持組織穩定的發展。

第四節　公部門運用目標管理之限制

　　然而，由於行政機關與企業單位在本質上的差距，公部門採用目標管理時，除了可能面臨和一般企業相同的難題之外，並會遭遇其本身特有的困境。茲整理目標管理在公部門運用的限制如下（賴景煌，2001：93-94；顏國樑，2004：27-29；吳瓊恩等，2006：148-150）：

一、目標管理並不適合變遷劇烈的環境

　　目標管理的程序在封閉的組織中較易實行。其原因在於目標管理為一規劃、執行、考核的循環過程，強調按部就班的管理策略，因此不適用於變動迅速且難以預測的動態環境之中。對目標管理而言，快速的變遷與外在的挑戰會形成負擔，不但目標難以設定且易和社會脫節，所以，目標管理運用在政府內部單位似乎較實行在對外機關為佳。

二、個人目標與組織目標難以配合

　　不同階層的人員所要努力的方向不完全相同，目標管理雖然企圖將組織目標與個人目標予以整合，但實際上因為主管與部屬對於目標重點的考慮並不相同，所以個人目標的總和未必等於組織目標，甚至還可能產生矛盾的情形。因此，欲使組織目標與個人目標能緊密結合，則有賴於不斷的溝通協調方能達成。

三、目標管理過分強調文書作業，且需投入大量時間成本

　　目標管理作為一種決策方式並不耗費時間，但若作為規劃、決定、追

蹤、改變與評估目標的管理系統，則需投入大量的時間成本。尤其是業務部門的管理人員，其時間本來就緊迫，但由於目標管理的實施尚需投入時間，進行目標設定的協商，且隨之而來的是一連串的文書作業，包括各種目標設定、執行以及查核的表格，諸如此類繁瑣、耗時的額外工作均易引起員工的反感。此外，運用在目標管理程序的時間，亦可能剝奪員工用來完成其份內工作的時間。

四、目標多由高層管理者單方決定，不容易建立信任關係

在傳統層級節制的政府體系中，由於組織傾向官僚化與集權化，上下級人員的地位呈現不對等關係，因此目標的設定多由高層管理者片面決定，部屬鮮少有參與機會，而目標的執行往往也受到嚴密的監督與控制，員工甚少有裁量權。此種作法實有違目標管理強調主管與部屬共同制訂目標的過程，也容易使部屬對主管產生不信任。

五、政府部門本質的特性，未必都適用目標管理

目標管理在政府部門的實施除了會面臨官僚體系與政治阻力外，又因行政機關本質的特殊性，如：行政目標的多元、難以量化、目標設定需有法源依據等，都會限制目標管理在政府部門的運用成效。此外，政府所設定的目標週期，為配合預算年度，通常以一年為期，但目標的設定若缺乏長期策略的觀點，所設定的目標將會過於片段，無法累積成果，再加上目標管理制度亦可能隨著政務官的輪調而或存或廢，易產生若干的限制。

六、績效評鑑無法完全客觀，標準難以建立

　　傳統的目標管理只著重於可量化的績效衡量指標，難以適用於當今處處強調「品質」的社會。在公部門中，由於目標的多元化與不易明確具體，更使得目標管理無論在目標的設定及績效的衡量上，都顯得相當困難。另外，由於公部門無法僅將目標的達成視為是唯一衡量標準，而忽略「人」的因素與執行過程的情形，故難以建立客觀的績效評鑑標準。

台北市政府警察局人事室運用目標管理的情形[1]

一、台北市政府警察局人事室執行目標管理狀況

（一）目標管理實施前的準備

首先，實施目標管理前，先取得警察局局長及台北市人事處的理解和支持，並藉由人事室會報研討提出應辦事項，並介紹目標管理優點和做法，使人事室內部成員能夠理解並實施該做法。再者，須要求人事室成員培養「計畫—執行—考核」的習慣，並建立有系統的管制流程。因人事室各項人事行政業務目標須由各承辦人按實際現況並酌參過去經驗來提出，因此各級主管和業務承辦人，應按所提事項時間期限，有效管理進度進行。

（二）目標之制訂

北市府警局人事室將目標訂為：以台北市市政府和警察局目標要求設定為警察人事管理目標，分別是希望城市、快樂市民、自己的前程掌握在自己手裡。隨後經充分討論和調整，最後再報請人事室主任核定分送各級主管和各承辦人進行管制作業。

（三）目標執行

該局人事室在目標執行過程中，藉由平常溝通，由各承辦人定時回報與各級主管提供相關資訊與說明其構想，使目標執行能夠有效完成；同時各級主管也能適時予以協助，並給予補充意見，並在目標執行中進行「期中追查」，使目標工作不至於脫軌。最後將各該承辦人和各級主管共同檢討成果與有待改進之處，作為下年度目標管理設定依據。

（四）實際運作面

為達到人事行政革新要求及達成警察任務，台北市政府警察局人事室，運用目標管理，使各級人事人員親自參與計畫與各級主管會商研討

---

1 資料來源：姜運、蔡進閱（1995：289-296）。

交換意見，溝通觀念配合理論建立共識，便依該室各股主管業務劃分，84年度各股完成重大業務共七十二項（任免股計三十項、考核股利十項、福利股二十九項、資料股三項），並繪製完成84年度目標管理體系圖，分送各級主管及業務承辦人以管制進度進行，並要求所屬各人事機構配合辦理。

二、實際執行目標管理遭遇困難

（一）業務承辦人所設定目標會逐漸降低水準，甚至將例行事項也設定其內。

（二）人事室設定目標時過分注重量化目標，忽視不可量化目標，如創新或研究發展項目。

（三）該室各股目標設定時有競合須相互配合，但各股卻仍存有本位主義不願合作。

（四）目標或計畫的衡量基準僅能以時限管制為主，無其他科學化標準。

（五）該室訂定目標偏重管制，缺乏挑戰性，各股似乎沒有就業務狀況及特性檢討缺失，設定有挑戰性努力目標。

歷屆考題

1. 目標管理（Management by Objective，簡稱 MBO），在公部門實施迄今已有十餘年的歷史，已被視為公共管理中提昇組織績效的有效方法之一。然而因為公部門特有的性質，故在採用 MBO 時，可能會遇到有別於企業界的困境，試從「適用體系」、「信任問題」及「績效評鑑」此三方面來說明其可能遭遇的困境或限制？（093 年公務人員高等考試三級考試暨普通考試第二試—三等一般行政）

2. 何謂目標管理（MBO）？目標管理在行政機關運用，將會受到哪些限制？試說明之。（095 年交通事業港務人員升資考試—佐級晉員級事務管理）

3. 政府部門採用目標管理（Management by Objectives，簡稱 MBO），除了會遭遇和一般企業相同的難題之外，尚有哪些公部門特有的困境？試扼要說明之。（096 年交通事業公路人員升資考試—員級晉高員級事務管理）

4. 晚近各國政府銳意政府再造及行政改革，其目的在採行各種管理工具以提昇政府的績效。其中目標管理及績效評估便是常用的管理工具。試問：何謂目標管理及績效評估？二者有何關聯？公部門施行目標管理及績效評估可能受到哪些限制？（096 年特種考試退除役軍人轉任公務人員考試—三等一般行政）

5. 自杜拉克（P. Drucker）提出「目標管理及自我控制」的觀念以來，目標管理遂廣為公、私部門所採行，並蔚為風潮。請就目標管理的意涵、實施方法，及其在行政機關運用之限制分別說明之。（096 年特種考試退除役軍人轉任公務人員考試—四等一般行政）

6. 請說明目標管理（MBO）的意義與內涵，並舉實例評析目標管理能否提昇政府之工作效能。（099 年公務人員高等考試三級考試暨普通考試—三等一般行政）

7. 試闡釋目標管理的核心意涵與主要特色，並評析公部門推動目標管理時可能遭遇到的主要障礙為何？（105 年特種考試地方政府公務人員考試—三等一般行政）

參考文獻

丘昌泰，2010，《公共管理（再版）》，台北：智勝。

江明修，1996，〈目標管理在學校經營上的應用〉，《技術及職業教育》，35：23-28。

李怡慶、王志誠、周志建、楊心弼，2007，〈建構醫院目標管理制度之研究——以某區域教學醫院為例〉，《澄清醫護管理雜誌》，3（2）：20-31。

吳瓊恩、李允傑、陳銘薰，2006，《公共管理》，台北：智勝。

林金郎，2004，〈目標管理（MBO）與成效管理〉，《商學趨勢導報》，4：21-27。

姜運、蔡進閱，1995，〈論目標管理之執行——以台北市政府警察局人事室為例〉，《警學叢刊》，26（3）：275-297。

孫本初，2010，《公共管理（第五版）》，台北：智勝。

莊榮霖，1993，〈目標管理——基本觀念與實際運用（上）〉，《人事月刊》，16（6）：4-9。

莊榮霖，1993，〈目標管理——基本觀念與實際運用（下）〉，《人事月刊》，17（1）：6-11。

許道然，1998，〈目標管理：理論與評論〉，《空大行政學報》，8：249-272。

鄧子正，1994，〈我國消防機關推行「目標管理」制度探討〉，《警專學報》，7：344-375。

賴景煌，2001，〈目標管理提昇組織績效〉，《管理雜誌》，325：92-94。

顏國樑，2004，〈目標管理及其在學校經營的應用〉，《學校行政雙月刊》，33：21-39。

9
策略管理

學習重點

▶策略管理的意涵與特性為何？

▶策略管理的理論內容為何？

▶策略管理的步驟為何？

▶公部門運用策略管理的成果與限制為何？

前　言

　　過去長期以來，公部門並不喜歡策略（strategy）一詞，且因關注過程而忽略長期性觀點，使得傳統行政機關的管理模式多被批評為過於短線且缺乏對外在環境的認識。然而，正如知名的美國公共管理學者 Bozeman 與 Strussman 所言，要達到成功的公共管理，現代公共組織的行政主管不可避免地必須對於「策略」有更深入的體悟（王濬，2007：7；孫本初，2009：635）。隨著政治民主化和經濟自由化的演變，21 世紀的公部門愈來愈重視組織與外部環境的關係，而影響組織運作與決策的最大變數也已非內部管理，而是民眾需求與反應，高階管理者須花較多的時間因應公共關係、環保問題，傾聽消費者怨言，因而不得不重視策略。

　　策略一詞最初出現在軍事領域，指的是贏得戰爭的目標。大約在 20 世紀 30 年代後期，企業部門開始關注「策略」的概念，並將此概念導入到組織管理應用中。到了 50 年代後期，企業部門開始重視策略的思維和管理方法，陸續形成了策略管理的相關理論，並開始蓬勃發展。到了 80 年代後期，在新公共行政強調師法企業精神的背景下，公共部門才開始真正關注策略管理（strategic management），並將策略管理引入到公共部門的管理活動中。直到現在，策略管理儼然成為公私部門的新寵，其概念工具甚至被廣泛引用至各個領域，希望藉由此項管理工具改善組織的效能。

　　簡言之，策略管理是一種指引（conducting）組織的方式，因組織必須有一個終極的（ultimate）目標，藉以發展組織價值、管理能力、組織責任以及連結策略性與操作性決策的行政系統，並將其運用在所有層級體系及跨越組織中所有負擔一定職責權限的業務與各部門（Hax & Majluf, 1996，轉引自孫本初，2009：636）。而在此過程中，策略管理的功能是規劃、執行、追蹤與控制組織策略的一連串過程，其主要目的是協助組織各單位拓展策略性願景，並將策略性願景落實於每個行政系統當中。雖然現今公部門也開始講求策略管理，並期望藉由策略管理的實施來改進公部門為人詬病的無效率，但因策略管理的相關理論是緣起私部門的管理概念，且運用於私部門的時間較久，若僅將策略管理

的概念與工具移植於公部門，是否會產生適用上的限制？

　　基於上述，在本章中乃先從策略的定義與層次，以及策略管理的意義與特性來介紹策略管理的基本概念；其次，從內容取向與過程取向來整理策略管理的理論；接著，闡述策略管理的步驟；最後則分別討論策略管理在公部門運用的成效與限制。

第一節　策略管理的基本概念

一、策略的定義

「策略」最早是源自希臘文「Strategia」，意味著「Generalship」，係「將才」的意思，是指將軍用兵或佈署部隊之方法。換成軍事上的用語，意即所謂的「戰略」。由此可知，策略一詞在早期常常伴隨著戰爭與軍事行動一同出現，如《大美百科全書》（*Encyclopedia Americana*）對策略的定義爲：「在平時和戰時，發展和運用國家的政治、經濟、心理和軍事的力量，對國家政策提供最大限度支援的藝術和科學。」而《牛津大辭典》（*The Oxford English Dictionary*）則是將策略定義爲：「將軍的藝術；計畫和指揮大規模之軍事行動，從事作戰的藝術。」無論何者定義，在在都顯示其與軍事行動脫離不了關係（林宗義，2007：5；唐彥博、張甫任，2011：3）。

大約在 20 世紀 30 年代後期，企業部門開始關注「策略」的概念，並將其導入到組織管理應用中，後來引申爲專爲某項行動或某種目標所擬定的行動方式。而明茲伯格（Henry Mintzberg）從五種角度來探討策略的 5P 說法是常見對策略的解釋，也易於瞭解，以下分述之（轉引自林建煌，2009：19-20）：

（一）策略是一種計畫（plan）

策略是經過有意識思考後的一種行動企圖，或是處理某種狀況的指導綱領。因此，策略具有兩項特性：其產生在行動之前，同時也是針對某一特定目的之有意識思考結果。例如勞資談判時，雙方所採取的談判策略。

（二）策略是一種手段（poly）

　　策略可以是一種來擊倒競爭者的行動。例如企業可能為了阻止競爭者籌建新廠，而威脅要擴充自己工廠的產能。因此，威脅本身（而非實際擴充產能）變成一種策略。

（三）策略是一種型態（pattern）

　　策略是一連串行動中所呈現出來的型態。換言之，策略是行為中所呈現出來的某種一致性。不論這種一致性是有意塑造的，或是無意形成的，都可以說是一種策略。主要是從策略事後所導致的行為來回溯其型態。

（四）策略是一種定位（position）

　　策略是協助組織在環境或市場中找到定位。用生態學來說，策略在環境中找到一個生存的利基（niche）；從經濟學來看，策略是替組織在環境中承租（rent）了一個位置；而以管理學的觀點來看，策略主要是替組織找到了一個領域（domain）。

（五）策略是一種觀點（perspective）

　　策略是一種觀點，這指的是策略是一種組織全體成員所共有的世界觀或市場觀。因此將策略看成是一種觀點，就如同心理學主張每個人都有其獨特的人格特質（personality）；人類學認為每個社會有其文化；或是社會學認為社會具有意識型態（ideology）一樣。

　　在我國，企業管理大師司徒達賢（2005：1）將策略定義為「重點的選擇」，亦即在決定要「如何做好一件事」之前，必須先決定哪一件事才是真正值得投入的重點；其特質包括：策略是做對的事情（do the right thing），而不是僅將事情做對（do the thing right）；是執行長時間的觀點，是屬於長期承諾。

二、策略的層次

在公部門中，所謂策略係指政府部門所採取的行動綱領，以實現其所設定的目標，解決公共問題，滿足人民的需求。一般而言，公共管理部門中的策略可以分為三個層次（丘昌泰，2010：255-256）：

（一）總體策略

此為最高首長所提出的有關組織未來發展的總體性與宏觀性策略，以台北市政府為例，市長在市政報告中所提示的市政建設策略就是一種總體策略；總體策略可以說是市政成敗的關鍵因素，是所有局處等一級單位的「上游工程計畫」，扮演火車頭的角色，相當重要。例如，為因應全球氣候的變遷，市府的總體策略為何？

（二）部門策略

市府底下所有一級主管機關都應有其各自的「部門策略」，這種部門策略是實現「總體策略」的關鍵步驟，是策略規劃中的「中游工程計畫」。例如，為因應全球氣候變遷的方案，市府決定採取公私合夥的策略進行規劃，試問：市府環保局應採取何種配合的策略性行動呢？這就是部門策略問題。

（三）功能策略

係指各一級主管機關中各個功能性單位所研擬的具體行動策略，例如市府環保局打算採取「廚餘垃圾資源回收」作為其中的策略之一（部門

策略），該局的幕僚與業務單位應如何合作，才能實現「廚餘垃圾資源回收」的促銷策略呢？這乃屬於功能策略的問題。

由上述看來，策略規劃無論是採取「由上而下」或「由下而上」的決策模式，一定要將總體、部門與功能策略整合起來，以形成「三位一體」的策略結構體。

三、策略管理的意涵

在瞭解策略的概念後，接著即說明策略管理的意涵。由字面上來看，策略管理是在「策略」的基礎上加入了「管理」的概念。在企業管理的理論中認為，策略管理指的是管理的至高謀略。策略管理是機關組織管理階層所決斷擬定整體性或特殊方針，持續性地回應情勢變化，也同時顯示機關組織自身的定位（position itself），用以作為管理措施的依據，如多數企業組織所採行的經營方針與攻防方案，便是一般所說的管理策略（generic strategies）。但策略管理不是許許多多相關的策略方案而已，重要的是策略與管理措施連貫形成的管理方針與程序，其主要意義在凝結競爭優勢（competitive advantage）（Noe, 2006: 59）。

國內學者許長田（2005：4）認為策略管理即是用來仔細規劃與指引企業未來發展的全套管理流程（All Set of Management Process）與變革管理（Change Management），用以達成企業流程再造（Business Process Reengineering）的終極目標。企管大師司徒達賢則認為策略管理是企業管理中的一部分，策略管理的分析角度兼具了全面性與前瞻性，所研究的內容不僅涵蓋行銷、財務、生產、人事、研發、組織及決策方法等課題，而且企圖以一整合性的架構，將企業內部這些課題或決策，和企業在環境中長期求生存發展的方法結合在一起，形成企業整體行動與資源分配的最高

指導原則（司徒達賢，2005：15）。

　　由以上所述可知，「策略管理」是一種的思維活動，具有前瞻性、宏觀性、行動性，且需要辨識組織所處環境，加以創造競爭優勢的行動方針。因此可將其定義為：結合管理之科學方法，規劃組織的目標方向，定位創造競爭優勢，並設計出一連串的行動以達到組織目標的過程（張本文，2009：17）。若就策略管理的本質而言，其為一種策略計畫，屬於未來導向的計畫性活動；就策略管理的運作而言，是策略執行和評鑑，屬於一系列的分析、執行和評鑑策略的活動（朱延智，2008：193）。

四、策略管理的基礎與特性

　　由以上可以發現，策略管理的功能在於運用績效，讓組織營造良好的經營環境和營運系統，使組織成員全心投入，善用組織各項資源，以因應變革，創造競爭優勢，實現策略目標。組織有了策略，便可以有效地運用自身擁有的資源，配合時勢與競爭對手一較長短，也可以有效地安排執行各項方案，以完成組織目標。組織策略有其不可或缺的意義，因此需要透過一套方法予以管理與實踐，以因應不斷變動的競爭環境，因此策略管理在管理行動中是相當重要的一個概念。其建構的基礎包括：願景（vision）、使命（mission）、目標（goal）與目的（objective）（吳瓊恩等，2005：193-194）。

　　而根據研究顯示，策略管理具有下列幾項特性（丘昌泰，2010：251-252）：

（一）策略管理是未來導向的

　　策略管理是「未來學」活動的具體化，是未雨綢繆，為組織未來發展生機的規劃藍圖，付諸實踐，並且追蹤修正策略方案的過程。

（二）策略管理是獨特的思考與行為方式

策略管理的思考模式是目標導向與未來導向，一旦設計出目標導向的策略，一定要採取具體行動加以實踐，並且加以檢討修正的獨立活動。

（三）策略管理是持續性與循環性的流程

策略管理無論包含三個階段或四個階段都是不斷循環，爲永無止盡的過程。

（四）策略是設定架構，指引其他管理活動的重要功能

策略管理是組織生存發展的途徑，一旦確立發展的策略，其他所有的管理活動，如計畫研擬、預算編列、資源發展、政策行銷與政策評估等活動都必須以該策略爲指導綱領。

（五）策略管理並非容易實現，但是有其必要性

特別是面臨當前公、私部門競爭愈趨激烈、外在環境挑戰日益增加的狀況下，其實現固然有些許困難，但仍須進行策略管理，以營造組織未來的發展生機。

第二節　策略管理的理論

就如同亨利・明茨伯格（Henry Mintzberg）在其名著《策略巡禮》（*Strategy Safari*）中所描述，各家學者對於策略管理的理論就如同瞎子摸象一般，各說各話。但綜觀策略管理理論其實可以歸納爲內容和過程兩大模式，內容模式著重於策略管理要素的建構與運用，而過程模式則關注在

這些要素如何在管理過程中被妥善運用。以下分述之：

一、內容模式

在內容模式中，羅伯特（Robert A. Pitts）等人認為在複雜多元現代社會中，組織的經營需要有更堅強的自知意識（self-knowledge）、意圖（purpose）和方向（direction），且藉由透過定義出願景（vision）、使命（mission）、長期目標（goal）和短期目標（objective），使策略得以執行，並進行調整、評估與回饋（Pitts et al., 1996: 10）。國內學者薛義誠並統整策略管理中常出現的關鍵字，提出了策略管理的七層架構（如下圖1），其認為在一般策略管理的報告中，經常會出現一些如願景、宗旨、價值、策略、方針、目標、計畫、執行、資源、關鍵成功因素、衡量、結果、內外環境、利害關係人、強弱機會威脅分析、組織與校準等要項，因此整合這些要項後提出了策略管理的分層概念，由上而下依序分為七層：願景、宗旨、策略、方針、目標、計畫、執行等，每一層級的設立影響到下一層次的行動，所以必須要審慎思考（薛義誠，2008：5-9）。

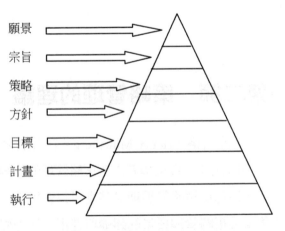

▲圖1　策略管理的七層架構

資料來源：Pitts et al.（1996: 10）。

　　而 John Alford 則提出一套以內容模式（content model）為主的代表性架構，並歸納出以下四項內容，並認為其模式可適用於政府部門的策略運用方式（Alford, 2001: 9-10，轉引自劉坤億，2011：62-63）：

（一）策略是設定長期的方向（setting long-term direction）

　　對於民主政體而言，面對詭譎多變的環境，定期改選的政府較難建立長遠因應之計，因此，藉由策略管理可以協助設定長期的發展方向，以資因應環境的變遷和回應其挑戰。

（二）策略是定位或範疇（positioning or scope）

　　相對於企業部門，政府部門在生產公共財貨和遞送公共服務時，往往比較缺乏明確的定位或範疇，因此，藉由策略管理可以促進政府部門在政治環境中，找出核心的價值並加以定位。

（三）策略校準（strategic alignment）

　　對於企業組織而言，如何使企業營運能夠切合（fit）市場環境的要求，是否確定進行策略校準是十分關鍵的工作，也是企業生存法則；然而，由於政府部門面對的市場及環境風險係數較低，而輕忽策略校準的重要性。簡單的說，策略校準就是持續檢視環境、組織能力、核心價值或組織目標之間，是否確實妥適的接合及契合。

（四）策略是擴充特有的能力（stretching distinctive competences）

　　基於政府資源有限，民間力量無窮的認知，政府部門不能自限於由內部機制生產公共財貨和提供公共服務，而應運用政府外部的潛在合作者，擴充組織特有的能力，以提供更有價值的服務並回應環境的需求。

二、過程模式

策略過程模式則是將策略管理過程分為幾個階段，而成一套完整的策略管理程序，以下整理幾位學者對於策略管理的過程說明歸納如下（Corrall, 2000：55；林金榜，2003：51；方世榮，2004：362；許長田，2005：18；張本文，2009：18）：

（一）界定組織目標

任何組織必須先確定其組織的目標和使命。界定目標是將組織未來需要完成的工作具體陳述出來，並且讓組織成員能夠瞭解，也就是目標可以視為是未來努力的方向。在這一步驟，管理者必須先對組織的本質深思熟慮。此外，也必須將組織成員的理想納入考慮，得到組織成員的認同，此為策略管理的第一步。

（二）進行 SWOT 分析

其源自於哈佛管理學院出版的 *Harvard Business*，書中所提出的評估內在環境與外在環境的分析架構（林金榜，2003：51），之後衍生出 SWOT 分析觀念，而 SWOT 四個英文字母分別代表：優勢（strength）、劣勢（weakness）、機會（opportunity）、威脅（threat）。進行方式即將各種主要內部優勢、劣勢與外部機會和威脅等，通過調查列舉出來，並依照矩陣形式排列（如表 1），然後運用系統思考分析目前的情勢，以研擬可行的行動策略方案（Corrall, 2000: 55）。

如表 1 所示，可以將分析途徑分成內部環境分析及外部環境分析兩項，內部環境之優劣勢分析主要是著眼於組織自身的實力；而外部環境之機會和威脅分析是指將注意力放在外部環境的變化及對組織的可能影響上。說明如下：

▼表 1 SWOT 分析矩陣

	對達成目標有幫助的	對達成目標有害的
內部環境分析	優勢（strengths）	劣勢（weaknesses）
外部環境分析	機會（opportunities）	威脅（threats）

資料來源：作者自繪。

1. 內部環境分析——優勢與劣勢分析（SW）

內在環境分析在於確認與評估組織功能領域的優勢與劣勢，其中目標與策略的建立能夠使內部的優勢能更強化，並能夠克服劣勢。在分析過程中藉由組織內部稽核的程序，提供組織全體成員參與共商未來的機會，此舉有助於為組織成員帶來能量與激勵（方世榮，2004：199-200），其分析內容包括：顧客需求與滿意度、財務系統、工作士氣、資訊管理與知識技術能力等。

2. 外部環境分析——機會與威脅分析（OT）

外部環境分析在於確認與評估公司或組織無法控制的趨勢與事件。外部環境分析可以彰顯出組織所面對的關鍵優勢與威脅。讓管理者能夠制訂策略來掌握機會與避開或減少威脅所帶來的衝擊（方世榮，2004：106），即思考有關政治、社會、經濟、科技及國際等環境因素（許長田，2005：18）。

（三）形成策略

主要是探討策略的選擇。為了達到組織目標，必須提出許多可行的策略，然後加以分析與評估，最後擇定最佳的策略。根據 SWOT 分析結果，建構各種執行策略，此為策略管理重要骨幹。

（四）執行策略

策略形成之後，所選擇的策略及制定的政策需要化為行動，也就是需要去執行。依組織之資源及實力設計組織結構，協調並控制組織需求，設計出策略方案，而後再依組織結構與策略方案，交給相關單位和人員執行，徹底執行相關策略，此為策略管理的實際運作。另一方面在變革中，進行教育、評估與改進等任務，以達成預定目標。

（五）成效評估

策略執行後，整個組織的活動及所產生的績效需要進行監督，需要把實際的績效與所期望的績效（目標值）予以比對，並就計畫目標與執行情形做通盤性檢討，以瞭解其得失，作為未來修正目標或改進計畫的參考，最後將結果回饋至使命與目標。

在上述的五項管理過程中，可以將前三項之界定組織目標、進行 SWOT 分析並形成策略，稱之為策略規劃。策略規劃強調的是「做出最適當的策略決定」（making optimal strategy decisions），而策略管理則強調「產生策略上的結果」（producing strategic results）。換言之，策略管理就是策略規劃再加上策略執行與評估。因此，策略規劃雖然是策略管理最主要的表現形式，也是最關鍵的活動，卻不可將兩者等同視之（王滬，2007：6）。

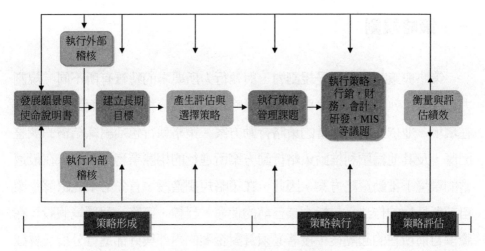

▲圖 2　策略管理的流程圖

資料來源：修改自方世榮（2004：362）。

第三節　策略管理步驟

　　延續上述的策略管理的流程來看，策略規劃涉及分析所面臨的內、外在環境，並依照當時的情況設計規劃出適當的策略行動方案，在提出方案後，進而去執行方案。而在策略執行中爲了順利推動策略行動方案，還必須要因應組織結構去進行策略的調整，以追求在最適當的環境下推動策略方案。最後，策略評估則是針對策略規劃與策略執行結果，再次檢視上述兩個步驟，是否有受到不斷變動的外在環境的影響，以致無法達成最初目標，再次評估過程。因此以下將分爲策略規劃、策略執行、策略評估三大部分以說明策略管理的步驟：

一、策略規劃

　　策略與策略規劃均是規劃力，與執行力所要求的特質有所不同。規劃力重思考；執行力重紀律與親和。策略規劃涉及分析組織所面臨的內、外在環境，並依此決定適當的策略行動方案。策略執行包括組織結構的調整因應，及其他為順利推動策略行動方案所進行的相關業務，以追求在最適當的環境下推動策略方案。因此，在策略規劃階段，首先必須先瞭解企業目前所採取的作法，包括企業目前的使命、目標、策略，與環境假設。在瞭解目前所在的起點後，接著必須針對企業的內部與外部進行分析（林建煌，2009：10-15）。另外，國內學者常昭鳴整理出幾種策略規劃的工具如下（常昭鳴，2008：57-62）：

（一）目標管理

　　目標管理（MBO）就是先設定一個比較能客觀評量的企圖（aim）或目標（object），然後再據以決定例行行動的系統化管理作為。目標管理不是要好高騖遠，而是要把空想、夢想，透過目標的設定化為實際可行的步驟與方案，成為確實有希望達成的目標。而目標管理的設定要符合 SMART 原則：明確（specific）、可衡量（measurable）、可達成（achievable）、適切的（relevant）、有時間性的（time-based）。

（二）策略地圖

　　策略地圖的主要重點有二，其一為策略（strategy），其二為地圖（map）。策略為達成特定目標之行動方針規劃，地圖即是將規劃方針以圖形方式呈現，基此，策略地圖可以初步理解為「達成特定價值主張之行動方針路徑圖」。此外，策略地圖亦包括策略之邏輯關係，亦即某種策略組合（strategy portfolio）關係。一張好的策略地圖要能夠訴說「策略的故

事」，並且清楚的說明策略之因果關係，可使用箭頭將所有的目標加以連結，以顯示其間的因果關係。

（三）五力分析

五力分析（five competitive forces）是由競爭大師麥可‧波特（Michael Porter）所提出的，波特認為組織結構會影響其競爭強度，便從個體經濟學面提出一套組織策略規劃架構，其認為影響競爭及決定整體組織強度的因素可歸納為五種力量，分別是：新進入者的威脅、供應商的議價能力、購買者的議價能力、替代品或服務的威脅與現有廠商的競爭程度，五種力量中任何力量的改變都可能影響組織的發展與策略方案選定。

（四）總體環境分析

為明確掌握外在環境的變動與差異，一般在策略規劃的過程中，都會考量總體環境分析（PSET）的步驟，來協助企業可以盡早發現外在環境所扮演的威脅與可以發展的機會優勢，以便企業有所因應。PSET 分析由以下四個重要而有系統的檢查因素所組成：政治（political）、社會（sociological）、經濟（economic）、科技（technological）。

（五）強弱機危分析法（SWOT 分析）

所謂的強弱機危分析法主要是用來分析組織內部的優勢與劣勢，以及外部環境的機會與威脅，在市場營銷管理中經常使用此一分析模型。將外部分析與內部分析之結果，作綜合性之評估，依組織之規模及實際需求，選擇最適當的策略方案，以獲取組織的最大長期獲利為目標（Hill & Jones, 2001: 6）。近年來，SWOT 分析已廣泛地被應用在許多領域，其中公部門使用的頻率最高。

（六）價值鏈

策略的形成除了外在環境的影響外，企業本身的能力、資源也是策略規劃的重要基礎。波特提出價值鏈的概念，則非常適合這一方面的分析與探討。波特認為企業提供給顧客的產品或服務，其實是一種一連串的支援活動與主要活動的結合，進而創造出彼此相關性高的「價值活動」。

總結來說，策略規劃的主要觀念為策略是一種方法選擇的過程，在過程中必須能夠評估與運用資源的強勢，來彌補其弱勢，且需要能夠察覺環境的變化並掌握環境中的機會，來迴避其威脅，以規劃出達成目標的方法。

二、策略執行

一旦策略規劃完成後，便需執行策略方案。在策略執行時所面臨的最大挑戰便是策略與組織內其他相關因素的配適。如下圖 3，7S 架構便是策略執行上一個很好的指引架構。在策略執行上，策略管理人必須考慮策略（strategy）與其他六個 S 的配適是否恰當，這包括組織結構（structure）、共享價值（shared values）、人才（staff）、領導風格（style）、技能（skill），與體制（system）（Peters & Waterman, 1982: 18）

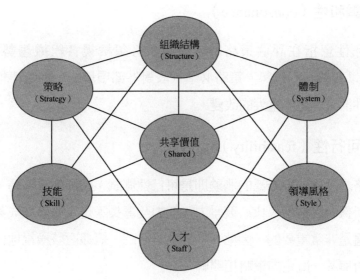

▲圖 3　策略執行之 7S 架構

資料來源：Peters 與 Waterman, Jr（1982: 18）。

三、策略評估

　　策略評估進行的方式可能相當複雜與敏感。進行策略評估時，若強調太多的事項，則可能增加評估的成本與產生反效果。因為沒有人會喜歡被緊迫盯人式的評估！經理人愈想去評估他人的行為時，所能掌控的部分就愈少。然而太少或沒有評估，則亦可能產生更嚴重的問題。策略評估的本質在於確保能夠達成所明定的目標。學者魯梅特（Richard P. Rumelt）提出評估策略的四個準則：一致性（consistency）、調和性（consonance）、可行性（feasibility）及優勢性（advantage）（Rumelt, 1980: 360），分述如下：

（一）一致性（consistency）

　　策略不應該出現不一致的目標與政策。組織的衝突與跨部門的不和常是管理失調的徵兆，但這些問題可能也是策略不一致性的訊號。

（二）調和性（consonance）

調和性意指在評估策略時，策略家必須檢視各組織趨勢（sets of trends）以及個別的趨勢。策略必須代表對外部環境的一種適應性回應，以及對外部環境產生重大的改變。

（三）可行性（feasibility）

策略之最後一項廣泛的測驗即是可行性測試。在評估策略時，檢視組織過去所擁有的技能、核心競爭力、能力及專長等是否足以完成某特定的策略，這是非常重要的。因此，在評估策略時，組織應該檢視地位優勢的本質是否與某一既定的策略相關聯。

（四）優勢性（advantage）

在所選定的活動領域中，策略必須能創造／維持其競爭優勢。競爭優勢通常是在下列三個領域之一有卓越表現的結果：（1）資源、（2）技能及（3）地位。資源的競爭地位可以提昇效能，這與軍事理論、博奕理論及外交上所使用的觀念類似。

但評估的概念並不只是簡單的設定指標後，分別依照指標去進行評估，而是一種環環相扣的概念。因此學者戴明（Demings）提出了 PDCA 戴明圈（Demings cycle）的概念，由四大步驟組成一個連續性的管理流程，分別為計畫（plan）、執行（do）、檢核（check）與行動（action），PDCA 從系統觀點觀察，可以說是一套環環相扣的管理系統。對於企業而言，PDCA 可以說是管理的基本功夫，管理者只要將 PDCA 的循環原理貫通，並貫徹執行，針對企業強化體質策略的情境，無論什麼困難的管理問題，相信都可以得心應手（常昭鳴，2008：171）。

第四節　策略管理在公部門運用的成效與限制

一、公部門運用策略管理的成效

在 1980 年代受到新政府運動的影響，公部門開始講求要師法企業、追求績效，所以效仿企業管理中對於策略途徑的選擇、目標的設定，並對於管理過程的運作進行研究（黃朝盟，2000：54）。而在世界各國興起的政府改革的浪潮中，競爭、績效的概念受政府部門的重視並為之引用，致使策略管理演成為新公共管理的一項重要工具，受到諸多注意與討論（黃屏蘭，2007：1）。在此時期，公私部門皆對策略管理表現出高度關注，而其對公部門帶來的正面效益可以集中於以下幾個面向（王濬，2007：10；丘昌泰，2010：270）：

（一）提供策略性的發展方向

策略管理焦點集中於檢視組織本身的能力與外部環境，並對於組織未來的發展願景提供策略性的前瞻思考，以及未來的發展方向。

（二）指導資源優先順序使用的排列

策略管理是在資源有限的狀況下，依據策略性議題的優先順序加以設計的活動，有助於組織排列資源使用的優先順序。

（三）設定卓越標準

策略管理為組織的未來設計一套願景與共同的價值信仰，可以為組織的運作設計追求卓越的標準，以供組織發展方向的定位。

（四）對抗環境的不確定性與變遷性

策略管理非常重視組織外部環境特性的分析，並且根據該特性研擬務實的策略，這種前瞻性的務實策略有助於組織對抗外部環境不確定性與變遷性。

（五）提供控制與評估的基礎

策略管理重視策略執行、控制與評估的問題，設置策略執行的議程、行動計畫、控制機制與評估研究，以檢視策略是否實現與是否需要修正。

二、公部門運用策略管理的限制與批評

雖然策略管理可以為公部門帶來上述的效益，但相較於私部門，公部門有更多的限制與問題，而這些範圍從憲政制度到立法與司法權限、整個政府的規劃與管制、管轄權限、稀有資源、政治氣氛因素到顧客與選民的利益皆包含在內（呂苔瑋等，2006：191）。雖然私人組織與公共組織的管理活動具有類似的管理職能，但是在管理活動的很多方面卻存在明顯的差別，包括管理客體、價值取向、管理目標、激勵來源等方面都存在著不同程度的差別。

換言之，雖然政府部門採用策略管理的觀念，以期能更具效能與效率。然而相對於私人企業，政府組織的策略自主性較為欠缺。公共事業通常無法採行多角化以進入非相關事業或與其他公司合併。政府在改變組織的使命或改變目標方向等方面，通常擁有較小的自由度；立法者與政治家經常直接或間接地控制重大的決策與資源；策略性議題在媒體與立法機構被提出討論與辯論，致使議題變成政治化，結果僅產生極少的策略選擇方案，這些都是公部門可以預期的狀況。基於上述，也就產生了以下對於策

略管理的負面批評（蔡宏明，2009：45；丘昌泰，2010：270-271；唐彥博、張甫任，2011：314）：

（一）忽略公部門與私部門本質的差異性

策略管理一味模仿私人企業管理制度，使得推動相關制度的政府改革者過於強調「競爭力分析」等熱門的策略模式，卻忽略政府部門的本質與存在目的和私人企業有很大的不同，以致影響策略管理在公部門的運用成效。

（二）難以適用於手段目標關係複雜的公部門

策略管理強調單純的手段目標連鎖關係，適用於目標容易界定的企業組織，卻難以適用於目標模糊不清、政客經常干預、外部關係難以完全掌控的政府機關。

（三）策略管理的概念過於簡化、直線式的思考，難以用於公部門

策略管理的概念過於簡化、直線式的思考方式，使策略規劃往往過分樂觀，卻忽略未來的不確定是有可能改變外部環境，使策略規劃不容易產生預期效果。

（四）策略管理所強調的確定性、控制性與持續性，不足以因應渾沌的社會現象

策略管理的最大特色在於利用策略的規劃、執行與追蹤，以獲得組織發展的確定性、控制性與持續性，對於一個動盪不安、充滿複雜性與不可預測性的渾沌世界而言，將會引起不穩定的現象，而影響策略管理的實施成效。

（五）策略管理採取科學理性途徑，無法適應政治環境的多元性與複雜性

策略管理的基本途徑是科學理性學派，是希望透過理性分析組織內部與外部因素而做成客觀的未來發展策略。但現實政治環境中，由於利益團體、政黨扮演重要的角色，政治對話遠比策略更受到重視，因而影響策略管理的運用。

雖然策略管理在公部門的應用上可能會招致上述批評，但 Olsen 與 Eadie 對這些批評卻保持著保留的態度，認為策略管理的執行，的確不是沒有問題存在，所以應該要重新看待這些意見與批評並檢討（Olsen & Eadie, 1982: 66）；Hughes 也同意這些批評可以作為公部門應用時的警訊，但是並非說明策略管理對於公部門即毫無用處，且仔細檢視策略管理的內涵可以發現策略管理本身並不在於計畫，而是作為一種策略性之思維方式（Hughes, 2003: 147）。因此，公部門在運用策略管理時，應參考策略管理的理論概念與步驟，並從中帶出策略的思考模式，以作為發展公部門策略管理的方向。

策略管理個案：
國立科學工藝博物館展示更新之策略管理探究 [1]

一、前言

20世紀中期以後興起的科學博物館，除了保存及介紹科技的發展歷史與進步軌跡，還強調教育的理念及功能，這些科學博物館的展示不僅依靠物件，更要注意展示手法的多元，以及將展示形態結合新科技。故隨著科技的進步，科學博物館的展示不論是在內容或是手法呈現上，就必須適時更新，才能確保科學博物館的教育功能得以相對更有效的發揮。

二、國立科學工藝博物館面臨之問題背景

國立科學工藝博物館（以下簡稱為工博館）是行政院於民國68年訂定之十二項建設計畫中「建立縣市文化中心計畫」項下，明訂興建之中央文教設施之一，是國內第一座應用科學博物館，其以蒐藏及研究科技文物、展示與科技相關主題、推動科技教育暨提供民眾休閒與終身學習為其主要功能。惟因現代科技進展之多樣與快速，其中部分展示主題及內容已讓民眾覺得失去教育目的，更遑論發揮增進新知的功能，開館後第五年，即有博物館專家提出：其常設展示廳已經面臨內容過時、不夠生活化、展品損壞率高等問題。

三、國立科學工藝博物館之策略管理過程

為順應外在環境的趨勢與潮流，確保組織的存續與成長，工博館應予以再次定位，除了原有的建館目標與功能，應增加服務社會及滿足顧客需求等目標，將定位提昇為「為公眾服務的專業機構」。其策略管理過程說明如下：

---

1 資料來源：吳佩修（2010）。

（一）工博館展示的策略形成——SWOT 分析

1. 優勢（strengths）：其擁有政府固定編列的預算可以用於展示業務，且展示大樓的面積為全國最大，可發展多元的展示主題；內部設有專責行銷人員，可客製化推出服務、貼近觀眾需求；其訂定有展示設計製作的內部標準作業程序，並建置展示設計資料庫及資源物品庫房，使經驗得以累積與傳承。

2. 劣勢（weaknesses）：因空間龐大所需資源亦龐大，其雖有門票等收入來源，但自籌比例偏低，營運經費仍需政府補助挹注；但又受限政府的法令規章限制，宣傳及通路無法靈活運用，票價政策及行銷作為更難以彈性運用，且受員額編制的限制，缺乏具應用科技專業背景的研究人員，致研究能量不足。

3. 機會（opportunities）：與公、私部門已建立對應的長期互信的平台，未來可持續獲得資源挹注於相關業務，且透過異業與同業結盟，在資源整合和運用上，較容易取得有利的競爭地位。另外，政策鼓勵文化觀光產業的持續發展、九年一貫課程實施，以及開放陸客觀光政策落實，可以藉此積極進行客源的開拓。

4. 威脅（threats）：政府財政困難，預算編列逐年減少，自籌財源與收支平衡的壓力增加，亦將影響長程發展計畫。此外，受到高雄地區藝文及休閒空間大量崛起，交通及周邊商業機能優於工博館，提供展演空間更多選擇，使競爭增加。最後，與外界的合作關係難規格化，亦無一定的標準，更增加了規劃展示的成本。

（二）工博館展示的策略執行方案

根據以上的 SWOT 分析，工博館更新以下六項策略執行方案：

1. 以顧客服務為導向，重新調整現有展廳主題，塑造觀眾全新的參觀展示經驗。

2. 將展示範疇以「大主題」區分，並求主題明確有趣，以吸引社會大眾參觀意願。

3. 蒐藏政策朝向台灣工業或產業發展相關的物件遺產為主，逐漸積累博物館的價值。

4. 以互動展示為原則，利用感官體驗豐富觀眾參觀博物館的經驗。

5. 以公私協力為方針，建立本館特色結合外部資源，以提昇彼此附加價值。

6. 以生活科技為基礎，策辦多樣豐富特展，有助展示空間利用效益，提昇營運績效。

（三）工博館展示的策略評估

競爭與挑戰不會間斷，展示的型態及內容應該要為民眾持續創造價值，才能有效維繫與提昇工博館的競爭力。面對未來變革的速度和強度都遠超過以往的大環境，展示在工博館營運所扮演的角色，將會日益重要，藉由策略管理的實施，讓組織的運作能更重視效率，同仁能夠發揮創意、勇於創新，管理階層則應再學習與強化整合能力，如此方能在已經建構的價值鏈基礎之下，尋求展示更新的改善與突破。

四、成效

在教育部的支持與工博館的努力之下，從民國 93 年起到民國 99 年，以近七年的時間，工博館完成第一次大規模的展示更新工作，而工博館過去幾年整體的營運績效，也因為展示更新的成果而有所提昇。檢

視並整理國立科學工藝博物館過去幾年所進行展示更新的實務經驗發現，策略管理的理論與展示更新實務經驗相互印證，不但釐清科學工藝博物館展示更新的策略構面，建構其展示更新的策略，還發現博物館展示更新的具體方案與作法，其根本關鍵就在於「整合」。博物館展示更新的工作必須持續進行，良好的策略管理是達成目標的不二法門。

歷屆考題

1. 策略管理的過程包括哪四個階段？試說明之。並以 SWOT 分析法為基礎說明策略規劃之模式。（093 年交通事業電信人員升資考試—員級晉高員級事務管理）

2. 何謂策略管理？有何特性？SWOT 分析與策略管理有何關係？目前許多行政機關非常重視策略管理的應用，其應用有何優缺點？應如何加以改進？（095 年公務人員高等考試三級考試暨普通考試—三等一般行政）

3. 何謂「策略管理」？公部門在哪些情況下會引進「策略管理」作為行政管理的工具？（096 年特種考試地方政府公務人員考試—四等一般行政）

4. 試說明 SWOT 分析的內容，以及其在策略管理的過程中所扮演的角色與功能。（097 年公務人員特種考試原住民族考試—四等一般行政）

5. 所謂策略管理過程即在滿足策的必然性下，向前推展組織的願景與使命。請問策略管理的過程包括哪些步驟？（097 年公務人員高等考試三級考試暨普通考試—三等一般行政）

6. 何謂策略規劃？其特性為何？正面效益為何？試分別說明之。（100 年公務人員特種考試身心障礙人員考試—四等一般行政）

7. 何謂「SWOT 分析法」？試自選一實例進行 SWOT 分析。（101 年公務人員特種考試原住民族考試—四等一般行政）

8. 試述策略管理中的 SWOT 分析？並請運用 SWOT 分析申論一個實際的公共政策。（104 年公務人員升官等考試—薦任一般行政）

9. SWOT 是一種常用的策略規劃方法，試舉例說明如何應用 SWOT 分析，擬定一項實踐特定目標的行動計畫？（105 年特種考試地方政府公務人員考試—三等一般行政）

10. 公共組織的策略規劃有何特色？而公共組織進行策略規劃可分為哪些層次？試分別說明之。（105 年特種考試地方政府公務人員考試—四等一般行政）

11. 請說明「策略管理」之意涵，並請舉一實例，說明政府應如何推動「策略管理」。（105 年國軍上校以上軍官轉任公務人員考試—上校轉任一般行政）

12. 請闡述策略規劃模式 SWOT 分析之內涵，試舉一公部門實例說明之。（106 年公務人員高等考試三級考試—高考三級一般行政）

參考文獻

一、中文資料

方世榮譯，2004，《策略管理（九版）》，台北：台灣培生教育。譯自 Fred R. David. *Strategic Management: Concepts and Cases*. New Jersey: Prentice Hall. 2000.

王潘，2007，〈策略管理本質及公部門適用性之探討〉，《行政試訊》，23（3）：2-13。

丘昌泰，2010，《公共管理》，台北：智勝。

司徒達賢，2005，《策略管理新論——觀念架構與分析方法》，台北：智勝。

朱延智，2008，《企業管理概論》，台北：五南。

吳佩修，2010，〈國立科學工藝博物館展示更新之策略管理探究〉，《經營管理學刊》，2（3）：111-143。

吳瓊恩、李允傑、陳銘薰編著，2005，《公共管理》，台北：智勝。

呂苔瑋、邱玲裕、黃貝雯、陳文儀譯，2006，《公共管理與行政》，台北：雙葉。譯自 Owen E. Hughes. *Public Management and Administration*. Basingstoke: Palgrave Macmillan. 2003.

林宗義，2007，《國際貿易業策略採購之研究——以某個案公司為例》，國立政治大學經營管理碩士論文。

林金榜譯，2003，《策略巡禮》，台北：商周。譯自 Henry Mintzberg, Bruce Ahlstrand & Joseph Lampel. *Strategy safari: a guided tour through the wilds of strategic management*. New York: Free Press. 1998.

林建煌，2009，《策略管理》，台北：新陸書局。

林鍾沂、林文斌譯，1999，《公共管理新論》，台北：韋伯。

施能傑，2006，〈文官體系能力與政府競爭力：策略性人力資源管理觀點〉，《東吳政治學報》，22：1-46。

唐彥博、張甫任，2011，《策略管理》，台北：一品。

張本文，2009，〈學校的經營諸葛——策略管理〉，《國教之友》，60（4）：16-21。

孫本初，2009，《新公共管理》，台北：一品。

常昭鳴，2008，《PSR 企業策略再造工程》，台北：臉譜。

許長田，2005，《策略管理》，台北：新文京。

黃屏蘭，2007，〈公部門中人力資源的策略管理與發展〉，《T & D 飛訊》，61：
    1-15。

黃朝盟，2000，〈政府再造的策略管理〉，《政策月刊》，57：54-57。

劉坤億，2011，〈我國高階主管人力資源管理發展策略之觀察與省思〉，《人事行
    政》，176：60-75。

蔡宏明譯，2009，《策略是什麼？》，臺北：梅霖。譯自 Richard Koch. *Smart
    Strategy*. New York: JOHN WILEY & SONS. 2004.

薛義誠，2008，《策略規劃與管理》，台北：雙葉。

二、西文資料

Alford, John. 2001. "The implications of 'publicness' for strategic management theory."
    In *Exploring public sector strategy*, eds. Gerry Johnson & Kevan Scholes. London:
    Pearson Education Limited, 1-16.

Corrall, S. 2000. *Strategic Management of Information Services: A Planning Handbook*.
    London: Aslib/IMI.

David, F. R. 1989. "How companies define their mission." *Long Range Planning* 22(1):
    90-97.

Hill, C. W. L. & G. R. Jones. 2001. *Strategic Management: An Integrated Approach*.
    Boston MA: Houghton Mifflin.

Hughes, O. E. 2003. *Public Management and Administration: An Introduction*. New

York: Palgrave Macmillan.

Noe, R. A., J. R. Hollenbeck, Barry Gerhart & P. M. Wright. *Human Resource Management* (5th ed.). Boston: Prentice Hall.

Olsen, J. B. & D. C. Eadie. 1982. *The game plan: Governance with foresight.* Washington, DC: Council of State Planning Agencies.

Rumelt, Richard P. 1980. "The Evaluation of Business Strategy." In *Business Policy and Strategic Management*, ed. W. F. Glueck. New York: McGraw-Hill, 359-367.

Pitts, Robert A. & David Lei. 1996. *Strategic management: building and sustaining competitive advantage*. Cincinnati, Ohio: South-Western College Publishing.

Peters , Thomas J. & Robert H. Jr. Waterman. 1982. *Search of Excellence: Lessons from America's Best Run Companies*. New York: Harper & Row.

10

標竿學習

第一節 標竿學習之基本概念

第二節 標竿學習的類型與功能

第三節 標竿學習的核心價值與應用程序

第四節 標竿學習在公部門的推動與課題

學習重點

▶標竿學習的意涵與特點為何？

▶標竿學習的類型與功能為何？

▶標竿學習的核心價值為何？

▶標竿學習在公部門的運用課題為何？

前　言

　　面對全球化的趨勢，以及政治經濟情勢快速的變遷，如何改善組織的運作模式，而產生良好績效成為公私部門當前所需面對的課題。尤其是企業，受到市場競爭激烈之影響，更感受到在不景氣的大環境中逆勢成長的壓力，而亟思解決之道。在此背景下，便賦予標竿學習發展的空間。事實上，標竿學習起源於企業界，當企業組織面臨同業競爭時，往往會學習本身產業龍頭的經營模式，在確認最佳實務學習對象後，進一步學習模仿，並希望能超越學習對象，成為新的標竿（黃竹韻，2005：4-5）。自1990年代以來，已經有無數企業受到此觀念的影響而創造出新的競爭優勢，標竿學習也因而成為管理界的新寵，並成為另一項管理顯學（蔡祈賢，2011：2）。

　　由以上所述可知，標竿學習是一種績效管理的工具，在私部門的發展也有一段不算短的歷史，但標竿學習在公部門的應用上卻仍明顯不足，而有相當的發展空間。事實上，政府機關所負責的業務雖然多具有獨占壟斷的特性，不像私部門會感受到競爭的壓力，但即便如此，公部門在處理各種複雜的行政事務時，依然會面臨績效不彰、缺乏創新等問題。若能透過尋找標竿學習對象，來激勵各機關有效能地完成各項業務，應可以提昇公部門的行政效率。此外，受到1980年代以來，新公共管理運動及結果導向思潮的影響下，標竿學習由於強調能夠提高效能、有效提昇競爭優勢，為一強化管理能力的機制策略，因而開始受到公部門的關注，自1990年代才漸漸被引入公部門領域，被視為公共管理中用來提昇組織效率的一項重要工具。

　　在本章中，首先介紹標竿學習的緣起，以及其意涵與特點；其次，說明標竿學習的類型與功能；接著闡述標竿學習的核心價值與應用程序，以及標竿學習在公部門的發展情形；最後探討公部門運用標竿學習的動機與可能面臨之課題。

第一節　標竿學習之基本概念

一、標竿學習之緣起

標竿學習的研究和應用，起於 1970 年代美國全錄（Xerox）公司，因受到日本競爭者以低價且高品質之影印機產品搶占美國市場，面對此危機，開始推動標竿學習，以效法日本富士全錄（Fuji Xerox）的全面品質管制（Total Quality Control，簡稱 TQC）措施，藉以挽回組織的競爭力，此即為全錄著名的品質領導（leadership through quality）。全錄在實行標竿學習後，不僅成功的改善公司低迷的業績，同時還使投資報酬率能穩定成長並提昇顧客滿意度。所以，到了 1980 年代，全錄仍持續發展競爭標竿學習之理念，舉辦許多有關的正式訓練課程，並多方引介推廣，但直到 1980 年代末期，標竿學習之思潮才開始漸漸普及（蔡祈賢，2011：3），並在短短的二十多年間成為全球知名企業，如 IBM、Du Pont、AT & T、Mototola、3M 等所競相採用或救亡圖存，甚至是鞏固領導地位之重要管理利器。

二、標竿學習的意涵

標竿（Benchmark）一詞，至今尚未有明確而統一的定義。根據《韋氏大辭典》的解釋，所謂標竿是指「作為地形或是潮汐測量的參考點、可視為標準的事物[1]」。也因之，將標竿一詞視為參考點（reference point）或是標點（sighting point）應為一般可接受的概念（劉祥得，2000：97；孫

---

1 資料來源：韋氏大字典，http://www.merriam-webster.com/dictionary/benchmark，檢閱日期：2011/11/15。

本初、陳衍宏，2002：46）。

　　若將上述的概念延伸至標竿學習，相關研究的定義如下：Keeley、Medlin、MacBride 與 Longmire（1997: 37）指出「標竿學習是一種有系統、持續性比較類似單位之績效與品質，用以提高績效之過程」（Keeley, Medlin, MacBride & Longmire, 1997: 37，轉引自劉祥得，2000：97-98）。而 Fischer（1994: S2）認為標竿學習法是比較（comparing）本機關與其他機關的績效，以獲取新的途徑（approaches）和觀念（ideas）的過程，亦即標竿學習法是一種比較的過程，透過自身機關與其他機關的比較，以改變現有的運作模式。Bruder Jr. 與 Gray（1994）則認為標竿學習法是一種精確評量（measuring）本組織與表現最佳組織（best-in-class organization）績效與流程的過程，透過績效評量過程的分析步驟，以改善服務品質、運作流程，並降低運作所需成本。其中值得注意的部分為，標竿學習是與最佳組織加以比較，以獲取「最高標竿」（best practices）。換言之，即當組織願意與最佳標竿比較時，方能夠避免落入「自滿的陷阱」（complacency trap），並打破傳統組織認為自己已經表現很好的迷思（轉引自劉祥得，2000：98）。Fitz-Enz（1993）認為標竿學習是一種用以確認標竿對象的活動，經過兩相比較之後，再認定一種運作實務可以使自己成為行業翹楚的系統化途徑（轉引自黃竹韻，2005：5）。至於 Spendolini（1992）所提出的概念，則是目前在介紹標竿學習時所廣受採納者；如圖1所示，其認為標竿學習是為了進行組織改善，而針對一些被認定為最佳作業典範的組織，以持續性與系統化流程，評估其產品、服務與工作流程（轉引自林水波、李長晏，2003：7）。

　　綜合上述學者的定義可知，**標竿學習意旨「一種系統性、持續性的確認，藉由引進標竿對象的過程，透過比較、分析、瞭解本機關與其他機關在績效、服務品質、運作程序和策略上之差異，藉以獲取新的觀念、途徑、機會，其主要目的即在於提昇組織的績效」。**

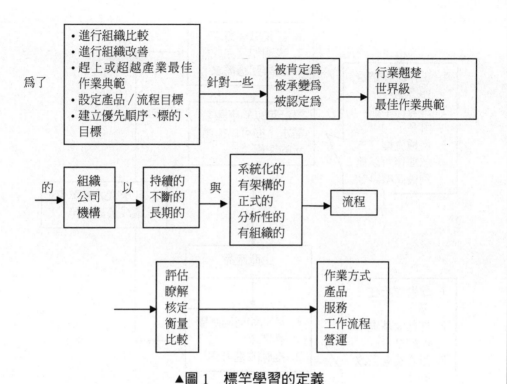

▲圖 1　標竿學習的定義

資料來源：Sependolini（1992，轉引自呂錦珍譯，1996：24）。

三、標竿學習的特點

若整理相關研究資料得知，如圖 2 所示，標竿學習具備下列幾項特點（劉祥得，2000：100-111；孫本初、陳衍宏，2002：52）：

（一）系統性、持續性

標竿學習為透過系統性的搜索過程以找尋最高標竿，而這種搜索過程並非一次性的（one shot），而是持續不停的以適應環境的變化。簡言之，其所講究的為「持續性的改善」。

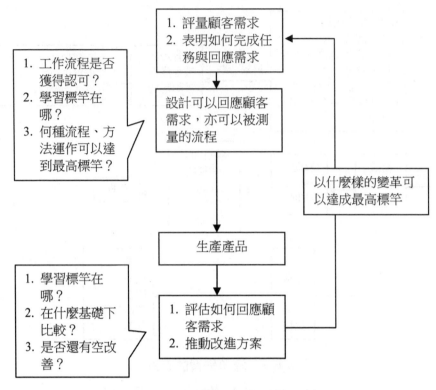

1. 評量顧客需求 2. 表明如何完成任務與回應需求

1. 工作流程是否獲得認可？ 2. 學習標竿在哪？ 3. 何種流程、方法運作可以達到最高標竿？

設計可以回應顧客需求，亦可以被測量的流程

以什麼樣的變革可以達成最高標竿

生產產品

1. 學習標竿在哪？ 2. 在什麼基礎下比較？ 3. 是否還有空改善？

1. 評估如何回應顧客需求 2. 推動改進方案

▲圖2　標竿學習法與持續改進圖

資料來源：劉祥得（2000：104）。

（二）比較、分析與瞭解

標竿學習可以說是一個比較（comparing）的過程，但其並非為單純的比較，而是包含有調查、分析與瞭解，如此方能進行有意義的比較與改善。

（三）確認並引進最佳標竿

標竿學習除了是系統性與持續性的過程之外，也需要有參考點，此對象即為績效比較的最佳標竿，是組織努力的方向與目標。在引進最佳標竿之前，需進行詳細的資料搜尋與分析的確認工作，才能確保引進的對象為

最佳標竿。

（四）學習

標竿學習不僅在於比較績效與服務品質，也在於瞭解最佳標竿的運作程序與策略，以作爲學習與分析的目標，並引進新的觀念與途徑以便爲組織創造新契機。透過對於最高標竿的學習，組織可以瞭解自身於競爭中所身處的位置，避免陷入自滿的情境，能夠降低錯誤的產生，並治癒組織排外的癥候（not invented here syndrome）。

（五）流程

標竿學習重視流程，包含了標竿學習計畫本身的流程，也同時涵蓋組織運作的流程。

（六）提昇績效

標竿學習的主要目的在於提昇組織績效，迎頭趕上所設立之標竿，甚至超越此標竿以提昇組織競爭力。

第二節　標竿學習的類型與功能

一、標竿學習的類型

就標竿學習的類型而言，實務上具有相當多元的型態，本章則依據 Andersen 與 Pettersen（1990）所闡述之架構，以比較之標的（what）與比較之對象（who）加以說明分析（孫本初、陳衍宏，2002：56-59；黃竹

韻，2005：5；蔡祈賢，2011：7）：

（一）依比較標的區分

1. 績效標竿（Performance Benchmarking）

　　績效標竿意指針對績效測量加以比較，以決定一個機關組織績效的良莠標準為何。

2. 流程標竿（Process Benchmarking）

　　流程標竿意指針對企業流程之執行方法與實務的比較，目的在於學習最佳實務，以改善自身流程的缺失。

3. 策略標竿（Strategic Benchmarking）

　　策略標竿意指與其他企業從事策略選擇與處置的比較，其目的在於蒐集資訊，以改善自身的策略規劃與處理。

　　上述三種標竿學習是依據比較標的來分類，若以學習的層次加以區分，則以策略標竿之學習程度最高，績效標竿次之，而流程標竿則較為基本。策略標竿所學習的焦點往往從大環境加以著眼，所以主要乃是因績效改善所獲得之利益較大；績效標竿所重視的焦點在於產品輸出或服務是否能使顧客滿意，因此其績效改善所獲得之利益較策略標竿略低；而流程標竿則是重視實務運作與運作的能力，通常是以組織內部最佳流程為學習對象，因此績效雖然較容易獲得改善，但所獲得的利益卻較前述二者要低。

（二）依比較對象區分

1. 內部標竿（Internal Benchmarking）

　　內部標竿是在相同公司或組織內，從事部門、單位、附屬公司間之比較。此種標竿學習的流程是從內部展開，目的在於發掘內部績效之標準，其優點是資料方便取得且務實容易套用，可作為外部學習前之預演。缺點

則是學習對象過於狹隘，容易造成近親繁殖，難以產生創新性突破。

2. 競爭標竿（Competitive Benchmarking）

競爭標竿是指與製造相同產品或提供相同服務的最佳競爭者，直接進行績效或結果之間的比較，目的在於發掘競爭對手於產品、流程或經營結果的特定資訊，再將這些資訊與組織自身相似資訊進行比較，但因競爭對手的資訊通常不易取得，而產生限制。

3. 功能標竿（Functional Benchmarking）

功能標竿是指與相同產業或技術領域的非競爭者，從事流程或功能比較，如分配、服務及後勤等。採取此方式的目的在於學習對特定領域中卓越組織之功能，發掘最佳運作實務，以作為組織改善特定流程或功能之參考依據。

4. 通用標竿（Generic Benchmarking）

通用所指涉的意涵為「沒有品牌」之意。換言之，通用標竿即是指不限組織規模與行業類別，只要是市場龍頭或企業典範，都可以被學習引用，而透過跨業界限的異業學習，較易突破舊有思維的限制，產生創新的思考。換言之，通用標竿強調將注意力集中於優異的工作流程之上，而非集中於特定組織或產業上。

大抵而言，上述四種類型各具特色：內部標竿學習主要是對組織中不同單位進行評估與比較，其優勢為容易界定比較流程，資訊的取得較為容易，且往往具有標準的格式；競爭標竿學習主要以最佳競爭者為分析對象，由於涉及競爭者之間資訊分享的問題以及法律與倫理的限制，且過於重視數據，常被視為較表面的學習；功能標竿學習則由於其對象可以為顧客、供應者或是其他相同產業或其他相同技術領域者，因而較容易與其標竿對象保持接觸，且此種最佳標竿與自身組織所面臨之問題亦較為相近；通用標竿學習則因需於完全無關的產業中尋求與自身流程相似的標竿加以

學習，往往具有較高的創意性，不僅爲學習流程，標竿所具備的知識也須同時轉移至另一組織，所以通用標竿學習在新技術或實務的創新突破方面所具潛力是最高的。

二、標竿學習的功能

相關研究指出，對於機關組織而言，標竿學習具有下列幾項功能，茲整理說明如下（劉祥得，2000：101-111）：

（一）協助組織設立目標

標竿學習透過外部的比較與評量，能夠協助機關組織進行目標設定，甚至協助組織建立組織願景，或將組織目標與運作計畫加以連結。由於目標設立爲一持續評估的過程（ongoing evaluation process），因此若僅依賴內部人員運作，則較難脫離既有的缺點。標竿學習是將學習重心置於外部環境，尋求學習最佳標竿經驗，除了能滿足顧客需求，並減少組織內部對於設立相關標準而產生的爭議，亦能夠避免傳統組織往往藉由以往發展趨勢（trend）之外推（extrapolation），以進行目標設定工作，認爲這樣的方式較爲穩固，不致有重大錯誤發生，卻不知環境迅速的變化常常超乎預期，而容易產生目標設定不符合實際需求之困境。

（二）改變組織文化

長期使用標竿學習將造成組織文化變遷，此乃由於標竿學習挑戰舊有的思維與運作模式，包含組織結構、運作實務、管理系統等。當組織結構、管理、運作發生改變時，組織文化也會產生微妙的變化，如持續改進、顧客滿意、績效提昇、組織學習、維持組織競爭力等觀念皆可視爲是組織文化的一環，促使管理者開始著重改革、創新，而員工也逐步體認變

遷的常態性。組織文化或許未能發生立即而明顯的改變，但卻是組織改革成功與否的重要關鍵。因此，公部門若採用標竿學習，應可以改變長期以來的官僚性組織文化。

（三）滿足顧客需求

標竿學習透過流程（process）的變革與創新，提高產出水準，且能提昇組織績效以滿足顧客需求。由於目標的設立乃是以最高標竿（best practice）爲指標，組織若能達成最高標竿的要求，亦能回應顧客的需求與需要。

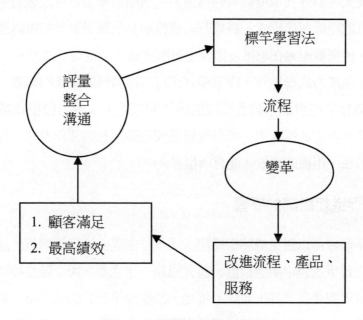

▲圖 3　**標竿學習與顧客滿足**

資料來源：劉祥得（2000：106）。

如圖 3 所示，標竿學習、變革、服務改進與顧客滿意構成一封閉系統。透過標竿學習法，使組織產生突破式改革，以提高服務、產品之品質

與績效，同時滿足顧客需求，並藉由對產品或服務的檢測，發掘是否有需要再改進之處，其後再透過標竿學習法的評量與比較，進行新的變革。此種透過外部顧客需求之評量，能有效激發組織提供符合顧客需求之服務。換言之，標竿學習鼓勵組織不斷進行變遷與改革，尋求顧客需求並且產生合宜的組織變革。

（四）提高生產力與績效

過去的組織侷限在舊有的思維下運作，因此常無法在生產力上有所突破。此種生產方式或許可以確保運作程序的正確，但卻也容易使組織產生惰性，喪失面對外在環境威脅的適應力。而標竿學習正可以透過引進其他表現優良的組織運作模式，讓機關組織瞭解其他競爭對手的組織運作過程與經驗，使機關組織在思維及運作上有所突破，並提高生產力。

除了生產力的提昇外，標竿學習也可以提高機關組織的績效。也就是透過最高標竿的引進，激發機關組織迎頭趕上，並致力於組織績效的改善。尤其是新方式的採用，可以改變機關組織原有的運作模式，設立新的目標與方法，組織的績效才能有所提昇。

（五）促進組織間的學習

標竿學習可以避免機關組織陷入「本位主義」的自滿情境，讓組織瞭解本身在競爭過程中所處位置，而非僅是一味逃避。所以願意接納別的機關比自身機關表現良好，並虛心接受，乃是標竿學習的第一步。有調查顯示，標竿學習可以促使各組織單位展開跨功能、跨部門，甚或跨區域的學習，是組織發展與進步之道。因此，組織為了確保競爭力，需不斷學習，接受新觀念和新事物，才能跳脫舊有的思維與運作模式。

（六）促使組織持續改進

「持續改進」（continuous improvement）是標竿學習所強調的重點之一。機關組織需先瞭解顧客需求，而後設計一生產流程，生產符合顧客需求的產品。然而，顧客的需求並非一成不變，其會因環境及市場競爭而有所改變。因此，機關組織需持續的調查與改進，才能真正改善服務品質。

（七）維持競爭力

維持產品、服務、市場的競爭力，是標竿學習的另一項重要功能。透過持續引進外在的觀念、方法與實務，可以使機關組織維持長期的競爭力。事實上，機關組織若要維持競爭力，就必須先瞭解「競爭」的存在。標竿學習將重心置於產品與服務的競爭上，不僅發覺、評量對手的競爭優勢，同時將這些「最高標竿」列為機關迎頭趕上的目標。甚至著手建立新的策略與規劃，如此才能維持競爭力。

（八）改進工作流程

流程學習是標竿學習所強調的一項重點，用以協助組織界定最佳效率的生產流程。因為不論目標訂定的多麼耀眼動人，需透過實際的執行才能實現，所以執行的流程深深影響產品與服務的品質。也因此，如欲提昇組織績效，即需改變組織內部結構、運作流程與生產流程，才能生產出所預期的結果。

第三節　標竿學習的核心價值與應用程序

一、核心價值

標竿學習之立論基礎是由全面品質、流程、學習三種核心價值所構成，以下乃分別說明介紹（孫本初、陳衍宏，2002：54-56；柳星宇，2003：27-28；蔡祈賢，2011：12-13）：

（一）全面品質觀

全面品質觀點來自於全面品質管理（Total Quality Management，簡稱TQM）之啓發，其內容包含有領導、顧客導向、持續改善、團隊合作、流程取向、員工參與等，皆爲達成全面性顧客滿意之要素。其中，「品質」爲全面品質觀點之中心思想，其具體表現則爲顧客滿意度。

（二）流程觀

標竿學習在運作上相當重視流程。一般而言，流程代表兩種意涵：（1）標竿學習所欲效法者，爲對象之營運流程，此一對象超越了產業別或不同之部門；（2）標竿學習注重流程的管理，所謂流程意指部門或產業運作流程，以及推行標竿計畫之流程。

（三）學習觀

一般而言，學習觀點所指涉之內涵包含兩種：一是向他人學習，此爲標竿學習之基本意義，亦即向最佳典範取經；另一是自我學習，即標竿學習所認爲之自我超越，強調其積極意義，目的在使組織透過學習，能凌駕於競爭對手之上，領先業界。

　　總結來說，學習觀主要在於組織內部的改造，如組織文化、主事者與員工心智模式等；而流程觀則說明學習方向與運作模式之改善；全面品質觀則是達成對內服務或產品的高標準，並要求對外顧客的滿意。

二、應用程序

　　標竿學習之哲學基礎在於不斷改善。學者 Andersen 與 Pettersen（1996）即提出「標竿學習輪」（benchmarking wheel）（參考圖 4）之概念來詮釋標竿學習流程內容之基本概念，其包含有：規劃（plan）、探尋（search）、觀察（observe）、分析（analyze）、適用（adapt）等階段，茲分述如下（孫本初、陳衍宏，2002：60-64；林水波、李長晏，2003：19-21；翁興利、劉祥得，2003：179-182；劉祥得，2000：111-127；蔡祈賢，2011：10-12）：

▲圖 4　標竿學習輪

資料來源：孫本初、陳衍宏（2002：60）。

（一）規劃

規劃為所有階段中最為重要之一環，因為良善的規劃能為有效的標竿研究建立基礎。一般而言，規劃階段側重於選擇、記錄標竿學習過程及發展績效評量方法，其主要活動包含有：

1. 描繪組織現有工作流程，並依據組織之策略，選擇標竿學習的流程。
2. 組成標竿學習團隊。
3. 瞭解並證明值得作為學習標竿的流程應該為何。
4. 建立對於流程進行衡量的績效標準（例如品質、時間或成本），其目的在於發現組織重要的成功因子，並評估這些要素對經營過程之影響。

在觀察標竿學習對象之前，最重要的部分為瞭解自身組織，如組織流程、方法、實務、政策，每一個活動所涉入的人員與績效衡量，以及顧客的需求等，由於標竿學習著重「由他人經驗中看清自己」，所以需先行瞭解自身組織方能避免陷入盲目模仿的困境。此外，也可透過勾畫現有工作流程，瞭解組織需求，以發掘需要從標竿學習對象身上學習之經驗。

（二）探尋

探尋階段的目的在於尋求與確定適當的學習標竿，藉以獲得對於自身組織運作的啟發。一般而言，此階段的主要活動包含：

1. 設計理想的學習標竿所應具備之條件，並使得組織成員能夠接受這些項目。
2. 尋求潛在的標竿學習對象，即探尋所有在流程方面優於自身組織的對象。

3. 比較所有列入候選之對象，篩選一個最佳、最適合之學習標竿。

4. 極大化與對象的關係，亦即與所選之學習標竿建立溝通對話管道，並徵得其同意參與標竿學習研究。

為了使組織獲得「突破式」進展，在探尋階段須留意的部分有：

1. 確認標竿學習對象有達到「最高標準」之經驗。

2. 注意標竿學習對象之工作流程是否與自身相似或雷同。

3. 必須挑選任務相近的對象。

4. 挑選規模近似之組織以利於進一步分析與學習。

5. 確認學習標竿之技術水準是否值得學習。

另外，組織於執行過數個標竿研究後，會因組織間的聯繫接觸而有所互惠，進而建立起標竿學習網絡。然而，若過度依賴此種標竿學習夥伴所相互連結的網絡，將影響組織對外探尋學習標竿之能力，進一步可能喪失「向外看」（look outside the box）之能力，而僅能發掘次佳之標竿學習對象。

（三）觀察

觀察階段著重調查與研究所選出之學習標竿，以瞭解經營過程與成功模式。為了深入蒐集有利之訊息，應包含下列層次：

1. **績效層次**：即用來顯示與自身組織相較之夥伴優秀程度。

2. **實務與方法層次**：即達成績效層次之可能方式。

3. **促成層次**：即藉由實務與方法，使整個過程得以完成。

因此，在此階段應進行蒐集資訊，透過現場訪查、問卷調查等方式加以施行，並且詳細記錄資訊，以確認學習對象具有何以學習之處。

（四）分析

在蒐集資料完成後，須進一步將這些資料加以進行分析。在此階段中所應著重的部分有：

1. 瞭解自身組織與學習對象間流程所產生的績效落差。
2. 瞭解造成此種落差之原因為何。
3. 瞭解績效落差的媒介為何。

一般而言，分析績效差距是標竿學習的重要關鍵，透過分析落差及成因，可作為組織檢討改進之依據。而其執行的方法有：

1. 將蒐集之資訊與資料加以分類。
2. 控制資訊與資料品質。
3. 將數據進行標準化。
4. 確認績效落差。
5. 確認導致績效落差之原因。

（五）適用

標竿研究的主要目的在於創造變革與改善，所以，在此階段的主要目的乃是選用適合組織之最佳實務並從事變革，其任務包含有：

1. 溝通分析階段的發現，並藉由資訊取得與實際參與而獲得組織成員認同。
2. 建立功能性的改善目標，並與其他改進計畫相配合。
3. 擬訂具體改善實施計畫，內容包含誰（who）、什麼（what）、何處（where）、何時（when）、如何（how）等面向。
4. 將實施計畫付諸行動。
5. 管控執行進度與調整誤差。
6. 完成結案報告。

　　值得注意的是，由於標竿學習並非單一事件，其強調一個持續之流程，呈現循環狀態。因此，推動標竿學習輪之重要關鍵即為循環。也唯有讓標竿學習的過程得以循環，才能確定標竿學習的潛力能夠完全發揮。

三、發展

　　如圖 5 所示，標竿學習可依序其發展沿革劃分為六個階段與未來發展方向（蔡祈賢，2011：3-5）：

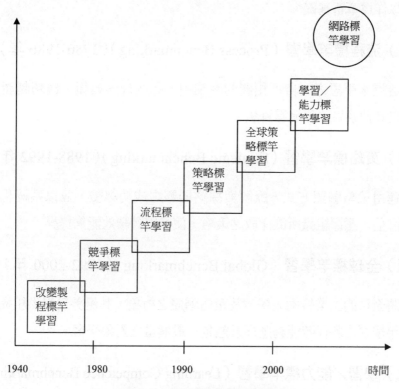

▲圖 5　標竿學習發展歷程

資料來源：蔡祈賢（2011：4）。

（一）改變製程標竿學習（Reverse Benchmarking）（1940-1975 年）

改變製程為標竿學習發展最初階段，為產品製造技術的分析方法，透過與競爭對手比較產品之特徵、功能與效果，以改變競爭性產品的製造過程。

（二）競爭標竿學習（Competitive Benchmarking）（1976-1985 年）

由分析「全錄經驗」成功模式，並加以精緻化所產生，目的為發掘競爭對手之生產、流程及經營成效等資料，再將其與自身組織類似資訊作比較，以作為革新基礎。

（三）流程標竿學習（Process Benchmarking）（1986-1986 年）

透過水平思考，自不相關的產業中，尋找最佳典範，為超越產業疆界，自其他業界學習流程資訊。

（四）策略標竿學習（Strategic Benchmarking）（1988-1992 年）

運用策略聯盟方式，瞭解與採納同夥之成功經驗，並以系統化的方式，評估、選擇組織所欲採取之策略，使得經營績效能夠提昇。

（五）全球標竿學習（Global Benchmarking）（1992-2000 年）

將全球的企業皆納入學習及策略聯盟之對象，其優勢為提供組織於選擇標竿學習之夥伴時能夠選擇最翹楚、最適當之對象學習。

（六）學習／能力標竿學習（Learning/Competence Benchmarking）（2000 年以後）

透過標竿學習之運用，將原有的組織文化，形塑為更具創造力與活力

之組織文化，使成員在組織氛圍影響下，改變原有習慣態度，並願意改善問題、追求突破、向上提昇，進而使組織流程得以再造。

（七）未來發展方向：網絡標竿學習（Network Benchmarking）

此為標竿學習未來發展型態，特色在於同盟夥伴自過去資料提供者（被動），轉變為經驗分享者（主動），透過經驗交流、對談之合作模式，取代過去彼此競爭模式，使組織能運用最小成本，解決最大問題。

第四節　標竿學習在公部門的推動與課題

一、公部門應用標竿學習之動機

就私部門而言，藉由標竿學習可改善組織工作流程，提昇績效與服務品質，進而增加組織競爭力。雖然公部門和私部門在性質與存在本質上有相當之差異，機關組織並非處於競爭市場之中，但卻仍有下列動機，使其需導入標竿學習。茲分述如下（林水波、李長晏，2003：9-10）：

（一）改善公部門營運績效

標竿學習為比較與學習之績效管理工具，若將其運用於公部門之中，將有效協助組織瞭解其他部門之長處，進而發展改善組織績效之理念或資訊。然而，這些理念或資訊對於組織績效改善的程度，將視標竿學習對象而有所差異，若對象來自於相同政府或組織，從事比較不同部門、單位或地點之營運流程即構成內部標竿，這種學習流程是從內部開始，目標在於發掘內部績效標準。然因受限於相同組織文化與相似立法環境，使得組織

309

獲取新資訊受到侷限，因此傾向漸進式、小幅度的改善。反之，若對象來自於不同政府或組織，進行相同功能、服務與營運結果比較即為外部標竿，此種學習的流程為自外部開始，目標在於發掘競爭對手功能、服務與政策經營結果之特定資訊，再將自身資訊與之加以比較，進而發展改善方法，由於具有相互競爭之壓力，所以較為傾向劇烈且大幅度之績效增進。

（二）增進公共服務的資訊品質

標竿學習能夠有效改善公共服務之資訊品質，使公部門能夠以這些資訊作為公共課責或義務之依據，同時也可藉此來評估方案之相對績效，以便於設定方案之優先順序與策略。此外，公部門還可藉由標竿學習，為其所屬之機關設定目標或界定所需服務層次，以及決定資源配置之目的。

（三）促進公部門間之競爭與合作

就競爭面向而言，標竿學習能促使公部門將其他部門或企業之服務水準定為標竿，督促組織自身之行政運作朝此標竿邁進。換言之，即推動公部門設定競爭標竿，用以測量評定公部門服務績效，甚至促進組織間之競爭心理。另外，就合作面向而言，引進標竿學習將造成競爭標竿的設立，以及實務經驗的分享，進一步有效去除公部門之本位主義，用以提昇服務品質。

二、公部門應用標竿學習之課題

對公部門而言，雖具有運用標竿學習以改善自身服務之動機，卻由於組織性質或其他因素，有下列課題需待克服（林水波、李長晏，2003：25-29；許群英，2004：32-33；孫本初，2010：195-196；蔡祈賢，2011：18-21）：

（一）需高層主管的領導與支持

在推動標竿學習的過程中，亟需要機關首長的支持與投入，此為成功推動之關鍵因素。因此，公部門如欲推動標竿學習，需從機關首長做起，透過首長的親自參與和領導，消除員工的疑慮，進而建立機關間或內部之積極學習文化。

（二）慎選最佳實務學習對象

尋求最優楷模是指針對當前所遭遇的問題或欲達成之目標，尋找最好的對象加以請益，此為標竿學習重要之步驟。選擇學習標的，可以是同業中的競爭對手，也可以是異業中的佼佼者，或有足供參採價值者。至於選擇資訊之來源，可從大眾傳播媒體的優良事蹟報導，或自標竿學習組織網站獲得訊息，甚至可藉由企業參訪實地取經。

（三）瞭解人性因素

標竿學習所需面對課題之一，即為如何克服參與標竿學習計畫員工之害怕與抵制，使得員工願意參與學習，並取得全體共識。一般而言，組織引進新管理制度容易引起員工排斥，故員工的認同與配合也是成功推動標竿學習計畫之關鍵因素。為避免此種問題發生，在進行標竿學習時應注意下列幾項：（1）於組織中指定一位成員專責傳達標竿學習之觀念予員工知曉，並溝通解答員工問題；（2）提供員工最佳實務訓練，並說明其所增加之助益；（3）加強事前宣導工作；（4）允許組織嘗試新工作流程；（5）以新績效衡量措施為基礎建立獎勵措施。

（四）缺乏合作意識

公部門間由於缺乏合作意識，可能造成標竿學習之困境。而引發此種

缺乏合作意識的成因如下：（1）由於公部門資源有限，容易因分配資源造成衝突與對立；（2）公部門存在本位主義，使其不願將卓越之實務經驗與其他部門分享；（3）機關組織首長政治利益考量，憂懼實施標竿學習之績效與施政成為執政之壓力或選舉阻力。因此，為了避免此種情形，應透過提供合作誘因，獎勵高績效者並激勵績效較低者，以維持政府持續改進，並賦予公部門足夠誘因實施推動標竿學習計畫；或是培養建立公部門之間對話能力，藉以去除本位主義、防衛心態、惡性競爭，並加速公部門間實務經驗分享，進一步形成共同體之型態。

（五）政治組成份子支持

由於標竿學習為持續改善與評估之過程，在執行中必然涉及許多利害關係人，因此其成效將與是否受到利害關係人之政治支持程度有所關聯。尤其公部門與私部門因存在性質（公共性）之差異，在進行標竿學習的過程中需同時兼顧來自組織內部與外部的所有利害關係人，再加上公部門進行標竿學習活動時可能影響資源配置或者組織政策目標優先順序，所以如何爭取利害關係人的政治支持即成為公部門之標竿學習能否成功之重要關鍵。

（六）組織文化的配合問題

如前所述，標竿學習起於私部門，因此公部門在從事標竿學習時，應該確立能與標竿學習效果產生共鳴的組織文化。由於不同的組織各有其運作的特質、理念和規範，所以在不同的文化特質下若欲推動標竿學習工程，則需對組織本身的制度與文化價值有正確的瞭解，否則會產生制度過度移植的反效果，甚至引起組織成員的抗拒與排斥。為避免此種情況的發生，爭取員工的認同及參與，並給予充分的教育訓練等形塑學習的組織文化，應有助於標竿學習的推行。

消防局推動標竿學習的案例[2]

台灣消防局擷取專家學者的經驗，進行標竿學習，有效提昇服務品質，其中，「119智慧型服務窗口」就是一個例子。仿效企業「顧客關係管理」（CRM）系統，建置「119智慧型服務窗口」，旨在建立起一元化救災指揮系統、加強橫縱向連繫與緊急通報、建立災害緊急應變通則、建立標準作業程序（SOP）、建立完整的災害應變通訊網路。

此一系統較之企業界的「顧客關係管理」系統，功能更加強化。以119集中報案系統功能為例，包括：報案來號顯示、來話號碼顯示、來話地址顯示、故障自動切換、忙線自動受理、來話分配、避免重複受理相同案件。依據來話號碼顯示、來話地址顯示功能，執勤人員在受理案件第一時間即可瞭解報案人位置，透過地理資訊子系統（GIS）定位輔助推估案件發生位置，協助執勤人員判斷最佳派遣分隊，建立正確指揮決策。輔以五百分之一地形圖地理資訊系統（目前為全國最高比例圖資），可以明確標示各項救災資源、建築物分布、道路寬度等，有效輔助救災工作進行。

此外，系統中的勤務指揮功能包括：群呼及多方會談功能、地址預先輸入加速作業、同步與分局電腦受理縮短通訊時間、管制分局派出所案件處理、勤務表輸入資料庫以方便派遣等。系統中的電腦智慧派遣機制，能夠有效提昇勤務派遣速度，目前平均派遣時間約在案件受理完畢三十秒內完成，隨著執勤員系統使用熟悉度的提昇，派遣時間可在案件受理完畢前完成派遣。系統中也建置即時三方網路通話系統，確保案件發生地點不明確時，由報案人、指揮中心執勤人員、分隊值班人員三方共同確認，避免影響救災時效。不僅如此，在行政服務上也導入以客為

---

2 資料來源：張寶誠（2006）；管理知識中心網站，http://mymkc.com/article/content/20996，檢閱日期：2017/7/1。

尊的服務理念，設置全功能服務櫃檯，單一窗口作業，一處收件全程服務，簡化申辦流程、縮短服務時間。

※119智慧型服務系統具體功能說明：

1. 採用119來話顯示號碼、地址、基地台位置功能，並結合電力座標定位，執勤人員於受理案件第一時間即可瞭解報案人位置，並透過地理資訊子系統定位輔助推估案件發生位置，協助執勤人員判斷最佳派遣分隊，建立正確指揮決策。

2. 使用電腦智慧派遣機制，提昇勤務派遣速度，目前平均派遣時間約在案件受理完畢後三十秒內完成，未來提昇執勤員系統使用熟悉度後，派遣時間應可縮短在案件受理完畢前完成派遣。

3. 使用一千分之一地形圖地理資訊系統，可明確標示各項救災資源、建築物分布、道路寬度等，有效輔助救災工作進行。

4. 建立化學災害輔助系統，提供發生化學災害事件時查詢「緊急應變指南」、「化學災現場消防搶救守則」、「物質安全資料全」等資料，協助現場指揮人員正確執行災害指揮搶救工作。

5. 建立派遣監控系統，提供指揮中心執勤人員於勤務派遣後即時監控消防分隊人車出動情況，確保勤務執行時效。

6. 建置全程通聯錄音存證系統，記錄指揮中心119受理電話、有線電話、無線電通訊等，提供救災處理流程檢討及事後通聯查證使用。

7. 即時三方通話系統，確保案件發生地點不明確時，由報案人、指揮中心執勤人員、分隊值班人員三方共同確認，避免影響救災時效。

8. 為加強服務民眾，結合社會處聽語障人士及避難弱者資料，自動比對119來話顯示號碼及地址功能，提供執勤人員及出勤人員處置應變作為參考。

歷屆考題

1. 何謂標竿學習（benchmarking learning）？績效標竿之設計及實施須經哪些階段？試說明之。（093 年交通事業電信人員升資考試—士級晉佐級事務管理）

2. 近年，國內企業界與政府部門興起一股「標竿學習」的風潮，請分別說明標竿學習的意義與類型？（095 年公務人員高等考試三級考試暨普通考試—四等一般行政）

3. 何謂標竿學習（benchmarking learning）？標竿學習之核心價值為何？試舉出可為標竿之企業與非營利組織各一，並說明這兩個組織有哪些特質、運作可供政府進行標竿學習？（096 年公務人員、096 年關務人員升官等考試—薦任一般行政）

4. 「標竿學習」（Benchmarking）的基本理念係向「最佳的運作實務」（Best Practice）學習。試問這樣的理念對政府再造有何啟示？試扼要說明之。（096 年交通事業公路人員升資考試—員級晉高員級事務管理）

5. 為了進行組織改善有許多機關採用標竿學習（Benchmarking）的方法，請問何謂標竿學習？採用此種方法的優點與限制為何？（098 年公務人員特種考試身心障礙人員考試—四等一般行政）

6. 在全球化的潮流下，各國政府之間競相師法學習彼此的治理模式，論者或謂此即「標竿學習」（Benchmarking）的管理模式。試問標竿學習的理念，對政府再造有何重要啟示？試扼要說明之。（100 年公務人員高等考試三級考試暨普通考試—三等一般行政）

7. 何謂績效標竿學習（benchmarking learning）？如何進行績效標竿的設計？試舉例說明之。（100 年公務人員特種考試原住民族考試—四等一般行政）

8. 何謂標竿學習？標竿學習的流程為何？請說明之。（102 年特種考試退除役軍人轉任公務人員考試—四等一般行政）

9. 政府部門經常透過觀摩參訪，將他方極具成果的制度設計引進機關中，但這樣的制度移植模式之成效，未必盡如人意。請以具體案例，說明機關在採行標竿學習時可能面臨的限制。（102 年公務人員高等考試三級考試—高考三級一般行政）

10. 試析論標竿學習（Benchmarking learning）的要義，以及公部門運用標竿學習提升治理能力時須克服的困境？（104 年特種考試退除役軍人轉任公務人員考

試─三等一般行政）

11. 標竿學習的核心價值有哪些？並請說明標竿學習的優點與限制。（104 年公務人員高等考試三級考試─高考三級一般行政）

12. 政府組織從事標竿學習時，應包含哪些流程？（104 年特種考試地方政府公務人員考試─三等一般行政）

參考文獻

呂錦珍譯，1996，《標竿學習像企業典範借鏡》，台北：天下。譯自 Michael J. Spendolini. *The Benchmarking Book*. Vermont: Tuckerstomes. 1992.

林水波、李長晏，2003，〈標竿學習與地方治理能力〉，《中國地方自治》，56（5）：4-32。

柳星宇，2003，《公部門標竿學習之困境與實踐》，台北：國立台北大學公共行政暨政策學系碩士論文。

孫本初、陳衍宏，2002，〈「標竿學習」初探——兼論其在公部門之應用〉，《中國行政》，71：45-75。

孫本初編著，2010，《公共管理（第五版）》，台北：智勝。

翁興利、劉祥得，2003，〈美國顧客滿意與標竿學習——兼論我國地方政府滿意度比較分析〉，《中國行政評論》，12（4）：171-204。

張寶誠，2006，〈創新經營彰化縣政府消防局〉，《經濟日報》，10/22，C5。

許群英，2004，《標竿學習法應用於地方政府機關之績效評估：以左營區公所推動員工參與建議制度為例》，高雄：國立中山大學政治學研究所碩士在職專班碩士論文。

黃竹韻，2005，〈公部門績效管理之趨勢——標竿學習、高績效團隊、績效待遇制度及電子化政府的建立〉，《行政試訊》，15：3-14。

劉祥得，2000，〈「標竿學習法」之研究——政府再造的新策略〉，《中國行政評論》，92（2）：91-134。

蔡祈賢，2011，〈標竿學習及其在政府部門的實施〉，《T & D 飛訊》，129：1-25。

11

知識管理

學習重點

▶知識管理的分類與定義為何？

▶知識管理推動的關鍵因素為何？

▶知識型組織的意涵與建構為何？

▶知識管理在公部門的運用限制為何？

前　言

　　遠古時代，人類的智慧是口耳相傳，代代傳承的。即使在今日科技世代，有些偏遠地區仍然沿用此古老的方式。然而，口耳相傳卻有失傳的風險，所以為了保存先人的知識而有文字的發明，此乃知識管理的濫觴（許明德，2007：62）。

　　近年來，由於資訊科技的蓬勃發展，對於社會與個人生活產生莫大的衝擊，隨著科技的進步，打破時間與空間的限制，加快全球化整合的速度，並提供大量的資訊與知識，使得知識成為經濟活動的主要生產要素。若從人類經濟生活歷史來觀察，不同於農業經濟時代與工業經濟時代，分別以勞動力與機器先進程度作為財富的象徵，知識經濟時代則是將知識的豐富視為財富的象徵，也因此，經濟成敗關鍵取決於腦力、思考力與創新力，而知識即成為生產力提昇與經濟成長的主要驅動力。

　　之所以會有如此的轉變，乃是組織中具有價值的產品或服務，都是經由知識轉化而成。即便組織擁有最新的產品、服務、價格與品質等，最終都將被競爭對手趕上，所以唯有組織藉由知識管理的運用，才能持續不斷的創新知識，以維持組織的競爭力。世界銀行的首席經濟專家約瑟夫・史帝格力（Joseph Stieglitz）曾說過：「今日製造知識和資訊，就如同一百多年前製造車子和鋼鐵一樣。像比爾・蓋茲這種會製造知識和資訊的人，獲利豐厚，就像一百多年前製造車子和鋼鐵的人一樣，成為企業大亨」；美國著名經濟學家萊斯特・瑟羅（Lester C. Thutow）也指出：「我們正處在第三次工業革命，此時決勝關鍵不在於自然資源，而在於對知識的掌握。」也因此，當製造業經濟轉型成為知識經濟時，人類社會開始面臨一種史無前例的變革。人們第一次發覺到，無法觸摸也看不見的無形知識，漸漸地比有形資源，如土地、黃金、石油等更有價值（許明德，2007：62；陳弘、黃炯博，2009：242），而這種轉變也同時印證了知識與競爭力維持的重要關聯。

　　此外，管理大師彼得・杜拉克（Peter F. Drucker）更指出，企業管理的重

點也已經從傳統的管理人、事等有形資產,轉而成為管理知識等無形資產。主要的理由乃在於現今新知識都是存在於員工的腦海中,經驗、技術等內隱知識也都為員工所有。員工萬一離職,組織不但喪失寶貴知識,而這些知識更可能被競爭對手所擁有。因此,若組織能善用科技,掌握資訊,有系統地綜合整理與管理知識,將有助於組織的永續經營,並強化其競爭優勢。

有鑑於此,在本章中首先介紹知識管理的發展背景,進而整理知識的意涵、分類,並闡述知識管理的定義與趨勢;其次,說明知識管理的重要元素與模式;再者,釐清知識型組織的意涵與建構方式;接著,探討公部門推行知識管理之目的,分析知識管理在各國公部門的運用情況,以及所面臨之困境;最後則介紹我國政府機關推行知識管理的案例,以供參考。

第一節　知識管理的基本概念

一、知識管理的發展背景

　　隨著知識經濟的浪潮席捲全球，以及無國界 e 世代的來臨，知識與科技對於經濟的作用日益增強，而科技化、國際化、全球化的影響，也使各國都面臨快速變化與激烈挑戰。自 1990 年代開始，在彼得 · 杜拉克等學者的提倡下，企業開始著重知識管理的討論與應用，並成為企業間競爭、持續創造利潤與企業變革的一個核心概念與指導原則，而這股「以知識為基礎的經濟」浪潮也逐漸在公部門擴散，進而影響公部門政策制定、組織變革與內部管理（黃東益，2004：140）。由上述可知，隨著知識經濟的來臨，如何強化政府內部的知識管理，並透過政策知識的創新、學習、分享與擴散，進而提昇政府的能量及服務品質，已是政府所需要積極重視之處。雖然知識管理的概念來自於企業管理學界，然因此觀念的執行較無關公私部門的本質差異，且較不涉及民主行政價值的爭辯，再加上知識管理有助於政府朝理性化過程邁進，以及提昇政府的管理效能（鄭錫鍇，2004：32），故受政府部門的肯定，進而予以推廣。

二、知識的意涵

　　在探討知識管理定義之前，需要先瞭解「知識」所代表之意涵。根據教育部國語辭典簡編本所示，「知識」即代表人們在學習、實踐過程中所獲得的學問與經驗[1]。換言之，知識即是人們藉由經驗的驗證，對於某件事

---

1 資料來源：教育部國語辭典簡編本網站，http://dict.concised.moe.edu.tw/cgi-bin/jbdic/gsweb.cgi?o=djbdic&searchid=Z00000028961，檢閱日期：2017/7/1。

物之內容有所認知與理解。而國外學者對「知識」的定義更可整理如下：Beckman（1997）認為：「知識乃是將資訊與資料做有效的推理，以便能有效解決問題、提高績效、制訂決策、學習與教學」；至於 Davenport 與 Prusak（1999: 34）則認為：知識源自於智者的思想，是一種流動性的綜合體，其中包括結構化的經驗、價值與專業知識，也包含專家獨特見解及新經驗所提出的評估、整合與資訊提供的思考架構。在組織中，知識不僅存在文件與儲存系統中，也蘊含在日常例行工作、過程、執行與規範之中。

　　至於國內研究對「知識」的看法也頗為紛歧，未有一致的看法。如孫本初（2010：254）將知識定義為：「舉凡能夠為組織創造競爭利益與價值，並可經由組織發掘、保持、應用與再創造的資訊、經驗與智慧財產者皆可稱之。」而吳英志（2011：7）則認為：凡能夠協助個人或企業提昇能力與競爭力者，並經過實證、精練過的經驗，包括個人經驗、技能以及創意皆可以定義為知識。

　　此外，也有學者進一步運用過程與庫存觀點來區分資料、資訊、知識以及智慧四者間的不同，相關說明如下（Davenport & Prusak, 1999: 1-10；彭安麗，2010：65-66）：

（一）資料（Data）

　　資料是指對觀察到的事件所作的紀錄，此為知識的最低階形式，本身無法提供行動和判斷之依據，卻是創造資訊的重要原料，其來源涵蓋高度結構化資料庫中的資料、競爭者的相關資訊、人口統計資料以及其他市場資訊等，包括事實、文字、數字、意象、符碼等。

（二）資訊（Information）

　　資訊是將資料經過有系統、有目的處理後，具有意義或系絡的資料或數據，抑或賦予資料某種詮釋、意義和結構之後，再加以處理形成資訊。

組織若要提高資訊的價值，有必要使資訊更易於搜尋與使用，讓組織免於重蹈覆轍而導致無效率。

（三）知識（Knowledge）

知識來自於資訊，猶如資訊來自於資料一般，是需要經由思考、認知、學習與應用的有用資訊，而資訊轉變成知識的過程中，是透過比較、結果、關聯與交談等方式進行，幾乎所有的環節都需要人的親自參與。其中，知識與資訊最大的差異在於資訊可和人分開，而知識則需要與個人、團體或社群網絡相結合，藉由持續學習與反省，不斷的創造新知。

（四）智慧（Wisdom）

智慧則是以知識為基礎，在應用知識的過程中有效運用自身經驗與判斷所形成具有分析、執行與應變的綜合能力，並領悟其中之道理，而產生更多有用的知識。

簡言之，知識管理涵蓋的範圍不僅涉及知識，更包含了資料、資訊、知識和智慧等不同層面，倘若組織能將之結合並善加運用，即可取得綜合性效果。

三、知識的分類

關於知識的分類，最早由學者 Michael Polanyi 提出，將知識區分為內隱知識（Tacit Knowledge）與外顯知識（Explicit Knowledge）（參考表1），以下分別闡述之（Nonaka & Takeuchi, 1995: 59-62；彭安麗，2010：66）：

（一）內隱知識（Tacit Knowledge）

內隱知識多存在於個人身上，其深植於個人的理想、價值和情感上，也蘊藏於個人的行動與經驗中，屬於主觀性且難以藉由具體形式向外傳遞的知識，必須藉由人際間的互動，才能成為組織共同的知識。

（二）外顯知識（Explicit Knowledge）

外顯知識則是具體客觀存在於文件或電腦中的知識，此類知識是有規則、有系統可循的，可以透過形式化、制度化以及語言明確傳達，也能藉由具體資料、科學公式、標準化的程序或普遍性的原則來溝通與分享。

▼表 1　知識的類型

內隱知識	外顯知識
主觀的	客觀的
經驗的知識（實質的）	理性的知識（心智的）
同步的知識（此時此地的）	連續的知識（非此時此地的）
類比的知識（實務）	數位的知識（理論）

資料來源：Nonaka & Takeuchi（1995: 61）。

四、知識管理的定義

為了將知識轉換為組織可資運用的資產，組織管理者必須擷取組織內散落各處的知識、經驗、專業等，加以形制化，並予以傳播、分享與運用，而知識管理即被視為運用知識以創造競爭利基的入門之鑰（陳悅宜，2002：80）。

根據美國生產力品質中心（American Productivity & Quality Center，簡稱 APQC）對於知識管理的定義，所謂知識管理是有系統地去發現知

識、瞭解知識、分享知識與使用知識，以創造價值的方法，讓資訊與知識能在適當的時間流向適當的人，使這些人可以工作的更有效率與效能（轉引自張秋元，2009：43-44）。雖然知識管理的概念，20世紀90年代之後才被廣為討論與運用，政策知識管理直至21世紀初才漸為政府部門所引進，然而，政策知識管理所涉及的知識移轉、分享與運用，在國內早期已有部分學者進行探討（黃東益，2004：141）。

其中，林海清（2002：134）認為知識管理依功能來探討是系統管理與運用組織智慧，包括有形與無形的人才與經驗，並經由網路與資料庫加以整理、儲存與管理，作為組織提高產能的有效工具和策略以創造價值；就知識建構而言，其所代表的管理思潮是一種新的觀念、思考與策略。而王頌平（2006：360）則認為：知識管理是組織內部知識的清點、評估、規劃、取得、學習、流通、整合、創新活動，並將知識視同資產進行管理的過程。舉凡能有效增進組織資產價值的活動，皆屬於知識管理的範疇。

此外，Miklos Sarvary（1999）認為知識管理是一企業過程，藉由此過程組織將創造並利用制度上或集體的知識，其中包括組織學習（Organizational Learning）、知識生產（Knowledge Production）及知識分配（Knowledge Distribution）等三個次過程，分述如下（轉引自吳瓊恩等，2005：231）：

（一）**組織學習（Organizational Learning）**：藉由組織學習過程，組織能夠獲得資訊或知識。

（二）**知識生產（Knowledge Production）**：將最原始的資訊轉化與整合後，成為有用的知識，而有助於解決組織問題。

（三）**知識分配（Knowledge Distribution）**：知識分配即允許組織成員能夠接近並利用公司集體知識的過程。

整體而言，知識的管理可以分為兩個層次：一為以知識為標的之管

理，可藉由知識的形制化及資訊技術予以有效的存取、轉換、流通、分享與組合；一為知識過程的管理，強調組織內成員有效率的獲取與運用知識，將知識效益發揮極大化，以增加組織的競爭力，達成組織目標（陳悅宜，2002：80）。相較於過去將知識視為權力的傳統，組織若欲促成知識的分享與傳承，則需於內部形塑開放性的組織文化，並將知識視為是組織的公共財（胡龍騰、張鎧文、楊仁鈐，2008：62），故組織的知識管理乃是指「組織內知識的清點、評估、規劃、取得、學習、流通、整合、創新活動，並將知識視同資產進行管理的過程」，亦即凡是能有效增進知識資產價值的活動，都屬於知識管理的範疇。

五、知識管理的趨勢

檢視知識經濟時代的知識管理趨勢可以發現，其特色包括（陳衍宏，2003：68-73；孫本初，2010：260-263）：

（一）重視知識管理的哲學面向

由於現今對於知識管理的定義與作法人言言殊，管理效用因各組織的做法差異，而有不同的效果，故由管理哲學面向的探討來論定知識管理，較能窺其全貌並掌握精神。Pfeffer 與 Sutton（2000）在探討知識管理時，認為所謂的「知—行落差」如何弭平，將是知識管理落實的重點。其次，知識管理的主要目的在於營造創新的可能性，因此任何妨礙創新的限制都應避免，不同性質的組織，因環境衝擊與運作規範之差異，在推行知識管理時有可能遭受不同挑戰。故推行知識管理的重點在於營造可供創新的環境，所以哲學省思的面向勢必增多。

（二）強調創新價值與核心能力的建立

知識經濟時代重視價值創造，並強調以能力爲基礎的競爭模式，因此人力資源重心並不在於人力的單位產量，而是創新適用與問題解決。然而，價值創新仍要注意負面影響的產生。相關研究即指出：企業的人才流動問題是否伴隨著智慧財產權與競爭力喪失的風險。換言之，握有關鍵核心技術人員，將是此趨勢下的佼佼者，而此情況隨著資訊科技的技術門檻漸趨明顯，顯示出核心能力的競爭優勢外，也意味不均衡的發展現象可能造成的衝擊。

（三）確立中階主管的組織地位

由於知識管理所強調的是創新精神，故組織中能具體落實創新管理的階層，就成爲中階管理者所必須扮演的角色。Nonaka 與 Takeuchi（1995）認爲知識管理有別於傳統的由上而下（top-down）與由下而上（buttomup）的管理方式，且爲了有利於知識的創造與轉化，中階主管負擔了重責大任，即「承上啓下的管理模式」（middle-up-down），也因而知識管理奠定了中階主管的重要性。有關知識管理與傳統管理的差異比較如下表 2 所示：

▼表 2　有關知識創造的管理模式比較

		由上而下	由下而上	承上啓下
Who	知識創造的推動者	高階管理者	富創新精神的個人	團隊中的中階主管
	高階主管的角色	指揮者	導師	催化
	中間主管的角色	資訊處理者	創業家	團隊領導者
What	累積的知識	外顯	內隱	外顯與內隱
Where	知識的儲存	電腦資料庫	個人	組織知識庫
How	知識	層級	非正式網絡	任務分組
	溝通方式	命令	自我組織原則	隱喻與類比
	模糊容忍度	不允許模糊	以渾沌爲前提	擴大渾沌以利創新
缺點		高度依賴高階主管	個人協調成本過高	人力成本重複耗費

資料來源：Nonaka & Takeuchi（1995: 130）。

第二節　知識管理的重要元素與關鍵推動因素

一、知識管理的重要元素

如圖 1 所示，Arthur Andersen 顧問管理公司提出知識管理的重要元素：在知識管理中，知識的創造是以人（People）作爲知識載運者，而資訊（Information）則是知識的基礎，透過資訊科技（Technology）來協助知識管理的建構。在知識管理的過程中，最重要的就是分享（Share），藉此加速知識的建構。透過此程式可以瞭解，「組織知識管理的累積，必須透過科技將人與資訊相結合，而在分享的組織文化下達到乘數的效果」，

其中當 S 的數值越大，則 K 就越大，意即知識管理的成效越大（陳依蘋，1999：16）。

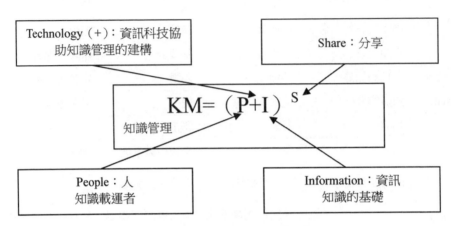

▲圖 1　知識管理的重要元素

資料來源：轉引自陳依蘋（1999：16）。

二、知識管理推動關鍵因素

根據 Arthur Andersen 顧問管理公司對知識管理的看法，認為知識管理是一個互動的過程，包含知識管理程序（Knowledge Management Process）與知識管理促動要素（Knowledge Management Enablers），彼此間相互連接且密切關聯（如圖 2 所示）。其中，推動知識管理的關鍵要素包含策略與領導、學習型組織文化、管理與訓練、資訊科技與衡量指標，分別說明如下（黃廷合、吳思達，2004：62-64；朱斌妤等，2011：5-7）：

（一）策略與領導

在策略與領導上，包含知識管理應該成為組織主要的策略；組織應該

認為知識管理與改善組織績效之間具有必要的關聯性；組織應瞭解知識管理的推動能為組織帶來實質的利潤效益，甚至可以發展出知識型產品作為銷售之用；組織應該鼓勵創造或維持組織核心競爭優勢；以及組織要能根據員工在知識管理推動過程中的貢獻，作為任用、績效評估的標準依據。

（二）學習型組織文化

建立學習型組織文化是促進知識管理重要因素。組織應該朝向積極鼓勵知識分享、開放、以及適合組織員工間互相討論與分享的文化。同時組織應該充滿彈性與創新，而組織成員應該將自我成長與學習視為要務。

（三）管理與訓練

對組織而言，員工是否有核心技能去取得知識以及是否有意願參與知識的獲得與分享過程是很重要的。故對政府部門而言，全體員工的教育訓練及共識的凝聚，乃是影響知識管理推動成功與否的關鍵因素。

（四）資訊科技

在資訊科技上，包含所有組織員工可以透過資訊科技與其他員工，甚至與外部人員建立聯繫；組織應該透過資訊科技使所有員工能夠彼此相互學習與分享；組織的資訊科技在設計上應該以人為中心；同時藉由資訊科技的運用，使得員工間的經驗傳承更為快速，並提供即時、整合或聰明的介面與知識管理平台。

（五）衡量指標

在衡量指標上，包含組織要發展出知識管理與財務結果間的衡量方式；組織應該發展與使用具體衡量指標來管理知識；組織所發展出的衡量指標要兼顧軟、硬體的評估，也需要具有財務性與非財務性的指標；以及

組織應將資源應用在知識管理上，並瞭解知識管理與組織短、中長期的財務績效有所關聯。

三、知識管理的目的與程序

（一）知識管理的目的

知識管理的目的在於讓所有員工的經驗能夠傳承，促使資深員工的隱性知識外顯成為組織的資產，用以縮短新進員工的學習曲線，減少員工重複犯錯的發生機率，節省員工解決問題的時間，提昇組織成員的潛能與創意，改善個人或企業的績效，進而提昇個人與企業的核心競爭力（吳英志，2011：8）。

（二）知識管理的程序

Arthur Andersen 顧問管理公司認為所提出的知識管理模式、知識管理程序（Knowledge Management Process）與知識管理促動要素（Knowledge Management Enablers）之間是彼此相互連結並有密切關聯；其中，在知識管理程序上包含建立、辨識、蒐集、組織、分享、採用與運用，分別說明如下（黃廷合、吳思達，2004：62-64）：

1. **建立（Creat）**：組織產生新知識的行為。
2. **辨識（Identity）**：辨識在組織中對組織或個人有用的知識。
3. **蒐集（Collect）**：將有用的知識予以蒐集及儲存。
4. **組織（Organize）**：將知識有系統的分類以方便存取。
5. **分享（Share）**：將知識傳播給使用者。
6. **採用（Adapt）**：對所分享的知識加以採用。
7. **運用（Use）**：將知識應用到工作、決策或有利的時機上。

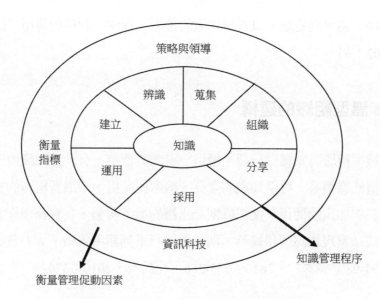

▲圖 2　Arthur Andersen 的知識管理模式

資料來源：轉引自黃廷合、吳思達（2004：63）。

第三節　知識型組織的意涵與建構

一、知識型組織的意涵

　　知識型組織（knowledge-based organization）最早由瑞典企業家與財經分析家 Karl Erik Sveiby 於 1986 年提出，意指在知識管理浪潮中，為因應知識管理的需求，所出現的一種組織設計型態。事實上，知識型組織只是一種意象，沒有一個組織能夠完全成為知識型組織。組織唯有跨部門突破本位主義，建立組織願景，自我超越，並培養系統思考的宏觀思維，才能形塑此類型組織的特質（鄭馥慧，2010：46、51）。有研究更是將「知識型組織」界定為將無順序或分散的特定組織，根據一定的原則與方法，

使之有序、集中與定址，以方便知識的搜索、提供、利用與傳播（阮明淑等，2002：6）。

二、知識型組織的建構

知識型組織將知識做分類、編目、過濾與連結，有助於知識內容的呈現、建構知識體系，提供知識的儲存、檢索與使用。知識型組織的實現將便利資訊與知識的使用，使組織創造永續的競爭優勢。在實務運作上，管理者欲成功實現知識型組織時，則必須採行下列諸項策略（人力資源處，2008：97-98；孫本初，2010：265-266；丘昌泰，2010：370）：

（一）規劃完善的教育訓練

由於知識型組織首重人力資本，因此藉由完善的教育訓練，可以開發組織成員的潛力，並增強智慧與能力，進而提昇組織運用人力資本的效能。

（二）建置誘因機制

為了消弭組織成員不願分享知識所帶來的阻礙，可藉由誘因機制來刺激組織成員，使具有專業知識之成員樂於分享知識。

（三）提供知識分享途徑

在知識管理的過程中，知識的傳遞與保存尤為重要，主要乃是為了便於知識能再度被利用。然而，組織相關經驗、知識與智慧的傳遞與保存，往往無法廣泛地傳遞給所有成員，因此知識型組織必須建立知識資料庫來蒐集、保存及傳遞組織的知識與經驗。

（四）協助組織成員與外界專家接觸

許多組織成員所需要的專業知識，無法有效的由組織內部取得，因此組織必須開拓對外的交流管道，以便向外界專家請益，使組織成員能輕易取得所需的專業知識。

（五）形塑樂於學習的組織文化

知識型組織的建立，首要步驟是形塑組織具有樂於學習的組織文化。亦即透過組織文化的轉變，讓組織能夠接受新知，以因應外在環境的改變，追求組織的永續發展，同時建構有利於知識流通、創新的學習組織文化。

（六）設置知識執行長

知識管理是一個完整、有系統且持續不間斷的過程。因此在面對外在環境日趨競爭與嚴峻的挑戰下，組織必須設置知識執行長（Chief Knowledge Officer，簡稱 CKO），負責統籌與規劃相關知識管理之行動，以發揮知識功能，提昇組織面臨外在環境的因應能力。

在我國行政機關中，考選部建置知識管理系統的成功個案值得學習，2005 年考選部部長林嘉誠擔任知識執行長，親自推動知識管理，寫信給部內同仁分享知識管理的心得。考選部以核心業務作為知識社群分組依據，將其分為「e 化組」、「國際事務組」、「政府改造組」、「試題分析建檔組」、「試務改革組」、「行銷及顧客服務組」等六組，並由推動小組扮演社群事務活動的促動角色。

第四節 知識管理在公部門的運用情形

一、公部門推行知識管理的背景

（一）傳統政府的挑戰

知識管理之所以會受到廣泛運用，主要原因是希望讓組織員工的經驗能夠得以傳承，促使資深員工的隱性知識可以外顯成為組織資產，進而縮短新進員工的學習曲線，減少重複犯錯的發生率、節省解決問題的時間、提昇組織成員的潛能與創意，以及改善個人或組織的績效，進而提昇個人與企業的核心競爭力（吳英志，2011：8）。如前所述，知識管理之理念在私部門受到相當的認同並予以積極實踐，資訊科技的快捷發展及全球化運動的形成，更促使世界經濟邁入知識經濟時代。也因此，知識經濟時代的來臨同樣也衝擊著政府的施政作為。由於知識在未來的經濟活動中將扮演重要的角色，為因應知識經濟時代的動態性、複雜性與多元性，傳統型政府在網絡社會中的運作難度逐漸增加，甚至遭遇前所未有的困境，不得不尋求型態上和功能上的改變，而「知識型政府」乃是此時代背景下所孕育出的組織型態。

（二）建構知識型政府的必要

相對於傳統政府而言，21世紀的政府組織是失勢的，由於其資源減少、公共政策問題增多、公私平衡關係失衡，致使許多人紛紛懷疑政府存在的目的（林嘉誠，2006：7）。也因之，為了強化政策的運作、調整政府體質、改善政府施政能力並提高其競爭力，建構知識型政府乃有其必要。

研究指出，知識經濟時代的「知識型政府」，應可描繪為「有利於知

識流通、轉換、創造與整合的組織型態」。一般而言，組織掌控知識的能力越強，越能強化自身永續發展的機會，而政府機構本質上即為適用知識管理原則的組織。因此，民眾需求管理、完善資訊科技應用與有效知識管理被視為是「知識型政府」所應具備的重要能力，而學習型組織、知識管理及研發創新更被認為是「知識型政府」所應具備的三項核心職能，其中又以研發創新最為各界所重視（林嘉誠，2006：7-8）。

二、我國政府機關推動知識管理的概況

（一）實施現況

知識管理不只是既有知識的整理與儲存，而是師法現代企業的觀念與做法，強化績效管理精神、簡化組織結構、行政流程、鬆綁僵固法規、消除本位主義，委託民間經營並以職能導向分層負責與逐級授權，使國家機器能夠靈活運轉，政府團隊能夠創新活化（黃光彩等，2003：36）。然而，不同於民間企業組織的彈性，以及組織文化的靈活，政府機關因組織龐大且較保守，對引進知識管理制度等變革反應較慢。依據瑞士洛桑國際管理學院國際競爭力評比，我國「政府效能」指標始終表現不理想，屢屢拉低我國之全球競爭力，實有待我國政府積極改善。而在政府公務機關中推行知識管理制度，使組織轉變為學習型組織，藉以提高政府效能、服務品質及快速回應民眾要求，實有其迫切性（陳海雄等，2008：24）。

基於上述，近年來我國政府致力於推動知識管理，促使知識創新、分享與轉移，我國公務部門也有相同的認知或類似做法，如自行研究獎勵、創新與升遷結合；行政院金斧獎、參與制度等，但因各機關做法與導入程度不一或未能將各機關知識資產有系統整理分享，行政院院長乃於2002年8月28日行政院第2801次會議提示：「政府應著重前瞻的研發創新與

中、長期的整體規劃，除請各機關加強辦理外，並請研考會研訂相關要點報核。」此乃我國政府部門制度性導入知識管理的開端。而行政院研考會更進一步於 2004 年訂頒「加強行政院所屬各機關研發創新實施要點」，作為各機關推動知識管理的依據。

根據行政院於 2006 年 8 月委託財團法人中國生產力中心所做的「公部門知識管理推動現況調查」的研究結果顯示，我國政府機構實施知識管理的情況如下（轉引自陳海雄等，2008：26）：

1. 半數的政府機關未導入知識管理機制

調查結果顯示，50% 的機關未導入知識管理機制，主要包含內部無共識而排拒、認為無迫切性、懼怕增加額外工作等多項因素。至於已導入的機關則大部分是中央一、二級機關，高達 85.19%。

2. 較少成立專責單位，且多以建立知識庫系統為核心工作

在已導入知識管理機制中有成立專責單位者僅有 22.22%，大部分均僅以建立知識庫系統為核心工作，且多由資訊部門（40.74%）或研考單一部門（25.93%）負責。

3. 缺乏知識社群分享概念

調查結果顯示，已導入知識管理機制者大部分僅配合知識庫逐步下載知識物件，僅有約一成有進行知識社群分享（11.76%）。

4. 缺乏共識與對知識管理認識不足為推動的主要困難

分析各機關的反應問題，缺乏共識、同仁對知識管理的不瞭解、認為無急迫性、欠缺明確導入策略、未有內部獎勵措施等皆是造成機關未能推動知識管理的主要原因。而各機關希望獲得的協助主要為知識管理諮詢診斷服務、導入技術輔導、提供相關作業範本、成功案例分享或觀摩、知識管理教育訓練等。

（二）實施困境

根據行政院研考會於 2004 年 1 月完成的行政院所屬二級至四級機關「行政機關推動研發創新暨知識管理」調查報告發現，當時各級機關推動知識管理有下列幾項問題（陳海雄等，2008：25）：

1. 各機關多未訂有知識管理相關法規

稍有相關者僅止於委託研究、自行研究、為民服務等作業規定，越基層機關情況越糟（四級機關僅占 16.5%）。

2. 知識建檔與儲存極為不足

大部分機關仍以書面文件儲存於檔案室或重大案件編製成手冊為主，機關利用資訊化方式儲存業務經驗不多，或者僅將過程資料放置資源分享區或內外部網站，且各單位各自為政。

3. 多數未運用交流與分享活動增加知識擴散

各機關業務經驗傳承仍以最傳統的由主管人員傳授或參閱工作手冊者最多，運用經驗分享機制者（如工作圈、內部討論等）極少，知識交流方式則以邀請學者專家演講或舉辦研討會為主。

由以上資料得知，知識管理初期在政府機關推動的情形並不順利，即使有機關推動知識管理，或許受限於人力以及對知識管理內涵未能充分理解，多僅止於知識庫的建立，未能落實知識分享與交流，顯示我國政府機關在落實知識管理方面仍有相當的發展空間。

第五節　公部門推動知識管理的困境與解決之道

一、公部門推動知識管理的困境

　　根據學者丘昌泰（2010）所言，目前台灣在推動知識管理之政府機關為數眾多，然而許多機關不僅難謂知識管理，且可說已到浮濫之地步。以我國為例，近年來公部門引進知識管理的需求越來越強烈，政府也提出「知識經濟方案」以資因應，但知識管理在公部門的應用仍屬有限，所發揮的成效不如私部門。若探究其原因發現，知識管理在公部門的運用，普遍存在傳統官僚體制下的錯誤迷思，導致公部門在推動知識管理時可能面臨下列幾項困境（陳悅宜，2002：84-86；鄭錫楷，2004：35-36；胡龍騰等，2008：59；丘昌泰，2010：371-373）：

（一）公部門知識過於繁雜，難以有系統的蒐集、整理與分享

　　公部門知識內容類型廣泛且過於繁複，解決問題的知識既多且雜，各部門知識型態各異，知識的交換與分享，難免牽涉機密問題。再加上知識管理涉及龐大的維護人力與經費，若無充裕的經費與素質較高的管理人才，難以因應繁雜的公共知識。

（二）機關首長欠缺知識管理的認知，未必支持該項活動

　　由於機關首長對於知識管理的實質內容與重要性之認識不足，導致推動知識管理的單位遲未建立，知識管理系統無法有效建置，進而影響組織成員對於知識的充分取得與使用。因此，知識管理要能有效推動，機關首長或許可不用直接參與，但至少在態度上必須是認同，可透過口頭、行動

或資源予以公開支持。

（三）礙於官僚文化的保守心態，導致員工不願意進行知識的分享

官僚文化向來重視階級權威與倫理順序，且公部門組織內瀰漫保守風氣，普遍呈現「少做少錯」的組織文化，以及嚴重的本位主義，導致組織在溝通與知識分享上出現困難。學者 Szulanski（1996）即明確指出，組織成員間不願意分享知識的主要原因在於：第一、懼怕知識分享後導致組織優勢地位的喪失；第二、以往知識分享之行為未獲得上級的肯定與回饋；第三、個人資源與時間的缺乏。由此可知，組織要誘發知識分享之行為實屬不易。

（四）缺乏有效的知識管理制度與教育訓練

公部門具有有效的知識管理制度與教育訓練，乃推動知識管理的首要條件。然而目前公部門易遇到的困境在於缺乏一套有效的知識管理制度，而該制度必須具備誘因，讓組織成員清楚瞭解透過此系統可提昇處理公務的效率與能力；其次，必須針對個別成員進行個別的教育訓練，使其明瞭建置知識管理的確切目標與使用方法，如此方能推動知識管理的制度。

（五）目前資訊系統仍存有穩定性、安全性與方便性之多方疑慮

在資訊系統的建構上，目前仍存在穩定性、安全性與方便性等問題。其中穩定性與方便性的部分，雖然相關資訊系統建置的技術已趨於成熟，但在穩定性與方便性的部分尚有改善空間；其次，受網路駭客與電腦病毒入侵之因素的影響下，導致使用者對於系統的安全性感到存疑，進而降低使用之意願。

（六）對知識管理概念認知不足，窄化知識管理系統之意義

目前公部門將機關網站視爲知識管理系統，此爲錯誤之認知必須做一澄清。因爲網站的建立僅是知識管理系統的具體表現之一，也僅是該概念的一部分，知識管理所重視的是知識管理制度的建立，以及追求知識的組織文化，最終目標在於建構知識型的政府組織。

（七）過度重視外顯知識的建構與運作

目前公部門組織所建構的知識管理系統，重心置於外顯知識的建立與運作，包括法規章程、申辦表格、上級政策、施政計畫、活動通知等外顯知識爲主，卻忽視內隱知識的傳承與分享部分。

二、公部門運用知識管理的解決之道

爲因應知識經濟時代的來臨，以及建立知識型政府，公部門應改變傳統僵化的思考邏輯與本位主義的組織文化，以突破知識管理運用在公部門的種種困境。以下乃整理相關的解決之道，以供參考（陳悅宜，2002：86-88；高素眞，2006：118-123）：

（一）提昇高層主管對知識管理的重視

知識管理強調由上而下、由下而上的循環參與文化，因此公部門在引進知識管理之時，高層主管的支持與重視程度可說是影響知識管理成功與否的關鍵因素。高層主管除親自參與擬訂知識願景與策略，以行動表示對知識管理的重視外，也可以透過口頭與資源上的公開支持，來宣示對知識管理的支持與認同，並致力排除相關障礙。如以我國考選部、國家文官培訓所、研考會、行政院人事行政總處等推動知識管理成功的個案來看，皆

是由於高層主管重視所致。

（二）培養全員參與的組織文化

知識管理的推動必須要受到組織全員的關注與體認，才能激發起自動自發的精神。因此，公部門應積極形塑公務員參與支援知識管理活動的組織文化，以及建構信任的環境，鼓勵員工願意分享交流經驗，待其瞭解知識的分享交流對業務的推動與改進有實質幫助時，分享文化才可能真正落實。

（三）成立知識管理小組

知識管理是一種跨單位的協同運作，往往需要一組專責人員來負責推動、建置與經營，所以公部門在建構知識管理系統之前，首需成立知識管理小組，目的即在於確立各職務的需求為何，擬定適當可行的知識管理結構，協助知識的統合與應用。

（四）培育知識管理人才

由於公部門引進知識管理的經驗尚淺，如何運用知識管理的新思維與方法，有效培育新時代的知識工作者，則成為公部門責無旁貸之事。知識管理人才的培育除了強調組織人員資訊系統的運用技巧外，還需著重跨組織的協調溝通能力，並建立員工不怕犯錯的學習環境，以及活用知識資料庫的習慣。

（五）建立有效的獎勵機制

為了鼓勵員工分享和利用知識，以激發員工內隱知識和經驗，必須考慮員工的期望，並提供適當的獎勵報酬。知識管理的獎勵措施包括內在報酬與外在報酬，前者是讓員工因提供、累積知識而獲得周遭環境的肯定、

尊敬，進而產生滿足感與成就感，後者是指藉由考核知識的提供與累積行為而獲得實質的獎酬，此種獎酬必須落實員工能力的評量，並結合升遷管道與薪資結構，才能達到激勵的實質效益。

人事行政局運用知識管理之情形 [2]

一、人事行政局推動知識管理的背景

　　行政院人事行政局（以下簡稱人事局）爲行政院人力資源管理主管機關，在提昇政府組織效率中扮演關鍵角色，其業務範疇之一，即須有系統且廣泛蒐集相關學術理論、國際管理潮流及先進國家有關人力資源的做法，以爲決策之參考。

　　人事局推動知識管理的緣起，源自於微軟總裁比爾蓋茲所著的《數位神經系統》，在主任秘書吳三靈先生的帶領下，人事局從《數位神經系統》一書中，找到政府機關師法企業經營，藉以提昇組織效能的可行途徑，構思以「人事行政數位神經系統」，作爲「建構知識型政府」的重要基礎。其中「人事行政數位神經系統」的核心目的，在「透過網際網路科技的導入與應用，讓組織能以思考的速度回應機關及外界需求」，而在「知識管理」、「組織營運」及「電子化服務」三大應用策略的有效推動下，可促進中央政策及地方人事資訊進行快速且正確的流動，進而提昇決策與執行的效能。

二、推動內容與模式

　　人事局的知識管理推動計畫，是分成先導、擴散及全面推廣三個階段進行。各階段的時程、目標及工作項目，分述如下：

　　（一）先導階段：其目標爲建立專案組織、籌組先導社群和文化變革促動。做法如下：

　　　　1.成立人事行政局知識管理推動委員會——由主任秘書帶領全局各處室副處長級代表與專案幕僚（資訊室與工研院顧問）組成，協調運作相關事宜。

　　　　2.成立知識管理先導社群。

---

2 資料來源：陳秦明（2004：71-75）。

3. 建置知識管理軟硬體設備及系統平台。

4. 經由先導社群的充分研討、建立知識架構、盤點知識文件，將隱性知識顯性化並加以儲存運用。

5. 完成知識管理評核獎勵作業規定。

6. 舉辦先導社群成果發表會。

（二）擴散階段：該階段目標主要在做到社群擴散和通用獎勵制度與績效評量辦法。其具體做法分述如下：

1. 擴散先導經驗與成果，成立新興知識社群，範圍包括人事行政局企劃處、人力處、考訓處、給與處及資訊室。

2. 擴增各單位新興知識社群所需之知識架構及文件，各知識社群經由研討，就其所建立之知識文件萃取加值應用。

3. 舉辦擴散階段成果發表會。

（三）全面推廣階段：該階段目標為達成知識管理制度化，並將成效分享。具體做法簡述如下：

1. 推動知識管理，廣泛建立知識社群，範圍包括地方行政處、秘書室、人事室及住福會。

2. 全面充實各知識社群之知識架構及文件，各知識社群經由研討，就其所建立之知識文件萃取加值應用。

3. 舉辦全面推廣階段成果發表會。

　　人事局的知識管理是透過知識社群來實踐，這樣的設計有兩個優點：首先是可以打破傳統的階層模式，建構學習型組織，其次是可以動態微調的方式，在不動搖正式組織構成的條件下，調整組織體質，強化組織應變力與競爭力。

歷屆考題

1. 「知識管理」乃當前熱門的管理議題之一，試說明何謂「知識管理」？管理者欲將組織形塑為一知識型組織的作法為何？（093 年特種考試退除役軍人轉任公務人員考試─三等一般行政）

2. 試由知識管理之角度，分別闡釋資料、資訊、知識與智慧四個概念之意涵。（098 年公務人員、98 年關務人員升官等考試─薦任一般行政）

3. 何謂知識管理？在實務運作上管理者欲成功實現知識型組織可以採行哪些策略？試論述之。（102 年公務人員高等考試三級考試暨普通考試─普考一般行政）

4. 何謂內隱知識（tacit knowledge）？何謂外顯知識（explicit knowledge）？並進一步闡釋知識管理的定義及核心意涵。（105 年特種考試地方政府公務人員考試─三等一般行政）

參考文獻

一、中文資料

人力資源管理處，2008，〈淺談知識管理〉，《今日合庫》，34（3）：89-100。

王頌平，2006，〈政府部門建立知識管理實務之探討〉，《研習論壇精選》，1：357-370。

丘昌泰，2010，《公共管理（再版）》，台北：智勝。

朱斌妤、吳岱儒、陳少娟，2011，〈政府部門知識管理的管理與績效模式〉，《空大行政學報》，21：1-34。

吳英志，2011，〈知識管理推行實務〉，《品質月刊》，47（8）：7-10。

吳瓊恩、李允傑、陳銘薰編著，2006，《公共管理》，台北：智勝。

阮明淑、溫達茂，2002，〈Ontology 應用於知識組織之初探〉，《佛教圖書館館訊》，32：6-17。

林海清，2002，〈知識管理與教育行政改革〉，《現代教育論壇》，7：133-141。

林嘉誠，2006，〈知識型政府的意涵與發展〉，《考銓季刊》，48：1-17。

胡龍騰，2007，〈政府部門接班人計畫：知識接續觀點之注入〉，《公共行政學報》，25：95-117。

胡龍騰、張鎧文、楊仁鈐，2008，〈你，願意分享嗎？公部門組織成員知識分享行為之底蘊〉，《東吳政治學報》，26（3）：57-111。

孫本初，2010，《公共管理（第五版）》，台北：智勝。

高素真，2006，〈公務機關對知識管理之實踐與應用〉，《考銓月刊》，48：114-124。

張秋元，2009，〈光世代知識升級，啟動服務量能——以新竹縣政府人事處為例〉，《人事月刊》，48（5）：43-50。

許明德，2007，〈知識管理〉，《科學發展》，419：62-67。

陳弘、黃炯博，2009，〈經濟部水利署水利規劃試驗所：知識管理推動經驗〉，《水利》，19：242-248。

陳依蘋，1999，〈知識管理的建立與挑戰〉，《會計研究月刊》，169：15-19。

陳衍宏，2003，〈知識經濟時代的管理趨勢探析〉，《玄奘管理學報》，1（1）：1-24。

陳悅宜，2002，〈知識管理在公部門運用的迷思與突破〉，《研考雙月刊》，26（4）：77-88。

陳海雄、常華珍、邱秀美、黃志勝、王正雄，2008，〈公務機關推動知識管理現況之探討〉，《人事月刊》，46（1）：24-37。

陳秦明，2004，《知識管理在政府機關之運用：以行政機關政策形成機制建立為例》，行政院研考會委託研究報告（RDEC-RES-093-001）。

彭安麗，2010，〈從知識管理觀點探討台灣客家事務之治理〉，《政策研究學報》，10：61-95。

黃光彩、吳懷真、杜順榮，2003，〈以知識管理帶動政府部門的研發創新服務〉，《研考雙月刊》，27（4）：34-42。

黃廷合、吳思達，2004，《知識管理：理論與實務》，台北：全華。

黃東益，2004，〈全球治理下政府知識管理的新面向：府際政策學習〉，《國家政策季刊》，3（1）：135-153。

鄭錫鍇，2004，〈知識型政府的內涵及使命〉，《國家政策季刊》，3（1）：21-48。

鄭馥慧，2010，〈知識型組織初探：知識管理下的組織設計〉，《研習論壇》，112：45-51。

二、西文資料

Beckman, T. 1997. "A Methodology for Knowledge Management." Paper presented at International Conference on Artificial Intelligence and Soft Computing, July

27-August 1, Banff, Canada.

Devenport, T. H. & L. Prusak. 1999. *Working Knowledge: How Organization Manage What They Know*. Boson MA: Harvard Business School Press.

Nonaka, I. & H. Takeuchi. 1995. *The Knowledge-Creating Company: How Japanese Companies Create the Dynamics of Innovation*. New York: Oxford University Press.

12

危機管理

學習重點

▶危機的類型與特性為何？

▶危機管理的定義與目的為何？

▶危機管理的建置與運作階段為何？

▶公部門運用危機管理的課題為何？

前　言

　　俗諺云:「天有不測風雲,人有旦夕禍福」。當組織面對變動性高而可預測性低的動盪環境時,任何意外、偶發的事件皆可能對組織造成莫大影響。因此,危機管理機制的建立乃是現代國家捍衛自身安全的重要屏障。二次世界大戰後,美國政府視「危機管理」為重要的研究課題。1974 年,杜魯門(Harry S. Truman)總統更在國家安全會議下成立一個危機小組,希望在急迫又影響國家存亡的重大事件上,能採取立即而又適宜的行動方案,如柏林危機、越戰危機、伊朗人質危機。冷戰期間又將此一處理對外事務的危機機制,同樣運用在國內危機的處理上。因此,1960 年代危機管理被國際關係領域視為是一專門學科,直到 1970 年代,石油危機的爆發給予各國經濟沉重的打擊,危機管理才成為公共政策甚至是經濟管理領域重要的研究課題(鍾從定,2003:100;劉兆隆,2012:22-23)。

　　邁入 21 世紀,地球暖化問題日趨嚴重,各地自然災害不斷,加上恐怖主義盛行與原油等重要資源日漸稀少之故,許多國家都意識到在面對越來越多無法預見或潛在的風險時,已難以僅靠單一個人或單一機構即能因應。若缺乏積極且完備的危機管理制度,將會嚴重影響甚至傷害到國家與國民。近年來,國際間重大危機事件頻傳,如 2001 年美國的 911 事件、2006 年的南亞大海嘯、2011 年日本 311 大地震等。對政府機關而言,不論是天然災害,如水災、旱災、颱風、地震、海嘯等,或是公共衛生問題,如登革熱疫情、禽流感病毒、非典型肺炎(SARS)、塑化劑等,甚或公共事務中所出現的各種突發事件,如捷運意外、雪隧火燒車等,均會對民眾生命、財產安全和社會秩序造成嚴重的影響,甚至降低民眾對政府的信任。由於公共管理者往往需要在最短的時間內控制風險,降低不確定感,本身是否有足夠的能力與資訊以即時處理問題,並做出完整的決策,則攸關危機處理的成效。

　　基於上述,本章首先介紹危機的定義、類型、特性、成因等基本概念;其次整理危機管理的定義、目的與政策階段等相關意涵;接著闡述危機管理的建置內容與運作過程;最後則探討公部門進行危機管理時所可能面臨的課題與應有之作為。

第一節　危機的基本概念

一、危機的定義與類型

（一）定義

　　「危機」（crsis）一詞來自於希臘文「Krisis」，意指判斷、選擇或決策；而《韋氏字典》（*Webster's definition*）將危機解釋成「決定性的一刻」和「關鍵的一刻」，是「生死存亡的關頭」以及「事件轉機與惡化的關頭」（turning point of better or worse）。但該字在不同研究中可能有不同的用法。最常被使用的危機概念，通常指一種緊急事件或緊急狀況的出現，其可能造成民眾嚴重的傷亡、危害企業的營運、破壞環境以及擾亂社會秩序（鍾從定，2003：100；鄭美華，2003：197；吳秀光，2007：20）。

　　若整理國內學者對於「危機」的定義發現，並沒有太大的差別。丘昌泰（2010：329）認為，「危機是指對於組織、人員與社會造成生命或財產、生理或心理威脅與損害的特殊緊急情況」；孫本初（2010：310）則指出，「危機是指組織因內、外環境因素所引起的一種對組織生存具有立即且嚴重威脅的情境或事件」；至於詹中原（2004：10）認為「危機具有威脅國家利益及基本的政策目標、時間壓力、做決定的急迫性以及具有高度戰爭風險四點特質」；朱愛群（2003：31）則認為「危機擁有驚異性、威脅到組織重大價值損失、具有時間壓力和迫使決策者必須做出決策四項內涵」。

　　綜上所述得知，危機乃是一種會對組織及其成員造成嚴重的威脅與損失的特殊情況，具有時間壓力、做決定急迫性與高度風險性，故不得不予以重視。

（二）類型

1. 依危機的成因（causation）區分

　　關於危機類型，有研究指出（吳秀光，2007：21；廖洲棚、吳秀光，2007：38-47），最常見到的多是以「危機的成因」來作區分，可分為自然災害（natural disaster）和人為危害（man-made hazard）；前者是指危機係經由不可抗力之自然因素產生，如地震、颱風、水旱災等，後者是指危機是受到人為之故意或過失因素而產生，如恐怖份子所製造的爆炸事件、民眾的街頭暴力抗爭等。然而，在實務上出現的重大危機，多半會同時包含自然災害與人為危害等兩種危機類型。如美國前副總統高爾（Al Gore）在紀錄電影《不願面對的真相》（*An Inconvenience Truth*）中所言，全球暖化正逐漸影響地球氣候，並逐步危害地球上的所有生物，而造成地球暖化的原因，正是過去數十年來人類文明的過度發展所致。換言之，人類是造成全球暖化的元兇，所以若是依據危機發生的原因而區分成自然危機與人為危機的分類方式，容易導致忽略危機是自然與人為成因相互交錯而成的情形。

2. 依危機的來源（origins）區分

　　若以危機的來源來區分，勒賓格（O. Lerbinger）將其分為下列三類（轉引自于鳳娟譯，2001：11-14）：

　　（1）物質界造成的危機：包含天然災害造成的人類生命、財產的威脅；世界人口激增、工業發展以及對自然資源的大量需求所導致的環境問題；科技發展與應用所造成的人類危機。

　　（2）人類趨勢演進形成的危機：人與人之間的對立與惡意，也是危機的主要來源，地球的資源有限，人類的慾望無窮，以致各種激烈的大規模競爭不斷發生。

　　（3）管理疏失造成的危機：上述各種衝突與對立對管理階層造成莫

大壓力，發生管理疏失的機率也相對增加，管理階層可能因爲不斷推陳出新的市場需求及金融壓力而做出令人質疑的決定，就像新聞報導中具有爭議性的事件或醜聞，例如非法海外匯款或政治獻金、詐欺、貪汙以及其他不道德行爲。

3. 依危機特性（attribute）區分

另一種文獻上常見的分類是依危機的特性或屬性（trait）來分類，最簡單的是只有一種特性，如將危機區分爲國內的或國際的危機、不連貫的或連續的危機，以及企業的與公共的危機等；或同時以多種特性各自或共同結合成多種危機類型，如國內學者常引用的危機特性有威脅性、時間有限性、不確定性、階段性、雙面效果性等。以下乃詳細分述之。

二、危機的特性

危機具有威脅性，會影響組織的目標及價值，同時具有不確定性，決策者需在極爲有限的時間內做決定。因此必須瞭解危機的特性，以有利於立即的因應及管理。最早提出此說明的是赫曼（Charles F. Hermann），他在 1963 年的一篇專文中指出，危機的發生必須具備三個條件，分別是：（1）管理階層已經感受到威脅的存在，並意識到會阻礙組織達成其優先目標；（2）管理階層瞭解到，如果不採取行動，情況將會惡化，終致無法挽回；（3）管理階層面對的是突發狀況（轉引自于鳳娟譯，2001：7）。

若整理相關研究發現，有關危機特性的論述雖未統一，但主要可整理歸納如下（吳定等編著，1996：250-251；于鳳娟譯，2001：7-10；鍾從定，2003：101；陳德昇，2004：75；吳秀光，2007：22；孫本初編著，2010：310）：

（一）階段性

　　危機可以分成潛伏期、爆發期、處理與善後四階段，必須辨識危機的產生與存在，才能快速而有效回應。

（二）不確定性

　　現代科技雖可對颱風、暴雨、乾旱等氣象災害發出預警，但對受災之時地及規模，仍無法準確地預測。人為災害也因具有偶發性質，社會大眾不僅對天然或人為災害事件的發生，缺乏精準預測的能力，對災害的影響層面也難以預知。因此，危機發生之不確定性可能會有：情況不確定（state uncertainty）、影響不確定（effect uncertainty）、反應不確定（response uncertainty）[1]。

（三）突發性

　　危機通常是突發的緊急事件，是不在決策者的預期之中[2]，容易令人措手不及。儘管如此，任何事情的發生都有前兆，只是容易被忽略。

（四）時間的有限性

　　當危機突然發生時，因無法依照平常的標準作業程序來處理，且在時間壓力和資訊不足的情況下，決策者必須立即對情境做出適當反應，往往會影響決策品質。從經驗法則得知，當事件難以被預期，則愈無法有充裕時間思索解決方法。此時，若政府無法滿足公眾或相關監督單位的要求，

1　所謂「情況的不確定性」，是指組織的決策者對環境的真實狀況並不瞭解，因而無法預測未來的變遷情形；而「影響的不確定性」，是指決策者對於環境狀況有所瞭解，但對於未來環境中的變遷將對於組織造成何種影響，無法明確預測；至於「反應的不確定性」是指決策者知道要對外在環境變遷或具威脅性的事件採取回應，但卻不知道應該採取哪一備選方案或對選項的可能結果無法做預測（王濬，2007：37）。

2　如嬌生公司無法預知有人會在膠囊中放氰化物，而百事可樂公司也不可能事先得知飲料鋁罐中會遭人放置針筒（于鳳娟譯，2001：8）。

則將使其正當性產生動搖。

（五）威脅性

危機的發生在於該情況會威脅到組織的基本價值或目標，若未能有效處理，會使組織發展受挫，甚至引起骨牌效應，讓組織面臨存亡的威脅。而其威脅的程度是依決策者對危機的認知而定。

（六）雙面效果性

「危機就是轉機」，代表危機隱含「危險」與「機會」之雙重意義，危險指危機即將產生負面效果，對組織的生存目標或價值造成威脅，會影響組織之運作，組織因無法招架致效能不彰或應調整組織結構，以符合需求。反之，危機也可能形成新的契機，組織因為危機的考驗，管理者對組織有充分瞭解，俾妥善改進，亦可能藉助成功的處理經驗，使組織功能更加健全，大為提振士氣。

（七）反覆性

危機有持續、動態的發展過程，而非個別發生立即結束，經常相互影響、波及、擴大，容易形成連鎖性的災害。因此，若公共管理者已具備同類型危機處理的經驗，將能更有效解決各種類似的問題。

（八）多樣性

分權化的主要目的，是經由專業分工，賦予各專家有自主判斷的能力，以便能視情況運用專業，並採取最佳方式解決問題。若危機需要兩種以上的專業知識加以因應，將牽涉到各部門之間的協調問題。換言之，當某一危機需由兩個以上的部門共同行動解決問題時，即符合此處的多樣性定義。

三、危機的成因

為何會發生危機？學者孫本初（2010：311-314）根據組織內外在環境因素予以整理說明如下：

（一）組織外在環境因素

1. **國際情勢變遷**：在全球化的時代，任何國際事件都有可能影響到政府或企業的運作。

2. **勞工意識抬頭**：無論公、私部門的員工，在全球勞工意識抬頭的趨勢下，均會向組織爭取自身權益，甚至採取抗爭手段。在工會團體盛行的歐美國家，即使公務人員罷工亦是時有所聞。

3. **傳播媒體的壓力**：大眾傳播媒體對人類的影響極大，若政府或組織未能將正確的資訊告知媒體或刻意欺瞞，往往使危機更形惡化。

4. **不法份子的破壞**：無論企業組織、政府機關或是國家社會，都可能遭到他人的蓄意破壞。小至公司行號遭歹徒入侵、大至如911恐怖攻擊，都是形成危機的原因。

（二）組織內在環境因素

1. **組織文化**：組織成員通常會將組織中錯誤的信仰、價值予以合理化，致使組織具有危機的傾向。

2. **組織結構**：當外在環境急遽變遷時，若組織既有的規則與標準作業程序不能因應此項挑戰時，反而可能因處置不當而擴大了危機。

3. **管理風格**：唯有權變式的領導才能減少組織發生危機，亦即領導者對領導行為的選擇與運用應依情境而定。

4. **人員因素**：組織內的人員對於危機情境的設定及理解具有很大的關鍵性。許多決策者往往礙於認知的限制及沉溺以往成功的假象中，

忽略外在環境變遷所形成潛在危機的發展，以致未能洞察先機而延誤了危機處理的時機。

5. **技術因素**：組織因設計上的錯誤、設備上的瑕疵及技術程序上的錯誤等，均可能引發意外災害。

6. **財務因素**：無論國家、政府或私人企業，資金是否充裕、財務狀況是否健全，都會對正常運作與否產生極大的影響。

四、危機的發展階段

危機有如疾病般，是有階段性的發展，如圖 1 所示，危機的發展可區分為下列四個階段（詹中原，2004：16-17）：

（一）**潛伏期**（prodromal crisis stage）：就是警告期，又稱「事件發生前」的階段，在問題未爆發形成嚴重危機時，找出問題點加以處理，這常常成為組織尋求「生機」的成敗關鍵。處理潛伏期的危機，不但簡易且效果最好，也能達到預防勝於治療的目的。

（二）**爆發期**（acute crisis stage）：一旦進入爆發期，就是一般人所認知的危機時期，既然危機已經發生，這階段處理的關鍵在於盡量控制危機，避免危機發展的速度如雪崩般快速且強烈。

（三）**後遺症期**（chronic crisis stage）：危機爆發後隨之而來的是許多後遺症的產生，這就是所謂後遺症時期。這段時期也是恢復、善後、療傷止痛的時期，此時政府部門應分析危機發生的問題點，有些危機並非突發性，而是醞釀許久、伺機爆發出來的，所以探究危機的肇因癥結，才能採行適時的補救措施。

（四）**解決期**（crisis resolution stage）：係指當利害相關人不再關切該一事件時，危機就算結束了。

申言之，一旦發生危機徵兆，能立即處理「轉危爲安」，這是危機管理最高目標。但若危機已經發生，則應避免危機產生更大傷害，並盡可能的找出危機發生的原因，立即採取行動，以減少損害，並隨時注意另一場危機發生的可能性。

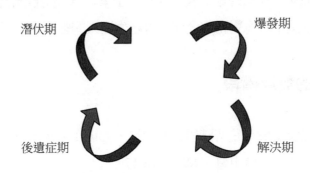

潛伏期　　　　　　　　　爆發期

後遺症期　　　　　　　　解決期

▲圖 1　危機的發展階段
資料來源：詹中原（2004：17）。

第二節　危機管理的意涵

一、危機管理的定義

　　危機管理是 1980 年以後，組織與管理領域討論的重要議題，是組織爲了避免或減輕危機所引起的損失傷害，而針對危機情境所從事長期性的因應策略規劃與措施管理（張潤書，2009：472）。在瞭解危機管理意義之前，首先需釐清危機管理的定義。一般而言，**危機管理係在危機狀態下所實施之管理程序與方法，乃是公共組織對於自然與人爲危機進行預防、準備、因應與回復的管理程序與方法**（丘昌泰，2010：335）。邱毅（2001：

3-26）認為，危機管理就是指組織體為降低危機情境帶來之威脅而必須進行長期規劃與不斷學習與反饋的動態調整過程。所以，從這個定義中可以得知：危機管理之目的為降低危機情境的威脅，以及危機管理是不斷學習、不斷反饋的動態調整過程。

　　另一方面，吳定等（1998：94）從公共政策的角度將「危機管理」界定為一種有計畫的、連續的及動態的管理危機的過程，亦即指政府機關或組織針對潛在或當前危機，於事前、事中或事後，利用科學方法，採取一連串的因應措施，包括組織、命令、控制、協調、計畫、激勵、溝通，以及為了因應危機的急迫性、威脅性和不確定性，藉由資訊回饋，不斷地修正與調整，以有效預防危機、處理危機及化解危機，甚至消弭危機於無形，使政府機關或組織能夠迅速回復正常運作狀況（轉引自丘昌泰，2010：337）。

　　另外，還有研究指出，**「危機管理」是一種有計畫的、連續的及動態的管理過程，亦即針對潛在的或當前的危機，於事前、事中、事後，有效採取因應措施，將危機帶來的傷害減至最低或使之消弭於無形。**危機管理的觀念可分為：預防、應變和復原重建三部分。因此，危機管理涵蓋危機之預防，除加強平時之演習與防災策略外，還包含發生危機時之立即回應、減輕災害損失乃至事後之儘速復原，是一門日益重要的研究領域。總而言之，**「危機管理」即是組織為避免或減輕危機情境帶來的嚴重威脅，所從事的長期規劃及不斷學習與適應的動態過程，亦即針對危機情境所作的因應策略。**

二、危機管理的目的

　　對公部門而言，為何要進行危機管理？誠如美國聯邦危機管理局（FEMA）首任局長吉弗達（Louis Giuffrida）所言，若從總體觀點來看，

危機管理不應以單一災難的預防計畫爲導向，行政體系應利用有限的人力資源，綜合參考行政轄區內各種可能產生的危機，制訂多目標導向的危機管理政策（詹中原，2004：16）。大抵而言，危機管理的目的約可以整理如下（張潤書，2009：473；簡錫新、崔海恩、陳楊正光，2011：77）：

（一）危機訊息的偵測

危機爆發前，常有持續出現的徵兆，但大部分的機關組織礙於認識能力的不足，或組織文化的限制，常有漠視及低估危機警訊的習慣。因此，危機管理的主要目的，在於增強機關組織預防及判斷危機的感應能力，組織應透過專業的偵測系統及作爲，做好事前的預防工作，未雨綢繆。

（二）危機的預防及準備

爲了避免危機所帶來的負面影響及損失，組織必須事前做好周全的應變計畫，以免事出突然，進退失據，造成組織喪失處理危機的先機。各項危機處理計畫應針對機關組織的業務特性，並根據以往的處理經驗以做好妥善的規劃。

（三）損害的控制與處理

危機發生後，依危機管理計畫來執行相關的損害控制與處理，以減少危機所帶來的傷害。平日也可從計畫實際操演過程中，進行有效性的檢測，從演練過程中發現缺失，並予以修正，增加組織對危機控管的能力。

（四）危機的復原

危機管理工作的重心在於危機的善後與復原的工作，妥善的復原工作可以使危機所造成的損害程度降到最低，也可以增強組織內部及外部對組織的信任，並有助於鞏固組織內部的團結。

（五）不斷的學習與修正

危機管理的主要精神在於組織能夠針對危機經驗進行持續不斷的檢討學習，根據以往的工作經驗和成效評估，對未來的管理計畫充分檢討修正。

三、危機管理的政策階段

危機管理可分為以下四大階段的政策規劃與執行過程（詹中原，2004：18-19）：

（一）**舒緩政策**（**mitigation policy**）：此一階段之政策包括規劃足以減輕災難損害的各種因應措施。危機管理中的舒緩政策可分為結構性與非結構性；前者如推動興建水壩防洪計畫，後者如研擬房屋建築法規增強抗震能力。

（二）**準備政策**（**preparedness policy**）：此類型政策主要是在發展因應危機的運作能力，如設立危機運作計畫、緊急事件處理中心、危機警報系統等。

（三）**回應政策**（**response policy**）：此一階段的特色在於強調當危機已無可避免地轉換成災難時，所應採取的行動，如醫療救援系統、緊急事件處理中心運作、救災及撤離計畫、災民收容等。

（四）**回復政策**（**recovery policy**）：短程恢復政策包括重建基本民生支援系統，如將水源、電力恢復至最起碼的運轉程度。就長期恢復政策而言，如重建交通運輸系統、疾病衛生控制等。

第三節　危機管理的建置與運作

在危機管理的諸多文獻中，有許多研究是著眼於危機的處理過程，並針對此提出一系列模型，如美國學者芬克（Fink, 1986）借用醫學上的名詞將危機分爲徵兆期、發作期、延續期與療癒期等四階段；而奧古斯丁（Augustine, 2001）則將危機管理劃分爲預防危機的發生、擬妥危機計畫、嗅到危機的存在、避免危機的擴大、迅速解決危機與化危機爲轉機等六個不同階段（轉引自鍾從定，2003：102-103；劉兆隆，2012：23-24）。至於國內學者如張潤書（2009：475-476）、孫本初（2010：316-320）、丘昌泰（2010：339-347）、傅篤顯（2009：47-51）等則多根據危機發生的時間（發生前、發生時、發生後）來加以區隔，以作爲危機管理運作與處理的論述基礎。茲整理上述相關文獻內容說明如下：

一、危機爆發前的預防階段

這是指危機發生前，危險醞釀成形的階段。此階段首要工作是協助組織建立有效的預防系統，防止危機的發生，也就是掌握警訊，發現危機徵兆，防患於未然。因此，做好危機預防工作便是整個危機管理的基礎。此階段主要工作包含：

（一）危機計畫系統（crisis planning system）

危機計畫擬定的目的在於透過不斷的規劃活動，促使機關決策者對於危機相關保持高度的關切，並希望藉此增進管理者的危機處理專業知識。

（二）危機訓練系統（crisis training system）

訓練的目的在使組織成員對既有的因應策略有所瞭解及熟悉，並透過

訓練使成員培養出分析的能力與知識取得的能力；並從中學習獨立判斷的能力，使其在危機下能作出創造性決策，並以彈性的行動來解決危機。

（三）危機感應系統（crisis sensing system）

組織若能針對早期的危機警訊加以察覺，並採取適當的因應措施來防止其發生，便能將危機消弭於無形，達到管理的最高境界。

（四）草擬危機管理說明書（scenario generation）

成立危機知識庫，並草擬危機計畫說明書，對危機進行沙盤推演。

二、危機爆發時的處理階段

當危機發生後，組織的因應與管理作為會對組織帶來深切的影響。一般而言，危機爆發時的管理活動可分為下列三項系統：

（一）設置危機指揮中心（crisis management center）

由組織內部的負責人召集各部門的專業共同組成，以承擔危機狀況的統籌決策與各項行動的總指揮責任，甚至擔負各項指派事宜及處理工作，並由「決策者及其幕僚」、「危機處理小組」、「危機處理專家」等三個單位所組成，即一般學者所稱的「危機管理小組」。此為一個智囊團，從危機發生前之預防及準備工作的規劃、危機爆發時的緊急處理及危機解決後的重建與再學習，皆是本中心指導的工作。

（二）設立危機情境監測系統（crisis status surveillance system）

危機情境監測系統依據危機管理計畫所列之指標進行監控，並將情報向危機指揮中心回報。

（三）設立危機資源管理系統（crisis resource management system）

危機資源管理系統的作用在於支援危機管理小組，負責有關解決危機時所需資源的安置、分配及取得等。組織平時便應設立危機資源管理系統，包括資源的種類、數量、配置地點等，從而建立資源管理系統的資料庫，以供危機管理小組運用。

三、危機解除時的回復階段

妥善的復原工作可以使危機所造成的損害程度降到最低，也可以增強組織內部及外部對組織的信任，並有助於鞏固組織內部的團結。復原階段的重點在力求情勢恢復到危機發生前的階段，減少危機造成的傷害。另一方面，對於危機處理過程的缺失也應加以檢討，強化危機處理的能力與機制。在事後的檢討方面，組織內部的各部門對於類似危機處理事件應該要有完整檢討資料，而非僅屬部門層級檢討資料，應該擴大範圍就組織整體的危機處理，做一完整的檢討，藉以修正與強化危機處理機制（簡錫新、崔海恩、陳楊正光，2011：77、83）。

危機回復階段係指危機發生之後，如何進行重建與修復工作，使災區儘速回復到平常的狀態；重要的活動是替罹難者提供適切的支持與救助，以免再度遭受二度傷害。Wallace 與 Balogh（1985）指出：該階段應該注意下列問題：第一、受害地區或承受風險的團體為何？承受風險團體的脆弱程度為何？第二、從短、中與長期的角度分析災區基礎設施的破壞狀況為何？第三、應如何進行各種救濟與重建的工作（轉引自丘昌泰，2010：347）。

另外，在此階段需對組織的執行績效工作進行評估，將評估結果作為對目前危機處理過程的修正參考。此階段的任務為：

（一）成立評估調查系統以確認危機的成因

在危機結束後，組織需成立一個調查及評估小組，針對整個危機管理活動做評估及調查的工作，以供組織修正危機計畫時的參考。

（二）加速復原工作的進行

組織對其內、外部受到傷害的利害關係人，應予適當的救助與補償。就外部的利害關係者而言，組織應勇於向社會大眾說明危機發生的原因與處理情形，並聲明負起道義上的責任。就組織內部而言，危機會造成利潤下降、組織成員心靈創傷或是自我價值的錯亂，此時管理者應透過溝通來治癒組織成員心理上的創傷，或是使組織成員們瞭解危機對於組織所造成的嚴重影響，獲取成員的認同，進而加入組織復原工作。

（三）繼續推展下一波的危機管理計畫

從危機事件中學習教訓，並將此學習回饋至危機前的準備工作，以利危機管理活動的再推動。

整體而言，危機管理的運作與活動內容如圖 2 所示。

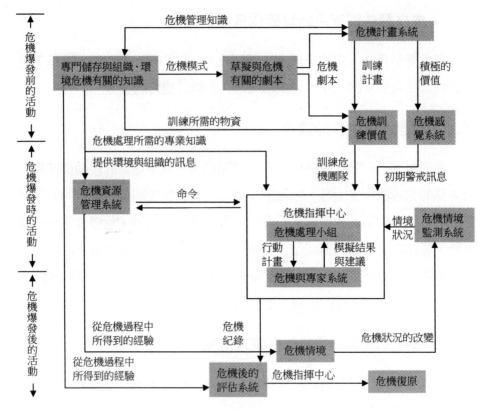

▲圖 2　危機管理的運作與活動

資料來源：孫本初（2010：317）。

第四節　公部門進行危機管理時的課題與作為

一、公部門進行危機管理所面臨的課題

若整理相關文獻資料發現，公部門在進行危機管理時可能會面臨下列幾項課題（鍾從定，2003：102；劉兆隆，2012：26）：

（一）政府組織受到科層結構的限制，缺乏彈性授權

在危機管理過程中，政府行政部門必須被授予足夠的權力，同時也可運用公共財政工具，將中央與地方政府行政體系的人力與物力投入，而這些財政、公權力與行政組織的動員系統都是政府在危機管理過程中的「顯性優勢」（explicit advantage）條件。但政府運作也有其劣勢之處，因政府組織深受法令與科層結構限制之故，缺乏授權與彈性，以致無法因應危機管理所需的時效性與應變性。如在 921 救災工作中，政府也承認在賑災初期，各項指揮調度顯得緩不濟急以及聯繫困難，而且「中央與地方政府間的權責劃分不清，協商聯繫機制失衡」。

（二）公部門「本位主義」作祟

公部門面臨危機時有一個很大的問題就是「本位主義」的作祟，以致影響危機處理的速度。例如 2000 年的「八掌溪事件」，就是因為空中警察隊與海鷗直昇機空中救難隊的「本位主義」作祟，造成多人死亡，最後引起內閣的政治危機。

（三）「依法行政」限制公務人員的思維

公部門因行政法規嚴格限定職權與責任，容易造成公務人員在執行公務時欠缺系統性思考或全觀性視野，無法站在整體角度思索自身職權與角色。而「依法行政」更往往成為公務人員在思維上的死角或卸責的藉口，使得公務體系陷入「工具理性」（instrumentally rational）的困境，失去原先設計這種救災體制的終極目的。

（四）民意機構容易假借監督之名，使危機管理工作泛政治化

雖然危機屬於突發狀態，但政府機關在處理過程中仍須接受民意機構

的監督。也因此，民意機構容易假借監督之名，干預政府組織政策執行，國會或地方議會也可能將政黨競爭與危機議題連結，使危機管理工作泛政治化；如 921 賑災時，南投縣府會失和及鄉鎮公所各行其事，以致影響賑災工作的推行。

（五）危機超出標準作業流程，無法即時因應

基本上絕大多數的公部門對於所處理的業務都有一套標準的作業流程，但危機都是超出這套標準作業流程的偶發事故。也就是危機一旦超過平常處理的範疇或能量，就難免會手足無措，甚至因沒有標準作業程序而產生新的危機。如日本 311 地震之所以災情慘重，就是因為地震所引發的海嘯和核輻射等危機規模已超過原先危機應變計畫所設定的危險係數處理範疇，形成新的複合式災難，造成公務人員無法即時因應，致使災難蔓延。

二、公部門進行危機管理時應有之作為

（一）危機的預測

危機是無所不在的，若能及早探知危機的徵兆，在危機實際發生前即開始未雨綢繆，將有助於決策者瞭解及應付重大危機狀況。對政府機關而言，平日可透過下列的方式發掘社會中可能的潛在危機以便事先消弭之（吳定等，1996：260-262；邱志淳，2003：217-218）：

1.觀察社會的動態

觀察當前社會的趨勢、變遷及動態，可藉以評估政府單位的內部控制制度，亦可讓政府單位檢討是否有相關的問題徵兆。而各單位應隨時注意其他相關單位所遭遇的類似問題。

2. 聽取民眾的意見

　　民眾通常比政府單位客觀，也能協助政府單位發覺社會的變遷趨勢，進而協助政府單位避免潛在的災禍。

3. 實施例外管理

　　通常每個組織都會訂立績效標準、工作程序、政策及工作目標等，以提供作業的指導方針，主管人員專注於例外事件的處理即可，以便早期發現危險徵兆。

4. 加強企劃作業與環境預測

　　妥善的事前計畫與預測工作，能增加管理者的信心，減低恐懼感與時間壓力。

5. 建立良好的溝通管道

　　公開的溝通是政府單位瞭解真實狀況的必要條件。在內部溝通方面，政府單位應建立適當的溝通管道，使員工意見能以書面或口頭往上傳達。良好的溝通也包括外來的資訊，如民眾或其他有關群體所提供的資訊。因此，若能建立良好的溝通管道，則員工與民眾將能立即陳報潛在的危機，以消弭危機於無形。

（二）危機的處理

　　「危機處理」係指危機爆發後所採取的因應措施。政府機關必須考量社會、政治、法律、經濟及科技等面向而對危機做權變處理。欲有效處理危機，可採取下列做法（吳定等，1996：262-264；邱志淳，2003：218-220）：

1. 成立智庫（think tank）供決策者諮詢

　　智庫可協助決策者蒐集資訊，發揮諮詢的功能，提供適切的建言，幫助決策者做好危機處理工作。

2. 預防團體盲思（groupthink），提高決策品質

危機的威脅性可能會導致團體盲思的情形出現，致使決策品質不佳。為預防此種壓力的影響，必須對決策者的認知結構重新調整，並且加強心理建設，以提高危機的辨識能力。

3. 加強幕僚人員的訓練

由於外在環境的不確定性，使得決策者無法準確預估每一項可能發生的情形。因此，決策者需不斷將危機處理計畫予以實地演練及模擬，並檢討、修正及學習，以訓練幕僚人員對危機的應變能力。

4. 制訂危機應變計畫，舉辦實地模擬演練

機關組織應對於未來可能發生的危機，訂定應變計畫，並定期以模擬方式作演練，以期危機發生時發揮最大的管理效果。

5. 強化決策者的危機辨識能力

決策者往往礙於以往的成功經驗及自我認知能力上的限制，未能對危機的初期警訊予以注意並採取適切的回應及處置措施，以致錯失處置的良機。因此，若能強化決策者的危機辨識能力及改善其所持的態度，不但能面對危機的挑戰，更能主動將危機視為轉機。

6. 動員民間力量協助處理危機

危機常需要大量人力協助應變及善後。因此，若能善用民間資源，將人民適當的訓練、組織，使其於事故發生時能自救並救人，將可提高危機處理的績效，發揮「生命共同體」的團隊精神。

除了上述危機處理做法之外，尚有強化全民危機教育、提昇危機意識、建立完善的危機處理體制、加強危機的溝通效能及大眾傳播功能等做法可以參考，藉以使危機處理機制與內容更趨健全完善，以降低損失至最低。

危機管理個案：
從莫拉克颱風檢視政府的危機管理應變
——以屏東縣林邊地區淹水為例 [3]

一、前言

在全球的極端氣候下，台灣的降雨量屢創紀錄，而其所引發的水患、山崩和土石流不但造成人民的恐懼，更考驗了政府的危機管理能力。民國 98 年 8 月 7 日，莫拉克颱風侵襲台灣，帶來極大的豪雨，重創了南台灣，使得屏東林邊地區嚴重的淹水，而且水退得極其緩慢，造成民眾的財產損失難以估計，生命更是飽受威脅。而政府在處理災難、整備、應變和善後過程中，從外界而來的批評聲浪不斷，使得政府的危機管理能力深受各界的質疑。

二、林邊溪流域自然環境和災情概述

南台灣主要河川中，因地質、地形與土壤的脆弱，被劃設為環境敏感地，一旦遇上豪大雨沖刷，易使得低海拔的下游環境敏感地區造成重大的災情，再加上，屏東縣在都市部分，近年來因高度發展結果，導致都市防災與公共安全的問題陸續浮出，又因轄區廣闊靠山靠水，容易造成土石流和水災等災害發生。

莫拉克颱風帶來驚人的雨量，林邊沿海低窪地區陸續有災情傳出，約有兩萬七千多人受困於林邊全鄉和佳冬鄉部分地區，輕者水淹及膝，重者水淹至兩層樓高，爛泥也深達兩公尺。災難現場沒水、沒電、沒食物，更沒有通訊！道路如河道，夾雜混濁湍急的惡水和漂流物，是林邊鄉前所未有的重大浩劫。

---

3 資料來源：鄭明輝（2011）。

三、處理過程

（一）危機潛伏期：危機預防階段

每年的 7-10 月是台灣的颱風季節，雖然中央和地方政府照慣例成立了災害應變中心，但缺乏橫向間部門溝通，沒有戒慎恐懼的心面對即將到來的挑戰，再加上台灣目前的防災計畫，僅有都市計畫區才有，其他非都市則缺乏防災計畫，因爲沒有完善的防災計畫，使得地方政府不知如何進行減災策略，總是得等到巨大災害帶來損失，政府和人民才開始正視防災問題。

（二）危機爆發期：危機處理階段

在非常緊急之下，國軍被視爲動員救災的優先行列，但在沒有下達指令前，僅處於備戰，產生救災時效上的落差；而中央與地方政府只是按部就班地初步安頓災民的生活所需，但在清掃家園工作上，初期的國軍仍舊處於被動。危機處理的溝通在此次水災是完全付之闕如，包括中央與地方、部會之間、政府與災民、政府與民間慈善機構等，尤其是軍、文機構間的溝通更是如此。

（三）危機復原階段

此階段包含了災區重建及災民社會的重新接軌工作，重建工作應以政府行政系統爲主，並納入社區和民間團體共築平台，即「政府與災民結合」、「政府主導民間配合」、「重建資源必須整合」之精神，以尊重災民主體與社會對話爲原則。同時針對災後的環境，立即展開下一階段的危機偵測和預防，希冀這個階段的政府是以虛心檢討，而非爭功諉過的心態來進行。

四、成效

（一）應強化整體社會的危機意識

受到水利署副署長表態「如果雨量達 600-1,000 毫米，至 11 月都不

必擔心缺水」的影響，當莫拉克颱風的來臨，居民普遍以樂觀的想法來迎接，但卻沒想到這三天在豪雨瘋狂肆虐下，雨量大約是南台灣一年的降雨量，由此可見防災意識的薄弱。

（二）有系統性地整治河川

重新檢討和考量土地開發及產業發展區位的水源供給能力，以及可能產生的災害，不應過度超抽地下水，使得地質變得脆弱和敏感。除此之外，應加強抽水站運轉的改善，以林邊溪下游為例，河床多為淤沙，因此還須能抽泥抽沙。

（三）修災害防救法

藉由修法使國軍在災害防救體系中，角色從被動地聽命行事，提昇為積極主動地預先部屬、主動救災，以爭取黃金時間，提高危機處理的速度，減少可能的災害。

（四）加強多向的溝通

從上述問題可發現，在此次水災中，溝通是十分缺乏，因此政府須加強和民間團體以及災民的溝通，尤其是民間的彈性和對地區性的瞭解，可促使救災工作事半功倍；除此之外，在中央與地方政府、不同部會和不同性質的機關間，也應有更多的連結和共識，使其能掌握各階段的危機管理工作，使救災任務更能真正落實。

歷屆考題

1. 當前政府為期「危機管理」之周全有效，從政府及民間角度思考，須採取哪些策略？試析論之。（092年公務人員高等考試三級考試暨普通考試第二試─三等一般行政）

2. 危機管理係一種動態的規劃與行動的過程，而行政機關應如何針對危機發展的各個階段，具體規劃應變的措施？試說明之。（096年交通事業公路人員升資考試─佐級晉員級事務管理）

3. 請從危機管理理論評述我國政府危機管理體系是否健全，並舉實例說明之。（096年特種考試地方政府公務人員考試─三等一般行政）

4. 語云：「天有不測風雲」，意謂危機無所不在。試問：何以晚近學術界常以危機「管理」替代危機「處理」概念？危機會對組織帶來哪些影響？組織為能有效管理危機，在危機爆發前、爆發時及爆發後，應如何運作並分別採行哪些活動？（096年特種考試退除役軍人轉任公務人員考試─三等一般行政）

5. 試問危機發生時，對組織所產生的可能影響有哪些？請從對組織及對成員兩方面論述。（097年特種考試地方政府公務人員考試─四等一般行政）

6. 危機管理工作可以分為危機爆發前、危機爆發時及危機爆發後三個階段，請分述各階段之重要工作及活動。（098年四等退除役軍人轉任考試─一般行政）

7. 在概念上，風險與危機的主要區別為何？從風險測量的方式來區分，風險可劃分為哪三種類型？試闡釋說明之。（100年公務人員升官等考試─薦任一般行政）

8. 當前世界各國都面臨了各種不同的天然災害、政治、經濟、社會等等危機，每一種危機的類型與管理作為均不相同，請試從危機管理五階段（如：評估……等）的分類，申論各種危機在各階段中共通性的內容與做法。（101年公務人員高等考試三級考試─高考三級一般行政）

9. 請說明危機管理的目的，並分析公部門在進行危機管理時所可能面臨的問題。（101年特種考試地方政府公務人員考試─三等一般行政）

10. 何謂「危機管理」（crisis management）？政府機關可透過哪些方式預測危機的徵兆？又有云：「危機就是轉機」，欲有效管理危機，可採行哪些作法？（101年公務人員特種考試一般警察人員考試─三等行政警察）

11. 何謂「危機管理」？請列舉並說明在危機發生前，我們可以透過哪些方式預測

危機的發生？（102 年公務人員特種考試原住民族考試—四等一般行政）

12. 危機爆發前、爆發中及爆發後，組織各應從事哪些運作？並請申論危機管理對於公共管理之啟示與應用。（102 年公務人員高等考試三級考試—高考三級一般行政）

13. 請從政府採購、電子化政府以及危機管理三個不同的面向討論最近新戶政系統無法如期運作引發民怨的事件。（102 年國立臺灣大學公共事務研究所碩士班招生考試）

14. 近年來食安風暴不斷出現，面對此一問題，政府的食安危機管理似乎有相當檢討與改進的空間。請問何謂危機管理？根據危機管理的處理模式，請您分析此次政府在處理食安危機時所面臨的問題？（103 年國立臺北大學公共行政暨政策學系度碩士班甄試招生考試）

15. 何謂危機？何謂危機管理？請從公部門的角度分析危機的類型，並舉一個案例，探討公部門如何以階段論的觀點面對及處理危機。（104 年公務人員升官等考試—薦任一般行政）

參考文獻

王潔，2007，〈危機或轉機？論政府危機管理與應變機制〉，《行政試訊》，20：35-47。

于鳳娟譯，2001，《危機管理》，台北：五南。譯自 Otto Lerbinger. *The crisis manager: facing risk and responsibility*. Mahwah, N. J.: Lawrence Erlbaum Associates. 1997.

丘昌泰，2010，《公共管理》，台北：智勝。

朱愛群，2003，〈危機預防與處理〉，《公務人員月刊》，70：44-48。

吳定、張潤書、陳德禹、賴維堯編著，1996，《行政學（二）》，台北：國立空中大學。

吳秀光，2007，〈政府危機管理決策機制〉，《T&D 飛訊》，4：19-32。

邱志淳，2003，〈危機管理與應變機制〉，銓敘部（編），《行政管理論文選輯（第十七輯）》，台北：銓敘部，頁 209-225。

邱毅，2001，〈全面危機管理的案例分析〉，《經濟前瞻》，73：115-119。

孫本初，2010，《公共管理（第五版）》，台北：智勝。

張潤書，2009，《行政學（修訂四版）》，台北：三民。

陳德昇，2004，〈兩岸 SARS 危機管理比較——政經體制面分析〉，《遠景基金會季刊》，5（4）：71-106。

傅篤顯，2009，〈危機處理：以突發事件為例〉，《危機管理學刊》，6（2），39-54。

詹中原，2004，《危機管理——理論架構》，台北：聯經。

廖洲棚、吳秀光，2007，〈政府危機管理之協調行動模式：概念與模式建立〉，《行政暨政策學報》，45：35-72。

劉兆隆，2012，〈公部門危機管理的理論與實務〉，《研習論壇》，133：22-31。

鄭明輝，2011，〈公部門危機管理之探討——以莫拉克颱風造成屏東縣林邊地區淹水為例〉，《T&D 飛訊》，128：1-25。

鄭美華，2003，〈危機管理機制建立之研究〉，《通識研究集刊》，4：193-224。

簡錫新、崔海恩、陳楊正光，2011，〈危機善後與復原〉，《危機管理學刊》，8（2）：77-87。

鍾從定，2003，〈政府的危機管理〉，《檔案季刊》，4（2）：99-113。

13
學習型組織

學習重點

▶學習型組織的意涵與構成要素為何？

▶學習型組織的學習層次與特點為何？

▶學習型組織的五項修練為何？

▶公部門運用學習型組織的困境與策略為何？

前　言

　　公共管理的概念自 1980 年代以來備受重視，特別是新公共管理主義主張的「企業化精神」，提倡民營化、政府再造、市場導向的公共行政等觀念，希望藉以提昇公部門的行政效能或服務品質。隨著知識經濟的興起，網際網路和電子科技的變遷，全球已步入全面 e 化的時代。傳統公部門沉緩、低效率的組織運作模式，已無法因應整體環境快速的變遷。因此，公部門勢必要正視改革和轉型的必要，進而提出具體的因應策略（張秀娟，2008：13）。

　　面對上述改革的迫切需求，公部門體認到在知識經濟時代，知識是競爭的唯一利器，唯有藉由不斷地學習、吸收、分享、移轉與創造知識，才能保持競爭力和適應力，面對大環境的變動與挑戰。然而，學習並不止於個人，由個人所組成的組織更需要透過學習，提昇優勢競爭能力。但組織學習只是一個過程，若能成為學習型組織，將使組織能更彈性地適應環境的變動（朱芳亭，2003：8）。

　　近年來，由於受到全球經濟不景氣之影響，「學習型組織」因而被許多企業和非營利組織奉為圭臬，政府部門自然也不例外。政府組織型態與所追求的目標雖與一般企業不同，但隨著時代的變化，人民對政府的要求逐漸提高，政府必然須配合時代的改變而有所變革，才能保持競爭力和適應力、追求永續發展（薛台君，1997：56）。然而，公部門大多具有傳統官僚體制的特質，即使現今各國政府極力提倡「行政革新」與「政府再造」的觀念與做法，但向來重視分工與專門化、層級性權威、依法行政、非私人性人際關係的公部門，以及講求彈性、反省及創新的學習型組織二者之間，仍存在相當的本質上差異（張秀娟，2008：11）。即便如此，政府部門若能成為學習型組織，掌握學習型組織的策略，在組織學習中不僅要求個人學習，更進一步要求單位學習，最後成為整個組織的學習，則或許能藉此提昇政府的運作效率，而各階層政府單位人員，若能夠全心全力投入，有能力學習與創造，才可以使公部門管理策略能有好的方向，以協助政府部門永續經營、永續發展（薛台君，1997：56；廖居

治，2004：55）。

　　基於上述，在本章中首先整理學習型組織的發展背景，釐清學習型組織的意涵與構成要素；其次，則分別從學習層次、類型與特點來觀察學習型組織；接著乃以彼得 ‧ 聖吉（Peter Senge）所提及五項修練途徑為基礎，論述如何邁向學習型組織之路；最後乃分別論述公部門形塑學習型組織可能面臨之障礙與採行之策略。

第一節　學習型組織的基本概念

一、學習型組織之發展背景

　　隨著全球經濟、社會環境的變遷，以及知識時代的來臨，傳統的組織面臨著各種缺失，諸如被動而不夠積極、僵化而缺少彈性、遲滯而無法進步等，長久必會導致無法適應快速變遷的環境而終將被淘汰。在此背景之下，形塑「學習型組織」或許提供了傳統官僚組織一個重生的契機。論者認為，將學習型組織的精神注入公部門，且透過不斷學習、回饋與轉化，將可使組織改變其既有的觀念與行為，帶動組織的成長和革新，使其得以因應變革、符合時代所需（張秀娟，2008：13）。

　　學習型組織理論之所以受到矚目，乃是自彼得・聖吉（Peter Senge）在其所著《第五項修練：學習型組織的藝術與實務》（*The Fifth Discipline-The Art and Practice of the Learning Organization*）一書中大力提倡所致（廖居治，2004：51）。自此之後，學習型組織的理念不僅在企業界引起極大的迴響，甚至一些非營利機構也發現了其價值，企圖將它運用於實務上，而各國也開始試圖將傳統層級節制的官僚組織，轉型為持續不斷精進的學習型政府（張崇山，2000：51）。

二、學習型組織之意涵與構成要素

　　從學習型組織開始受重視的年代迄今，究竟何謂學習型組織，尚無明確的定論。而根據 Calvert 等人（1994）的研究結果亦指出，目前學者們多憑自己的情境與體會來詮釋學習型組織，或謂以眾說紛紜、瞎子摸象的方式來探索學習型組織的實相，實無法瞭解學習型組織的全貌。因此，若

欲正確地為學習型組織下一明確的界定，實非易事（轉引自孫本初編著，2010：412）。基於此，本章僅整理國內外學者對學習型組織所提出的看法以供參考。

　　學習型組織的提倡者彼得‧聖吉將學習型組織界定為一種「組織成員持續擴展能量以創造真正期盼的結果，並能夠培養嶄新而開闊的思考模式，釋放集體心靈力量，以及不斷學習如何共同學習的組織」。而 Galer 與 Kess（1992）認為學習型組織是能促使成員學習、並運用其學習成果的組織，藉此增進知識，且深層地認識自己與周遭環境的組織（轉引自謝琇玲，2006：3）。Karen 等人（1993: 8-9）則指出學習型組織為一持續學習與轉化的組織，其發生在個人、工作團隊、組織乃至由組織互助組成之社團中；學習是種持續性、策略性運用的過程，並與工作結合，學習的結果將導致知識、信念、行為的改變，並強化組織成長與創新能力。學習型組織有其契合系統（embedded systems）得以獲取及分享學習（轉引自朱楠賢，1996：61-62）。Garvin（1993）則認為學習型組織是一個精通於知識的創造、獲得、並轉移的組織，並且其行為會受到新的知識與想法而產生改變（轉引自朱芳葶，2003：8）。故就此定義觀之，學習的作用旨在產生新的理念，而知識的創造可能來自於個人內在的洞察力及創造力，亦可能來自於組織外的刺激所造成，甚至是由組織內成員間的溝通所形塑而成。無論知識或理念的來源為何，總是成為促進組織改革的主要原動力（孫本初編著，2010：413）。至於 Tobin（1993）則強調學習型組織乃一個能不斷學習的組織，主要經由組織成員共同的理念與意願，並依個人、團隊、組織等三個層次來進行，使組織成為一個能自我學習、成長的有機體。這樣的組織與傳統封閉的機械式組織不同，也有別於僅強調適應性的系統性組織；並且由於學習型組織特別注重學習的行為，因此在這類型的組織當中，每一個成員都是學習者，彼此相互學習，而且透過持續不斷的學習，為組織本身帶來變革的動力（轉引自陳建宏，1995：42）。

總結上述諸位學者對學習型組織所持的定義，約可以整理學習型組織的構成要素如下（魏惠娟，2010：2）：

（一）學習型組織的核心概念為改變。

（二）學習型組織的學習首重知行合一。換言之，不只是要創造知識、獲取知識，更要轉化知識而產生改變，也就是說組織成員學習的結果，必須變成組織的行為。

（三）學習型組織講求持續的學習、轉化與改變，是一發展與演進的過程，並不是最終結束的一種狀態。

也因之，改變、轉化與持續進行，可以說是學習型組織的核心要素。雖然有關學習型組織目前尚未有一致的說法，但可以肯定的是，學習型組織意謂著一種不斷學習與轉化的組織，其學習的起始點在成員個人、工作團隊、整體組織及其他組織交互作用的社群中，為一種持續的過程，而學習的結果將導致知識、信念及行為的改變，並且可以強化組織創新與成長的能力（孫本初編著，2010：415）。

第二節　學習型組織之學習層次、類型及特點

一、學習層次

組織學習的層次可分為三個層面：個人、團體（團隊）及組織，且組織學習對於這三項學習層次必須具有結合與發展的能力。以下茲就此三個層次依序說明之（孫本初編著，2010：403-406）：

（一）個人學習（individual learning）層次

組織學習必須先透過個人的學習方式，因為只有個人才擁有思考、溝通及討論的能力。Senge（1990）認為，雖然組織學習要透過個人學習來進行，但並不保證實施個人學習一定可以達成組織學習。儘管如此，組織學習是不能缺少個人學習的；而 Argyris 與 Schon（1978）也曾表示，個人學習對於組織學習是必要的，但只有個人學習是不夠的。個人學習意味著經由各種在價值、知識、技術、思想及態度上的自我學習（self-study），而使組織成員在觀察、洞察力（insight）等方面能有所改變。

（二）團體或團隊學習（group or team learning）層次

學者 Dechant 與 Marsick（1992）曾研究超過一百個實施團隊學習的組織，其研究結果發現：團隊學習影響整個組織甚深，它能夠在任何時刻將組織成員結合在一起，無論是利用開會討論的方式，或研擬短期與長期計畫方案等方式，都可藉由團隊來完成所有有關技術、知識、能力的合作學習。此外，一個成功的團隊應該在團隊間共同分享他們過去的經驗（無論是主觀或客觀），並嘗試著與組織中其他團隊共同創造未來的願景與推動組織成長。

（三）組織學習（organizational learning）層次

如前所述，對於組織學習的定義至今仍是眾說紛紜，最先對此提出想法的學者是 Simon（1969），他認為組織為了因應科技、政治等外在環境影響，而從事之結構重組即為組織學習。至於 March 與 Olsen（1976）認為，組織學習乃是組織在外在環境不確定之影響下，從過去經驗中學習如何採取新的行動，以因應環境的變遷。綜合各家學者的看法，可發現組織學習猶如一場演奏會，在演奏時，不僅是個別的表演，而且必須瞭解如何

在群體中合作行動，使經驗、知識、行為、心理模式、規範、價值、資訊能夠相互交融、共同分享。因此，組織學習的特徵包括下列幾項：

1. 組織學習是一種獲得、接近與修正組織記憶（organizational memory）的過程。
2. 組織學習來自組織經驗的累積。
3. 組織記憶包括對於許多不同意義的分享（frames of meaning），在一個組織中，其記憶的儲存包括個人記憶、正式文件、資料檔案、組織結構與建築及文化的要素。
4. 組織記憶包括三種對於共享瞭解的形式：組織認同（identity）、因果圖（causal maps）與組織常規（organizational routines）。
5. 組織學習的過程會受到組織設計的影響。

二、學習類型

就學習的類型而言，實務上具有許多不同的型態。本章則整理一般較為廣受採納之觀點，茲分述如下（薛台君，1997：6；朱楠賢，2000：7；孫本初，2010：406-410）：

（一）適應性學習與創新性學習

1. 適應性學習（adaptive learning）

適應性學習乃是指組織成員除了維持現有所需的技能之外，還要增強其解決現有問題的能力，它是維持組織現存制度或已有生活方式而設計的學習型態。

2. 創新性學習（generative learning）

所謂創新性學習則是為了培養組織成員重新研判問題的能力，使成員獲得新價值、新知識及新行為，其中包括適應未來環境變遷的能力，因此

創新性學習又可稱爲前瞻性學習。

（二）單圈學習與雙圈學習

學者 Argyris 與 Schon（1978）將組織學習的型態依「是否涉及改變既有價值及規範」來劃分，可區分爲：單圈學習及雙圈學習等二種型態，茲說明如下：

1. 單圈學習（single-loop learning）

單圈學習是一種工具性的學習。當組織成員發現組織實際行動與個人期望不合時，成員傾向於只修正其行動策略和手段來達成組織目標，而不涉及行動背後之價值問題。此一層次的學習內容著重於解決現存的問題以維持組織的生存能力，所以在此背景下，組織成員不去懷疑目標、政策、規範是否合宜，而只評估行動（對策）的結果是否如預期所料，如果無效，只檢討行動（對策），而不會檢討問題，此乃一般常見的組織學習。然而這種方式並未眞正解決問題，問題的癥結仍然存在，甚至反而模糊問題的焦點，得不到正確的答案。

2. 雙圈學習（double-loop learning）

雙圈學習與單圈學習之間最大的差異在於「反思」，亦即需要喚醒、重新審視甚至是改變某部分根深蒂固的認知結構。此涉及了價值觀的改變，即組織成員除了修正其行動策略和手段之外，也須進而質疑組織目標及其規範，並進行必要的調整，以使組織適應新情勢。

由以上所述得知，能夠做到雙圈學習才是眞正的學習，而學習型組織所強調的正是雙圈學習理念之實踐。

（三）學習再學習（deutero learning）

指組織成員從過去的學習經驗中得到失敗的教訓後，便要尋找正確的學習方式。關於這種學習方式，學者 Argyris 與 Schon（1978）將其稱爲

「學習再學習」。當組織效力於「學習再學習」時,其成員較能夠掌握學習的技巧,並且對於環境的變遷也較能夠因應;同時,研究亦發現,成員從事創新性學習及學習再學習時,較容易發展新的策略,組織也較有反省的能力。

(四)行動學習(action learning)

行動學習是組織學習技巧中最重要的一環,意指組織運用此種方式解決組織所面臨的問題時,它是一種有意的、後天的、技巧的學習,主要目的是提供組織加速學習的方式,使成員能更有效率地解決問題。研究也指出,行動學習具有(1)透過行動學習過程所累積的知識及技巧,才能解決組織的真正問題;以及(2)運用新的觀點,致力於改善組織的問題,才能推動組織進行變革等兩項價值。

上述各種組織學習之類型,其實各有其可參考之處。然而對於學習型組織而言,由於所強調的是「系統思考」的概念,而這正是上述雙圈學習精神的體現,主要是期望藉由持續不斷的檢討、修正,進而能全面性地針對組織現有的規範、標準或價值進行診斷與改革,使組織能具備對外在環境變動的適應能力。

三、學習型組織的特點

根據上述的介紹得知,可以約略瞭解學習型組織能使組織和團隊在未來能夠永續生存和經營,對於現今的政府機關及各行各業不啻是一劑強心針。若從學習型組織的概念及組織學習的理論來整理,則可以歸結出學習型組織的特點如下(魏惠娟,1998a:146-147):

（一）重視改進。

（二）不斷的實驗而非尋找最後的答案。

（三）尋找並思考設計行動的新方案，而不是防衛的傳統做法。

（四）組織成員寧有爭論也不會保持沉默。

（五）鼓勵懷疑並發現組織行為或運作中的矛盾，而不是去除或掩蓋它。

（六）視策略性的改變為學習的必經之路。

　　因此，學習型組織的建立始於組織成員的內心，組織內的每一個人都必須重新檢驗他們看世界的方法，即從關注外在的情況轉而檢視妨礙組織進步的系統及內在結構。其次，要建立學習型組織，必須先學會持系統觀點來看待組織結構，並且持續運用系統思考的工具，以創造一個健康的組織；而在這樣的群體當中，成員們才可以自由地探尋新的工作與思考方法。最後，為了建立學習型組織，還必須停止或放棄想要尋找一個最好的「萬靈丹」的念頭，反而要注重長期的結構改變，以創造更持久的成果，如此的改變可能是困難的、痛苦的，但卻是值得的。

　　此外，學習型組織的興起原因之一在於改善傳統官僚組織的弊病，因此，若歸納學習型組織與傳統官僚組織差異之特質，約有下列六項（朱楠賢，2000：8）：

（一）領導者的用心經營。

（二）組織成員被高度授能以完成任務。

（三）策略係以由下而上或由外而內的方式產生。

（四）組織文化中充滿合作、融合的團體意識。

（五）溝通管道暢通，各項資訊得以充分分享。

（六）組織結構彈性，內部非必然按照職能分工。

上述六項特質彰顯出學習型組織主動駕馭變遷的企圖，而非僅被動的適應環境而已，此正為傳統組織所缺乏的特質。典型傳統官僚組織重視層級節制、專業分工、講求權威命令關係，其隱含的價值觀及運作方式自然與學習型組織特質大不相同。

第三節　學習型組織之五項修練

學習型組織的理念假設每一個人都是天生的學習者，偉大的團隊並非一夕之間所形成的，而是透過學習如何創造驚人的成果所致。學習型組織的最終目的不是在建立學習的組織，而是在建立學習的觀念，進行有意義的學習，使組織成員在工作中能夠盡力突破自己能力的上限（魏惠娟，1998b：35）。由以上所述可知，學習型組織的關鍵在於觀念的改變與持續的進行，至於如何邁向學習型組織，彼得・聖吉提供了強調自我超越、改善心智模式、建立共同願景、強調團隊學習與進行系統思考等五項基本修練的途徑，茲將其內涵分別說明如下（郭進隆譯，1994：219-351；張潤書，2009：331-336；廖居治，2004：51-52；林鍾沂，2005：508-512；嚴仁鴻、張雅櫻、劉淑如，2005：122-123；孫本初編著，2010：410-412）：

一、自我超越（personal mastery）

彼得・聖吉一再強調組織唯有透過個人學習，組織才能學習；雖然個人學習並不保證整個組織也在學習，但是沒有個人學習，組織學習也無從開始。因此，自我超越的修練即是從組織中的個人開始，強調組織中的每一個成員都要有積極的心態、追求突破和邁向卓越的想法，不以當前

的績效為足，能夠全心投入、持續創造和超越，並從不斷自我超越的過程中，除了提昇個人的績效之外，也要增進組織績效，使組織能夠永續成長。自我超越是學習型組織的第一項修練，彼得‧聖吉建議了幾種方法：

（一）培養個人自我挑戰的胸懷，立定志向後，就心無旁鶩、戮力以赴。

（二）理想與現實總有差距，但不因此差距而感到挫折失望，因為這種挫敗緊張正是激發個人創造力的來源；如何從失敗的泥淖中覺醒，克服情緒性的退縮反應奮發再起，也是個人重要的修練之一。

（三）有面對困境、失敗的勇氣，然後堅強自己越挫越勇的信心與意志力。

（四）認清現實的限制，反省檢討自己的想法，並做適當的調整和修正。

二、改善心智模式（improving mental models）

「心智模式」是根深蒂固於心中的各種假設、成見，甚至是印象、圖象等，決定了我們對世界的看法，成為一種長期深植於我們內心的信念假設。而改善心智模式修練，主要是用來矯正傳統層級節制的管理方式對組織內人際互動關係的扭曲、對溝通所形成的障礙、對決策過程的誤導、以及對人員創意生機的扼殺。彼得‧聖吉認為在過去層級節制、命令服從的長官部屬關係下，主管習以權威的方式一意孤行，其所見既有限又不願意察納雅言，故決策品質更形拙劣；相對的，部屬則噤若寒蟬、曲意逢迎，既無從發揮輔佐的功能，更使組織成為一言堂。因此，組織應學習如何去除傳統組織中僵化保守的思考模式，並跳脫傳統的窠臼，避免個人的

偏執及流於主觀的心態所可能造成的偏見，因為此種偏見或定見容易阻礙我們對事情真相的探索，也會妨礙我們做出明智的抉擇。所以，心智模式的改善可以說是心靈改革或思考型態的解放，而其技巧有二：

(一) 反思（reflection）：係指個人在戒慎恐懼、疑惑妄真的心境下，對自己所執著的心智模式加以檢視和反省。

(二) 探索（inquiry）：是指個人實事求是的態度下，藉由與外在人、事、物往返互動的機會，來探求事實、謀求最佳替選方案的過程。

三、建立共同願景（building shared vision）

建立共同願景主張藉由組織全體成員的共同參與，訂定個人的目標與組織的目標，並且使得個人目標與組織目標能夠融合，在完成個人目標的同時，也能增進組織目標的達成。建立共同願景強調讓每一位組織成員都能共同策定，使成員個人的價值觀及其對於組織的關切與期望有表達的機會。透過此一過程，組織成員彼此亦能凝聚情感、增進向心力，並建立共同價值觀，有助於組織的運作。

而彼得‧聖吉認為，共同願景的前提是，組織成員對自己的未來有所期許，組織共同願景才有形成的可能；此外，應由下往上並循序漸進建立共同願景；再者，對管理者而言，願景的建立是其永無止境的基本任務，必須塑造開放的風氣，鼓勵所屬進行有關共同願景的反思與探索活動，並將個別的願景勾聯在一起形成更高的努力目標；另對於組織成員個人而言，應對願景的實現堅定信心，並具備開放的氣度，養成坦承交談及耐心傾聽的互動習慣。

四、團隊學習（team building）

由於以往傳統組織皆較強調個人的學習、進修和成長，而忽視團體的進展。因此，團隊學習即是要整合組織的整體力量，透過團體成員共同與相互的學習，培養成員之間進行「對話」（dialogue）和「討論」的能耐，使全體成員均進入學習狀態，一同思考交流，讓組織的每位成員能共同成長，並將共同願景成為個人願景的延伸，一同往組織的目標邁進。彼得・聖吉指出，團隊學習需要具備下列四個面向：

（一）必須學習如何萃取出高於個人智力的團隊智力。

（二）需要既有創新又協調一致的行動。

（三）不可忽略團隊成員在其他團隊中所扮演的角色與影響。

（四）必須精於運用「對話」與「討論」。

其中，不管是對話還是討論，都必須基於個人自我反思與探索事實的活動。團隊中的每一份子必須卸下自我防衛的武裝，拋開互留情面的顧忌，勇敢的表現自我，並在開放的氣氛中，針對事實資料，讓推論的結果訴諸公斷。

五、系統思考（systems thinking）

系統思考是學習型組織最重要的精髓，也是所有修練的運用基礎。此項修練提供一種新的方法來重新建構我們的思考方式，強調組織必須從問題的整體層面加以深入思考，以統觀的立場來省視問題，避免所謂「頭痛醫頭、腳痛醫腳」的弊病。如此，便可認清整個變化型態，以及確認問題背後真正的原因，進而能夠有效的掌握變化，也能夠解釋複雜的情境，讓我們看見小而效果集中的高槓桿點，產生以小搏大的力量。進行系統思考

之要點如下：

　　（一）體認事物間的斷續因果關係。

　　（二）體認事物互為因果的循環關係。

　　（三）體認事物發展的興衰循環原理。

　　（四）破除二分法的價值思維習慣。

　　（五）把握動態的系統回饋。

　　彼得‧聖吉揭示的五項修練觀點也建構了學習型組織的理念，透過共同願景的建立、團隊學習與系統思考的過程，導引組織成員自我超越並改變心智模式，使組織在面臨急遽變遷的外在環境時，仍能夠保持組織運作的精簡與彈性，確保組織的永續發展與經營（謝琇玲，2006：2）。

第四節　公部門形塑學習型組織之困境與策略

一、公部門形塑學習型組織之障礙

　　歸納學者們對於組織學習障礙之看法，一般多從制度上、結構上及心智上的障礙來加以分析，而本章則選擇較廣為討論的組織學習障礙，試分述說明如下（朱楠賢，2000：12-16；王文華，2008：40-42；郭進隆譯，1994：26-35）：

（一）消極面：Argyris 之組織防衛

　　指組織中個人為使自己與團體組織間免於威脅所採取的策略，此即Argyris（1994）所謂的「組織防衛」，包括「儀式性會議」、「防衛賽局」

及「自欺的行為」：

1. 儀式性會議（ritualized meetings）

　　人員受傳統組織強調上下權威約制的結果，在會議中由上級長官掌握程序與議題，致使人員在會議中不敢提出有挑戰性或創新性的意見，秉持「犬儒主義」，抱著悲觀態度，並產生推卸責任的習性

2. 防衛賽局（defensive game）

　　行政人員不願因提不同意見而受批評或排擠，轉而迎合他人，此乃權力鬥爭下的防衛賽局。

3. 自欺的行為（self-sealing）

　　指行政人員即使知道自己所執行的是一項錯誤決策，仍會繼續執行。

（二）積極面：Senge 之七項障礙

　　彼得 · 聖吉指出，要建構學習型組織，必須能辨識下列七項組織學習之障礙：

1. 本位主義的思考方式（I am my position）

　　由於受到組織專業分工的影響，組織成員只關注自己的工作內容，形成侷限一隅的思考模式，對於組織內所有職務互動所產生的結果不假思索，也無責任感。

2. 歸罪於外的態度（the enemy is out there）

　　由於組織成員慣以片段思考推斷整體，當任務無法達成時，常歸咎於外在原因所造成，而不會先檢討自己。

3. 負起責任的幻想（the illusion of taking charge）

　　組織的領導者常認為自己能洞察先機，也應對危險提出解決方案以示負責，而忽略與其他組織成員共同思考解決問題。這種果斷的作法，因缺乏整體思考而無法解決複雜的問題。

4. 專注於個別事件（the fixation on events）

當組織產生問題時，大家通常只專注於事件或問題本身，而忽略事件或問題其實是經由緩慢、漸進的過程形成，只能以預測的方式提出解決方案，卻無法學會如何以更有創意的方式來解決問題。

5. 煮蛙的譬喻 [1]（the parable of the boiled frog）

意指組織成員應保持高度的覺察能力，並且重視造成組織危險的那些緩慢形成的關鍵因素，避免形成慢性自殺的態勢。

6. 從經驗中學習的錯覺（the delusion of learning from experience）

當行動結果超出此學習範圍時，就不可能從經驗中學習。組織中的許多重要決定的結果，往往延續許多年或十年後才會出現，因此，組織成員難以單純從工作經驗中學習。

7. 管理團隊的迷思（the myth of team management）

組織團隊係由不同的部門即具有專業經驗能力的成員所組成，平時可發揮良好的功能，但有時為了維持團結的表象，團體成員不會抨擊不同意見的成員，久而久之，團隊成員即壓抑自身的意見、容易喪失學習的能力。

（三）組織因素造成之障礙

此為加拿大公共服務委員會資深研究員 Eton Lawrence（1999）經多年研究所歸結的學習障礙，其指出組織因素所造成的障礙包括：

1. 知識不分享——即「知識是權利」症候群。

2.「不必由我開始創新」症候群。

3. 管理人員「學習自大」症候群，即認為基層工作同仁需要學習，而管理人員則不必學習。

---

1 原意指若將青蛙放在鍋子裡面並用滾燙的熱水煮，青蛙會因為太燙而馬上跳出來；但如果一開始讓青蛙在冷水鍋內，用小火慢慢加熱，青蛙反而對水溫漸漸上升無感，不會立刻跳出來。其引申意旨組織之所以失敗，肇因於不知適應漸進的改變。

4. 組織分工設職阻礙了跨功能的相互合作。

5. 缺乏：（1）訓練時間、材料與資源；

　　　　（2）對「持續改善的能力與貢獻」的表彰；

　　　　（3）對持續改善的掌握與推廣的標準機制；

　　　　（4）相互共享知識、移轉成果的機制。

6. 對錯誤疏失喜以處罰方式處置，而非視疏失為必要的學習經驗的管理原則。

（四）個人因素造成之障礙

此亦為 Lawrence（1999）所提出之觀點，其認為個人因素所造成之學習障礙包含：

1. 不自覺地以為「我已知道我須知道的一切」。

2. 對放棄個人喜愛的意見或信念感到痛苦。

3. 害怕因學習新技術會有短暫無能的狀況。

4. 忘掉個人過去工作經驗中不再有效的工作。

5. 感覺自己是過分忙碌。

6. 具精神上、心智上的懶惰懈怠。

二、公部門形塑學習型組織之策略

經由前述的探討，可以瞭解到學習型組織的內涵、特徵以及邁向學習型組織的五項修練等，如此一來，即可將有關組織中的各項學習及學習如何學習的方式，應用於實現學習型組織中。依學者（孫本初編著，2010：424-429）之見解，組織若欲成為學習型組織，可以採用以下策略為之：

（一）推動行動學習

在許多實施學習型組織的經驗中顯示，組織若欲實際且有效地提昇組織績效時，最好的方法就是鼓勵組織中的每位成員皆能親自參與、付諸行動來學習，亦即須在組織中建立一個行動學習團隊。而對於欲建立行動學習團隊的組織，提出下列幾點建議：

1. 開辦組織學習的研習會，使組織中的領導者及成員都能瞭解如何從工作中來從事行動學習。
2. 對於問題的解決模式或方法，應該給予成員更多參與的機會，授權他們能自己提供多樣的解決方案，而不要僅是由專家來做處理。
3. 行動學習是經由成員回饋、分析及腦力激盪等方式形塑出來。
4. 組織在完成行動學習計畫之後，要幫助成員對該計畫能做具體的評估。

（二）增進組織成員「學習再學習」的能力

從事「學習再學習」是發展自我超越與強化及加速學習能力的關鍵因素，其包括下列幾項關鍵技術：

1. 蒐集新的資訊。
2. 避免複雜的思考以及不必要的工作。
3. 真正瞭解的程度。
4. 將各種學習和組織目標相互結合。
5. 整合工作、生活與學習的經驗。

（三）進行對話的訓練

對話訓練在組織學習中是相當重要的，因為它能強化及提高團隊的學習能力，同時，「對話」可以凝聚組織的共識。此外，為了促進組織有良

性的對話，組織的成員應該停止傲慢及無所謂的態度，仔細觀察及關心其他的組織成員，且在組織中應減少質問及責備的溝通方式，對於每位組織成員都予以尊重，並且對事物永遠保持追根究底的精神。

（四）規劃成員的生涯發展

組織內的每一位成員應該擁有全方位的生涯發展計畫，並且依計畫時間表按部就班地逐一完成。此處提供一些參考作法，如：組織成員運用最適合自己的方式來發展自我學習的相關課程及自我進修；灌輸組織成員實踐自我規劃的概念。換言之，組織提供必要的資源，使每一位成員都能夠達成其所欲的學習目標，讓組織成員終其一生都能在工作上發揮所長。

（五）建立團隊學習的技巧

團隊若要促使組織能夠學習、成長及發展，就要嘗試建立團隊來達成組織創新性及全面性的學習。有許多方式可以促使團隊學習，如：可經由知識的創造、議題分析、行動參與，以及問題解決模式等方式來達成。

（六）規劃組織成員實踐系統性的思考

在學習型組織中最重要的策略之一就是系統性的思考。鼓勵組織成員擁有系統性的思考能力，能透過分析整個組織的運作過程，瞭解各種問題在整個系統中所扮演的角色，以避免處理問題陷入治標（表面的、癥候的）不治本（潛在的危機）的困境。

（七）改善學習的心智模式

若欲建立學習型組織，只靠管理者的推動仍是事倍功半，甚至是徒勞無功的，當務之急就是盡量改變過去消極、被動的學習經驗，而給予成員積極、主動、有活力的學習，以使組織成員與組織全體一起成長。

（八）鼓勵組織成員發展多元化、國際化的視野

　　學習型組織應運用多樣的觀點及途徑來從事組織的學習工作，並且在其他方面開放更多新的價值、理念與參與機會，促使個人及團隊學習能予以實現彼得・聖吉所提出的「學習型組織」。

公部門形塑學習型組織之個案：
台北市市政大樓公共事務管理中心 [2]

台北市市政大樓公共事務管理中心（以下簡稱台北市政府公管中心）為台北市政府所屬之二級機關，執掌市政大樓辦公廳舍、庶務、財產管理、設備維養、門禁管制等公共事務管理事宜。服務對象包含大樓內上班市府成員及洽公民眾；機關目標即在建立一個高品質的洽公及辦公環境。

探究台北市政府公管中心推動學習型組織之原因，首先就機關內部而言，隨企業型政府理念的推動及 e 政府的影響，成員有創新服務、熟悉電腦系統及公務英文……等學習之新挑戰；其次，就外部而言，則是面對了複雜動盪的新環境。因此對於一個年齡層偏青壯年的政府機關來說，如何改善成員的心智模式，轉為擁抱變革、提高成員學習意願、促進組織學習，以創造組織績效、達成組織使命等，成為機關所必須面對的課題，故由此產生了推動學習型組織的必要與需求。

台北市政府公管中心依據台北市政府所屬各機關辦理「形塑學習型政府行動方案」實施計畫，於民國 93 年 9 月正式推行學習型組織相關作為。其主要透過機關高層主管為推動種籽，成立組織學習推動小組，並將「讀書會」作為推動工具，使組織及其成員能導入組織學習與學習型組織的概念，希冀藉此能影響管理者與組織成員心智模式的改變。此外，公管中心亦將此一推動做法，結合該機關原有的績效獎金管理制度及 ISO 品質認證制度，以行政獎勵及績效獎金作為推動誘因，鼓勵成員參與。

在推動學習型組織的過程中，台北市政府公管中心打破傳統深化單一領域之讀書會的運作方式，採用 Senge 提倡之「團隊學習」中的「深

2 資料來源：整理自黃淑娟（2007：9-27）。

度討論」概念與心理諮商輔導之「小團體輔導」模式來運作，以 5-12
人的團隊學習爲主，重視成員之互動關係，在討論中沒有層級及位階之
區分，讓大家都有發言的權利與傾聽他人的義務，使成員在藉由與他人
互動的過程，激發自身的思考與自覺，進而能夠改善其心智模式。

　　總結上述，台北市政府公管中心係以改變心智模式爲其推動策略，
並透過讀書會形式的團隊學習，持續、漸進式進行學習型組織的推動與
實施。而在形塑學習型組織的過程之中，機關也獲得了相當的益處：

1. 本位主義降低。

2. 各單位及成員的溝通較無阻礙。

3. 成員溝通技巧及情感提昇。

4. 主管與成員的距離拉近。

5. 對工作問題有較多的討論。

6. 有利於其他的學習，如英語學習。

7. 增加組織成員學習的動力，如訓練及進修人次顯著增加。

歷屆考題

1. 請依據彼得 • 聖吉（Peter Senge）所著「第五項修練：學習型組織的藝術與實務」一書之觀念，試述如何修練成一個「學習型組織」（learning organization）。（094 年交通事業鐵路人員、公路人員升資考試—佐級晉員級事務管理）

2. 請說明學習型組織的構成要素與管理理念？（095 年公務人員高等考試三級考試暨普通考試—四等一般行政）

3. 何謂學習型組織？組織欲成為學習型組織，可採用哪些策略？試析述之。（095 年交通事業港務人員升資考試—員級晉高員級事務管理）

4. 試說明何謂「組織學習」（Organizational Learning）？並請說明組織學習的障礙為何？（096 年交通事業公路人員升資考試—佐級晉員級事務管理）

5. 請說明組織學習（organizational learning）、學習型組織（learning organization）的意義，並論述兩者的關係。（100 年公務人員特種考試國家安全局國家安全情報人員考試—三等政經組）

6. 「組織學習」（Organizational Learning）是改善組織氣候、增加運作績效重要的觀念，試說明其主要概念為何？並由組織學習層次（個人、團體、組織）說明組織學習應如何落實？（102 年特種考試退除役軍人轉任公務人員考試—三等退除役軍人轉任一般行政）

7. 請就個人、團體與組織等不同的學習層次，分析組織學習在政府組織之應用。（102 年公務人員升官等考試—薦任一般行政）

8. 何謂學習型組織？其實現之策略為何？（103 年公務人員特種考試原住民族考試—四等一般行政）

9. 何謂組織學習（organization learning）？阿吉里斯和尚恩（Argyris and Schon）依照「是否涉及改變既有價值及規範」的標準，將組織學習區分為單圈學習和雙圈學習兩種型態，試分別說明單圈學習和雙圈學習的概念內涵？並闡釋政府中高階主管人員如何帶動機關同仁從事雙圈學習？（103 年國軍上校以上軍官轉任公務人員考試—上校轉任一般行政）

10. 何謂學習型組織（learning organization）？您認為公部門應採行哪些策略才能形塑一個學習型組織？（103 年國立臺北大學公共行政暨政策學系碩士班甄試招生考試）

參考文獻

王文華，2008，《地方政府發展學習型組織之研究》，台北：國立政治大學教育研究所博士論文。

朱芳葶，2003，〈政府部門建立競爭優勢——學習型組織策略之理論初探〉，《人事月刊》，36（6）：8-11。

朱楠賢，1996，〈形塑公共組織爲學習型組織之初探〉，《人事月刊》，23（2）：60-68。

朱楠賢，2000，〈形塑行政機關爲學習型組織之困境與對策〉，《人事月刊》，30（1）：6-25。

林鍾沂，2005，《行政學》，台北：三民。

孫本初編著，2010，《公共管理（第五版）》，台北：智勝。

張秀娟，2008，〈由轉型領導探析公部門發展學習型組織的領導策略〉，《人事月刊》，46（1）：11-23。

張崇山，2000，〈學習型組織對博物館之啓示與應用〉，《科技博物》，4（5）：50-58。

張潤書，2009，《行政學（修訂第四版）》，台北：三民。

郭進隆譯，1994，《第五項修練：學習型組織的藝術與實務》，台北：天下文化。譯自 Peter Senge. *The Fifth Discipline: The Art and Practice of the Learning Organization*. New York: Doubleday Business. 1994.

陳建宏，1995，《組織學習理論應用於行政革新之研究》，台北：國立政治大學公共行政學系碩士論文。

黃淑娟，2007，〈公部門學習型組織之敲門磚——心智模式之改變〉，《T & D 飛訊》，58：1-21。

廖居治，2004，〈學習型組織對於政府人力資源管理部門的啓示〉，《人事月刊》，39（1）：51-55。

薛台君，1997，〈政府機構實施學習型組織的探討〉，《研考雙月刊》，21（6）：56-63。

謝琇玲，2006，〈大學校院建立學習型組織的影響因素之研究〉，《教育研究學報》，40（1）：1-21。

魏惠娟，1998a，〈邁向學習型組織的教育行政領導〉，《教育政策論壇》，1（1）：135-172。

魏惠娟，1998b，〈學習型組織的迷思與省思〉，《成人教育雙月刊》，43：35-43。

魏惠娟，2010，〈學習型組織取向的學習與評鑑：三個案例的經驗分析〉，《T & D 飛訊》，90：1-26。

嚴仁鴻、張雅櫻、劉淑如，2005，〈學習型組織理論於社區總體營造之應用研究〉，《吳鳳學報》，13：121-142。

14

公部門人力資源管理

學習重點

▶人力資源管理的重要性為何？

▶人力資源管理與人事管理的差異為何？

▶公部門人力資源管理的特色為何？

▶我國公務人力資源管理制度的問題為何？

▶公部門運用志工人力的理由與策略為何？

前　言

　　在現今的社會裡，無論是政府或企業，所面臨的環境都有 4 個 C 的特性，亦即是變化（change）、競爭（competition）、多元化（complexity）與挑戰（challenge），因而可以說是處處都是危機，卻也時時充滿機會（吳美連，2005：5）。因此，組織的應變能力即是決定本身能否掌握危機與開創生機的關鍵，而人才就成為公私部門競爭的關鍵資源。尤其在知識經濟的時代，多數研究都提到「人是組織中最重要的資源」（吳美連，2005；孫本初、張甫任編著，2009；蔡祈賢，2013）。也因此，單純對行政組織進行員額精簡與組織再造，已難以滿足民眾的需求。許多歐美先進民主國家由傳統的年資、「職涯」（career-based）、永業文官為基礎的文官制度，逐漸轉變為以「職位」（position-based）競爭為基礎的文官制度，提高高階職位的競爭性和流動性（彭錦鵬、劉坤億，2009：18）。故 1980 年代以來，各國先後著手進行公務人力資源改革，其目的除了希冀解決財政困境外，同時還期盼藉此提高服務品質與行政效率，以回應民眾的多元期待。

　　另一方面，受到政府組織再造與人員精簡的影響，以勞力密集為主的公共服務輸送多藉由委外，以彌補公部門人力和資源的不足。然在民眾需求日益多元，但對服務品質要求卻升高，而政府財政負擔卻相當沉重的情況下，即便部分公共服務已經委外，但公部門內部仍嚴重欠缺人力。因此，引進公部門志工或許可以減輕政府上述的困境。

　　公共人力資源管理涵蓋範圍與內容很廣，在本章中僅能做概略性介紹，而無法一一深入探究。基於此，作者首先闡述人力資源管理的概念，比較人力資源管理和人事管理之差異；其次，透過文官制度原則的歸納，瞭解公部門人力資源管理之特色；接著探討我國公務人力資源管理之問題；最後則是藉由志願服務特質、功能與理論基礎的整理，進而探究公部門運用志工管理的理由，瞭解志工管理的程序，以及加強運用公教志工的策略。

第一節　人力資源管理的概念

一、人力資源的意義與特性

　　所謂人力資源（Human Resource），是指組織中人員所擁有的各種知識、技術及能力，以及這些人員在互動過程中所產生的人際互動網絡與組織文化等（吳秉恩等，2007：5）。若從廣、狹兩義來整理人力資源的內涵，有研究指出（吳復新，2003：5-8），廣義的人力資源是指「一個社會所擁有的智力勞動和體力勞動能力的人力之總稱，包括數量和質量兩方面」。如引伸其內容，則包含組織人員的態度、教育水準、思想觀念等。至於狹義的人力資源，主要是以組織的角度為出發點，是指「組織所擁有用以製造產品或提供服務的人力」。相較於其他資源，人力資源之所以重要，是由於原料、設備與資金都可以在短時間內設法獲得，唯獨人力資源的取得需要花費較長的時間。因此，學者舒勒（Randall Schuler）在其發表的一篇經典論述中即指出「人是公司最重要的資產，特別是在服務密集的產業裡」（轉引自吳美連，2005：6）。另外，人力資源不同於土地、原料或資金，是無法儲存，必須不斷的維持或提昇，才能保持其價值。但人力資源基於「人」的特性，所產生的價值與影響常超出想像，若能藉由知識的充實與技術的更新，將可為組織創造無限的價值。

　　由以上所述得知，人力資源是企業或組織中最寶貴的資產，甚至是「資產中的資產」，其運用好壞將會影響組織績效，並牽涉企業整體未來的發展。然而對組織而言，人力資源雖有其重要性但卻也是最難掌握的。因為人不同於其他資源，是「活的」，是「會思考的」，所以組織運作的良窳，常取決於人力資源是否適當運用。也因而組織內各部門或單位的主管，都應該重視人力資源的問題，並且必須妥善加以管理，以使組織運作

順暢，進而提昇組織的競爭力。

二、人力資源管理的意義與重要性

人力資源管理（Human Resource Management，簡稱 HRM）一詞約出現於 1920 年，通常簡稱人管或人資。人力資源管理，顧名思義是對組織內的人力進行管理。就形式上的意義來說，是指人與事密切配合的問題，也就是組織中人力資源的發掘及運用的問題，而非單指人力數量的問題。較廣泛而言，**人力資源管理是指組織內所有人力資源的開發、發掘、培育、甄選、取得、運用、維護、調配、考核與管制的一切過程和活動**（林欽榮，2002：3）；也有研究認為，人力資源管理是指**如何為組織有效地進行羅致人才、發展人才、運用人才、激勵人才、配置人才及維護人才的一種管理功能作業**（戴國良，2005：18）。

在本質上，人力資源管理屬於管理的一環，有其一套系統的知識範圍，即綜合了心理學、社會學、社會心理學、經濟學、管理學等學科，因此，管理者在實際處理人的問題時，除了必須有專業知識外，尚需依賴其直覺判斷、推理、想像或錯誤的嘗試。所以，有學者指出，有效的人力資源管理乃是結合了**管理、技術、行為**三方面的知識，**不僅是一門科學（Science），也是一種藝術（Art）**（吳美連，2005：8）。如何藉由人力資源管理為組織尋找到合適的人才，並留住優秀的人才，在在都考驗人力資源管理部門和相關人員的智慧。

近年來，「人力資源管理」一詞已有取代「人事行政」（personnel administration）與「人事管理」（personnel management）等名詞的趨勢。事實上，無論是「人事行政」或是「人事管理」，其基本重心皆以「人」為主，亦即講求尊重人性的價值與尊嚴。只是過去學者都稱此種人力運用的管理為「人事行政」或「人事管理」，而今日的學者則將其總稱為「人

力資源管理」（林欽榮，2002：3）。

三、人力資源管理與人事管理之差異

就某種意義而言，人力資源管理與人事行政、人事管理並無分軒輊，傳統人事功能仍是其中的核心，只是人力資源管理比其他兩者含有更廣而深的涵義。也就是人力資源管理更具有策略性、指導性、動態性、積極性和整體性。根據馬奇斯與傑克森（Mathis & Jackson）的論點，人事行政和人事管理是一組活動，著重在組織中人力資源的持續性管理，故其重點在於持續性和例行性的工作（廖勇凱、黃湘怡，2007：11）。然不同的是，人事行政一般是指運用於政府機關的人力作業問題，而人事管理多指企業機構的人力運用問題。整體而言，人事行政比人事管理更具政策性，層級範圍也比較高而廣（林欽榮，2002：4）。雖然許多大型企業經理人對於人力資源管理功能的看法仍停留在基本的雇用活動與員工服務的範疇上，但若仔細區分人力資源管理與人事管理之間的意義與著重點，則可以歸納為下述幾點（吳美連、林俊毅，2002：7-8；吳復新，2003：13-14；吳美連，2005：9-10）：

（一）**價值觀不同**：人事管理視員工為成本負擔，而人力資源管理視員工為有價值的資源。

（二）**功能取向不同**：人事管理是作業取向，強調本身功能的發揮，被視為是純粹的行政作業單位，負責招募、甄選和薪資發放及出缺勤管理等，屬於靜態功能；而人力資源管理則是著重策略取向，強調人力資源管理在企業整體經營中所應有的配合，將組織內所有人力做最適當之任用、發展、維持與激勵，較傾向動態功能。

（三）**直線經理**[1]**的角色不同**：在人事管理中，基於「所有的管理者必須管人」和「許多特別的人事功能仍須在直線部門中執行」的觀念，直線經理的參與是必須且被動的。而在人力資源管理的模式中，直線經理本身對人力運用的最適性有興趣，也意識到本身具有達到人力運用最終結果之協調與指揮的責任，故其參與是主動的。

（四）**適用對象不同**：就適用對象而言，人事管理的管理對象傾向以非經理人，也就是以受雇者（員工）爲主；而人力資源管理則著重在勞資雙方，亦即是員工與管理團隊之發展，因此，適用對象是勞資雙方，針對員工與經理人所做之員工生涯發展與傳承規劃等。

（五）**所需行政成本不同**：在所需花費的行政成本方面，人事管理因無需專業人力資源技術與強力的資訊系統支援，整體行政成本較低，適用於小型企業或是需要將人力資源成本控制在最低的企業。至於人力資源管理，由於強調策略性功能，需要相當專業的人力與強力的資訊系統支援，所需之行政成本較高，故適用於規模較大之中型以上企業。

（六）**管理重點與模式不同**：人事管理側重規章管理，依照相關規定照章行事；而人力資源管理側重變革管理與人性管理，依企業利益與員工需求做彈性處理。至於管理模式方面，人事管理強調反應式（reactive）管理，著重目前問題的解決或交辦事項的執行；而人力資源管理則屬於預警式（proactive）管理，以確保長期經營目標之達成。

---

1 直線經理（Line manager）：直線經理是某些人員的上司，被授權可以指揮下屬工作。此外，直線經理也負責完成組織的基本目標，例如：生產經理和旅館經理是直線經理，其對於完成組織的基本目標負有直接責任，並同時具有指揮下屬的職權（李璋偉譯，1998：4）。

　　綜上所述得知，人事管理與人力資源管理雖都以「人」的管理爲主要職能，但無論是價值觀、功能取向、直線經理的角色或是適用對象、管理重點等卻都有顯著之差異。前者傾向於例行事務的處理，目標僅是現況的維持或交辦事項的完成，態度較爲消極保守，屬於成果導向。至於後者則強調變化與挑戰的策略發展，目標是配合組織整體長期發展，所抱持之態度較爲積極主動，較偏重過程導向。有關兩者之差異可以參考表 1 所示。

▼表 1　人力資源管理與人事管理之比較

項目	人事管理	人力資源管理
勞資關係	對立的	合作的
導向	成果	過程
組織	分散式的	整合式的
對象	勞工單方	勞資雙方
價值觀	視員工爲成本負擔	視員工爲有價值的資源
角色	例行的	變化挑戰的
重點	績效評估	人力發展
活動	靜態的	動態的

資料來源：蔡祈賢（2013：9）。

第二節　公部門人力資源管理

一、文官制度的原則

　　政府部門人力資源管理之目的，主要在建立一個健全的文官制度，而依英、美等國的文官改革與發展內涵，一個健全的文官制度應該包括以下

幾項原則（蔡祈賢，2008：40-41）：

（一）功績主義

在功績主義下，係以能力、表現及績效，作為公務人員任用、俸給及升遷的標準，其所奉行的是「任人唯賢」的原則，而不是「任人唯親」、「任人唯派」，即不以親疏、黨派、個人或家庭背景等因素來評價公務人員，這對提高公務人員的素質、獎優懲劣及提高行政效率，發揮了積極之作用。

（二）公平競爭

文官制度的產生是為了反對「個人恩賜制」或「政黨分贓制」，其所倡導的是功績主義與公平競爭之精神，採用公開、公平的考試及擇優錄用方式，來選拔公務人員。而任用與升遷，亦應評估其相關的能力、知識及技術，且必須確保所有人都獲得公平機會的公開競爭之後，再做最後的決定，以吸引更多人才至政府機關任職。

（三）法治精神

由於行政行為大多具有強制性，並與人民之權利義務有關，因此必須有各種法令，規範行政行為或人力資源管理之作為，並依法行政。法治精神是國家人事管理規範化、理性化及法制化的具體形式。儘管過度法規化有其限制與缺失，但是法治精神仍具有強調一體適用，讓公務人員有所依循、明確化課責，避免人謀不臧等優點。

（四）追求效率

政府的各項人力資源管理活動，包括招募人才、同工同酬、獎優懲劣、培訓，以及一系列的職位分類、職責規範等作為，皆試圖追求行政效

率；如美國「文官改革法」（Civil Service Reform Act）即明文要求，應該有效率及有效能地運用工作人力。

（五）政治中立

文官制度要求公務人員，在政黨政治中保持中立，限制公務人員參加政黨的政治活動，不得偏袒某一政黨，也不能捲入政爭中；同時公務人員也被禁止運用權力干擾或影響選舉結果。這些作法均有助於公務人員能夠公正地履行職責，避免黨同伐異，並確保國家機器的正常運轉，不論政黨、政權如何更迭，也能維持國家與行政體制的穩定。

（六）權利保障

文官制度承襲理念型官僚組織的要求，得以保有終身職位，並具有憲法或其他法令保障的各項權利。當權利遭受侵犯時，可提出申訴或行政訴訟，以爭取並保障自身權利；保障公務人員不會因合法揭露弊端而遭到報復。凡此種種，皆為使公務人員能夠安心地做好工作。

（七）專業管理

現代政府公務已日趨專業化，非具有職務所需的專門知識和技能是不能勝任的。而人力資源管理工作更需要專業，從職務分類、工作設計、人力規劃，乃至選才、育才、用才、留才，以及溝通、管理、解決問題、創新應變，無一不屬於專業工作，這些知識和技能的獲得，必須經過相當長時間的正規教育與持續學習方能達成。

（八）公務倫理

由於文官制度是一個龐大的官僚體制，具有層級節制的現象，而且政府的行政經費與俸給皆來自於人民。因此，為了增進公務人員之誠信、責

任、應對進退有序，並避免貪污腐化行為的產生，各國文官制度皆訂有公務人員基準法、行政倫理法、公務人員服務法等法令規範之。

二、公部門人力資源管理之特色

公部門涵蓋許多機關、事業機構與學校，彼此間人事制度略有差異。大抵而言，公部門人力資源管理的特色如下（吳瓊恩、張世杰，2006：8-11）：

（一）受到政治因素的影響較深

在民主國家中，政府的運作會受到議會、民意代表的批評與監督，而且也常受到既得利益團體及意見領袖的影響。此外，每次的選舉和高層人事的異動，也會改變政府的相關運作。

（二）深受法律規章和規則程序限制

政府的許多行動時常受到各種法律規章的限制，因而阻礙了人力資源管理行動的自主性與彈性，甚或產生窒礙難行的情況；再加上法律規章之制（修）訂，經常曠日費時，因此在管理的時效上與企業有很大的差距。

（三）行政目標追求大且廣泛的公共利益

政府行政作為之目的與動機，是在為民服務，並謀求公共利益，但是政府服務的對象不僅差異性大，而且對於行政人員的期望亦趨多樣化；再加上公共利益內容過度抽象和廣泛，也都使得政府無法如同企業般，專心一致地以利潤為主要導向。

（四）行政績效難以衡量

由於政府並非以營利為目的，以致其施政績效、組織績效或員工績效，皆難以用利潤作為唯一的指標，甚至也難以量化或論定成效，造成在採行適當人力資源管理行動上的困難。

（五）決策程序冗長

在民主政體下，講究「正當程序」與「依法行政」的原則，加上政府本身官僚組織的影響，使得事權分散、行政課責不易，進而釀成爭功諉過的情形。再者，冗長的行政程序，更是行政效率不彰的主要原因。

（六）較不受市場競爭的影響

政府行政具有其獨特性，在其管轄區域內，可以集中統一地施行某些行政行為，政府也是公權力的遂行者，私人不能與之抗衡或競爭，加上績效難以衡量，皆造成政府不必過度與他人競爭，因而導致對環境的回應力不足，以及行政效率欠佳的情況產生。

（七）預算有限且常受限制

政府行政或人力資源管理之運作皆需預算經費才能即時且有效地推動，但因其經費必須受財源限制與立法機關的嚴格審核，有時尚可能因為政治或政黨衝突等非理性因素，以致無法或太慢通過預算經費。

（八）公務人員身分保障

原本「永業化」的設計，是為了讓公務人員能夠安心地工作，但卻也成了公務人員的護身符，再加上法律對於公務人員身分與職位的保障，也限制了公共人力資源管理對其人員之激勵、績效、升遷及懲罰等作為。公

務人員的過度保障，對激勵士氣、績效管理、獎優汰劣等管理作為，增加了許多難度與挑戰。

第三節　我國公務人力資源管理制度之問題

彼得・杜拉克（Peter F. Drucker）也觀察到，在知識經濟為主流的「不連續的年代」，政府部門將因為對社會的回應力不足、績效太差而令公民失望；同時，他也強調在新的時代裡，需要一個有治理能力的政府，這樣的政府不會淪為「執行」單位，也不會淪為「行政」單位，而應該是個不折不扣的治理機關（陳琇玲等譯，2006：286）。由此可知，政府部門在知識經濟的時代必須能夠從被動、缺乏回應力的行政官僚體系，轉化成為一個具備主動、回應力的治理機關，才能重新贏得人民的信賴。

相較於 1980 年代以來，英、美等先進國家所採行的公部門人力資源管理的各項改革措施，我國公務人力資源管理的問題，主要包括以下各項：（1）人力資源管理理念與制度落後；（2）主管管理誘因薄弱；（3）考選效度低落；（4）訓練機制缺乏整合與適量資源；（5）獎優汰劣之激勵機制不足；（6）公務人員陞遷機制不理想；（7）人事一條鞭制度備受批評。以下分別就這七項我國公務人力資源管理之問題，分析闡述如下（彭錦鵬、劉坤億，2009：19-24）：

一、人力資源管理理念與制度落後

先進民主國家從 1980 年代以來的公務人力資源管理理念，強調結果導向、績效導向、工作職能導向、彈性管理、公務職位逐步開放競爭等務實之做法。我國公務人力資源管理之理念，朝野各界都停留在以年資為中

心，以教育資格爲考試門檻，以公平法制爲重點的傳統人事行政思考，長期以來，較缺乏內部市場化之競爭機制。如是的人力資源管理理念的缺點爲：

（一）公務人員雖然通過困難的考試流程，但不見得能夠成爲優秀的公務人才。

（二）陞遷主要決定於年資，致使高階公務人員缺乏競爭壓力，學識能力難以應付現代行政的需求。

（三）不適任的公務人員比比皆是，毫無淘汰壓力。

（四）兢兢業業的優秀公務人員缺乏適當的獎勵機制和肯定；卓越的公務人員無法受到文官體制的特別拔擢，成爲文官體系的領導階層。

二、主管管理誘因薄弱

在我國傳統以年資爲基礎的文官制度下，各級主管、主官缺乏以績效爲基礎的管理權責。常任文官主管對於優秀的公務人員缺乏獎勵的工具，對於不適任的公務人員也不敢輕易動用考績法的懲罰機制，因此造成文官體制好官自我爲之的鬆懈、放任管理。再者，過去幾年部分常任文官基於政治關係而被快速拔擢，部分個案相當程度破壞文官體制循序合理陞遷的行政倫理，導致管理誘因薄弱。

三、考選效度低落

我國公務人員進用，缺乏中、長程的人力規劃策略考量，用人政策缺乏科學性需求分析。現行考選制度最大的缺點是，考試方式幾乎完全依賴專業科目，雖然符合一般民衆認知的公平觀念，但考試及格人員不一定能

符合民眾對於公務員的期待，產生考試效度嚴重不足的現象。國家考試所進用的公務員專業科目成績不差，但公務人員應該具有的工作職能，例如：主動、積極、負責等個人特質，或溝通、分析、決策、邏輯推理、數理推理、資料分析等行政能力卻有所不足。

四、訓練機制缺乏整合與適量資源

若從法制層面來看，我國公務人員培訓的法制基礎猶算完備，然而，若從實務來看，特別是相較於先進國家的公務人員訓練體系，我國的訓練機制顯然缺乏整合與適量之資源投入。茲就我國現行公務人員培訓制度之限制與問題，歸納分析如下：

（一）現行公務人員訓練體系，分工有餘但整合不足

關於我國公務人員之培訓體系，目前可劃分為考試院保訓會、行政院人事行政局二大系統，分別負責公務人員考試錄取人員訓練、升官等訓練，以及專業、一般管理訓練，看似有明確的任務分工，然而研究發現，二大系統其實整合不足，協調會報之功能並未完全發揮，訓練課程多所重複，致使訓練資源分散，無法發揮最大的效率。以國家文官培訓所之薦任晉升簡任官等訓練為例，在 120 小時的課程中，即有 25 小時與公務人力發展中心之初任簡任主管訓練課程重疊，占總時數的 20.83%。另外，國家文官培訓所辦理的委任晉升薦任官等訓練課程，在 120 小時中，亦有 18 小時的課程與公務人力發展中心的初任薦任主管訓練課程重複，占總時數的 15%，可見我國公務人員訓練體系實有強化整合之必要。

（二）缺乏十二職等以上高階文官的正規培訓計畫

任職於我國中央、地方機關之十二職等以上的高階文官，多是擔任機

關或其內部單位之主管、副主管、幕僚長等要職。惟不足的是，我國公務人員訓練機構目前對於簡任文官所施以的正規訓練，對象僅及於薦任晉升簡任官等、初任簡任主管，卻並未針對這群能力必須更強、視野要更廣的十二職等以上高階文官，規劃及開設任何的正規培訓課程。雖然保訓會曾針對行政院暨所屬機關以外機關第十二職等至第十三職等之高階主管人員辦理高階主管人員研究班，以及人事行政局曾針對高階文官開設國家策略研究班、國家政策研究班或性質類似的班別，但這些班別皆非正規的訓練機制，其名稱與授課內容一再變動，訓練成效也難以評估，顯示我國對於高階文官的訓練，實有進一步強化的空間與必要。

（三）訓練課程與各級公務人員之核心職能的結合，仍待進一步強化

自 2005 年起，我國公務人員初任、升官等訓練課程，已分別按照不同的官等及其對應的核心職能結合，但卻有兩大問題產生：一是由於訓期僅有 3 至 5 週，在課程多元、訓期短暫的情況下，致使多數科目的上課時數只有 2 至 4 小時，僅少數的科目能達到 6 至 8 小時，學員所學的內容勢必極為有限；二是課程設計所依循的公務人員核心職能，雖然是由學者專家、公務界人士所共同研擬，但是否符合一般民眾對於公務人員的期望，以及學員是否能將學習成效於工作、職涯發展中落實等問題，都尚待檢驗。

（四）我國公務人員之訓練方法仍趨於保守

我國公務人員的訓練方法，雖有課堂講授與測驗、個案研討與實例分析、數位學習、專題演講、參訪等五種，但由於培訓經費的限制，實際上仍以大班制課堂講授為主，且有超過六成的師資係延聘自學術界，專任的培訓人員仍多所不足。即使目前有嘗試採用混成學習的方法，但與英、

美、日等國家實際落實數位學習、個案研討及課堂講授之彈性混成訓練方式，仍有一段距離。

（五）現行公務人員訓練之及格率過高，缺乏嚴格的淘汰機制

自 1997 至 2007 年間，國家文官培訓所辦理的初任官等訓練，普考、特考錄取者的及格率不僅都超過 99.9%，高考、初考錄取者的及格率更高達 100%。由這些數據可以發現，我國現行公務人員只要參加訓練，幾乎保證會及格，缺乏嚴格的淘汰機制，在此情況下，難免會導致學員的學習心態較爲消極。同樣不合理的是，在升官等訓練方面，委升薦的及格率爲 96.39%，薦升簡的及格率爲 96.76%，其中，薦升簡的及格率遠高於實際能夠升等之比例。雖然近年升官等訓練之及格率已有下降的趨勢，但仍然維持在九成以上，特別是簡任官多居機關要職、名額稀少，其訓練與篩選機制理應比其他訓練更加嚴格，惟實際上其及格率卻明顯高於委升薦訓練，顯然有不合理之處。

（六）公務人員之培訓經費仍有所不足

目前保訓會所辦理之考試錄取人員及升官等訓練，其經費無論是用人機關或保訓會於年度預算所編列支應，皆因培訓預算並非以達成較高標準之訓練成效及反映其實際成本來編列，導致訓練課程內容之規劃、班級人數，以及訓練方法等，只能遷就既有的經費規模。若以英、美公務人員培訓制度，日益強調使用者付費，以及實際反映預期訓練成果之培訓成本來看，我國公務人員的培訓預算應有合理的成長幅度。

五、獎優汰劣之激勵機制不足

綜觀近年來人力資源管理的發展趨勢，可發現無論是公部門或私部門

都對策略性人力資源管理充滿期待，認為組織成員是創造競爭優勢的人力資源，倘若能夠善用適切的人事管理政策，便能夠協助組織達成既定目標且維持組織的生存與發展。在眾多策略性人力資源管理政策中，又以定期契約雇用制和績效薪酬或績效獎金制最受到歡迎。前述這兩套制度的目的，就是希望能夠發揮獎優汰劣之功用。而檢討我國現行考績制度，至少有以下幾項問題：

（一）現行公務人員考績制度效度不足。

（二）現行考績制度未能發揮「獎優汰劣」之基本目標。

（三）考績結果之資訊，並未作為人員培訓、提昇工作能力之參據。

（四）對於績效不佳之公務員，缺乏強制性之有效警惕、矯正措施。

六、公務人員陞遷機制不理想

在公務人員陞遷管道方面，目前中央與地方公務人員雖然同屬一套文官法制，但地方政府職缺較少，職等較低，晉升機會甚少。另一方面，中央機關人員因機關職等編列較高，升遷機會較大。中央政府與地方政府人員交流情況，大致上為中央政府向地方政府單向要人，缺乏雙向交流。公務人員晉陞的方法，約有升官等考試、長官決定及成績考核等三種。分析現行公務人員陞遷，前述三種方法都有，但以前兩種的成分比例較高，其結果導致公務人員在追求個人職涯發展上，並不以能力提昇和績效導向為主要考量。過去幾年，公務人員陞遷方面的問題之一，即有部分公務人員憑藉政治關係而快速升遷，部分個案恐有衝擊文官士氣之嫌。

七、人事一條鞭制度備受批評

我國目前人事一條鞭制度與先進國家各部會分權之做法明顯不同。由

於採用人事一條鞭制度，導致各級政府機關首長或單位主管，在用人方面缺乏人事調配自主性，經常出現需要的人無法到位，不需要的人卻調不開的現象。

第四節　公部門的志工管理

一、志願服務的特質

　　志願服務的特質至今無一致的說法。根據志工服務交流協會（International Association for Volunteer Effort，簡稱 IAVE）之界定，志願服務是一種沒有待遇、非責任的工作，以有組織的方式，來提供利於他人的服務，其服務之範圍，可以是為了組織本身或整個社會。依聯合國之定義，志願服務者是一種有組織、有目的、有方法，在調整與增進個人對環境之適應，其志趣相接近、不計酬勞的人（蔡祈賢，2013：6）。學者林勝義（2005：80-81）從廣義和狹義兩方面來界定，認為廣義的志願服務又稱之為非正式的志願服務，是指個人在面對需要服務的人口群，能依自己的認知，自動助人，而不考慮任何報酬的行為；如街上行人自動扶助不認識的老人過街，即屬於一種非正式的志願服務。至於狹義的志願服務，又稱為正式的志願服務，是指經由非營利組織或其他公共組織的志願服務人員，為其服務對象所提供的志願服務工作。

二、志願服務的功能

　　志願服務的運作，固然是一種服務社會的助人行為，然而在時代的演

變中，會因為環境、組織或個人的需要，而呈現其不同的作用，產生不同的功能，這些功能有些是明顯可見，有立即影響的服務功能，有些卻是無形且需長時間才能顯示其影響的功能。無論如何，這些都顯示志願服務的功能，在實際的運作下已經超越傳統的角色，提昇了單純助人的功能，使志工對社會的貢獻具有更高的意義。這些功能可以歸納如下（內政部，2002：35-38）：

（一）輔助或替代政府辦理公共服務輸送的功能

在政府再造的過程中，已有愈來愈多以政府和民間組織或企業結成夥伴關係，來輸送公共服務的事實，志願服務來自民間，具有靈活、彈性、快速、親切的特色，因此政府透過志願服務者的協助，不僅可以節省人力，也能提供民眾優質的服務。同時透過不同地區或不同類別的志願服務，可協助政府延伸公共服務，普及至更多的社會弱勢族群或更偏遠的地區。

（二）提供大眾多元的社會服務

志願服務可以依據不同的需求，提供多元的社會服務，滿足不同的對象，其做法包括直接對受服務者服務，例如照顧老人、孤兒，或是間接的協助受服務者整理生活環境或整理資料等，由於志願服務的多元角色，可以因應時代和環境的變化，不受時空的影響，發揮其最適切的功能。此外，志願服務也具有重大經濟貢獻，其所替代的人力及所輸送的服務若是折合正式組織的種種人事費，會是相當大的支出，如藉由志工的運用而節省這些費用，可創造更大的經濟價值。

（三）深化及擴大非營利組織的服務功能

非營利組織近年來的蓬勃發展，與志願服務的發展有密切關係，由於

大量志工的出現，使非營利組織能夠獲得充沛的免費人力，不僅在支援、諮詢及執行等各方面，可以得到適當的人力加以運用，減少非營利組織的人事費用，更可透過不同專才的志工，開拓新的服務領域，提昇服務品質，更進而協助募款、經營福利產業等工作，志願服務可以說是非營利組織運作最重要的原動力。

（四）增進志願服務者心理和知識技能的成長

志願服務工作的參與，使得志工在奉獻犧牲之時，也可得到學習及成長的機會，在心理成長方面，得到支持、鼓勵和分享，產生團體歸屬感；而在協助受服務者時，從其感謝的眼神、語調或恢復情形，得到心理的成就感及自我的信心，尤其有些退休人員或家庭主婦，因為參與志願服務，而得以重新投入社會行動的行列，避免產生社會疏離感，也促使個人心靈的再成長。在知識技能成長方面，為了有效達成服務的目的，提昇服務的品質，志工需要參加相關訓練或在工作中學習，不僅可獲得專業服務技術的成長，也習得與人共事，培養團隊合作的經驗。

（五）提供多元的社會參與機會

志願服務的工作，可以因人、事、時、地、物的需要而有所調整，使得其服務的範圍、種類和對象，可以有很大的變化空間，故志工也因而經由不同的組織，提供各種的服務，扮演適當的角色。也因此，擔任志工的條件會隨服務內容而改變，也就是說社會中的任何人，只要其願意從事志工活動，就可以有多種選擇參與的機會，從而帶給社會多元的服務。

（六）強化社會資本的形式

社會資本包含社會行為的共同價值和規則，充分的表現在個人關係、信任和公民責任的共識。發展更好的社會資本，志願服務是有效的行動方

式，因爲透過助人的歷程，可以加強人們的互動，協助民衆更緊密的結合在一起，而結合了社會資本，也可以在不同的組織間搭起橋樑，去除彼此的隔閡，銜接了社會資本，因此志願服務對社會資本的發展有重大貢獻，透過服務活動可以建立公民間的信任和互惠行爲，對安定和和諧的社會有更好的貢獻。

（七）建構公民社會的基礎

公民社會的重要作用是創造健康的公共生活，它必須依賴自願而又負責的公民，來共同解決問題，分享共同利益及提昇集體的理想，而志願服務可透過各種服務，帶給民衆安全、正義、機會和自由，正符合公民社會之所需，因此公民社會提供志願服務發展的溫床，志願服務也成爲公民社會行動的核心。

（八）發展人類高貴的本性

志願服務的行動是人們在自由的狀況下，依自主的精神帶給個人和組織的實質利益，凝聚了社會的相互信任的感覺。它是深植在文化和社會衝擊下的人類精神，代表來自人們內心的習慣和公民的本性，它對其他人需求的關切和回應，是人類最高動機的呈現，展現出人類以愛和熱情來互助的本性。也就是說，志願服務的深層精神面及象徵的意義，不在於爲別人做些事，而在於無私無悔的自我奉獻，這是人性高貴尊嚴的發揮。

三、志工的定義

何謂志工？Ellis 與 Noyes（1990：4，轉引自江明修，2003：266）認爲，志工是爲了盡社會一份子的責任，其工作態度不是因爲金錢利益的吸引，而是其意願選擇可達成社會需求的行動，所展現的責任是遠超過個人

的基本義務。從廣義的角度而言，凡是從事於志願服務者，常被稱為「義工」、「同工」與「志工」等三種稱謂。其中，義工是最早使用也最常被使用的，而同工是指在基督教會服務的人員，無論何者，多指自動自發且不求回報及無報酬參與各種社會福利活動的人而言。關於「志工」一詞與相關概念，志願服務法第三條中有如下的說明：

（一）志願服務：民眾出於自由意志，非基於個人義務或法律責任，秉誠心以知識、體能、勞力、經驗、技術、時間等貢獻社會，不以獲取報酬為目的，以提高公共事務效能及增進社會公益所為之各項輔助性服務。

（二）志願服務者（簡稱志工）：對社會提出志願服務者。

（三）志願服務運用單位：運用志工之機關、機構、學校、法人或經政府立案團體。

大抵而言，志工一詞目前已逐漸取代義工的用法，因為「volunteer」（志工）含有「volition」（意志力、自動自發）的概念，意味著志工所從事的是一種非強迫性的助人行動，也就是出於自由意志而行事的志願工作者（陳金貴，1994：150）。

四、志願服務之理論基礎

有關志願服務的理論，眾說紛紜，未有一致標準。作者乃整理幾種最常用的說法予以介紹如下（孫本初，2007：460-461；林勝義，2006：160-163）：

（一）期望理論（expectancy theory）

該理論認為人們因對將來所得的結果有所期待而產生行為，期待可以

獲得所希望的回報。當志工對於自己在服務中，期待可以學習到新知、與他人互動、獲得心理滿足等未來報酬越強烈時，就會轉換成行為持續參與志願服務。通常志工之期望與實際所從事工作之間差距越小時其流動率也會越低。

（二）交換理論（exchange theory）

該理論強調個人行為是利益取向的，這種酬償可以是物質、金錢或精神方面，當其獲得大於付出時，人們即會採取行動。所以是從成本效益的觀點，就個人行為付出與獲得之間的比率，作為其衡量是否投入的標準。基於此，一個機關能否吸引足夠的志工參加，與該機關是否提供相當的支持與回饋有關。在供與需之間平衡，才能維持兩者間社會支持網絡的互動。

（三）社會化理論（socialization）

該理論認為人一生中的行為都受社會化的影響，其作用涵蓋人生各階段之學習，包括正式與非正式、計畫與非計畫之過程。社會化使某些價值觀、信仰或態度，內化為個人思想行為的一部分。當人們認為參與志工服務、貢獻心力，是個人的責任及人生角色時，參與即成為自然而然的行動。學者認為西方社會志願服務至為普及，社會化乃是其原因之一。

（四）利他主義（altruism）

利他主義是倫理學中的行為理論，強調無私幫助他人、不求回報。長久以來被認為是人們參與志願服務的主要理由。所謂利他，即是從別人所獲得滿足之中，得到自己付出的快樂與成就感，這也是一般人所認為，志工可以持續其服務行為的主要動機。

（五）需求滿足理論（need-hierarchy theory）

由馬斯洛（Abraham H. Maslow）所提出，主張人的行為皆由追求需欲所生，依其順序由下而上，分成生理需求、安全需求、愛與歸屬之需求、自尊的需求及自我實現五個層級；低層次需欲獲得滿足後，即產生較高層級之需求。參與志願服務人員，於滿足基本需求之後，會發展出友善和關懷社會等特性，並投身志工行列，以獲取更高層次需欲的滿足。

五、公部門運用志工的理由

21 世紀是志願服務的世紀，不僅社會福利機構、弱勢族群需要志工來服務，政府部門亦無例外。茲整理公部門運用志工的理由如下（蔡祈賢，2013：11-12）：

（一）減輕政府財政負擔

為因應二戰後因社會福利主義興起，導致政府財政支出不斷擴張，又由於社會急遽變遷，民眾需求多元，因此政府的職責與財政負擔更為沉重。然而受到組織結構與資源的限制，政府在人力運用、服務範圍的開展上，無法明顯突破，故必須藉由許多非政府之人力、財力資源來協助，而志願服務與志工之引進，乃是其中最有效之策略，也是本世紀政府的新主張。

（二）提昇服務品質

在多元變化的社會中，公民意識高漲，不僅民眾需求殷切，且期望政府提供優質的服務。為減緩公共政策輸出與民意之間需求的落差，彌補政府人力之不足，增進服務效能，有效運用志工參與，給予妥善的安排管理，以發揮積極功能，堪稱最佳良方。因此，政府若能提供參與空間，讓

志工盡情揮灑，或許可以改變民眾觀感，而成為各方均贏的策略。

（三）政府與民眾共同分攤公共服務

近年來有不少學者倡導共同生產模式（the coproduction model）概念，此一模式最值得注意者，即由公民與政府共同分攤公共服務之權責，以改善政府服務的品質和範圍。此理念的實踐，使得政府在考慮提昇服務品質與效率上，應從公民參與角度來考量，藉由發展公民潛力去貢獻社會的方式，可實現公民參與公共事務之權利和對社會之責任並節省政府財政、人力負擔，使有限資源能夠更有效的運用。

六、志工管理的程序

管理志工決不是憑經驗或是訴求情感就可以勝任，而是要制定一套管理辦法，透過制度化的安排來執行（陳政智，1999：118）。因此在管理志工人力資源之前，需預先設計一套志工管理流程，包括：需求評定與方案設計、工作規劃、招募、面談與遴選、迎新與訓練、督導與激勵、績效評估，透過這樣的管理辦法才能夠維持志工的服務品質與發揮志工資源的效用。以下分別說明之（陳政智，1999：119-125）：

（一）需求評估與方案設計

為了確保人力需求的適當性，執行志工人力資源規劃是有其必要性。組織必須確定有某些工作需要志工的投入，才決定錄用相當比例的志工人數，而非因為這是組織每年的例行工作，把人招募進來後才因人設事。然後在招募志工之前要先進行志工工作分析（job analysis），透過分析可以界定任務中每一項工作的必要性，並決定志工職位間的關係及明定職位的勝任資格。

（二）工作規劃

所謂工作規劃，即是依所需服務的項目設計所需要的志工人數、工作項目、工作類別、工作內容，服務時數、福利報酬、獎懲及考核辦法等，將每一項職務的工作描述清楚並具體化與製作成志工管理手冊，以供依循和參考。志工的角色是輔助還是自主，要負擔哪些工作，先要明定，再依此來設定組織規模及運作方式。在完成上述工作之安排後，可以再進行經費的編列，志願服務計畫的規劃者可以針對執行的實際需要，參酌運用單位推展志工服務的預算額度，以及其他可能的經費來源，據以編列預算，包括支出項目、活動項目、執行方案三個取向。

（三）招募

志工招募的主要目的是要找適當的志工，以便配合運用單位的需要而提供服務，也就是「如何找對的人做對的事」。組織首先必須知道自己所需的志工在哪裡，亦即透過志工招募的途徑，尋找有意願從事志願服務工作並且符合組織所需要的志工。可分為：建立工作服務網絡途徑、宣傳促銷途徑、大眾傳播媒體途徑、聯合招募志工的途徑。

（四）面談與遴選

面談遴選是面試者與應徵者雙方彼此的「第一印象」，就是僅有此一次、絕無僅有，也是無法重新再建立一次。面談是遴選並篩選志工的前提及機會，是一種媒合的過程，組織對志工並不是照單全收、來者不拒的，面談的結果就是要使用技能研判，淘汰掉不適合的報名者。

（五）迎新與訓練

在此階段，組織對於新加入的人員應該進行簡單的說明會，使其瞭解

組織的發展與作業，並瞭解未來工作之事宜等。訓練是爲了要確保志工可以平順的進入工作情境，以及提供獲得成功服務經驗所需要的資訊、知識與資源，並使其感覺自己是個有價值的人。換言之，透過訓練可以激發志工潛能，使其具備執行任務所必備的技巧與知識，提昇服務能力，促進服務動機與士氣，發揮服務效果；更可以避免志工的服務行爲受個人價值觀、人格特質與工作經驗所影響。藉由訓練，志工對於可預測及重複性的情境可以用一種既定的方法來反應，因此對志工提供訓練是有需要的。

（六）激勵與評估

不論是支薪工作人員或志工都需要給與激勵，而激勵措施就是表達感謝最好的方法。在組織中，要維繫志工應當先瞭解志工的需求，並在激勵的過程中以適當的激勵措施來激發志工的士氣。另外，對管理者而言，評估是傳達組織目標的工具，提供管理者一個增強志工表現符合期望行爲的方法。評估的目的在於協助個人瞭解自己的表現是否符合組織的需要，作爲人力需求推估的基礎，同時使組織得以掌握志工表現，避免重複訓練、減少人力浪費、確保服務品質。但評估最重要的並不是要判定志工的好壞，而是反省組織的志工管理或志工服務方案的績效。

七、加強運用公教志工之策略

公教志工由於經過國家考選或審定，且熟悉政府機關暨學校之環境，是優質人力；同時鼓勵退休者參與志工，可扭轉坐享優渥退休金之負面印象，故公教志工最值得政府公部門引進。各機關除依人事行政總處訂定之「強化退休公教志工人力運用機制之推動原則」辦理外，宜再加強以下措施（蔡祈賢，2013：12-13）：

（一）加強宣導參與志工之意義與價值

參與志願服務對個人生命之意義，以及對人際、家庭、社會都有建設性之助益，因此要加強宣導，使公教人員充分瞭解，休戚與共，自然樂於投身、貢獻其所學，服務人群社會。具體之做法，除利用定期之集會，請專人演講，啓蒙思想或分享經驗；或邀典範現身說法；或安排社區服務、公益活動，讓員工參加親身體驗，當其退休之後，當然樂於持續貢獻。

（二）各機關鼓勵同仁參與志工

林勝義（2006）提出從事志願服務，須備「行有餘力」、「時間管理適當」、「身體健康」、「獲得家人認同」、「正確的人生觀」等五點先決條件，以此衡之在職公教人員，蠻多具足；對退休公教人員而言，更爲適當。因此，除由各機關鼓勵員工參加訓練，取得合格證書，多參加適宜的志願服務工作，以發揮關懷之核心價值；人事行政總處於每年爲屆退人員辦理之長青座談，亦可多加鼓勵，主動邀約，積極安排嘗試。

（三）建立公教志工銀行

公教志工銀行是一個登記與需用媒合之平台，建置此一機構，讓有意擔任志工者將其專長、希望服務之類別登錄建檔，形成志工人才庫。而政府各機關學校需用志工者，亦將其要求條件與工作項目開列，並由銀行所建立之平台加以媒合。不論是事求人或人找事，都可以由此銀行來調配，便利促成好事，滿足供需雙方，銀行也可主動出擊，積極招募行銷，篩選推介各機關學校。

（四）營造志工支持環境，提供學習機會

參與志願服務雖不計酬勞，但其仍是人，應給予最基本之尊重與福

利，以支持其繼續投入，例如補貼志工車馬費、餐點費、辦理意外保險等，均是營造支持環境的必要措施。再者維持志工繼續服務的要素之一，為鼓勵與重視；同時也應提供一個可以使其不斷成長、學習與發展環境，才能增加參與人數，減少志工流失率。

（五）擴大表揚善行事蹟

公教志工是志願服務的主力，在許多國際大型的展演中，都可見其活躍的身影。這批志工大軍，往往擔綱重要的服務工作，在活動中穿梭奔波，貢獻非凡。因之，各人事主管機關可蒐集其優良事蹟，輯印芬芳錄；或擴大表揚，以彰顯志工感人故事的擴散效果；甚或提高獎項層級，由院長、部會首長來頒獎，以國家位格來推動。如此才能使各界更瞭解重視志工，志工效應也更為廣泛持續。

公部人員績效考核是否落實？

柯文哲：考慮引進企業制度　用 KPI 考核公務員[2]

很難想像，民間企業若每年都有四分之三的人拿到最佳績效獎金，結果還會有什麼績效。但台灣的公務員對此行之有年，每年公務員考績都有 74% 到 75% 的比率拿甲等。

不論經濟景氣好壞，公務員除了全體都有年終獎金一個半月外，考績甲等可領一個月績效獎金，職等升到頂者，可再加一個月，乙等則是半個月績效獎金。相較於新加坡公務員，年終獎金曾在金融海嘯時停發，2014 年經濟不佳時也降到 0.8 個月，台灣政府的考績給獎方式，簡直形同固定薪資。

雖然行政院早在 2001 年就召集各機關討論，達成甲等人數比率「以 50% 為原則，最高不超過 75%」的共識，但從來沒有一年達到「原則」，甚至最近五年還連續微幅超過 75% 的上限，卻沒有任何檢討、沒有任何主管遭到懲處。考績最優的人數比率最高，而且高過次佳比率甚多，這使得公務員喪失力求表現的誘因。前考試院長關中任內曾因試圖推動「丙等占 3%」的政策，引發公務員大幅反彈，此後再無官員膽敢推出考績制度改革，丙等比率只有區區不到 0.2%。

關中遭反彈的理由之一，是若強制定 3% 丙等，結果一定是年輕、資淺甚至表現優異的公務員會成為受害者，變成反淘汰。以目前的官場文化看，也許不無道理，但因此放任不改革，吃虧的是人民，其實只要貫徹執行前述行政機關共識，把甲等比率一次降到 50%，成效就會顯現出來。許多年輕公務員對新人考績總拿乙一事，感到憤恨不平。一位在地方政府社會局服務的公務員表示：「現在的公務體系，上面的長官，

2 改寫自商業週刊與聯合報之文章。資料來源：〈柯文哲考慮用新制度 用平衡計分卡考核公務員〉，《商業週刊》，1427 期，2015/3/19；〈軍公教齊頭式加薪，根本不合理〉，《聯合報》，A8，2015/2/12。

都是以前大家印象中的公務員，很多陋習無法改過來。反而新人能力比較好，但一開始考績就是乙，大部分都是這樣，雖然新人業務最重，但不管你做得多好，考績都是乙。很多比你老的，明明能力更差，卻拿甲。」

　　台北市長柯文哲繼砍市府員工交通補助及加班費，改以績效考核發放獎金後，再拋新構想；柯文哲說，將重新建立各部門及員工績效評估辦法，考慮引進企業「平衡記分卡」、KPI（關鍵績效指標）等管理制度，預計 105 年度實施。當時的北市研考會主委陳銘薰說，平衡計分卡及 KPI 制度是民間企業常用的績效管理工具，有別過去公務員考核；平衡計分卡包含財務、顧客需求（市民需求）、內部流程及學習成長能力等四面向，考核細節正研議中。北市人事處表示，現行公務員每季做一次平時考核，主要評估工作表現及操行，未來若採平衡計分卡制度，考評面向會更多元、複雜，但會力求減少程序及書面資料。

歷屆考題

1. 官僚組織（bureaucracy）是公共行政研究的傳統議題，然而即便在今日，本議題仍廣受各界矚目。故請回答下列二問題：

   （1）公共行政學研究領域中，官僚組織概念有何重要性？

   （2）今日我國社會常批評公務人員有「官僚化」、「官僚心態」的問題。請問您認為基於前述官僚組織的研究重要性，此問題應如何解決？（101年國立臺北大學公共行政暨政策學系碩士班甄試招生考試）

2. 何謂公部門志工管理？公部門運用志工的主要理由何在？其考量因素為何？試分別說明之。（102年公務人員特種考試身心障礙人員考試—四等一般行政）

3. 何謂公部門志工？公部門可以透過哪些途徑以有效推動志工管理？（103年公務人員高等考試三級考試—普通考試一般行政）

4. 試請分別從管理方式、工作條件及工作設計等三方面，析論組織推動有效激勵的方法。（103年公務人員特種考試身心障礙人員考試—三等一般行政）

5. 請就我國公務人員人事制度中的主要業務，舉三種說明其主要的缺點、理由，以及改革之道。（103年國立臺灣大學公共事務研究所碩士班招生考試）

6. 政府部門人事任用，其甄補行為分為內陞制、外補制，試說明這兩種制度之內涵，並比較其優劣。（104年公務人員特種考試原住民族考試—三等一般行政）

7. 我國現行公務人員考績制度最受到公務人員批評的問題是什麼，原因何在，如何改進？（104年國立臺灣大學公共事務研究所碩士班招生考試）

8. 「需要層級理論」、「激勵保健理論」為行政激勵重要的理論基礎，試述這兩個理論的主要論點，並說明能否適用於我國公務人員之激勵措施。（105年公務人員特種考試身心障礙人員考試—三等一般行政）

9. 政府的人事行政體系受到多元價值的引導，這些價值包括效率、回應性、個人權利，以及社會平等性。請說明這些價值在政府進用人才的制度中發生了哪些影響？（105年國立臺北大學公共行政暨政策學系碩士班甄試招生考試）

參考文獻

陳琇玲、許晉福譯，2006，《不連續的時代》，台北：寶鼎。譯自 Peter F. Drucker.
　　The Age of Discontinuity: Guidelines to Our Changing Society. London: Routledge.

內政部，2002，《志願服務基礎訓練教材》，台北：內政部。

江明修，2003，《志工管理》，台北：智勝。

吳秉恩審校，黃良志、黃家齊、溫金豐、廖文志、韓志翔著，2007，《人力資源
　　管理：理論與實務》，台北：華泰。

吳美連，2005，《人力資源管理：理論與實務（第四版）》，台北：智勝。

吳美連、林俊毅，2002，《人力資源管理：理論與實務（第三版）》，台北：智勝。

吳復新，2003，《人力資源管理：理論分析與實務應用》，台北：華泰。

吳瓊恩、張世杰，2006，《公共人力資源管理：理論與實務》，台北：智勝。

李璋偉譯，1998，《人力資源管理（第七版）》，台北：台灣西書。譯自 Gary
　　Dessler. *Human Resource Management*. New Jersey: Prentice Hall.

林勝義，2005，〈志願服務的意涵與未來發展〉，行政院青年輔導委員會（編），
　　《非營利組織培力指南第三輯》，台北：青輔會，頁 79-90。

林勝義，2006，《志願服務與志工管理》，台北：五南。

林欽榮，2002，《人力資源管理》，台北：揚智。

孫本初，2007，《新公共管理》，台北：一品。

孫本初、張甫任，2009，《策略性人力資源管理與實務》，台北：鼎茂。

陳金貴，1994，《美國非營利組織的人力資源管理》，台北：瑞興。

陳政智，1999，〈非營利組織中志願工作者之管理：從人力資源管理觀點〉，《社
　　區發展季刊》，85：117-127。

彭錦鵬、劉坤億，2009，《我國公務人力資源改革方向之研究》，台北：行政院研
　　發考核委員會。

廖勇凱、黃湘怡，2007，《人力資源管理理論與應用（再版）》，台北：智勝。

蔡祈賢，2008，《公務人力資源管理》台北：商鼎。

蔡祈賢，2013，〈從志願服務論加強公教志公之運用〉，《人事月刊》，329：4-13。

戴國良，2005，《人力資源管理──企業實務導向與本土個案實例》，台北：鼎茂。

15

非營利組織管理

學習重點

▶非營利組織的定義與功能為何？

▶非營利組織與社會企業的差異為何？

▶非營利組織的理論基礎為何？

▶非營利組織的願景與使命的差異為何？

▶非營利組織與政府協力的限制為何？

前　言

　　隨著政治開放與經濟成長，社會發展日趨多元，公民的權利意識逐漸被喚醒，對於許多公共議題，提出了各種不同的需求。而針對特定的社會議題，當政府與市場無法滿足公民需求時，一群具有共同理念的公民，自動自發組成團體，期許促使社會問題的改善與解決，此類團體機構稱之為「非營利組織」（Nonprofit Organization，簡稱 NPO）。另一方面，伴隨著大型災難的陸續發生、人們需求的多樣化、以及高齡化社會的到來等諸多因素，眾多學者對於非營利組織在處理政府與市場侷限性的事務方面，亦產生了濃厚的興趣以及重視。簡單來說，非營利組織興起遠溯於人類的互助與慈善行為，一方面反映出一個社會上的需求，另一方面也代表著個人的社會價值可以透過群體來加以實現。根據 Salamon（1995）的分析，非營利組織興起的時代背景可以歸納為「四大危機」和「二大革命」；所謂的「四大危機」分別是指：福利國家危機（高負擔）、開發的危機（南北差距）、環境的危機和社會主義的危機（官僚性分配而產生的無效率）。而「二大革命」則是指因通訊技術改善或新工具的開發而產生的通訊革命，以及因 1960 年代到 70 年代的經濟成長和都市中產階級的出現而發生於第三世界各國的（第二次）市民革命。

　　近年來，台灣的非營利組織如雨後春筍般蓬勃發展，尤其是在 921 大地震發生時，以慈濟為首的非營利組織發揮相當大的救援力量，同時也協助災後的重建，促使社會或政府開始正視非營利組織所扮演的角色和發揮的功能，進而引發一連串有關整合非營利組織研究的成果出現。然而，相較於美國，台灣的非營利組織研究仍可算是一個新興的領域，有許多方面極待努力與充實。在現今的社會中，非營利組織在服務的提供上，扮演了不可或缺的角色，不僅提供人民參與社會事務的管道，還能滿足自我實現的需求，另一方面，更能夠有效彌補政府於面臨當今社會需求的多元卻力不從心之困境。所以，非營利組織蓬勃發展乃為社會力的展現，也代表著社會的多元與開放。

　　基於上述，為了增加讀者對非營利組織的基本認識，在本章中首先釐清非

營利組織的相關概念與功能；其次介紹非營利組織的興起背景，探討影響非營利組織發展的重要因素；接著整理非營利組織的理論基礎；最後則除闡述非營利組織與政府的協力關係外，並論述協力關係中所可能產生之限制。

第一節　非營利組織的基本概念

一、非營利組織的定義

在美國，非營利組織意指符合 1954 年的國家稅法（the 1954 Internal Revenue Code，簡稱 IRC）501（c）為公共利益工作而給予免稅鼓勵的團體，其中包含有教育、宗教等（鄭怡世、張英陣，2001：4）。關於非營利組織一詞，國內外研究引用最多者應屬 Salamon 之定義，也最具代表性。根據 Salamon（1992: 3-7）的定義，非營利組織的構成應具備有下列六項特點：

（一）正式的組織（formal）

意指非營利組織必須具有某種程度的制度化，若僅是暫時性、非正式性的民眾集合並不能稱為非營利組織；同時該組織必須得到政府法律的合法承認，並且有正式的組織章程、定期的會議以及規劃運作過程。

（二）私人性質（private）

意指非營利組織必須與政府機構有所區隔，並非隸屬於政府部門，亦非由政府官員所掌理。但這並不是代表非營利組織不能接受政府的特定支持，或是政府官員不能成為其董事，最主要的關鍵在於非營利組織的基本結構必須是民間組織。

（三）非營利且不得分配盈餘（non-profit-distributing）

意指非營利組織並非為組織擁有者獲取利益而存在，非營利組織雖可以獲取利益，但必須將所獲取之利益運用在組織宗旨限定的任務上，而非

分配給組織成員，此乃是非營利組織與企業最大不同之處。

（四）自主管理（self-governing）

意指非營利組織具有能夠管理自身活動之能力，不受政府部門與企業部門等外部力量所影響。

（五）志願性質（voluntary）

意指非營利組織在組織行動與事務管理上，應有某種程度是由具有志願性質的志工來參與，但並不意味組織的多數員工都必須是志工。

（六）公益屬性（philanthropic）

意指非營利組織的成立或活動之目標，應具有公共利益的性質，並以服務公共為目的。

而另一位較常為其他非營利組織研究者所介紹的為 Wolf，其認為非營利組織具有如下五項特質（Wolf, 1999: 21）：

（一）必須具有公共服務的使命。

（二）組織必須是非營利或慈善的機構。

（三）其經營結構須排除私人利益或財物之獲得。

（四）經營享有合法免除政府稅收的優惠。

（五）須具有法律上的特別地位，捐助者或贊助者的捐款得列入免（減）稅範圍。

（六）為政府立案之合法組織，且接受相關法令規章規範管轄。

由 Salamon 和 Wolf 的定義可知，非營利組織一詞或許缺乏統一的定義，但無論何者皆強調組織的公益和不以營利為目的之特質。此外，正式

的民間組織與享有稅賦上的優惠也是非營利組織的重要構成要素。

另外，在台灣，非營利組織一詞經常和非政府組織（non-governmental organization，簡稱NGO）混合使用，鮮少有明確的區隔。但若從組織關心的議題和服務供給的對象來看，這兩個名詞依然有顯著的差異。

一般而言，非政府組織所從事的活動通常是全球性的，且以公民為主體的海外協力、民間交流、環境保護、人權議題或是開發協助，強調有別於國家的非政府活動（林淑馨，2008：10）。非政府組織強調國際性，組織活動需跨越國境，包括其組織成員、財政或活動範圍都不限於單一國家；如國際上享有盛名的無國界醫師、紅十字會、綠色和平組織，以及我國的路竹會等都屬於非政府組織。相反地，非營利組織的活動範圍、組織成員與財務多以單一國家為主，具有草根、在地的性質；如喜憨兒、創世、紙風車。大抵而言，非政府組織應可以包含非營利組織的特質，但非營利組織卻無法完全涵蓋非政府組織的特性。根據林淑馨（2008：391）的定義，「**非政府組織係指組織規模與運作範圍為國際層次、跨國性，有非營利特質及超國家之一般性目標的永久性機構**」，由此可看出非營利組織和非政府組織在本質上的差別。

二、非營利組織的功能

關於非營利組織所扮演的社會功能，如參考學者Kramer（1981: 8-9）所言，應可以整理為下列四項：

（一）開拓與創新的功能

非營利組織常因有豐富的創意與彈性，對社會變遷與大眾需求較為敏銳，因而發展出新的因應策略，並從實際的行動中去實現組織目標，達成組織使命；例如董氏基金會為國內最早推動菸害防制的非營利組織，致力

於國內菸害防制工作規劃、教育宣導，並促成相關政策法案制定及監督執法。基金會於民國 86 年完成「菸害防制法」立法（歷經 6 年）；民國 89 年成功推動菸品開徵「健康福利捐」，政府開始有專款專用於菸害防制。

（二）改革與倡導的功能

非營利組織往往從社會各層面的實際參與中洞察社會脈動，並運用服務經驗所得資訊展開輿論與遊說，以促使政府改善或建立合乎需要的服務；如我國兒童及少年福利法即是由勵馨基金會推動而制定的兒童少年保護法規。

（三）價值維護的功能

非營利組織透過實際運作以有系統的激勵民眾對社會事務的關懷，並藉由各種方案的實施，提供人們人格教育與再社會化的機會，其中如人本文教基金會，即透過不同的管道與相關研究，來推動尊重學童的人權，反對體罰的價值觀念，這些均有助於正面價值觀之維護。

（四）服務提供的功能

非營利組織的出現彌補了政府因資源有限，無法充分保障到社會中所有人民之限制，而提供多元服務以滿足特定民眾，使其適時獲得需要的幫助，例如台灣兒童暨家庭扶助基金會，其服務涵蓋有對於貧困的兒童家庭進行扶助，或是對於受虐兒童進行保護，甚至對於發展遲緩兒童提供早期療育服務等皆是。

三、非營利組織與社會企業的差異

所謂社會企業，根據官有垣（2008：2）的說法，是指「一個私人性

質非以營利為目的組織，致力於提供社會財（social goods），除了有非營利組織的傳統經費來源外，還有相當部分包括商業的營利收入（從政府部門撥款者與私人營利部門的消費者獲得經費），以及商業上的活動」。換言之，社會企業的「主體」有二，一是非營利組織，另一則是企業；前者如第一社會福利基金會的清潔隊與烘培屋，後者如大誌社會企業和光原社會企業。不論主體為何，社會企業一般至少有兩個底線，一是「財務收益」，另一是「社會收益」，其中社會收益又比財務收益來的重要。由此可知，社會企業未必是非營利組織，但非營利組織若是藉由商業性賺錢的策略來獲取組織經營所需的資金，以實踐組織的慈善和社會使命，則可視為是社會企業的一種表現。

第二節　非營利組織的興起背景

在進入非營利組織的研究領域之前，需先瞭解非營利組織興起的時空背景。學者 Salamon（1995: 255-261）將其主要歸納成為「四大危機」與「二大革命」，茲分述如下：

一、四大危機

（一）福利國家危機（The Crisis of Welfare State）

社會福利或福利國家的建構是現代國家用以預防或解決社會問題、實現社會正義、協助人民享有美滿生活的重要機制。因此，歐美國家於 1940 年代之後逐漸介入社會福利，甚至在 1960 年代達到高峰，成為福利國家的全盛時期。然而隨著時間以及全球政經情勢的發展，福利國家開始

出現下列四項危機：

　　第一、1970 年代以來的石油危機阻礙西方國家的經濟成長，使人們認為社會福利的支出，將會排擠個人對於生產資本與設備的投資；第二、愈來愈多人認為，政府已經負擔超載（overloaded），且變得過度專業化與官僚化，使得政府對於日益增多的需求與服務顯得分身乏術；第三、由於福利國家的理念導致政府所需提供的服務日益增加，而維持這些服務所需之經費已經超出人民願意承擔之範圍；第四、福利國家的理念不僅可能削弱人民進取的心態，更會增加人民對政府的依賴感，對於發展經濟帶來負面的影響。

　　因此，福利國家的政府開始逐步縮減福利支出，到了 1980 年代初期，由於先進國家出現財政危機，以及保守勢力的抬頭，因而使得具有彈性的非營利組織與家庭部門開始受到重視。

（二）發展危機（The Crisis of Development）

　　1970 年代的石油危機對於世界經濟發展造成負面的影響，包括薩哈拉沙漠區的非洲國家、西亞以及中南美洲等地的發展中國家都難以倖免。到了 1990 年時，這種經濟衰退的情況不但未見好轉甚至更為嚴重，因此直至今日，全球大約仍有五分之一的人口生活在相當貧困的環境中。

　　上述情形使許多國家與學者開始反省並試圖找出解決之道，其中，「協助自立」（assisted self-reliance）或稱作「參與途徑」（participatory approach）的觀點乃因而產生。其認為要有效協助這些國家發展經濟，必須要善加運用人民的能力與熱忱。實證研究發現，若要推動經濟發展，僅依賴當地政府將有所困難且受限，因為政府由上而下科層體制的運作型態，不但使須議決的相關政策耗費時日，在解決民眾需求上也顯得緩不濟急。另外，就發展中國家而言，特別是在非洲，由於目前的政府多屬於外來政權，其政策是否能夠符合一般民眾需要也頗令人質疑，因此人民認

爲，藉由「參與途徑」推動經濟發展，其效率將較依賴政府爲佳，而此種途徑多透過非營利組織加以執行，因而間接促成了非營利組織的發展。

（三）環境危機（Crisis of Environment）

全球環境惡化也是促進非營利組織發展的要因之一。若進一步探究發現，造成環境危機的原因：一方面是由於發展中國家爲促進經濟發展而破壞環境，另一方面則是由於富裕國家過度濫用資源所致。在上述的情況下造成全球熱帶雨林急速減少，非洲、亞洲與拉丁美洲的土地快速沙漠化，以及歐洲國家出現嚴重的酸雨問題。這些都讓全球人民無法再坐視環境惡化的情況繼續嚴重下去，並且認爲光靠政府難以解決此一問題。

因此，人民試圖依靠自己力量來挽救生態環境，這些力量促成中歐與東歐各國「綠黨」（Green Parties）的成長。至於在發展中國家，生態行動主義（ecological activism）亦刺激當地非營利組織的快速產生。其藉由民間力量動員人力、募集資金，並試圖改變可能污染環境者或濫用資源對象的行爲，以達到保護環境之目的。

（四）社會主義危機（The Crisis of Socialism）

共產制度（communist system）的瓦解也是促使非營利組織發展的因素。1970 年代中期的經濟衰退，造成許多社會主義國家對於共產制度所擘劃能夠兼顧社會正義與經濟富裕的藍圖產生動搖。因此爲了維持統治的正當性，許多國家開始引進市場導向的機制以提昇國家經濟發展。然而，此種行爲除了促進國家經濟發展外，也產生意想不到的結果，即促成「公民社會」（civil society）的發展，使人民在享有較佳的經濟發展之外，亦瞭解透過非營利組織可以滿足需求，以及獲得一個不受限制的意見表達管道。因此有學者認爲，非營利組織之所以發展如此迅速，乃起源於人民對中央政府與制度的不信任所致，希望對於經濟、政治與社會相關事務得以直接

控制或影響，而在這樣的情形下非營利組織即為合適管道。

二、兩大革命

（一）通訊設施革命（The Communications Revolution）

　　通訊設施革命的發展，乃起源於 1970 至 1980 年代間，由於電腦的問世、光纖網路的普及、通訊衛星的廣布，導致人類的相互通訊大幅進步，即使身處於較偏遠的位置，通訊亦相當便利。

　　此外，由於同時期全球教育與知識迅速的普及，使得人民容易彼此溝通，並進行意見交流與凝聚組織，因此促使非營利組織的急遽發展。

（二）中產階級革命（The Bourgeois Revolution）

　　自 1960 年代至 1970 年代初期，全球經濟情勢呈現快速成長的狀態，因而造就了一群經濟上的中產階級。而這些中產階級的領導者，在拉丁美洲、亞洲與非洲等地對於非營利組織的發展均扮演著決定性的角色，因此對於非營利組織的發展而言，中產階級革命亦為促進其成長的因素。

第三節　影響非營利組織發展的重要因素

　　影響非營利組織發展的因素有很多，其中願景和使命因關係組織的定位與發展方向，扮演著重要的角色與功能。另外，由於不同階段的組織所面臨的課題皆不相同，因而生命週期也關係著非營利組織的發展，以下分述之。

453

一、非營利組織的願景與使命

（一）願景與使命的區別

1. 願景（vision）

　　對於營利組織而言，追求利潤是組織發展的重要目標，但對於不以追求利潤的非營利組織來說，願景和使命則被認為是指引組織發展方向的重要因素。有研究指出，所謂願景是在充分瞭解本身的處境，人們心中對期盼的未來有著清晰明確的意象（高寶華，2006：103）。**對於非營利組織而言，願景就宛如是「夢想」，給予組織無限的希望。**也因為有夢想，所以組織會有想達成夢想的動力（田尾雅夫、吉田忠彥，2009：70）。而非營利組織的成員更因有著共同的願景，可以創造出彼此一體、休戚與共的歸屬感。

2. 使命（mission）

　　一般來說，當組織擬定好願景之後，接下來要將組織願景轉化為組織的使命。任何一個組織創設與存在都有其神聖的目的，此一目的即是使命，也就是組織行動的動力基礎。**使命對於非營利組織的發展與運作而言，是不可或缺的基本要素。因為使命是組織的價值系統，也是組織的長期目標及長期承諾，其說明組織的營運範圍，包含組織發展方向，且引領組織成員達成目標**（田尾雅夫、吉田忠彥，2009：68-69）。

　　那麼，非營利組織的使命究竟所指為何？簡言之，組織的設立與存在目的即是使命，也就是「為某些人提供某些服務」。具體而言，使命的內涵應包含「這些服務對他們有何價值？滿足了他們哪方面的需求？本組織為何有能力做好這項工作？」等多項意義（司徒達賢，1999：48）。

　　管理學大師彼得‧杜拉克（Peter F. Drucker, 1998）表示，使命乃是組織為了達成重要目標所需的特定策略，同時也創造出訓練有素的組織

（轉引自洪久雅，2003：44）。換言之，組織必須透過正式的過程以界定組織所欲完成的使命，並將這些使命以清楚陳述的方式讓組織中的成員充分瞭解、明白與接納。另一方面，組織主管等相關人員則基於使命來訂定各項具體目標。因之，使命一詞應具有下列幾項意義（陸宛蘋、何明城，2009：78；何素秋，2012：83）：（1）宗旨：表明了組織存在之目的、宣示組織究竟要為哪一群對象做出什麼貢獻與所欲實現的成果；（2）任務：為達成此目標所運用的主要方法或業務（方案、行動、服務等）；（3）價值觀：引領員工達成組織目的之原則或信念。因此，使命的宣言綜述組織的「所是、所為與所由」（what, how, and why）。意即非營利組織的使命在宣示：a. 組織成立的目的；b. 為哪些人服務和提供哪些服務；c. 這些服務對受服務者的價值；（4）滿足受服務者的哪些需求；（5）組織本身為何有能力可完成工作任務。

　　總結上述得知，如比較願景和使命的差異可以發現，**若將願景比喻是「組織的夢想」，那麼使命即是「組織可以達成的夢想」，願景比使命具有較高的理想性**，兩者的差異可以參考圖1。在面臨現實環境瞬息萬變的情況下，非營利組織所有的行為與決策都以使命的實現為其最高指導原則，因此，使命的表達應該簡單明瞭。而好的使命意指富有行動潛力，並集中在組織真正努力要做的且真正可行的事情上（余佩珊譯，2004：46-47）；如主婦聯盟環境保護基金會的使命是「結合婦女力量，關懷社會，以提昇生活品質，促進兩性和諧，改善生活環境」，因而自成立以來，該基金會乃致力於環保觀念的宣導與環境議題的倡導。由此可知，使命為非營利組織擘劃出組織發展之藍圖，而組織所有作為乃在於促進藍圖之實現。

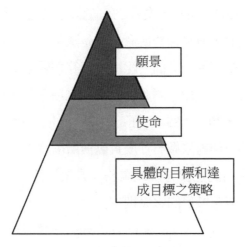

▲圖 1　願景與使命的關係圖

資料來源：田尾雅夫與吉田忠彥（2009：71）。

（二）重要性

　　對於非營利組織而言，使命除了可作為組織行為指導的準則，使得組織成員在面臨活動或決策時得以有所共識之外，更具備資源凝聚的功用。由於非營利組織並未如企業以追求利潤為目標，財務資源容易出現困境，所以清楚明確的使命則有助於社會大眾瞭解組織運作與發展，自然能夠吸引較多社會資源的投入。

　　另外，清楚明確的使命亦會對於非營利組織的職工或志工形成號召力量，影響其投入於組織運作的時間與熱忱，甚至影響參與程度，對於非營利組織的人力資源亦能夠產生正面效果（陸宛蘋、何明城，2009：78-79；司徒達賢，1999：50-52）。因此，使命對非營利組織的重要性即在於將組織活動、組織資源以及組織發展等予以連結，使非營利組織得以有效提供服務，並且能夠永續發展。

二、非營利組織的發展週期

在當今社會中，非營利組織為政府與社會提供了一個福利服務的中介平台，扮演著發展社會力量的角色。然而，對於非營利組織而言，組織的發展並非日益茁壯，本身會依循某種周而復始的循環現象，此乃所謂的生命週期。非營利組織的生命週期與其他組織相似，基本上包含開創期、過渡期、正式期以及僵化或更新期四個階段，各時期的特徵如下（馮燕，2000：25-32）：

（一）開創期（Origin Phase）

非營利組織的興起多是透過成員的熱情、對理想的號召（calling）或對於公共議題（cause）的關懷而開始組織發展。這時期非營利組織的特色為充滿熱情活力，理想也較高。但相對而言，人力與資源可能較為缺乏。

（二）過渡期（Transition Phase）

第二個時期為過渡期，此階段的特色為內部可能出現衝突，組織成員流動率可能偏高等現象。對於非營利組織而言，過渡期所產生的變化性與不確定性皆較高。

（三）正式期（Formalization Phase）

第三個時期為正式期，也稱為「科層化期」（Bureaucratic Phase）或「穩定期」（Stabilization Phase）。當非營利組織經歷過渡期的混亂與壓力後，便會興起對於制度化、建立秩序與明確化的強烈要求，進而建立或修正各項制度與關係。這個階段的特色是組織的運作將漸趨穩定，成員的專業性高、溝通順暢且強調分工合作的重要性。

（四）僵化期或更新期（Stagnation Phase or Renew Phase）

當組織穩定經營一段時間後，即可能面臨組織的僵化或更新。之所以產生僵化的情形乃是組織在正式期已具備科層化特質，如缺乏創新與競爭，則組織可能漸趨僵化。但此時若有越來越多專業人員進入組織服務，加上溝通順暢使內部衝突減緩，所有成員開始追求組織進步，則組織可脫離僵化而邁向更新期。

第四節　非營利組織的理論基礎

非營利組織的出現由於學科的不同，所關注的理論基礎會有所差異。主要的相關理論約可以簡單整理如下：

一、市場失靈（Market Failure）

經濟學的基礎假定就是人是自利的。因此，當人們處在一個自由競爭的市場中，每個人（買方與賣方）會為自己的利益做出最佳的決定，進而達成供需平衡，這就是所謂的「帕雷圖最適配置」（Pareto optimality），而此機制就稱為市場機制（馮俊傑，2004：33）。照理來說，市場機制會自由運作，但在某些情況下，卻會產生「市場失靈」的現象，主要原因之一乃是「資訊不對稱」。**所謂「資訊不對稱」是指消費者對於產品品質與價格沒有完善的資訊或判斷能力，因此處於不合理或不公平的地位，使得生產者有機會以欺騙消費者的方式，抬高產品的價格或是提供劣質的產品。**在此情況下，資源的配置自然不會是最佳配置而產生失靈。

此外，造成市場失靈的另一個原因乃是「外部性」（externalities）。**所**

謂「外部性」是指市場交易的結果對非交易的第三者所造成的影響，此影響可能是負擔，也可能是享受。例如國民納稅可能享受警察保護，但沒有納稅的人也享有同等的保護。外部性所涉及的利潤或成本，並非專屬生產之企業，亦非由價格系統所掌控之因素（張潤書，2009：282）。然而，非營利組織因不以追求本身的利益爲目的，故不會降低品質以追求組織利益，較爲人民所信賴。

二、政府失靈（Government Failure）

當市場面臨失靈的情況時，消費者希望政府能提供可以信任的產品或服務，因爲政府的出現與功能被認爲可以彌補市場的缺點，並提供市場所無法提供的集體性財貨（Salamon, 1987）。Wolf（1979）指出，在各種情況下，政府欲介入私有經濟部分、修正市場失靈可能創造出新的無效率，且強調政府在某些條件下，其公共服務可能生產過度或生產不足，甚至在過高的成本下提供公共服務。而 Weisbord（1974, 1988）建構的政府失靈理論中，有一個重要的前提是，愈是在人民多元化發展的地區，非營利組織的發展愈是活躍，且該類型的組織對於政治上的少數者之需求滿足扮演了重要的角色（轉引自官有垣，2003：11-12）。

政府失靈的論點，主要是指出人民對政府的績效，特別是公共財的供給無法盡如人意，這可能與民主政府的制度設計瑕疵有關。例如在特殊情況下人民投票產生的結果，並非是對於政策的偏好，而是制度設計或運作上扭曲所致。基於此，非營利組織因有其公益的特質，可協助政府解決部分的公共問題，改善政府資源有限的事實。因此，政府失靈可視爲是非營利組織存在的原因。

三、第三者政府理論（The Third Party Government）

　　基於上述兩種理論，也就是由於市場失靈與政府失靈，導致非營利組織可以藉由其特殊性來彌補市場與政府運作的不足。對此，Salamon（1995: 41-43）提出「第三者政府理論」來說明，認為由於政府行動的轉變與多樣性，在公共服務的輸送上，必須仰賴非政府的機構來加以提供，即政府須透過代理人來運作。

　　第三者政府理論認為非營利組織在服務提供上並非僅為次要的，而是一種優先的機制（preferred mechanism），藉以提供集體財（collective goods）與服務。換言之，第三者政府理論的主要特點即是由民間的非營利組織執行政府目標，對公共基金的支出具有實質的裁量權，代政府執行公權力（馮燕，2000：10-11；江明修、曾冠球，2002：5；張潤書，2009：283）。

　　第三者政府理論認為，在公民社會中第三部門是提供公共財產的最佳機制，因此，由下而上具有志願基礎的第三部門是解決逐漸擴大的社會經濟問題最適當也是最有效率的方式。該理論認為，公部門可以扮演第二線的後援角色，當私部門運作失靈時，政府才需介入干預。如此，私部門除了能以彈性、簡約的特性幫助公部門提升公共服務的效能外，更可解決許多服務效率的問題，節省不必要的行政支出。

四、利他主義（altruism）

　　心理學家認為利他精神是發自內心，對別人的福祉有強烈責任感。就本質而言，利他精神基本上源自於為他人的利益而犧牲自己的利益，或以利己為目的而以利他為手段的道德原則。由此可知，利他精神有著奉獻型和互惠型的形態出現。對於公民社會中慈善關懷的行為，乃是立基於公民

社會中利他精神的發揮（郭登聰，2015：73）。若將此精神援引到非營利組織，其創設的原因可能就是源自於所謂的「利他主義」，並且在創始之初，依靠私人的捐贈來籌募財源。然而，一個人的捐贈行為必然有具體成本的增加，但仍有許多人忽略本身財務利益上的損失而從事捐贈的行為，其動機為何（官有垣，2003：12）？此乃是基於助人最樂的心理動機，才能無視於本身利益的損失。

然而，即使非營利組織得以彌補政府與市場的不足，但其自身也有失靈的時候，稱之為**志願失靈**（Voluntary Failure）。造成志願失靈的主要內容如下（Salamon, 1995: 45-48；馮燕，2000：11；江明修、梅高文，2002：21-22）：

（一）慈善的不足性（philanthropic insufficient）

非營利組織往往無法獲得足夠充分和可依賴的資源以服務人民需求，且服務也無法涵蓋所有地理範圍，使得需求或問題較為嚴重的區域可能無法取得所需資源。

（二）慈善的特殊性（philanthropic particularism）

非營利組織雖以公益為使命，然而在服務或資源提供上，經常集中受惠於少數特定次級人口群體，因而忽視社會其他次級群體，此一現象可能導致服務資源出現缺口，使得服務不普及，也可能造成資源的重複浪費。

（三）慈善的家長制（philanthropic paternalism）

非營利組織的資源，部分是透過外界捐助，因此，組織中掌握最多資源者對於組織運作與決策具有相當程度之影響力，造成非營利組織的服務對象與目標由掌握資源者來加以決定，非經由組織評估審議過程而決定。

（四）慈善的業餘性（philanthropic amateurism）

非營利組織的服務多依賴未受過正式專業訓練的志工來加以執行提供。另外，由於非營利組織受限於資源困境，較無法提供職工具有競爭力的薪資，因此難以吸引專業人員參與，進而影響組織運作成效。

第五節　非營利組織與政府的協力關係

在現今的社會中，由於政府受制於現實成本因素，使得其所能夠發揮的公共服務功能有所侷限，而非營利組織則因為具有融合政府與企業組織的特質，具備公共性與彈性，因此可以結合兩者優點，承擔起促進公共利益的責任與使命。換言之，非營利組織因具有公共服務或慈善之特性，以致成為政府部門進行公私協力時優先考量之對象。在本小節中，乃針對非營利組織與政府協力的理論，以及協力的模式與特點進行介紹。

一、公私協力的理論

（一）第三者政府理論

關於第三者政府理論前面已經介紹過，不再贅述。第三者政府理論之產生，主要源於調和民眾對公共服務的渴望，但又懼怕政府權力過度膨脹，因而透過第三者政府形成的組織，來增進政府提供福利的角色與功能。Salamon（1987）指出，傳統的非營利組織理論認為非營利組織因政府失靈與市場失靈而產生，此時非營利組織的存在是次要的，目的在彌補其他部門的缺失，但第三部門理論則不認為非營利組織僅是對政府與市場失靈的反映，乃是一種優先的機制以提供集體性財貨與服務。換言之，該

理論認為，第三部門的出現除了能彌補政府在公共服務輸送之不足外，還能提昇政府行政績效，更可以節省不必要的支出。

（二）公共財理論

公共財理論的分析邏輯與第三者政府理論恰好相反。該理論認為政府必須對公共支出負責，並提供財貨及服務以符合整體社會大眾不同需求，唯有政府無法充分提供財貨及服務時，第三部門才有存在的適當性。如下表 1 所示，第三者政府理論與公共財理論對政府與第三部門相互依賴的角色假設雖然不同，但兩者皆強調同心協力是解決當前公共服務輸送困境的最佳方式（江明修、鄭勝分，2002：94-95）。

▼表 1　公私協力理論之比較分析

	核心概念	角色定位	價值基礎
第三者政府理論	互相依賴	第三部門負責提供，政府輔助	小而美政府
公共財理論	互相依賴	政府負責提供，第三部門輔助	大有為政府

資料來源：江明修、鄭勝分（2002：95）。

二、非營利組織與政府協力的理論模式

關於公私協力基本類型的討論，一般多借用非營利組織作為協力的論述對象，這或許和非營利組織不以追求利潤為目的有關。在談論非營利組織與政府協力或互動之議題時，國內外學者引用較頻繁者，應屬 Gidron 等所提出之關係模式。該文根據經費與服務輸送的提供作為區分之面向，發展出四種關係模式。

如表 2 所示，Gidron 等學者在探討非營利組織與政府間互動模式時，根據「服務經費的提供與授權」和「實際服務輸送者」兩面向，將非營利

組織與政府的互動模式區分成下列四類（Gidron, Salamon & Kramer, 1992: 16-21）：

（一）政府主導模式（government-dominant model）

在政府主導模式的情形下，政府為經費與實際服務的提供者，此為一般的福利國家模式，而非營利組織只能就政府尚未介入的領域提供服務，因此組織生存的空間較為狹窄。

（二）雙元模式（dual model）

在雙元模式下，政府與非營利組織各自提供福利服務的需求，兩者間並無經費上的交集，不互相干涉且鮮少合作，兩者處於平行競爭的狀態，在自身的活動上具備一定程度的自主性。在此模式下又可區分成為兩種型態：一種是非營利組織提供與政府相同的服務，但對象是那些無法接受到政府服務的民眾；另一種則是非營利組織針對政府沒有提供的服務領域進行服務。

（三）協力模式（collaborative model）

典型的合作模式是由政府提供資金，非營利組織負責實際的服務傳送。在此模式下，依照非營利組織的決策自主空間區分為兩種型態：一種是若非營利組織在合作中僅是扮演政府交付政策的執行者，並無自主決策空間，稱為「合作—買賣模式」（collaborative-vender model），另一種是若非營利組織在被賦予的工作上，具有一定的自主決定權，則稱為「合作—參與模式」（collaborative-partnership model）。

（四）第三部門主導模式（third-sector-dominant model）

在第三部門主導模式下，非營利組織同時扮演資金提供者與服務傳送

者的角色，政府部門幾乎不介入服務領域。

▼表 2　政府與非營利組織關係之模式

功能	政府主導模式	雙元模式	協力模式	第三部門主導模式
經費提供者	政府	政府與非營利組織	政府	非營利組織
服務提供者	政府	政府與非營利組織	非營利組織	非營利組織

資料來源：Gidron, Salamon & Kramer（1992: 18）。

　　在上述四種模式互動中，由於政府主導與第三部門主導模式因過於強調任一方之主導功能，雙方互動關係薄弱，所以非為本章討論的對象，僅剩下雙元模式與協力模式。又因雙元模式強調的是政府與非營利組織各自提供服務，既不互相干涉，且在經費上也無交集，故也不列入本章的探討範圍內，最後僅剩下協力模式較符合本章所指的協力關係。

　　「協力模式」，顧名思義，乃指雙方各司其職，由政府出資，提供經費，非營利組織則負責提供實際服務，其與「雙元模式」之差異在於，政府與非營利組織並非各自獨立提供服務，「合作、夥伴」為其最大的特徵。若將「協力模式」再予以細分，則又有「代理人型」的協力模式與「對等型」的協力模式。前者是指非營利組織僅是政府執行計畫中的代理人，雙方的協力模式乃是政府提出計畫與支付經費，非營利組織則負責執行；但在後者中非營利組織卻有相當的裁量權，擁有可以經由政治與行政過程而與政府交涉的權力。

三、非營利組織與政府協力的實際方式

　　現實生活中，為了解決政府失靈所產生的困境，政府部門可能透過下列的方式促使非營利組織與之協力（雷文玫，2002：162-163；林淑馨，

2008：85-86；陳政智，2009：185-186）：

（一）補助制度

　　所謂補助制度是指對於不同服務宗旨的非營利組織，政府相關單位每年會編列預算經費，供民間團體申請。**「補助」通常用來指涉上級機關對於下級機關或政府原本應自行承擔之事務，予以財政上的支援。性質上為一種附條件的贈與，受補助的機構需符合一定之資格要件，並且履行經費核銷或其他之法定義務。**又因有公文往返等審核程序，在經費取得上速度較慢，故非營利組織會採取選擇性或較被動的方式來看待補助，例如法務部補助台灣關懷社會公益協會，辦理「法治小學堂」暨「有品新生活」品德教育趣味戲劇推廣宣導活動，或是法務部補助勵馨基金會辦理家暴及其他重要家人輔導團體[1]，抑或是內政部兒童局（目前已經整併為衛福部社會及家庭署）對於勵馨基金會所提供台中市地區兩性關係諮詢及未婚懷孕處遇服務計畫予以補助[2]等皆是補助的案例。

（二）契約外包

　　所謂契約外包是意指政府部門將自己之應盡責任，透過契約委託非營利組織代為履行，所以彼此間存在一種契約關係，由政府部門提供經費，而由非營利組織提供政府部門所要求的服務或業務，如大同兒童發展中心早期由台北市社會局委託心路基金會針對 0 至 6 歲身心障礙兒童提供早期療育服務，目前則是改為委託中華民國腦性麻痺協會辦理[3]；或是新北市政府家庭暴力暨性侵害防治中心於 103 年 5 月委託台北基督教女青年會辦理

1　資料來源：法務部網站，http://www.moj.gov.tw/lp.asp?CtNode=28098&CtUnit=4480&BaseDSD=7&mp=001&nowPage=2&pagesize=100，檢閱日期：2017/6/29。

2　資料來源：內政部兒童局網站，http://www.cbi.gov.tw/CBI_2/internet/main/index.aspx，檢閱日期：2011/5/6。

3　資料來源：財團法人心路社會福利基金會網站，http://web.syinlu.org.tw/02institution/institution_1-02.asp，檢閱日期：2011/5/6。

等個案皆是。

（三）公設民營

公設民營主要是社會福利民營化潮流下所衍生的產物。就我國而言，各種公設民營、委託服務的委託契約書範本，提供各級政府部門與民間團體共同推動社會福利服務的準則。在此要強調的是，並非所有事業都能交由一般民間機構執行之，因為有些具有公益性質的事務，還是必須交由非營利組織來提供較佳與較具合適性，如嘉義家扶中心在 1997 年 6 月接受嘉義市政府委託婦青中心之經營管理，嘉義家扶希望藉由政府的設備及資源來擴充其服務範圍，強化公信力和募款能力[4]。

（四）專案委託

專案委託是指對於專案活動或某一主題計畫之委託，政府和非營利組織之間不一定是由政府主動提出，有時非營利組織也會採取主動，以爭取計畫執行或主辦權。若是非營利組織主動者，則是透過遞交計畫書爭取政府的委託案，但也有部分非營利組織因為過去舉辦活動成效卓著、口碑好，因此政府會主動委託活動或計畫給這些組織，由其辦理執行。

四、非營利組織與政府協力的特點

非營利組織具有自主管理、公共性質與不分配盈餘等特性，因此可如政府一般肩負起提供公共服務的角色，又因其組織運作較政府部門更具有彈性，且不以追求利潤為目的，因而往往成為政府部門在考慮協力夥伴時的首要對象。一般來說，政府與非營利組織進行協力具有幾項特點（嚴秀雯，2005：42；陳瀅斐，2008：39-41）：

---

4 詳細資料請參閱沈明彥（2005：156-161）。

（一）提昇公共服務的範圍

藉由公民及非營利組織投入其資源與人力，讓政府部門擁有更多資源可以提昇公共服務的品質與數量，另外，透過志願參與及教育服務協助工作，擴大學校教育服務範圍，因此，透過公民與非營利組織的參與，一方面彌補政府的不足，另一方面也創造新的公共服務領域。非營利組織創新、彈性、多元化，且具實驗性質的服務，可以直接對於民眾提供較為多樣的服務，使得公共服務範圍的提供更為豐富及多元。

（二）提昇政府回應性

透過政府與非營利組織的溝通與合作，政府第一線人員將有機會直接瞭解基層民眾的偏好、期待以及對公共服務的評價，同時提供政府與非營利組織之間，以及各個民間非營利團體之間互相瞭解以及彼此學習的機會，促進過去由上而下的政策執行，轉化為由下而上，甚至是上、下溝通合作的執行模式，解決政府受限於傳統層級節制的問題，導入私部門之彈性，故公私協力有助於提昇政府的回應性。

（三）議題倡導的功能

非營利組織通常是代表著一般大眾的非商業集體利益，藉以抗衡特定利益團體的特殊經濟利益，因此非營利組織的議題倡導，可讓社會大眾及政府察知受服務對象的權利，以及其所應得的公平待遇。在協力關係下，非營利組織可謂為政府與民間之溝通橋樑，一方面使政府所欲執行之政策議題，順利傳達給服務對象甚至社會大眾，另一方面，也將服務對象或是社會大眾之所需反饋於政府部門，其雙向之溝通有賴非營利組織。

（四）資源整合共創利益

此爲協力最具價值之處，透過政府與非營利組織的協力合作，使得雙方資源得以整合與投入，促使資源利用得以極大化。亦即公私部門雙方透過資源的整合與投入，提高資源使用的效率，使得原本可能被低度利用的公私資源因而轉變爲高度使用，並透過利益與權力的分享使得公私部門的參與者互蒙其利，故爲一「恆贏策略」（positive-sum game）。

（五）強化政府與民間之聯繫

協力強調「資源分享」、「責任分擔」的精神，亦即政府與非營利組織在面對公共問題的界定與解決上，要共同承擔責任，因此行政人員不僅是在回應人民的需求，更要發展公民參與的能力，並與之合作，而公民也負起實踐與參與公共事務的責任。透過公私協力在提供服務方面的合作，使得人民的需求可直接透過非營利組織進行表達，以增進人民在政策上的參與以及回應。

第六節　非營利組織與政府協力之限制與挑戰

非營利組織雖有彈性、自主、公益性與不追求利潤的特質，得以彌補政府官僚體制不足之處，近年來更被視爲是協助政府提供公共服務的好夥伴，但非營利組織與政府間所建構的協力關係，由於制度等因素，而出現以下之限制：

一、認知上的差異

（一）對公共事務認知的差異

公部門與非營利組織雙方對於利益著眼點的不同會形成兩者互動之障礙。大抵而言，公部門無論是主張國家利益優先或人民利益優先，基本上都是從大層面的環境來考量，亦即「宏觀公共性」，視追求全民利益為政府的基本使命。而非營利組織雖也是以追求公益為使命，但其公益多立基於案主本身來考量，強調的是「微觀公益性」。因此，在公共事務管理的體認方面雙方會產生認知上的不同。

（二）對目標認知的差異

協力的成功關鍵要素之一在於協力的雙方能否有共同的目標，若缺少此一要素，雙方的協力關係恐怕難以建立。然而，有研究（嚴秀雯，2005：42）指出，許多公私協力的雙方雖承認彼此在大方向的目標是一致的，但對於細部目標卻不清楚，或是彼此間對於細節部分有不同的認知。如是的結果可能導致協力過程中的誤解，有礙整合，甚至可能形成衝突，進而影響協力的成效。

二、體制上的差異

公私部門協力關係的推動是為了有效率的整合社會資源，而社會資源的整合有賴公私部門資源充分的互動。然而政府機關的龐大和層級複雜，加上公共事務範圍的廣泛，所以同一任務往往由許多不同單位共同負責，造成權責歸屬的模糊、不明確（吳英明，1996）。為了彌補上述的缺失，或許可以參考國外經驗，設立處理非營利組織事務的單一窗口，或在正

式編制中設置專門單位，如日本的三重縣設有「NPO 課」，以掌管非營利組織的相關事務，而神奈川縣更進一步設立「縣民總務課 NPO 協力推行室」，用以推行、管理協力事業，並蒐集、提供協力事業相關資訊（林淑馨，2012：106）。如此一來，才能避免在協力過程中政府權責不明所產生的推諉情況。

三、過度依賴政府的財源

為因應政府組織的調整，未來可能會有更多的委託經營及公設民營的活動空間，這些雖會同時擴展非營利組織的活動空間，但卻也容易產生部分組織對政府財源形成過度依賴的情形（陳政智，2009：188）。為了解決上述的問題，非營利組織應採取多元經費來源策略，運用多元化與分散化的經費來源，以確保組織的自主性並降低對於政府財源的過度依存。

四、不對等的權力關係

在多數的夥伴／協力關係中，都有不對等的權力關係存在（嚴秀雯，2005：43）。主要原因在於，非營利組織與政府的協力關係通常是建立在「經費」的補助關係上。也因而，非營利組織容易喪失經營的自主性。對此，有研究（林淑馨，2007：242）提出：為發揮公民團體的特性，政府與非營利組織雙方維持對等關係尤其重要，意即非營利組織不能因接受政府部門的財務或其他援助，而喪失組織原有獨立、自主的特性，應避免淪為政府的下級單位。而政府部門也應充分尊重組織的獨立、自主與專業性，不能任意介入組織的營運或干涉組織的經營方針，甚或服務提供的方式等。如此一來，非營利組織彈性、創新提案等特性才足以充分發揮，並提昇組織參與協力之意願。

五、資訊不足的疑慮

　　根據國外的實證調查研究顯示，對非營利組織而言，「資訊不足」是阻礙其與政府部門協力的主要因素（林淑馨，2007：244-245）。而國內近期的實證研究也發現，多數非營利組織並不是不想與政府部門合作，而是「沒機會」與「不知該如何與政府合作」，甚至部分組織還認為政府沒有協力機制。有鑑於此，政府若欲藉助非營利組織的公益特性來強化公共服務的品質，首要之務當是「公開資訊」（林淑馨，2015：32、37）。政府可以利用機關或地方發行的報紙、雜誌，或是由行文方式將相關訊息予以公布，盡量讓所有非營利組織知道各種消息，甚至可以將選擇協力對象的標準（如規模、經驗、執行力、營運狀況等）透過 NPO 協力平台清楚公開。另外，在資訊化社會中，還可以將相關訊息予以電子化，藉由電子郵件或官方網站發布消息。

六、避免養成「慣性依賴關係」與「既得利益化」

　　政府與非營利組織的協力關係結束時，需留意終止兩者的關係，此即「關係的有效性」，以避免雙方產生「慣性關係」，使特定非營利組織成為既得利益者。這種情況尤其容易發生在大規模的非營利組織與政府的協力個案中。主要的原因乃是對政府而言，若第一次與非營利組織的協力情況良好，在能信賴的前提下，之後的協力對象可能傾向找同一非營利組織。如此一來，就形成上述的「慣性關係」，減少其他同質性非營利組織與政府協力的機會與經驗，容易造成特定非營利組織的「既得利益化」，同時也阻礙服務品質或效率的提昇與改善。因此，若要避免此種情況的發生，就需在每次達成合作目標後，即結束雙方的關係，避免機會為少數非營利組織所壟斷。

非營利組織與政府協力之個案
——高雄市兒童玩具圖書館[5]

（高雄市立圖書館與社團法人調色板協會之協力——高雄市兒童玩具圖書館）

一、高雄市兒童玩具圖書館之緣起

高雄市智障者福利促進會[6]於 1993 年 10 月成立後，便極力爭取「兒童玩具圖書館」的設置，希望「兒童玩具圖書館」能發展成一個「家庭支援中心」，除了身心障礙兒童遊戲學習成長的環境外，也提供家長相關知識與資訊，幫助這些孩子早期療育，減輕障礙程度。「兒童玩具圖書館」在前市長吳敦義支持下，將館內舊有兒童閱覽室館舍，設立智障兒童玩具圖書館，由高雄市教育局、社會局撥款補助，成立國內首座「公設民營」專為心智障礙者服務的玩具圖書館。

二、高雄市兒童玩具圖書館之服務內容

「高雄市智障兒童玩具圖書館」委託「高雄市調色板協會」經營至今，是該圖書館已於 2001 年改名為「高雄市調色板兒童玩具圖書館」，2005 年底再改名「高雄市兒童玩具圖書館」。由於市面上的玩具多是針對正常小孩設計，「玩具圖書館」所提供的玩具就是由館員根據心智障礙孩子的特質而選擇適當的玩具作為學習的教材教具，館內工作人員除了教孩子學習操作外，同時指導家長如何使用玩具及其對孩子啟發性與教育意義。

三、高雄市兒童玩具圖書館之協力與成果

高市圖於 1993 年 8 月 1 日與高雄市調色盤協會簽訂合約，玩具圖

---

5 資料來源：黃錦綿（2007：18-31）。

6 高雄市智障者福利促進會於民國 90 年更名為高雄市調色板協會，期盼家長扮演「調色板」的角色，結合社政、勞政、衛教體系，使心智障礙者與社會融合成社區的一份子。資料來源：高雄市調色板協會官網，http://www.palette.org.tw/?Guid=bd97aa0a-6674-5571-7cfa-ff1e1b825b31，檢閱日期：2017/6/29。

書館視同高市圖分館之一，由高市圖提供場地，並協助爭取政府補助
款，酬予補助圖書、館舍設備及文具用品，至於玩具圖書館開館後提供
之服務暨管理，包括人員、館務經營等由高雄市調色板協會負責，合約
期限一年。自開館後，成為身心障礙兒童研究者及機構重要觀摩點且榮
獲早療個案管理中心評鑑甲等。提供多元服務暨有效開拓財源，玩具圖
書館經常向內政部、教育部、教育局及社會局申請補助，辦理各項活
動。另外，協會會員以繳交會費方式彌補經營赤字，目前辦證人數，一
般會員 1,015 人，特殊兒童 1,215 人，年度服務人數 5,175 人次。

歷屆考題

1. 非營利組織（Non-profit Organization）的觀念可望成為現代政府施政的新願景，試說明非營利組織在現代國家中扮演的角色功能為何？此外，由於一般民眾對非營利組織的期望日深，使其面臨相當大的壓力與挑戰，試說明非營利組織所面臨的壓力和挑戰為何？（093 年公務人員高等考試三級考試暨普通考試第二試—三等一般行政）

2. 非營利組織（Non-profit Organization）的觀念可望成為現代政府施政的新方向，試說明何謂非營利組織？非營利組織在現代國家中所能扮演的角色功能為何？（093 年特種考試退除役軍人轉任公務人員考試—三等一般行政）

3. 非營利組織已逐漸被視為促進公民社會建立的重要機制之一，試問政府如何與非營利組織建立夥伴關係？非營利管理對於公共管理之重要性為何？（094 年公務人員高等考試三級考試暨普通考試第二試—三等一般行政）

4. 何謂非營利組織？非營利組織在現代國家中可扮演怎樣的角色與功能？試分析說明之。（095 年交通事業港務人員升資考試—佐級晉員級事務管理）

5. 試說明何謂「非營利組織（Non-profit Organization）」？其在當今社會中所扮演的角色功能為何？（096 年交通事業公路人員升資考試—士級晉佐級事務管理）

6. 請問「非營利組織」的組織特徵為何？其在組織管理上與一般組織的管理有何差異？當面對慈善資源有限，但競爭者卻日益增加的環境，一個非營利組織應採取何種管理策略，方能從競爭者中脫穎而出，以使組織能永續經營。（096 年特種考試地方政府公務人員考試—三等一般行政）

7. 請從法律、經濟與結構三個角度界定非營利組織的概念？（097 年公務人員特種考試原住民族考試—四等一般行政）

8. 以公益為導向之非營利組織逐漸成為政府重要的合作夥伴，並被統稱為第三部門。請以志願服務、社群主義及第三者政府等三個面向敘述非營利管理的基礎理論。（097 年公務人員高等考試三級考試暨普通考試—三等一般行政）

9. 試說明非營利組織的功能有哪些？（097 年特種考試地方政府公務人員考試—四等一般行政）

10. 非營利組織（nonprofit organizations）近年來在我國所扮演的角色愈趨重要，試問其組織特色有哪些值得公共組織管理借鏡之處？（098 年公務人員高等考試三級考試暨普通考試—三等一般行政）

11. 政府再造非常重視民間資源的運用，而非營利組織就是最好的民間力量，但是目前非營利組織本身也遭遇到許多發展上的問題，試問非營利組織目前有哪些發展上的困境？（099 年特種考試地方政府公務人員考試—三等一般行政）

12. 非營利組織功能可以彌補政府與市場之不足，但亦有「志願失靈」（voluntary failure）之虞，請說明其內涵並舉實例闡述之。（101 年公務人員特種考試身心障礙人員考試—四等一般行政）

13. 請說明非營利組織影響公共政策制定之主要策略。（102 年特種考試退除役軍人轉任公務人員考試—三等一般行政）

14. 何謂非營利組織？非營利組織的類型為何？非營利組織對於政府行政之推動有何助力與阻力？（102 年公務人員特種考試身心障礙人員考試—三等一般行政）

15. 現代社會的非營利組織（NPO）主要面臨哪些經營壓力？並說明其因應之道。（102 年公務人員高等考試三級考試—高考三級一般行政）

16. 非營利組織的存在可以彌補政府失靈與市場失靈，但其本身卻也可能發生志願失靈的問題。請問非營利組織的功能為何？又為何會發生志願失靈的情形？試說明之。（102 年特種考試地方政府公務人員考試—三等一般行政）

17. 近年來我國社福型非營利組織承接政府社會服務契約已成趨勢，請討論此種趨勢可能為社福型非營利組織產生何種影響？（102 年國立中央大學法律與政府研究所碩士班入學考試）

18. 近年來我國服務型非營利組織承接政府的公共服務契約已成趨勢，請討論此種趨勢可能為我國的「公民社會」產生何種影響？（103 年國立中央大學法律與政府研究所碩士班入學考試）

19. 請問非營利組織與營利組織在行銷上的差異為何？以及非營利組織行銷的困難為何？並舉實例說明之。（104 年公務人員高等考試三級考試—普考一般行政）

20. 何謂非營利組織的社會事業化？試舉出一個實例來說明。非營利組織在從事社會事業化過程中，可能會帶來哪些正面影響與負面衝擊，試分析之。（104 年特種考試地方政府公務人員考試—三等一般行政）

21. 近年來國內對於「社會企業」（social enterprise）的推動極為積極和熱絡，試分別說明「社會企業」的理念、特色與類型。（105 年特種考試地方政府公務人員考試—四等一般行政）

22. 請問社會企業、一般企業，以及非營利組織之主要異同為何？（105 年國立中山大學公共所碩士班招生考試）

參考文獻

一、中文資料

司徒達賢，1999，《非營利組織的經營管理》，台北：天下。

江明修、梅高文，2002，〈非營利管理之法治議題〉，江明修（編），《非營利管理》，台北：智勝，頁 19-44。

江明修、曾冠球，2002，〈非營利管理之理論基礎〉，江明修（編），《非營利管理》，台北：智勝，頁 1-18。

江明修、鄭勝分，2002，〈非營利管理之協力關係〉，江明修（編），《非營利管理》，台北：智勝，頁 81-124。

何素秋，2012，〈策略性行銷於非營利組織與企業合作勸募之運用〉，《非營利組織管理學刊》，11：80-104。

余佩珊譯，2004，《彼得・杜拉克：使命與領導——向非營利組織學習管理之道》，台北：遠流。

吳英明，1996，《公私部門協力關係之研究：兼論公私部門聯合開發與都市發展》，高雄：麗文。

沈明彥，2005，〈「公設民營」對非營利組織的影響與因應之道——以 CCF 嘉義家庭扶助中心為例〉，《社區發展季刊》，108：154-163。

官有垣，2003，《第三部門的理論：非營利組織與政府、企業、非正式部門之間的互動關係》，行政院國家科學委員會補助專題研究計畫成果報告。

官有垣，2008，〈台灣社會企業組織的經營管理：以陽光社會福利基金會為例〉，行政院勞工委員會職業訓練局中彰投區就業服務中心（編），《多元就業開發方案——民間團體發展成為社會企業論述精選集》，台中：行政院勞工委員會職業訓練局中彰投區職業就業中心，頁 1-12。

林淑馨，2007，《日本非營利組織現況、制度與政府之互動》，台北：巨流。

林淑馨，2008，《非營利組織管理》，台北：三民。

林淑馨，2012，〈日本地方政府促進非營利組織協力之理想與現實〉，《政治科學論叢》，51：91-128。

林淑馨，2015，〈我國非營利組織與地方政府協力現況之初探與反思：以臺北市為例〉，《文官制度季刊》，7（2）：17-45。

洪久雅，2003，《我國非營利組織產業化之研究》，台北：國立政治大學公共行政研究所碩士論文。

高寶華，2006，《非營利組織策略經營管理》，台北：華立圖書。

張潤書，2009，《行政學（修訂四版）》，台北：三民。

陳政智，2009，〈公私協力下政府部門如何協助非營利組織生存〉，《社區發展季刊》，126：181-190。

陳瀅斐，2008，《我國非營利組織與政府協力關係之研究──以中輟生轉介輔導為例》，桃園：銘傳大學公共事務學系研究所碩士論文。

馮俊傑，2004，《以非營利組織之觀點探討其與政府互動關係──以社會福利團體法人為例》，台中：東海大學行政管理暨政策學系研究所碩士論文。

馮燕，2000，〈導論：非營利組織之定義、功能與發展〉，蕭新煌（編），《非營利部門：組織與運作》，台北：巨流，頁 1-42。

黃錦綿，2007，〈公私合辦實例──高雄市立圖書館與高雄市調色板協會合辦兒童玩具圖書館〉，《臺北市立圖書館館訊》，24（3）：18-31。

雷文玫，2002，〈發包福利國？──政府委託民間辦理福利服務責信架構之研究〉，《兒童福利期刊》，2：147-179。

郭登聰，2015，〈對非營利組織利他精神及行善行為的檢視與思考〉，《輔仁社會研究》，5：65-99。

陸宛蘋、何明城，2009，〈非營利組織之使命與策略〉，蕭新煌、官有垣、陸宛蘋（編），《非營利部門：組織與運作（第二版）》，台北：巨流，頁 75-102。

鄭怡世、張英陣，2001，〈非營利組織與企業組織合作募款模式之探討——以民間福利輸送型組織為例〉，《東吳社會工作學報》，7：1-36。

嚴秀雯，2005，〈政府夥伴關係相關理論探討〉，《社教雙月刊》，8：38-44。

二、日文資料

田尾雅夫、吉田忠彥，2009，《非營利組織論》，東京：有斐閣。

三、西文資料

Gidron, B., R. M. Kramer & L. M. Salamon. 1992. *Government and the Third Sector: Emerging Relationships in Welfare States*. San Francisco, CA: Jossey-Bass Publishers.

Kramer, R. M. 1981. *Voluntary agencies in the welfare state*. Berkeley: University of California Press.

Salamon, L. M. 1987. *The Nonprofit Sector: A Research Handbook*. New Haven, Conn: Yale University Press.

Salamon, L. M. 1992. *America's Nonprofit Sector: A Primer*. New York: Foundation Center.

Salamon, L. M. 1995. *Partners in Public Services: Government-Nonprofit Relations in the Modern Welfare State*. Baltimore, Md.: John Hopkins University Press.

Wolf, T. 1999. *Managing a Nonprofit organization in the Twenty-First Century*. New York: Simon & Schuster.

16
民營化與解除管制

學習重點

▶公用事業與國營事業的差異為何？

▶民營化的定義與目的為何？

▶民營化的理論基礎為何？

▶經濟管制與社會管制的差異為何？

▶推動民營化的限制為何？

前　言

　　二次大戰之後，受到世界性經濟蕭條影響，各國政府無不擴大公部門之功能與運作範圍，期望藉此擴大就業機會以減輕可能產生的經濟與社會衝擊，許多國家的公營事業即是在此背景下而大規模產生；如英、法等國家所推行的大規模國有化。除此之外，由於公營事業普遍被視為是彌補民營事業營運失敗、提高效率的不二法門，因此，公營事業在各國的經濟發展中扮演著舉足輕重的角色。在多數先進國家，為了避免與國民生計和經濟活動息息相關的重要事業被民間企業所壟斷，紛紛將重要且具壟斷性質的大型事業交由國家經營。在開發中國家，公營事業存在的目的除了上述之外，主要的原因還包括開發中國家整體政經制度尚未建構完全，因此公營事業的經營多被視為是統治者控制國家經濟的重要手段，不但事業規模龐大，涉及產業範圍廣泛，甚至還被視為是僅次於行政體系外的最大雇主。由於公營事業挾其雄厚資本與政府關係密切，其營運成果的好壞對於國家整體經濟和國庫收入有直接且深切的影響。

　　然而，受到 70 年代中期兩次能源危機的衝擊以及民眾需求的增加、國家財政惡化的影響，公營事業因政府過度介入與管制所造成的經營缺乏效率的問題日益突顯，民眾開始對公部門集中性計畫與政策執行能力提出質疑，進而提出民間參與及回歸市場機能的訴求。也因之，80 年代左右，以英國為首的公營事業民營化在德國、法國、日本等先進國家中逐漸展開。邁入 90 年代，民營化更有如一股「風潮」，從先進資本主義國家擴展到台灣、韓國、新加坡等開發中國家，甚至東歐、舊蘇聯等社會主義國家。若推究其原因，主要是由於公營事業的經營缺乏效率，無法即時因應民眾的需要和環境的改變，甚至導致嚴重的虧損問題，帶來國家財政的負擔。因此，為了根本解決公營事業經營上缺乏效率及改善嚴重的虧損問題，各國紛紛找尋解決之道，民營化和解除管制即是為了因應這種需求而衍生出的時代性產物。

　　在本章中，首先釐清民營化事業的前身──公用事業的特質與問題點；其次整理民營化的基本概念和理論基礎；接著探討和民營化有關之管制與解除管制的相關概念；最後則闡述我國民營化的實施現況、成果與課題。

第一節　公用事業的特質與問題點

一、公用事業的特質

　　公營事業顧名思義是由國家或公部門來經營的事業。由於多數的公營事業即使在民營之後，仍具有公用事業的特質，無法放任其如民間企業般的自由經營，因而在進入民營化議題之前需先瞭解公用事業一詞的概念與特質。**所謂公用事業（public utility），係指所提供之服務或物品，屬於人民日常生活所必需之事業。一般而言，此種事業多具有「民生必需性」及「自然獨占性」等特性，較難發揮市場競爭的功能**（林淑馨，2003：63）。由於公用事業係屬於人民日常生活或產業活動所必需之事業，擁有較強的公共性，為避免實施民營化或解除管制後，對國民生計或產業活動造成過大的影響，因而無法任其自由進入或退出市場，需在進出市場、價格、供給義務等方面，接受政府的管制。因此，公用事業的特性，除了一般事業單位所強調的利潤追求和自負盈虧（效率性）之外，還應從公共利益（公共性）維護的層面來論述。同時，輔以絕大多數公用事業均擁有的自然獨占性及網路的特性來加以討論。以下乃分述之（林淑馨，2003：66-68）：

（一）公共性

　　如前所述，公用事業在人類生活或產業活動中提供必需的財貨和服務，如鐵路、電信、電力、自來水等，對於人類而言，屬於不可或缺的必需性服務。因而，我國憲法第一四四條規定，公用事業和其他獨占性事業，以公營為原則。又因大多數公用事業對大眾提供大量生產或服務，需做巨額投資，再加上其部分的產業特性，如自來水、電話網線之舖設等，

符合自然獨占性質，所以多由國家來經營。

（二）效率性

在公用事業強調公共性的前提下，有人主張若不將公共財的供給委託給民間市場，由政府直接提供服務的話，則可以確保公共性。但是政府所提供的生產活動，因多具有市場獨占的特性，缺乏競爭壓力。再加上公用事業經常受到各種法令規章的束縛，較一般企業缺乏效率。然相較於傳統的行政部門，公用事業因有某種程度的自主性，可以獨立經營。因而可以說，公用事業的制度設計是以企業效率性的公共財的供給，和確保供給的公共性兩者為主。

然而，隨著解除管制和競爭的導入，獨占事業的獲利變得日益困難。此時，公用事業原本提供的「不論何人，皆可以合理的價格，享受基礎的普及服務」之經營理念就成為難以達成的目標。

（三）自然獨占性

一般而言，公用事業均有自然獨占的特徵，起因是由於網路的規模經濟或範疇經濟，其競爭者若欲進入市場，必須要重複建設整個輸配網路。然此結果容易造成浪費，因而大多數的國家皆將自然獨占的產業置於政府直接控制之下，以解決上述問題，形成整個市場或產業只有一家供給者的局面，而無其他的替代品。在此種情況下，政府為防止供應者任意提高價格或停止服務的供給，通常會予以管制，以保護消費者的權益。但卻也因此產生市場缺乏競爭者，消費者無法享受到因競爭所產生的較優質服務或廉價的財貨，再加上經營主體多為中央或地方政府，容易產生經營缺乏效率以及政治干預的弊病。

（四）網路的特殊性

除了上述的公共性、效率性和自然獨占性之外，有學者進一步指出公用事業還有網路的特殊性。以電信、電力、自來水、瓦斯、鐵路、航空等事業爲例，基本上這些事業本身若不利用網路系統則無法供給財貨和服務，因而，公用事業需受到供給範圍或選地場所的限制。

二、公營事業的問題點

公營事業的存在不但是各國普遍的現象，對於促進國家經濟繁榮及對豐富政府財政，也有著功不可沒的貢獻。然而，隨著時代的變遷與經濟的發展，政府在整體社會的經濟活動中所扮演的角色逐漸改變。而公營事業也因受限於本身官僚體制的僵化與政策法令的束縛，乃顯現出營運績效不佳的困境。究竟公營事業的經營存有何種缺失？作者試整理分析如下：

（一）誘因不足，效率不彰

多數公營事業長期擁有獨占、壟斷的優勢，缺乏來自同業的競爭與挑戰，加上因公營事業的預算是由政府編列，盈餘依法應繳庫，虧損也由政府預算挹注，欠缺利潤動機與憂患意識，無法將資源做最有效的配置，造成經營效率的低落。

（二）行政官僚的體質，缺乏自主性

長期以來，公營事業受到法令過多的束縛，以及機關部門的層層限制與監督，決策程序繁複冗長，難以因應當前急遽變遷的經濟環境。另外，國會議員也容易以公平正義之名，干預事業的投資與經營。因此，公營事業的經營難以如民間企業般有活力與充滿機動性。

（三）組織員工有「鐵飯碗」意識，心態保守

公營事業的員工多具有公務員身分，普遍認為是抱著鐵飯碗，工作有保障。在不景氣的時候也不會被遣退。另外，公營事業的組織雖然龐大，卻因未建立賞罰機制與分紅制度，報酬與責任不平衡，造成員工心態與行事保守，也欠缺憂患意識。

（四）組織龐大，管理困難

公營事業多半組織規模龐大，由於欠缺成本效益的觀念，產生冗員過多，人事費用負擔沉重的困境，同時也難以有效管理，連帶影響事業的經營效率。

第二節　民營化的基本概念

一、民營化的定義

民營化（privatization）一詞因牽涉到不同的政策層面，而包含多樣的內容，多數學者對於其所代表的意義與用法並沒有一致的共識。有學者將民營化視為是「非國有化」（denationalization）的同義語（遠山嘉博，1987, 1995；森田朗，1988），但卻也有學者認為，如將民營化與「非國有化」視為同義語，則無法適用於各國國情[1]。但即便如此，在美國以外的地區，尤其是歐陸，民營化一詞仍等同於「非國有化」（Savas, 1990；詹中

---

1 以美國為例，「非國有化」用語的使用將排除了「非市有化」（demunicipalization）與「非州有化」（destatification），但對於許多隸屬「市」或「州」的公營事業而言，由於「市」或「州」仍為國家行政組織的一環，「非國有化」一詞顯然無法和民營化一樣，涵蓋較廣泛的領域。

原，1993）。

　　Grand 與 Robinson（1984）從福利國家中的各種活動相關聯來討論民營化，認為「所有民營化的提案，意味著國家各種活動的後退（rolling back）」。在國家的社會、經濟活動中，政府以供給、補助和管制三種形式進行介入。若實施民營化，則意味供給的削減（出售國宅、擴大民間醫療服務、民間委託等）、補助金的刪減（國民健保制度下服務的收費、對於公共運輸補助金的刪減）和國家管制的解除。

　　Hanke（1987）認為民營化係將公共貨品或服務功能，自公部門移轉至私部門的活動，其目的在於擴張所有權的基礎與社會參與。而 Savas（1987）則指出，政府基本上對於各類財貨及服務有規劃（planning）、支付（paying for）及生產（producing）的功能。在此基礎上，民營化意味著減少政府干預，增加私有機制的功能，以滿足人民之需求。因此，更明確來說，民營化可定義為：在各類公共活動及資產所有權上，政府角色的縮減，以及私部門角色的增加。

　　日本學者遠山嘉博則從狹義、廣義和最廣義三個面向來分析民營化的內容。遠山認為：狹義的民營化應是解除國有化或私有化。具體而言，乃是至少將公營企業過半數（50%）的資產移轉給民間，英國柴契爾政策中所使用的「民營化」一詞，即為此義。因之，遠山所指稱的狹義的民營化，乃「公營事業所有權的移轉」，意即「解除國有化」。

　　廣義的民營化則不再將民營化的概念限制在「所有權的移轉」，而將其擴大到市場加入的自由化、導入競爭、解除管制等概念；引申為除了自由化或解除國有化外，即使未解除國有化，藉由民間參與，或是民間部門的管理方式、技術等的導入也都屬於民營化的範圍。而最廣義的民營化則是指將包含醫療、衛生或教育等原本由國家所提供之服務的全部或部分開放給民間來參與。根據遠山的說法，最廣義的民營化意味著政府在公共服務供給職能後退的同時，希望藉由民間參與、民間委託來擴大民間供給

（參考圖 1）（遠山嘉博，1987、1995）。

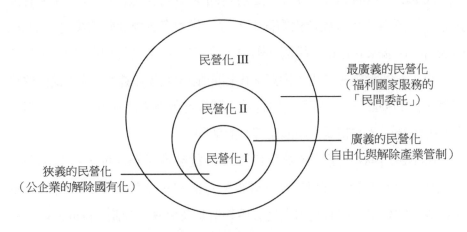

▲圖 1　民營化概念圖

資料來源：遠山嘉博（1995：7）。

　　在國內，研究民營化的學者不在少數。陳師孟等人認為，民營化可採行的方式有三條途徑：（1）出售公營事業或公有資產及官股的移轉；（2）委由民間經營及代理，公營事業退居第二線，不直接進入市場或提供產品；（3）調整立法並開放市場（陳師孟等，1992）。詹中原（1993）認為：民營化應指政府減少直接涉入生產及提供財貨與服務，轉而強化政策能力（規劃、監督、評估），以增加社會中私有機制之發展，進而提昇民眾所接受之品質，且能滿足公共需求。

　　綜上所述得知，民營化一詞所涵蓋的範圍實屬廣泛，在台灣一般所認知的國營事業移轉民營的做法，屬於狹義的民營化定義。由於該項做法容易引發工作權的抗爭，近年來國內較傾向採取廣義民營化的概念，透過解除管制、契約外包、公私協力、公設民營等做法，以減輕政府的財政負擔，並達到提昇效率之目的。

二、民營化的目的

　　如上所述，民營化的定義所涵蓋之範圍非常廣泛，至今尚未形成一致的共識。因此，有關民營化的目的也呈現分歧的看法。以民營化的發源地——英國而言，之所以推動民營化主要是欲達成下列六大目標（潘偉華、俞慧芸，2000）：

　　（一）為提高效率，開放競爭並解除管制。

　　（二）為增加財政收入，減少舉債或降低稅賦負擔。

　　（三）為鼓勵員工持股，增加員工認同與福利。

　　（四）為擴大分散股權，促使社會大眾參與投資。

　　（五）為強化資本市場，活潑資金流通。

　　（六）為爭取國內外政治支持，強化執政基礎。

　　但在我國，由於公營事業移轉民營條例第一條規定：「為促進公營事業移轉民營，以發揮市場機能、提昇事業經營效率，特制定本條例。」因此，我國政府於民國78年7月成立「公營事業民營化推動專案小組」[2]時，所揭櫫的政策目標包含以下幾點（王文宇，1998）：

　　（一）增加事業的自主權，以提高經營效率。

　　（二）籌措公共建設財源，加速公共投資，藉以提昇生活品質。

　　（三）吸收市場過剩資金，紓解通貨膨脹的壓力。

　　（四）增加資本市場的籌碼，擴大資本市場規模，以健全資本市場的發展。

　　由以上所述得知，**民營化的目的在於解除市場不必要的管制，尊重自**

2　此民營化專案推動小組已於民國87年4月更名為「行政院公營事業民營化推動指導委員會」，以強化功能。

由競爭的市場，以達到經營效率的提昇，籌措公共財源的目的。近年來，由於各國的財政困境致使多數國家在推行民營化政策時多強調民營化所帶來的經濟效益，或許是受此影響之故，國內民營化的相關論述也多偏重民營化經濟性目的的探討。

王文宇（1998）指出，在我國推動民營化的過程中，似乎將「股權、資產之售讓給民間」視為是唯一要件，亦即只要將公股的比例降低至 50% 以下，就算是民營化了。但事實上，實質的民營化除了由政府釋出官股之外，尚應包括政府部門退出事業之經營及人事的任免，以及管制市場的開放。前者係期待事業能擺脫政治的考量和人情的包袱，後者則企圖將民間企業原則引入整體市場，以提昇經營及資源運用效率。

三、民營化的類型

民營化的類別有許多種類，以 Savas 的分類最具整體性與周延性，按照 Savas 的定義，民營化政策有撤資、委託與替代三種類型。而此三種類型又可透過以下各種方式加以完成，茲分述如下（Savas, 1992，轉引自詹中原，1993：15-19）：

（一）**撤資（divestment）**：指公營事業或資產之移轉民間，也意味著政府以整體一次性的方式，完成去國有化。透過以下各種方式加以完成：

　　1. 出售（sale）：主要指出售股權或資產。出售股權部分，是將公營事業的股票，在股票市場售予私人的一種民營化方式。

　　2. 無償移轉（free transfer）：主要對象有事業機構現有的員工、社會大眾，主要方式為員工無償或優惠配股與全民無償或優惠配股。

　　3. 清理結算（liquidation）：對公司現有之資產、負債、未來獲

利能力等，重估其價值，並對外公開標售，由民間投資者承購。

(二) **委託授權（delegation）**：又稱爲部分民營化，政府部門委託部分或全部財貨與服務的生產活動給民間部門，但仍繼續承擔責任。透過以下各種方式加以完成：

1. 簽約外包（contract out）：公營事業所提供的服務或產品，係以簽約外包的方式，委託私人企業代爲生產。

2. 特許權（franchise）：政府核准私部門提供公共服務，如自來水、交通運輸、電信服務、電力等，但政府保留價格核准權，由使用者付費。

3. 補助（grant）：由政府透過免稅、低利貸款、直接補助，鼓勵民間參與，如興建停車場、國民住宅等，其經費由政府對業者補助與使用者付費。

4. 抵用券（voucher）：政府透過發行抵用券，將先前國家經營的勞務委託給合格對象。不同於補助生產者的做法，抵用券是補助合格的消費者。

5. 法令強制（mandate）：政府以命令方式要求私部門支付強制性的服務，如失業保險金。

(三) **替代（displacement）**：是一種消極和間接的過程，即政府在服務的供給上逐漸被民間部門取代。透過以下各種方式加以完成：

1. 功能不足之替代（displacement by default）：例如社會治安之日趨敗壞，而警力則呈現明顯之不足，因而產生民間保全公司。

2. 退離之替代（displacement by withdrawal）：公共部門縮減規模及資源的投入，開放民營企業參與競爭，間接刺激公營事

業的效率。

3. 解制之替代（displacement by deregulation）：經由法律的修
訂，解除經濟上的管制，允許國內外私有企業，對原本公有
獨占之市場環境挑戰。

第三節　民營化的理論基礎

　　從 70 年代末期，英國政府提出民營化政策以來，公營事業民營化似
乎已成爲世界各國經濟體制改革的重要趨勢。當然，各國推行民營化的動
機與目的不盡相同，所考慮的面向也極爲廣泛。以下，作者則整理、歸納
多數國家推行民營化政策的背後動機。

一、背景：後現代國家新自由主義之興起

（一）新自由主義之內涵

　　現代國家時期之「積極國家」、「社會國家」、「福利國家」觀，自 1970
年代後半以來，出現重大轉變，國家的角色再度變化，形成所謂後現代國
家時期。新自由主義之目的，並非提倡市民之自由，而係強調企業之營業
自由；其擬保護之企業係大企業而非中小企業，且擬打破福利國家思想。
由於新自由主義的支持者多屬富裕層級中上階層者，企圖弱化勞動者組織
及勢力，與保守政權相契合，因此在政治學上被稱爲「新保守主義」（蔡
秀卿，2005：24）。

（二）新自由主義之抬頭：財政危機或政府失靈

20 世紀以來受社會主義與福利國家思想之影響，致使國家或行政之角色，導向社會保障之提供、管制者、及公企業等之重大積極角色。自1960 年代後半至 1970 年代初以來，各國之社會福利政策對象，已從貧窮階層轉向全面的市民；社會保障之內容，亦擴及全部生活領域；福利國家論直接導致嚴重之國家財政負擔。此時經濟學界出現所謂新古典派，政治學界亦出現同樣見解，積極批判因福利國家論所產生之財政危機，其中最重要者，爲針對「政府失靈」之「公共選擇理論」（蔡秀卿，2005：24-25）。以「公共選擇理論」分析國家行爲時，認爲國家介入市場經營產業，不僅破壞自然和諧之市場機制，同時官僚的經營型態亦不符合經濟效率與資源的最適利用原則（陳淳文，2003：285）。

二、民營化的理論基礎

（一）提高經濟自由度

公營事業存在所爲人詬病的原因之一，乃是因公部門在市場上獨占財貨與勞務之供給，基本上乃是以公權力對於一個經濟社會體制中的「經濟自由度」進行壓縮。若就使用者或消費者之福祉來看，如能提高供給面之競爭，當能反映在消費者福祉之提昇。因此，私有化與解除管制乃成爲增進經濟自由度所必要的可行手段（林建山，2002：8）。對許多開發中國家而言，由於實施嚴格的經濟管制，市場缺乏競爭，導致公營事業的經營績效普遍不佳。也因之，開發中國家多視民營化政策爲提高經濟自由度的重要手段。

（二）提昇事業經營效率

若檢閱相關文獻可以發現，無論是先進國家或開發國家，欲藉由民營化來提昇事業效率的這項經濟目的，幾乎都是相同。由於公營事業長期處於獨占的保護傘下，缺乏來自對手的競爭與挑戰，加上對政府預算挹注虧損的依賴，欠缺利潤動機與憂患意識，無法將資源做最有效的配置，造成經營效率的低落。而且長期以來，公營事業受到法令過多的束縛以及機關部門的層層限制與監督，缺乏自主性並減弱應變能力，也是導致其經營缺乏效率的主要原因。因此，民營化的支持論者認為，若公營事業移轉民營，除了因需自負盈虧，賦予勞資雙方經營的危機意識外，還能解除法令的束縛，獲取自主的經營空間。因此，事業的經營效率自然能夠提昇，獲利情況也會得到改善。

（三）減輕公部門財政負擔

各國支持民營化的另一項重要論點，乃是希望藉由公營事業巨量的釋股，來豐富國家財產，紓解政府的財政困境，以減輕公部門的舉債負擔。因為若從政府財政預算的角度來看，民營化後，可以大幅減少政府在財政預算上的包袱，減輕財政赤字的負擔；而民營化所得之收入可以彌補政府財政短缺或償還政府公債的論點，應是促使各國推行民營化政策的重要因素。特別是第三世界國家的公營事業比例普遍高於先進國家，經濟地位也都相當突出，卻因實施嚴格的市場管制，在缺乏競爭的情況下，營運績效多不甚理想，外債問題嚴重。因此，80年代以後，大多數第三世界國家均運用民營化策略刺激國內經濟發展，以作為減輕政府財政負擔的手段（陳朝威，1990：52）。

（四）自由意識型態的強調

部分支持民營化的理由是基於意識型態對政府機制所產生的不信任，認為政府藉由公營事業大幅介入民眾生活，將會限縮人民的自由，和民主原則背道而馳。另外，由於公營事業的經營多以政策考量為主，鮮少注意到成本效益，較自由市場是根據「看不見的手」而自由運作，難以受到大眾的信賴（Savas, 1987: 6-9）。

（五）避免政黨與企業掛勾

在許多一黨獨大的開發中國家，執政黨往往會透過黨的機制掌控公營事業，藉以主導國家經濟並握有絕對的權力，因此有時甚至會出現官商勾結的現象，而大規模的民營化可以導致公私部門間經濟力量的重分配，減弱政府對企業的控制。因此，開發中國家的反對黨為了切斷執政黨利用公營事業掌握政經的優勢，以及避免其利益輸送的特權，多贊成民營化。

綜上所述得知，**各國實施民營化的主要目的在於提昇經營績效，解決政府財政赤字，降低公權力對經濟事務之直接干預，開發中國家的反對黨甚至期望藉由民營化的實施，來達到避免政黨與企業掛勾的目的**。因此，民營化所象徵的並非單純將公營事業股權或資產移轉民間，更重要的意義在於經濟自由化之體現及活化市場結構。因之，**民營化實際上是一種手段而不是目的，其真正代表的是一個更廣義的公共經濟活絡化，更有效地採取民間的活性管理制度**。然而，相較於先進國家，對於市場競爭程度不夠且法制建構較不完備的開發中國家而言，民營化政策的施行成果恐會受到限制，不但經營績效難以充分提昇，原本藉由政府行政機制賴以維持的國民基礎設施與基本權益等公共性保障問題，也可能伴隨民營化的實施，在相關配套措施尚未建構完整的情況下而成為公營事業民營化後的另一項新的課題。

第四節　管制與解除管制

一、政府的管制

所謂管制（regulation），根據張世賢與陳恆鈞（2001：181）的說法，係指「政府利用法規來規範人民的行為，以期符合要求」；張玉山與李淳（2001）則認為管制是指「國家藉由各種正式與非正式手段，對於私營事業一定範圍之經濟活動進行規制的過程」。然而，由於上述這些說法過於抽象，難以對管制有具體的認識，因此作者認為可以援引吳英明（1991：45）對管制的定義，以增進對管制過程的具體瞭解。該學者指出，所謂管制是「行政單位在實際執行管制政策時，經過法定程序之授權，針對特定或一般性對象的事務或活動，制定出一套具有約束性效果的規則，管制機關在其權責範圍內，依據該項規則來控制被管制者有關活動的進行」。以交通事業為例，其為公共服務業，具有公用事業的特質，因此需接受和公用事業相同的管制，屬於典型且管制性較強的事業。

如以規範目的來區分，管制可以分為經濟管制（economic regulation）、社會管制（social regulation）與行政管制（administration regulation）三種。但因行政管制較強調探討行政機關內部之效率與管理問題，與本章所欲探討之主題無直接相關，故以下僅對於經濟管制與社會管制進行介紹討論。

（一）經濟管制

所謂經濟管制係指對於國民全體或產業全體所消費的公共財或服務，因具有很強的自然獨占性或資訊不對稱，恐會影響資源分配的效率，阻礙全體國民的經濟發展，而予以事前防止者稱之（植草益編，1997：8）。經

濟管制的目的乃是爲了維護國家基本經濟秩序之形成，國家透過適法與適當的手段，對產業生產活動所做的控制與限制。在經濟管制下，價格、產品、進入與退出市場皆透過行政程序，而非自由市場的力量（周育仁，1997：3；張玉山、李淳，1999：35）。因此，經濟管制乃是政府達成經濟發展所實行的政策手段之一，其管制目標會因時代與經濟體制的不同而有不同的考量。**傳統的經濟管制，目的在促進國家經濟發展；新興的經濟管制，目的在確保市場競爭。因之，經濟管制著眼於政府對產品價格、生產數量、競爭關係與市場進出等經濟決策之規範。**

　　以交通事業的經濟管制爲例，進出管制乃是指政府在事業開始進入或退出市場之際所給予的認證或許可（又稱事業許可制度），目的在於維持業者的經營意願以及節省生產成本。而價格管制乃是政府對於事業所訂定的費率予以認可的制度，其目的一方面在保護投資者，另一方面則防止獨占訂價過高。

（二）社會管制

　　社會管制是較新的概念，**由於其目的多是基於民眾或國家社會公共安全等社會正義的考量，爲了防止外部性、公共財、資訊不對稱與風險等資源分配效率的不均，影響社會秩序的維持和社會經濟的安定性所採行之管制，**尤其是消費者的健康、安全方面，所以又稱之爲「健康、安全、環境管制」（植草益編，1997：8-9；山谷修作、植村利男，2005：2），或「間接管制、質性管制」（山內弘隆，1995：27）與「保護性管制」（陳櫻琴，2001：24）。**相較於經濟管制是以事業內容作爲管制對象，由於社會管制基本上是屬於保障特定社會價值或權利（如健康、安全、服務品質等）所採取之管制行爲，且是以事業供給條件或服務內容爲管制對象，對於事業營運的影響遠小於經濟管制。**以交通事業而言，社會管制是指爲確保旅客輸送中使用者的安全，對於其技術性標準或勞動條件所做的規定，其具體

內容包括對工程的實施、車輛的安全檢查、基礎設備的檢查等的管制。有
關經濟管制與社會管制之理由、目的、所使用之管制工具及利弊等比較，
可以整理如表1所示。

▼表 1　經濟管制與社會管制

管制區別	經濟管制（economic regulation）	社會管制（social regulation）
介入理由	經濟效率	社會正義
管制工具	進入市場、投資管制 設廠基準、生產數量 費率管制、配額制度	安全基準、健康考量 環境保護、弱勢保障 公共政策、福利政策
達成目的	經濟成長	公序良俗
關聯性	與特定經營者、產業主或市場有關	與消費者、勞工或社會弱勢有關
利弊評估	如何避免管制失靈	原則上屬保護性管制

資料來源：作者修改自陳櫻琴（2001：22）。

二、民營化與解除管制

民營化所代表的概念雖然多樣且不一致，若從政府與私人企業職能消
長的角度來觀察卻發現，上述民營化概念中有關政府職能部分的描述幾乎
如出一轍地傾向減少政府對經濟活動與市場機能的干預，同時希望藉由導
入民間力量來增加私部門的參與。換言之，民營化意味著政府在公共服務
供給職能的某種程度後退，而非代表政府職能的「全面後退」。

解除管制（de-regulation）有學者將其視為是廣義民營化的內容。若
僅從字面來解釋，是指除去國家介入私營事業的所有管制手段，但實際上
卻非如此。詹鎮榮（2004：86）認為，所謂解除管制是指「放棄進入市場
之障礙與廢止不合市場機能之法律規範，以創造與強化自由市場之競爭機
能」。因此，凡是任何取消或減少對私經濟活動產生干預或影響之行為與
措施，以及將私經濟主體從高密度之競爭排除規範中加以釋放之作為皆屬

之。也就是說，解除管制非指除去所有的管制手段，改爲依靠市場交易來維持競爭秩序，而是指由原先的管制架構轉換成一符合時代潮流的管制制度。過去，爲使民衆普遍地享有電信、電力、自來水、郵政、鐵路等公用事業所提供之服務，主管機關竭盡所能地監督公用事業的活動，以確保所有的用戶能以公定的價格得到正式化的服務。然而，伴隨管制的解除，有可能將競爭導入獨占的市場中，或者是藉由區域分割來達到競爭的比較效果，甚或藉由經營的多角化而產生競爭條件。

但是在揚棄傳統的國有化手段並開放市場參進限制等所謂「解除管制」後，並不意味著國家對經濟行政管理會因市場開放而完全解除，其代表的僅是強度的減低及方式的調整。由於部分公營事業具有較強的公共特質，對於國民生計和經濟活動有重大影響，因此如何在「促進事業競爭」與「維護公共利益」兩者之間尋求一個平衡點，遂成爲政府實施解除管制過程中重要的課題，特別是面對解除管制後仍然具備剩餘獨占力的產業，必須制定出新的管制政策，建立新的管制組織，引進有效的經濟管制手段與法定程序，方足以一面維持過去藉由國有化達成的公益保障，他方面又可享有開放市場導入競爭的利益。

第五節　我國推動民營化的現況、成果與課題

一、我國公營事業民營化的現況

相較於美、日等先進國家，台灣的公營事業不但種類多且類型繁雜，事業產生的背景也有所差異。基本上，我國公營事業約可分爲四種類型：第一類是國民政府自日本殖民政府所接收的財產，如台糖、公賣局等；第

二類是國民政府在大陸執政時期就有的公營事業，遷台後又再復業，如交通銀行；第三類是國民政府來台之後才新設的，主要是以金融保險和航運業為主，如陽明海運等；第四類是 1970 年初推動「十大建設」時期建立的，以製造業和運輸系統投資為主（張晉芬，2001：50）。

　　早期公營事業在我國整體經濟的發展上占有很高的比重，然隨著民間企業的發展，多數產業陸續移轉民營，公營事業在我國經濟比重的重要性逐漸下降，但至 1996 年為止，其所創造的國內生產毛額仍達 10%，中央各部會及省和北高兩市政府所屬的公營事業有八十二家，資產總額約台幣 18.7 兆元，資本額 1.1 兆元，公營事業所屬員工人數合計於二十七萬人（胡仲英、鄭素珍，1997）。

二、民營化政策的推行情形

　　大抵而言，截至目前為止，台灣民營化政策的推動歷程大致可以分為三階段，而分別以 1989 年與 1997 年作為時程的分界點，茲分別敘述各階段的推動情形如下：

（一）第一階段：1989 年之前

　　嚴格說來，台灣開始積極推動民營化政策應始於 1989 年。在此之前，政府雖曾於 1953 年為了配合「耕者有其田」政策，訂定「公營事業移轉條例」，將台灣水泥、台灣紙業、台灣農林及台灣工礦等四家公營事業移轉民營，之後，也曾經出現中國紡織、中本紡織等若干公營事業移轉民營個案，或結束營運績效不彰的公營事業（如台鋁），然此階段的民營化政策因未有整體之規劃與一貫性的作法，成果並不顯著。

（二）第二階段：1989 年到 1996 年間

　　台灣之所以會在 1989 年積極推動民營化政策，主要受到國內外環境變遷影響所致。在國際環境方面，由於 70 年代發生兩次石油危機，政府高度介入市場與過度管制的結果導致企業缺乏應變能力，被視爲是削弱整體經濟調整能力的主要因素。因此，80 年代國際間瀰漫著自由化的思潮，不論是英國的柴契爾、美國的雷根，抑或日本的中曾根政府，均體認到政府管制市場所需付出的代價太高，重新呼籲尊重市場機能，鼓勵自由競爭，主張放寬限制，以提昇民間的活力與創造力，於是包括英、德、法、日等先進國家開始陸續推動民營化政策。

　　反觀 80 年代的國內政經環境，由於我國貿易順差大幅成長，外匯存底快速累積，中央銀行吸收外匯釋出大量新台幣，導致國內貨幣供給長期居高不下，民間游資充斥，助長投機，引發股價及房地產飆漲，另一方面，由於政府財源不足，公共投資落後，影響國民生活品質的提昇。倘若公營事業移轉民營，不僅可以使加諸於公營事業之法令獲得鬆綁，建立誘因與競爭機制，同時增加民間投資管道，吸收游資從事公共建設，故行政院遂於 1989 年加速推動民營化政策。在這階段主要完成的工作與推動成果包括：

1. **修正訂定相關法令：**由於早期制定的「公營事業移轉民營條例」中規定，「大規模公用事業或特定目的之公營事業不得轉讓民營」，且有關民營化從業人員之權益保障與優先認股等有利民營化推動之規定付之闕如，早已不合時宜，故行政院於 1989 年 11 月提出該條例修正案，並於 1991 年 6 月完成修正，但該條例的施行細則與從業人員優先認股等相關配套措施則是一直到 1994 年 7 月才開始陸續發布實施。

2. **制定公營事業移轉民營時間表：**政府爲落實民營化政策，於 1989

年成立「行政院公營事業民營化推動專案小組」，根據當時的情
形，將已無公營必要之事業如中鋼、省屬三商銀等二十二家事業列
為第一波移轉民營的對象。之後多次修正民營化的時程，至 1996
年底為止，共有農民銀行等三十三家事業列為移轉民營的對象（參
考表 2）。

（三）第三階段：1997 年以後到現在

我國政府雖自 1989 年積極推動民營化政策，但從表 2 可以看出，政
策推動的過程似乎並不順利，大部分的事業多在 1997 年以後才完成民
營。若探究其背後的原因可以發現，主要的關鍵因素在於 1996 年底所召
開的「國家發展會議」。由於會中達成「五年內完成民營化」等多項決
議，而在翌年 4 月所舉辦的「公營事業民營化策勵營」中，總統與副總統
更明確宣示民營化為政府重要政策，自此，民營化政策正式被定位為我國
重要公共政策，也因而政府再次修訂相關法令（如增加民營化方式，除延
攬過去可採出售股份與標售資產外，還可以資產作價與人民合資成立民營
公司等其他方式辦理），行政院也重新核定事業主管部會所提報之四十七
家事業移轉民營時間表，並責成相關單位以加速推動。由此可知，我國公
營事業民營化自 1997 年以後邁向新的里程碑。然而事實上，截至今日，
2000 年以後，除了 2001 年實施台汽民營化以及 2003 年中華郵政公司化
以外，我國的民營化政策始終停留原地，未見有新的開展。

▼表 2　1999 年 9 月以前已完成民營化事業

主管機關已移轉民營事業	民營化基準日	辦理方式
經濟部中石化公司	1994 年 6 月 20 日	出售股權
中華工程公司	1994 年 6 月 22 日	出售股權
中國鋼鐵公司	1995 年 4 月 12 日	出售股權
台機鋼品廠	1996 年 5 月 20 日	讓售資產（與特定人協議）
台機船舶廠	1997 年 1 月 10 日	讓售資產（與特定人協議）
台機合金鋼廠	1997 年 6 月 30 日	讓售資產（與特定人協議）
台肥公司	1999 年 9 月 1 日	出售股權
財政部中國產險公司	1994 年 5 月 5 日	出售股權
中國農民銀行	1999 年 9 月 3 日	出售股權
交通銀行	1999 年 9 月 13 日	出售股權
交通部陽明海運公司	1996 年 2 月 15 日	出售股權
退輔會液化石油氣供應處	1996 年 3 月 16 日	標售資產
榮民氣體廠	1998 年 1 月 1 日	資產作價與民間投資人合資成立民營公司
岡山工廠	1998 年 8 月 1 日	標售資產
省政府彰化銀行	1998 年 1 月 1 日	出售股權
第一銀行	1998 年 1 月 22 日	出售股權
華南銀行	1998 年 1 月 22 日	出售股權
台灣中小企銀	1998 年 1 月 22 日	出售股權
台灣產物保險	1998 年 1 月 22 日	出售股權
台灣航業	1998 年 6 月 20 日	出售股權
台灣人壽	1998 年 6 月 30 日	出售股權
台開信託	1999 年 1 月 8 日	出售股權
高雄市政府高雄銀行	1999 年 9 月 27 日	出售股權
台北市政府台北銀行	1999 年 11 月 30 日	出售股權
印刷所	2000 年 12 月 31 日	出售股權
新聞局台灣新生報業公司	2000 年 12 月 31 日	標售資產

資料來源：薛琦（2001：51）。

三、民營化的成果

如前所述，多數國家之所以推行民營化政策，所持的主要的理由不外是希望藉由公營事業移轉民營，提昇事業的營運績效，同時經由大量釋股來解決政府財政壓力。因此，這項政策目的是否達成，實關係著民營化的成果評估，以下針對我國目前的民營化成果分述之：

（一）藉由出售股權與資產，增加財政收入

我國的民營化政策在 2003 年中華郵政改制公司以後，基本上已呈現停滯狀態。因此，若評估從 1989 年至 2003 年止的這段時期，民營化政策的推動成效可以發現，我國雖自 1989 年推行民營化政策，但卻直到 1992 年才開始大量釋股，後來因股市狀況不佳，公股釋出略為緩慢。至 1996 年底共計完成中國產物保險、中石化公司、中華工程公司、中國鋼鐵公司等七個民營化個案，累計金額約 1,436 億元。在「國發會」後的一年間，又陸續推動了彰化銀行、第一銀行、台產保險、榮民氣體廠等十個民營化案例，辦理民營化金額約 2,000 億元。整體而言，截至 2003 年年底，我國藉由公營事業移轉民營，出售公股及資產所得已逾 4,000 億元。

（二）提昇事業的經營績效

根據薛琦於 2001 年所發表的研究顯示，若以民營化後事業的經營績效為出發點，分別從市場占有率、市場排名、財務結構、償債能力、經營能力、獲利能力、員工生產力及轉投資等八個面向來觀察，即可瞭解民營化後的企業是否有所改變。如表 3 所示，在已經移轉民營的六家企業中，無論是在市場排名、員工生產力或經營能力、轉投資方面的表現幾乎都有正面的提昇，特別是員工生產力與轉投資方面，因為所有公司在移轉民營時均積極精簡人事，且新企業還面臨自負盈虧的壓力，員工生產力自然有

所提昇；如中工在民營化過程中，約有一千餘人離職，中石化與中鋼則各減少三百人，陽明海運的員工數在民營化過程中亦有減少，但因民營化後公司拓展業務而逐漸上升。整體而言，各公司之每人營收均較民營化前顯著提昇[3]。至於轉投資方面，雖然民營化後公營事業之債信優勢不再，但因法規鬆綁之故，各公司可以靈活運用不同管道以籌措資金，如中產在1994 年現金增資兩億元、中工兩度發行公司債等，故民營化對事業之籌資有正面助益。

（三）多數事業在移轉民營後，財務結構有顯著好轉，但獲利能力未必提昇

研究結果顯示，多數公營事業在移轉民營後，財務結構與獲利能力有顯著好轉，但也有少數公司未達到預期理想。根據資料顯示，中產與中石化在民營化前負債比率均低於同業，民營化後則上升至同業水準；中鋼雖因擴建而增加負債，但無論是在民營化之前後，其負債比率皆低於同業水準；而中工的負債近年來均高於同業，但因民營化後進行兩次現金增資，其負債比率較民營化前爲低。但是在獲利能力上，除受到景氣變動之影響外，公營事業在移轉民營後因失去市場獨占或取得業務之優勢，影響營業收入與利潤。

3　詳見薛琦（2001：55）。

▼表3　六家事業民營化前後經營績效之比較

項目	市場佔有率	市場排名	財務結構	償還能力	經營能力	獲利能力	員工生產力	轉投資
中產公司	增加	提昇	＊	＊	＊	較差	較佳	—
中華工程公司	稍降	—	較佳	相當	較差	較差	較佳	增加
中石化公司	—	提昇	較差	較差	較佳	較佳	顯著提昇	增加
中鋼公司	—	相當	較差	較差	相當	顯著提昇	顯著提昇	增加
陽明海運	增加	—	日趨健全	—	較佳	較差	較差	增加
液化石油氣供應處	—	—	較佳	較差	—	較佳	較佳	—

註：1. ＊表示因會計方法變動，難以比較。2. —為原始資料中未敘述者。
資料來源：薛琦（2001：56）。

　　總結以上所述得知，隨著民營化的實施，雖然事業因需自負盈虧而致力提昇員工生產與事業的經營能力，強化事業的轉投資能力，進而帶動事業在市場中的排名，但卻未必能使事業的財務結構更加健全或是增加事業的獲利能力。因為伴隨市場管制的解除與經營環境的改變，事業本身不再享有過去市場獨占或因公營身分所獲得的業務之便，所以在市場占有率、獲利率方面可能反而縮小或降低；如獨占的電信事業一旦開放市場，恐因競爭導致價格降低，反而導致獲利的減少。

四、民營化的限制與課題

　　整體而言，上述表3所呈現的民營化成果，或許僅能說明商業性質強的公營事業，對於公共性較強的公營事業，如鐵路、電信、郵政、電力與自來水等，則未必適用。在台灣近期只有台汽、中華電信完成民營化，鐵路、電力與自來水等事業都尚未進行改革，更遑論民營化。綜觀我國民營化的推動過程與改革內容可以發現，其背後所隱含的限制與課題如下：

（一）政策性限制障礙

公營事業移轉民營，首先須修改並制定相關法制。以台電為例，如欲民營化須待電業法修訂通過後始得進行。但修正案何時能通過，仍在未定之天，以致影響台電民營化的推動。另外核廢料該如何處置？水力電廠民營化後，水資源該如何管控？輸電網路民營化後，民營公司可否拒絕代輸？代輸費用該如何管制？這些限制性政策都是必須審慎考量的。

（二）以制度內改革進行技術性拖延

日本學者遠山嘉博對公營事業改革有如下的描述，認為：公營事業本身有其制度上的限制，經營容易受到外界的干預，若僅停留於組織內的改革，公營事業所易產生的弊病（如經營缺乏效率、易受政治力的干預等）則難以解決。惟有克服行政組織制度所產生的限制，也就是實施民營化，才能徹底解決此問題。然國內多數公營事業在面對民營化議題時，多企圖以多角化經營來增加營收，或是透過轉包業務來提昇效率等制度內的改革方式，來減緩因績效不彰所帶來的民營化壓力，殊不知卻可能因此造成這些非核心業務的虧損，更增添民營化的困難。

（三）欠缺周延的配套措施

雖然民營化政策似乎已成為世界各國的風潮，但若為因應此「風潮」與為減輕政府財政負擔，而急欲將影響國民生計的各項事業予以民營，而未事先審慎評估，研擬相關配套措施，如債務的清償、安全的監督、服務品質的確保等，則日後恐怕仍會產生問題。以虧損情況嚴重的台鐵為例，如欲徹底改革，當務之急需先廢除早已不符時宜的鐵路法，制定新的相關法規，以解除對於鐵路事業經營投資過多的管制，並進行多角化經營。

（四）不確定的改革方向

　　我國雖然訂有民營化的時程，但若對照推動的結果不難發現，多數的改革都是延後，甚至一再拖延，最後不了了之。以台鐵為例，自從1995年決定採民營化改革方式後，改革方案與時程一再變更與拖延，至今歷經十多年，仍未見任何改革啟動。雖然民營化政策的推動牽涉的內容相當複雜，但無論理由為何，如是的結果都充分顯示我國政策的不確定性。研擬規劃六、七年的改革方案都可以臨時更改，又如何能確保新提案的適用性和可行性？當然也無法顯示出政府推動改革的決心，造成改革一再受挫。

（五）過於重視績效而輕忽公共性

　　然若觀察我國電信事業民營化的過程發現，中華電信自從1996年改制公司至最後移轉民營為止，這段期間社會大眾與輿論所關心的是「中華電信民營化是否會導致財團化」與「員工權益保障」等問題，有關民營化後是否會引發偏遠地區或廢除不經濟公用電話設置等普及服務受到侵害，以及公營事業民營化後政府所應扮演的角色與需建構之監督機制等公共性問題則幾乎無人關注與探討，郵政公司化亦是如此。這是否意味台灣在推動民營化的過程中，因過於強調藉由事業移轉民營可提昇營運績效，並期待藉由釋股來紓解國家財政困境，減輕政府財政負擔，反而忽略事業原本的公用特質可能因移轉民營而改變或消失，甚至造成不便等公共性問題。

公營事業民營化個案：台鹽的多角化經營 [4]

　　台鹽實業的前身是政府獨占壟斷的國營事業，在 1990 年代的民營化風潮中，爲了因應民營化政策與加入 WTO 所可能引發的多元挑戰，於 1995 年 7 月改制爲股份有限公司，開始企業化的經營，使公司由過去僅能賺取政府調整鹽價價差及出售鹽業相關製品的傳統公營事業，銳變爲具有市場競爭力之公營事業，最後於 2003 年 11 月 17 日正式完成民營化，並上市股票，其過程值得許多公營事業參考學習。

　　事實上，在政府長期的保護政策下，台鹽的經營僅是販售鹽及其副產品，成爲一個靠天吃飯的事業，盈餘雖然穩定，但營收成長緩慢，缺乏經營理念，在我國加入 WTO 之後，一旦鹽品市場自由化，勢必難以因應國際鹽品市場中潛在競爭者的威脅。基於此，台鹽在民營化後，積極改變經營方式，使得台鹽除了賣鹽外，並跨足生物科技和資訊科技，除投資澳洲麥克勞湖鹽業公司，並由該公司提供原料鹽之外，還採取多角化經營策略，發展海水化學事業、生技事業、資訊科技事業等，其中最爲國人所熟知的產品如台鹽海洋生成水、綠迷雅系列化妝品、蓓舒美洗面乳系列、NANA 系列，甚至在七股鹽山旁興建「不沉之海」[5]、舉辦白色海洋音樂祭，種種作法早已跳脫過去只販售「鹽品」的思維邏輯。台鹽在民營化後要求產品需有最佳品質，堅持「不是良品，不出廠；不是好貨，不上市」的精神，並建立 24 小時顧客服務專線，以達成其服務理念，也因而獲得第七屆中華民國優良企業商品顧客滿意度金質獎。

4　資料來源：台鹽全球資訊網，http://www.tybio.com.tw，檢閱日期：2017/6/29。
5　不沉之海已於2002年7月20日正式啟用，爲一海水漂浮池，其浮力可與以色列死海相媲美，意即無須藉游泳技巧也能漂浮水面。

歷屆考題

1. 何謂市場失靈（market failures）？政府可以採行哪些措施以解決市場失靈之問題？何謂政府失靈（government failures）？學者專家對政府失靈又提出了哪些因應之道？試申論之。（094年交通事業鐵路人員、公路人員升資考試—員級晉高員級事務管理）

2. 80年代以來，民營化似乎被視為是解決公營事業經營效率不彰的萬靈丹。請問：何謂民營化？實施民營化政策所可能產生之優點與引起之疑慮為何？試申論之。（097年公務人員高等考試三級考試暨普通考試—四等一般行政）

3. 「民營化」（privatization）業已成為新公共管理的重要改革工具，請區分其與「自由化」之間的差異。政府在推動民營化時，又須先建立哪些配套措施以免興利不成，反受其害？（100年特種考試退除役軍人轉任公務人員考試—三等一般行政）

4. 「公共性（publicness）」是政府組織和企業組織間最大的差異，請以實例討論政府組織所面臨的環境因素、組織與環境的互動及組織所扮演的角色等面向說明二者的差異。（100年特種考試退除役軍人轉任公務人員考試—四等一般行政）

5. 請申述民營化（私有化，privatization）的意義，並討論其優點與缺點。（101年國立中央大學法律與政府研究所碩士班入學考試）

6. 何謂「公私協力」（public-private partnership）？其與「民營化」（privatization）有何差異？並就己見，分析論述公私協力運用在公共財或生產及公共服務提供上的優勢與限制。（102年國立臺北大學公共行政暨政策學系碩士班一般入學考試）

7. 試說明民營化的意涵；並敘述贊成與反對公營事業民營化之理由。（104年特種考試退除役軍人轉任公務人員考試—四等一般行政）

參考文獻

一、中文資料

王文宇，1998，〈政府、民間與法律——論公營事業民營化的幾個基本問題〉，
　　《月旦法學雜誌》，36：26-39。

吳英明，1991，〈從政府管制論環境保護管制〉，《中山社會科學》，6（4）：43-57。

周育仁，1997，〈我國政府建立經濟管制角色之分析——兼論建立廉能政府應有
　　的方向〉，《經濟情勢暨評論》，2（4）：1-15。

林建山，2002，〈公營事業民營化政策績效之比較評量〉，《主計月刊》，553：
　　6-15。

林淑馨，2003，《鐵路電信郵政三事業民營化——國外經驗與台灣現況》，台北：
　　鼎茂。

胡仲英、鄭素珍，1997，〈我國公營事業民營化政策之執行檢討〉，《研考報導》，
　　40：23-37。

張玉山、李淳，1999，〈公用事業自由化後管制組織之初探：以電力事業為例〉，
　　《公營事業評論》，1（3）：27-49。

張玉山、李淳，2001，〈全球化、自由化與公用事業的再管制架構：以電力事業
　　為例〉，「知識經濟與政府施政學術研討會」論文。

張世賢、陳恆鈞，2001，《公共政策：政府與市場的觀點》，台北：商鼎。

張晉芬，2001，《台灣公營事業民營化——經濟迷思的批判》，台北：中央研究院
　　社會學研究所。

陳師孟等，1992，《解構黨國資本主義》，台北：澄社報告。

陳淳文，2003，〈公民、消費者、國家與市場〉，《人文及社會學集刊》，15（2）：
　　263-370。

陳朝威，1990，〈公營事業民營化之問題與探討〉，《理論與政策》，5（1）：50-62。

陳櫻琴，2001，〈管制革新之法律基礎與政策調適〉，劉孔中、施俊吉（編），《管制革新》，台北：中央研究院中山人文社會科學研究所，頁 1-67。

詹中原，1993，《民營化政策──公共行政理論與實務之分析》，台北：五南。

詹鎮榮，2004，〈德國法中「社會自我管制」機制初探〉，《政大法學評論》，78：79-120。

蔡秀卿，2005，〈從行政之公共性檢討行政組織及行政活動之變遷〉，《月旦法學》，120：19-36。

潘偉華、俞慧芸，2000，〈國際間推行民營化經驗的回顧〉，《公營事業評論技術報告》，7：1-42。

薛琦，2001，〈民營化政策的回顧與展望〉，《現代化研究》，28：48-63。

二、日文資料

山內弘隆，1995，〈交通の產業組織〉，金本良嗣、山弘隆（編），《講座　公的規制と產業 4　交通》，東京：NTT 出版會，頁 3-51。

山谷修作、植村利男，2005，〈公益事業規制とその改革〉，公益事業學會（編），《日本の公益事業　變革への挑》，東京：白桃書店，頁 1-34。

森田朗，1988，〈イギリス保守政權の「民營化」政策〉，《季刊　行政管理研究》，42：13-26。

植草益編，1997，《社會的規制の經濟學》，東京：NTT 出版會。

遠山嘉博，1987，《現代公企業總論》，東京：東洋經濟新報社。

遠山嘉博，1995，〈わが國における民營化の胎動・現實・評價〉，《追手門經濟論集》，30（1）：1-19。

三、西文資料

Hanke, H. S. 1987. *Prospects for Privatization*. New York: Academy of Political Science.

Le Grand, J. & R. Robinson. 1984. *Privatisation and the Welfare State*. London: Unwin Hyman.

Savas, Emanuel. 1987. *Privatization: The Key to Better Government*. Ghatham, N. J.: Chatham House Publishers, Inc.

Savas, Emanuel. 1990. "A Taxonomy of Privatization Strategies." *Policy Studies Journal* 18(2): 341-355.

17
公私協力

學習重點

▶協力的定義與協力關係的意義為何？

▶民辦民營的協力類型有哪些？重點與差異為何？

▶公私部門協力關係的策略與成功要件為何？

▶我國推行公私協力的困境為何？

前　言

　　20 世紀末，世界主要經濟發展國皆面臨「雙重困境」（Catch-22），即政府財政危機日益惡化，但民眾需求卻日益增多，因此各國政府無不致力於政府再造工程，希望以「師法民間」精神改善政府績效（江明修、鄭勝分，2002：81）。長期以來，政府在公共服務的提供上具有獨占性，政府留給民眾的是「不能立即因應問題及有效處理公共事務」的刻板印象。然而，反觀企業，由於在其所生產或販賣的同類商品或服務中有相近的顧客群，所以有高度彼此競爭特質。企業如欲在該環境中求得生存，除了要能迅速因應環境的變遷外，還需能充分掌握所處環境未來的動脈（吳英明，2000：586-587）。也因此，若能引進民間部門的特性，使其能協助政府共同來提供公共服務，或許能改善政府部門僵化的行政效率，因應民眾的需求。

　　公私協力（Public Private Partnership，簡稱 PPP）泛指公部門與私部門共同處理事務之情形（詹鎮榮，2003：10）。隨著公私部門關係的改變，由陌生到競爭合作，甚至於政府主動尋求私部門的協力參與，在在都象徵著公部門不再只是強調公平性原則，也開始注重公共服務的水準與民眾的滿意度（吳英明，1996：15）。所以，公私協力所代表之意涵，早已超越了單純的公部門與私部門共同從事某項事務的概念，還象徵著新的社會經營價值觀之建立。以我國而言，近年來，公共服務的供給效率普遍不彰，加上受到民主政治與經濟快速發展的影響，民眾參與公共事務的意識越來越高，對生活品質和公共服務水準的要求也日益提昇。傳統以公部門為主所提供之服務已難以滿足民眾之需求，面對如此多元的需求，政府如何透過合理的社會資源管理以滿足民眾，乃成為一個迫切需要解決的課題。基本上，公私協力所探討的並非僅是政府企業性的發揮或政府部門如何與民間部門結合共同從事某件事，其著重的是新的社會經營價值觀及架構之建立，而所欲探討的乃是公私部門如何形成新的結構體，透過社會資源整合提昇社會生命力，進而達成提昇人民生活品質之目標（吳英明，1996：1）。所以，公部門不僅關注內部垂直化之權限調整與分權，更強調外部水平化之資源探求與連結，亦即透過民間部門的協力建構方式來因應解決本身

所面臨之困境。而此種促成民間營利部門與非營利組織共同承擔更多的公共責任，造就更多公共利益的做法，應將成為 21 世紀的政府在處理公共事務時的新的思維模式。有鑑於此，在本章中首先整理公私協力的發展背景；其次介紹公私協力的基礎概念；接著分析公私協力之推動策略與成功要件；最後闡述我國公私協力的發展現況並探討實施公私協力可能面臨之困境。

第一節 公私協力的發展背景

在全球化趨勢與資訊科技環境快速變遷影響下，無論是公部門、私部門或第三部門皆是處於一個既複雜而又綿密的社會環境網絡體系中。然而基於相互單一職能與資源有限，更加突顯多重組織兼合作的需要、合作的利益與合作的優勢之重要性（李宗勳，2006：55），而「公私協力」即是在上述的背景之下所孕育出的時代產物。

70 年代末期，當英國為了解決福利國家所帶來的龐大財政問題，而由首相柴契爾夫人提出民營化政策以後，該政策即有如一股潮流蔓延到世界各國，並盛行於整個 80 年代。自 90 年代後期開始，各國擴大民營化的概念，不再拘泥將獨占的國營事業移轉民營，改採多樣的民營化手法。為了提昇公共服務品質、減輕政府的財政負擔，以及改善公用事業的經營效率，各國引進民間的專業、技術與資金，陸續以多元模式與民間企業合作。而邁入 21 世紀，各國中央或地方政府更嘗試在外交或社會福利等相關領域與非政府或非營利組織合作，企圖藉由民間部門的力量，將社會中有限的資源做最合理的整合與運用，以彌補政府部門在專業或服務供給的不足。所以，相較於 80 年代所採用的以「所有權移轉」為主流之民營化方式（如國營事業民營化），90 年代以後的民營化則跳脫傳統以「二分法」的觀點來論述該議題的僵化思考模式，而著眼於如何活用民間部門的特殊性，並進一步回歸民營化的目的，思考如何善用民間部門的資源與活力，使其在政府所提供的公共服務中發揮不同的功能，以改善公共服務的品質並減輕社會整體所擔負之成本，因而產生活潑、彈性、多樣等新的公私協力運作方式。

近年來，台灣受到政治民主化、經濟自由化與金融國際化等世界性潮流的衝擊，以及面對資源短缺、需求日增、社會問題複雜化的壓力，無論政府部門或民間部門皆已深刻體認到單靠任何一方均無法承擔社會經營責

任，政府部門的角色必須改變過去完全由政府主導，由政府單向提供服務的做法，而開始尋求新的因應之道（吳英明，1996：1；吳濟華，2001：3）。也因而，公私協力被視為是政府尋求提昇治理能力、改善治理效果的主流思維，其不僅止於「合產」（corporation）強調對價與利益結合的交易與交換關係，反而強調與突顯的是一種基於相互認同的目標，而建立在不同行動者間的動態關係（李宗勳，2004：42）。大抵而言，公私協力產生的主要背景因素約可以整理如下（林淑馨，2005：31-32；2007：213-215）：

一、公民參與的興起

　　長期以來，傳統公共財貨與服務一直由政府部門所提供與輸送，而忽略公民參與的重要性。事實上，公民參與是現代政府推動公共事務不可或缺的要素或重要資產，強調公民基於自主權、公共性及對公共利益與責任之重視，而投入其感情、知識、時間與精力。其主要是因民眾的需求日益多樣，政府難以一一滿足，故體認到需透過與民眾或非營利組織的協力，來因應多元的需求。公民參與著重公民主觀性地對公民意識的覺醒與重視，而產生主動參與公共事務的興趣與行動。在現實的條件限制下，藉由私部門或社區、鄰里等非營利組織、志願組織，從參與公共事務的過程中，無形地培養公民所需具備的資格，並習得公民參與應有的智識與技巧。另一方面，藉由公民參與，政府可使民眾之意見充分表達，減少或降低對日後形成之公共政策的衝擊。近年來，許多私部門（包含志願活動和非營利組織）願意投入公共事務的參與行列，即是受此觀念所影響。

二、民營化風潮的衝擊

　　1979 年英國首相柴契爾執政時，提倡民營化政策，致力減少政府對一般經濟活動的干預，積極推動公營事業民營化。因而，民營化政策的實施代表著政府公共服務活動及資產所有權的縮減。在民營化的觀點之下，政府的角色應被縮減，另外藉由修訂法令與解除管制，讓私部門參與公共事務。而民營化的主要精神在於強調私部門參與公共服務的輸送，亦即在民營化的過程中，輔助政府部門者不僅只有企業部門，非營利組織也可以藉由直接或間接參與達到相同的效果。因之，在民營化風潮的衝擊下，政府部門逐漸放棄過去在公共服務輸出的獨占，將服務交由企業或非營利組織來提供，進而促使私部門與政府合作的機會。

三、公共管理型態的改變

　　90 年代，世界各國在財政壓力的情況下，無論是已開發國家或是開發中國家，甚或東歐、蘇聯等社會主義國家，都先後進行公部門改革，期待以「小而美政府」取代「大有為政府」，因此，先後將民間企業的管理方式導入公部門，用以改善公部門的無效率和提昇服務品質，並使其行政行為更具效率與市場性。在此背景下，改變傳統由公部門單獨提供公共服務的供給型態，除了將可以委託民間經營的服務交由民間來經營外，也將民間力量導入公共服務的供給中，公私合夥的型態於是應運而生。因此，公共管理型態的改變也是促成民間組織有機會參與公共服務輸送的重要因素。

第二節 公私協力的基礎概念

一、協力的定義與內涵

（一）協力的定義

「協力」一詞隱含豐富的啓動社會能量，此種能量的蓄集程度高低端視該國社會公私部門關係的成熟與否。在台灣，受到民主政治與經濟快速發展的影響，民衆參與公共事務的意識越來越高，而人民對生活品質和公共服務水準的要求也日益提昇。面對如此多元的需求，政府如何透過合理的社會資源管理以滿足民衆需求，即成爲一個迫切需要解決的課題。此時，公私部門協力關係的建立便爲資源整合管理與滿足民衆需求提供一個管道。

在台灣，「協力」一詞經常與「夥伴」、「合夥」、「合作」、「合產」等混合使用，也常用於描述公私部門的互動關係。如整理、分析相關研究資料顯示，「夥伴」、「合夥」、「協力」的英文爲 partnership（partnering），係指在公私部門互動的過程中，公部門與私部門形成平等互惠、共同參與及責任分擔的關係[1]（吳濟華，1994；吳英明，1996：6；鄭錫楷，1999：344）；而合作一詞的英文爲 cooperation，意指在公私部門水平式互動過程中，公部門扮演「支援性」角色，而私部門扮演「配合性」角色。合產一詞的英文雖爲 coproduction，但因強調「共同責任」的價值，在概念上較接近「夥伴」、「合夥」、「協力」，意指欲藉由公私部門共同合作來承擔公共服務的功能，不僅可以轉移政府的負擔，更可經由此種雙贏關係的建立，使政府省錢、省力也省人（許世雨，1995）。基此，可以粗略地將上述諸名

---

[1] Caston用協力來指涉政府與非營利組織間的權力相對等的合作模式，認為真實的協力關係是非常罕見的，基本上都是非營利組織在執行政府的意志（吳宗憲，2002）。

詞歸納爲「協力」（包含合夥、夥伴、合產的概念）與「合作」，兩者主要的差異在於公私部門共同決策及責任分擔的程度；公私部門「協力」關係中的共同決策程度比「合作」關係來得高（吳英明，1996：6）。

在日本，「協力」被視爲是一種提高事業成果的「手段」而不是「目的」（總務省，2006：8；林淑馨，2010：31），有關「協力」一詞的解釋也相當多元。若援引目前受到廣泛引用的大阪國際大學教授松下啓一（2002：41-44）之說法，所謂協力是根據協力時雙方所持的目的與應負擔之責任、義務，將其分爲最廣義、廣義、狹義與最狹義四種類型；其中，**狹義與廣義的協力定義之區別乃在於「責任與義務的具體與否」**，前者是指爲了某種共同目的，公私雙方在資金、勞務或技術方面進行協力，而被賦予具體的責任和義務；後者乃指雖然公私雙方是基於某種共同目的，產生協力與提攜關係，但在責任與義務的規範上較不明確（參照圖1）。

▲圖1　協力的概念圖

資料來源：松下啟一（2002：42）。

（二）協力關係的內涵

公私協力關係乃指在公私部門互動過程中，公部門與私部門形成平等

互惠、共同參與及責任分擔的關係。在此關係中，合夥的彼此在決策過程均基於平等的地位，有著相同的決策權，而形成一種相互依存共生共榮的關係。就特定的事務性質而言，認為某特定事務的參與者形成一種不屬於公部門不屬於私部門，而是屬於公私部門結合而成的關係，其參與者對該事務之處理具有目標認同、策略一致及分工負責的認知與實踐（吳濟華，1994：1-2）。

　　此外，研究指出，協力關係的內涵定義之基本假設有三，包括：第一、總和必然大於部分之相加；第二、可能同時包含一組策略、專案或運作化的發展及傳送，雖然每一位參與者並不必然具有平等地位；第三、在公私協力中，政府並非純粹追求績效，因此協力關係包含合作（江明修、鄭勝分，2002：84）。而 Guy Peters（1998）則認為，協力關係包含下列五個要件：第一、協力包含兩個或多個行動者；第二、每個行動者都是主角；第三、行動者間存有持久的關係及持續性的互動；第四、每個行動者對協力者必須提供一些物資或非物資的資源；第五、所有參與者共同分享成果、承擔責任（轉引自江明修、鄭勝分，2002：85）。綜上所述得知，協力關係的進行需要兩個以上的行動者，所有參與者雖不必然具有平等之地位，但卻都是主角，共同分享責任與成果，目的是為了要達到非零和的雙乘效果。

二、協力關係的意義

　　公部門與私部門在上述的情況下，逐漸邁向公私協力關係，其理由整理歸納如下（吳英明，1996：17；孫本初、郭昇勳，2000：101）：

（一）透過資源整合，使雙方互蒙其利

　　此為公私部門協力之最具價值的理由。公、私部門彼此透過資源的整

合與共同的投入，提高資源的使用效率，如遇到彼此間利益之衝突而無法推行工作，就透過合理的「衝突求解」而得以協力合作。

（二）強化民主決策與民主參與的效果

協力關係的建立，可集結公、私部門的專才或技術而形成協力組織或網絡，不但可以整合社會資源，也達到民主化決策與民間參與的成果；此協力關係的建立可由關係、網絡或契約來達成。

（三）改善傳統公共行政的缺失，有效解決社會問題

透過公私部門協力關係的建立，可使傳統公共行政的諸項缺失，如膨脹的組織、繁複的行政程序等作風得到改善。取而代之的是將私部門企業型的公共管理精神納入行政體系，使公部門更具行政效率、市場性與企業機制，進而能有效反映和解決民眾需求。

（四）解決市場失靈的現象

市場失靈是立基於競爭市場運作的問題，因為在真實世界中，經濟運作不可能完全符合競爭市場的假設，以致達成「柏瑞圖效率」[2]（Pareto efficiency），故有市場失靈的現象。在某些必要的情況下，政府必須藉由公共政策介入市場之運作，以期達到「柏瑞圖效率改進」（Pareto-efficiency improvement）的境界。而透過公私部門合夥協力關係之運作，能將社會資源與國家資源予以重新配置或有效整合，以改善社會整體福利，並保障更多人的權益，而將市場失靈的可能降至最低。

---

2 所謂「柏瑞圖效率」是指資源分配的理想狀態。

第三節　協力關係的類型與互動模式

一、類型

公部門與私部門在公共基礎設施的興建管理與營運合作協力之上，隨著不同角色的扮演，一般可以有所謂的「公辦公營」（均由政府擔任建設、管理與營運的角色）、「公辦民營」（由政府擔任建設、但由私部門擔任管理與營運的角色）、「民辦公營」（由私部門擔任建設、但由政府擔任管理與營運的角色），以及「民辦民營」（均由私部門擔任建設、管理與營運的角色）之分（程明修，2005：59），以下分別說明之（野田由美子，2003：28-36；2004：96-98；詹鎮榮，2003：13；程明修，2005：59-60）：

（一）公辦公營

公共基礎設施之建設、管理與營運的角色均由公部門擔任，雖不排除將部分業務透過契約委託私部門辦理，但營運管理的責任與業務委託所需之費用還是由公部門承擔。此乃公私協力行為中最常見之一種活用類型。

（二）公辦民營

又稱之為公設民營，是指由公部門負責建設，但由私部門擔任公共基礎設施之管理與營運的角色。若從經營權和所有權的觀點來看，「公辦民營」是硬體設備的所有權仍歸政府部門，而硬體設備的經營管理權則交給民間。換言之，公辦民營就是政府單位提供民間機構足以運作業務之硬體設施及相關設備，民間因免費提供之場地與設備等，可以節省許多開支。例如我國促進民間參與公共建設法（簡稱「促參法」）第八條第一項第五款規定「由政府投資興建完成後，委託民間機構營運；營運期間屆滿後，

營運權歸還政府（OT）」，即屬於此一類型；如海生館的鯨魚廣場、台灣水域（一館）、珊瑚王國（二館）、停車場維護設施即採 OT 模式。

其次是設施出租：是指公部門興建設施後可透過有償或者無償的方式租借給私人，而委由私人進行營運管理，管理營運之費用則由從利用人之處收取之收入充之。我國「促參法」第八條第一項第四款規定「由政府委託民間機構，或由民間機構向政府租賃現有設施，予以擴建，整建後並為營運；營運期間屆滿後，營運權歸還政府（Re-habilitate-Operate-Transfer，簡稱 ROT）」即包含此一類型。我國公辦民營個案有許多，萬芳醫院乃是著名且成功的個案[3]。

（三）民辦公營

由私部門負責興建公共設施，但由公部門擔任管理與營運角色，其中又可區分幾種型態：

1. **設施讓受：**這是由私人興建公共設施，之後將該設施讓受給公部門，而由公部門擔任管理與營運之角色，因此，公共設施之興建以及管理營運所需費用，實際上是由公部門負擔。

2. **設施借用：**這是由私人擔任興建公共措施，之後將該設施出借給公部門，而由公部門擔任管理與營運之角色。因此，公共設施之興建以及管理營運所需費用，實際上是由公部門負擔。

---

3 相較於台北市其他地區，文山區算是醫療資源較為缺乏者，因此政府於1988年動工興建萬芳醫院，以提供區域居民醫療服務。若由市府自行經營醫院，除必須投入11億元的固定資產投資及開辦支出外，依市立醫院以往經營經驗，每年還需投入5億元的公務預算補助。若採公辦民營，市府除可減少11億元的固定投資外，還能減少每年5億元的公務預算支出，初步估計市府自行經營的9年內基本支出約 97 億元，若委託經營則市府無須編列預算，同時由業者自負盈虧，故最後乃決定藉助民間機構的經營效率，將萬芳醫院委由民間經營。

（四）民辦民營

由於公共建設多具有投資大、風險高、回收慢等特質，且可以創造出相當大的外部效益社會利益。有鑑於此，政府為了加強民間參與重大公共建設之意願，近年來致力於引進國外盛行的公私協力模式，希望透過引進民間的技術、資金、專業與效率，來達到提昇公共建設品質並增加社會福祉的目的（劉憶如、王文宇、黃玉霖，1999：2）。整體而言，民辦民營是指公共設施的設計、建設、管理與營運均由私部門擔任，而根據其做法的不同又可分為下列幾種類型：

1. PFI（Private Finance Initiative）

意指民間資金主導公共建設，我國官方將其翻譯成「民間融資提案」。這是將公共基礎設施之設計、興建、營運與資金調度權交給私部門完成。PFI 的基本理念是 Value For Money（簡稱 VFM）。VFM，國內翻譯不一，有物超所值、金錢的價值審計或是政府支出最佳化等。不論何者，都脫離不了「運用民間的資金、經營管理能力與技術，以最低的價格提供最高品質的公共服務」之意涵。引申而言，PFI 所創造的 VFM 最大化，是指對於納稅者而言，「可以支付價錢享受合適且最高品質的公共服務」，也就是達到金錢價值最大化之目的。PFI 模式主要是指政府與民間業者間以長期契約方式，由民間業者投資公共建設資產，於民間業者開始利用公共設施資產提供服務時，政府向民間業者購買符合約定品質之公共服務，並相對給付費用的一種民間參與公共建設模式（黃崇哲，2012：8）。所以**PFI 的基本理念，是政府在實施公共事業時，如何有效率、效能的使用國民的稅金，盡可能提供國民較高品質的服務（參考圖 2）**。若將此概念運用到實務上，是指若將傳統由政府實施公共事業或提供公共服務的手法和以 PFI 手法相比，如民間業者所提供之服務品質較高或成本較低，則意謂達到縮減成本效果之目的，此乃是民辦民營類型中最極致的型態。

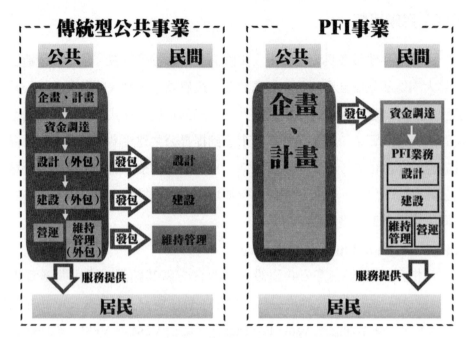

▲圖 2　傳統公共事業與 PFI 事業的差異

資料來源：內閣府網站資料。

2. BTO（Build-Transfer-Operate）

　　指公共基礎設施之設計、興建、營運與資金調度權全部都委由私部門完成，但是建設完成後將所有權移轉給行政的類型。我國「促參法」第八條第一項第二款規定「由民間投資興建完成後，政府無償取得所有權，並委託該民間機構營運；營運期屆滿後，營運權歸還政府」，以及第三款規定「由民間機構投資興建完成後，政府一期或分期給付建設經費以取得所有權，並委託該民間機構營運；營運期屆滿後，營運權歸還政府」，即指此一類型。

3. BOT（Build-Operate-Transfer）

　　一種積極讓民間參與公共建設的方式，由民間團體透過與政府之合約關係，投資興建公共建設，於興建完成後，由政府以特許方式交由民間經

營一段時間，作為投資報償，經營期滿後，民間團體再將設施資產交還政府的作法。我國「促參法」第八條第一項第一款規定「由民間投資興建並為營運；營運期間屆滿後，將所有權移交予政府」，即指此一類型的合作關係。儘管我國 BOT 爭議不斷，但卻也帶進民間的效率和品質，著名的 BOT 個案有高鐵、台北交九、宜蘭傳藝中心、海生館第三館的興建等。

4. BOO（Build-Own-Operate）

是指公共基礎設施之設計、興建、營運與資金調度權全部都委由私人完成，但是建設與營運期間屆滿後，並不將所有權移交給行政的類型。我國「促參法」第八條第一項第六款規定「為配合國家政策，由民間機構投資興建，擁有所有權，並自為營運或委託第三人營運」，即包括此一類型。

整體而言，在台灣，國人對 BOT 較熟悉也有較清楚的認知，但對 PFI 的認識卻普遍不足。主要的原因可能是我國現行促參法，是以「特許權（concession）模式」為主（最典型的契約類型為 BOT），且國內 PFI 的相關法制尚未建立，PFI 至今尚未被納入法定促參模式中所致。但事實上，BOT 和 PFI 都是引進民間資金於公共建設的一種做法，然兩者的差別有下列三項（吳德美，2009：34；林淑馨，2013：91）：

（1）收入來源的不同：BOT 的收入來源是來自於使用公共建設之民眾，而非政府給付之費用，也就是向使用者收取費用；而 PFI 的收入來源，則是政府依民間機構提供之服務所給付之對價，由政府保證對價購買服務，並於合約期間每年支付使用費用，風險由公私雙方共同分擔；

（2）風險分擔不同：BOT 的風險由私部門承擔，而 PFI 的風險由公私雙方共同分擔；

（3）品質控管能力不同：若採 BOT 模式，因民間業者的收入是向使用者收費，故政府無法監控民間業者的服務品質。相形之下，若採 PFI 模式，因民間業者的收入是政府以對價方式依照民間業者提供服務的績效來

付款，服務品質越低所支付的金額就越少。換言之，政府所支付給民間業者的，不是購買設施的費用，而是購買服務績效的對價費用，故能藉此掌控服務品質。

BOT 與 PFI 差異之詳細比較如表 1 所示：

▼表 1 特許權模式（BOT）與 PFI 模式之比較

項目	特許權模式	PFI 模式
民間廠商營收來源	使用者付費	政府付費
政府的財政動機	財政考量	效率考量
適用範圍	百分之百自償性案件，或自償性達到相當程序	大部分的公共服務，只要符合 VFM、「政府具有長期付款的可負擔性」且「服務成果與政府付費機制可明確規範者」三項準則，即可適用
外部性考量	外部性難以在計畫營收反應，因難以轉嫁至使用者	社經的效益較易考量，列為政府付費的考量因素之一
政府角度的風險管理	風險避免：盡量將風險移轉給民間廠商	最佳風險分攤：視各項風險性質，將其分配給最適者
政府付款機制	無	根據服務績效付費
政府的角色	促進者	購買者

資料來源：作者整理修改自林傑、曾惠斌（2011：48）。

值得注意的是，另一個常與「公私協力」交互使用的名詞是「業務委託」。所謂**「業務委託」，是政府與民間簽訂契約，政府全部或部分提供經費或硬體設施，由民間履行契約規定之項目，提供服務，契約載明雙方權利義務關係及監督考核機制**。「業務委託」是行政委託的一種類型，即為不涉及公權力行使之單純行政業務的委託，在行政實務上通稱為「業務外包」、「委外」、「簽約外包」（contract out）或「公辦民營」。近年來，此種業務委託之公私協力類型在行政實務上被廣為應用，舉凡人民生存照顧（自來水、瓦斯、電力之供應；廢棄物與廢水之清除與處理、交通運輸

等）、教育文化、社會福利、環境保護、衛生醫療等各方面的公共服務業務，國家無不借重私人之人力、專業知識與技術、經驗、企業化能力，以及雄厚資金，委託民間辦理或經營。

　　行政院人事行政局（現更名爲行政院人事行政總處）於2001年編訂《推動政府業務委託民間辦理實例暨契約參考手冊》（以下簡稱《政府業務委託參考手冊》），其目的在於藉由委託外包以改善民間資源與活力，提昇公共服務效率與品質，期以活化公務人力運用，並降低政府財政負擔。有鑑於政府可委外的業務項目繁多，《政府業務委託參考手冊》乃以業務性質爲主，民間參與程度多寡爲輔作爲分類標準，將政府委託民間辦理業務分爲：「機關內部業務委外」、「行政助手」、「公共設施服務委託經營」與「行政檢查業務委外辦理」四大模式，茲分別說明如下（參考圖3）（行政院人事行政局，2001：7-14）：

（一）機關內部業務委外

　　係指政府機關將內部業務或設施委託民間辦理或經營，機關支付費用，民間受託者對機關提供服務之方式，**不涉及對外公權力行使**。其性質可分爲：

1. **內部事務性工作委外辦理**：如機關清潔工作、訓練服務、車輛維護、警衛保全等。
2. **內部設施或資產委託民間經營管理**：如餐廳、福利社等。

（二）行政助手

　　係指機關爲達特定行政目的，於執行職務時委託民間協助，實際負責職務遂行者仍爲機關本身，民間之角色乃提供專業技術、人力與設備，機關則依政府採購法等相關規定向民間購買勞務，**尚未涉及公權力之委託行使**。如違規車輛拖吊業務、路邊停車場收費業務、警局筆錄之錄音繕寫等。

（三）公共設施服務委託經營

　　係指行政機關將本應由機關本身親自執行對人民提供服務之設施資產或業務，委託民間經營管理。主要可分為兩種方式：一是政府將現有土地、建物、設施及設備，委託民間經營管理，受託者需自負盈虧，並負公有財產保管維護責任，委託機關則不需親自提供服務並且可從中收取回饋金或權利金挹注公庫；二是機關不提供土地建物等設施及設備，僅以經費補助或特許方式委託民間提供服務。此模式又可因其間政府與民間對於經營權及資產設備所有權擁有程度不同而有不同的樣態；如部分公營、部分民營，公辦民營、BOT、補助民間機構提供服務等。

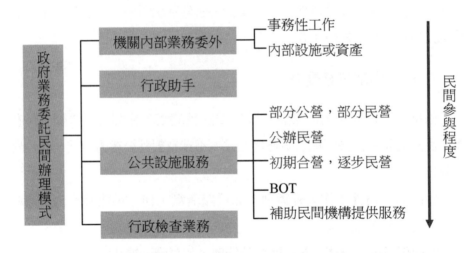

▲圖3　政府業務委託民間辦理模式

資料來源：行政院人事行政局（2001：7）。

（四）行政檢查業務委外辦理

　　係指政府為實現特定行政目的（如管制、查驗等），針對個別事件，委託民間蒐集、查察、驗證，據以認定一定事實是否符合規定所作之檢查行為。如建築物安全檢查、汽機車檢驗、商品檢驗、消防安全檢查、衛生檢查、各種產品安全試驗等。此類業務因行政機關缺乏人力，而民間有充分專業技術人員或團體可承擔檢查業務，配合行政機關嚴格之監督，並給予人民充分之救濟管道，可兼顧政府精簡人員及達成便民之效果。行政檢查是由民間專業機構或人員代替政府執行檢查業務，執行過程完全由民間負責，政府甚至無須負擔費用，可說是委託民間經營程度頗深的一種方式。

　　最後，如比較 80 年代以來，各國陸續採行的幾種導入民間活力的方式（如民營化、委託外包等）可以發現，相較於民營化將公營事業的主導權完全移轉民營，而服務的內容與品質也由民間業者自行決定，公部門無法過問的缺點，PFI 的優點在於公部門為公共事業的管理者，除有權訂定所需公共服務的品質標準，還可以對民間業者所提供之服務進行監督。因此，公部門掌握事業的主導權，私部門僅負責建設或提供服務。對於獲利性不高的公共事業較有保障。

　　又，不同於委託外包的是，PFI 是由民間業者自行興建設施，自行提供服務的做法，而委託外包卻是由公部門提供設備，並基於單一年度契約，將部分事業委託給民間業者的做法，且在此契約中，公部門決定有關詳細的作業流程。因此，就自主性的程度而言，PFI 因設備與經營一體之故，比委託外包有較強的自主性（參見表 2）。

▼表 2　PFI 與其他促進民間活力方式之比較

	服務提供者（營運）	設備提供者	服務品質的決定與監督者
傳統公共事業 *	公共	公共	公共
民營化	民間	民間	民間
PFI	民間（長期、綜合業務）	民間	公共
委託外包	民間（單年度、單一業務）	公共	公共

* 傳統公共事業非為促進民間活力的方式，在此僅作為參考之用。
資料來源：林淑馨（2013：86）。

二、互動模式

　　公私部門協力關係是一種將私部門參與公共事務地位合法化或正式化的作法，公私部門相互依存的程度會因為協力關係的建立而增強。未來公共事務的管理方式將超越以公部門或私部門單獨承擔責任的作法，而係以一種公私協力關係作為主導。公私部門互動關係可以區分為下列三種模式：垂直分隔互動模式、水平互補互動模式以及水平融合互動模式。茲分述如下（吳英明，1996：18-22）：

（一）公私部門垂直分隔互動模式

　　亦即公部門站在上層主導指揮，而私部門則處於下層配合或服從地位，私部門的活動，在公部門所架構的層級組織下做有限的發展，同時也必須高度支持公部門的政策作為，此種模式公私部門的互動會傾向相互對立或互相利用，較無法與公共利益建立緊密合作的關係（如圖 4）。

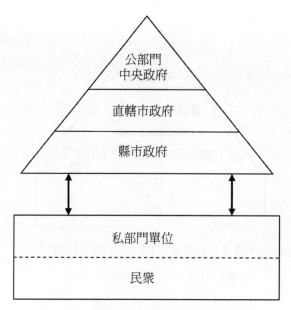

▲圖 4　公私部門垂直分隔互動模式

資料來源：吳英明（1996：19）。

（二）公私部門水平互補互動模式

　　此種模式中，公私部門互相配合的程度增加，公部門雖然處於主導地位，但已不具有完全的指揮或是控制權，私部門雖處於配合的角色，但也非完全處於服從或無異議的地位，私部門透過社會責任的反省與行動，開始學習與公部門合作，作互補性的協助。因此，此種模式公部門不用再獨自主導，私部門則屬於配合與嘗試與公部門共同服務大眾（如圖 5）。

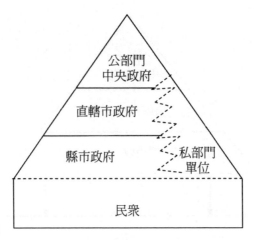

▲圖 5　公私部門水平互補互動模式

資料來源：吳英明（1996：20）。

（三）公私部門水平融合互動模式

　　此種模式強調私部門不再是依存或是偏向公部門之下的附合體，亦不只是單純配合公部門而行動，而是與公部門形成一種水平式鋸齒融合的互動的模式。公私部門之間的互動從傳統的「指揮—服從」、「配合—互補」轉化成「協議、合作、合夥」的平等協力關係。就此模式而言，公部門瞭解「分擔責任」與「公共利益」的重要性，私部門就不同的事務上做不同程度的互動。因此，透過平等相互學習的行為，共同尋求解決公共事務的方法，進而達成雙贏之局面（如圖 6）。

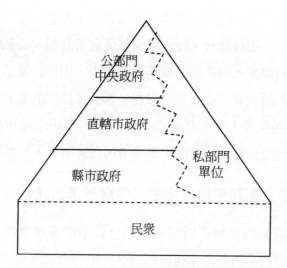

▲圖6　公私部門水平融合互動模式

資料來源：吳英明（1996：21）。

第四節　公私部門協力關係之策略與成功要件

一、公私部門協力關係之策略

公私部門由於體制上的差異，以及彼此對利益的著眼點不同，所以在推動協力關係之際，常常會有無法突破的瓶頸。因此，如何以策略性的思考來突破協力的瓶頸與困境，這是在探討公私協力關係時所必須注意到的。吳英明（1996：91-93）認為推動公私協力關係的策略可分述如下：

（一）增加利害關係人（Stakeholders）的參與

任何一項公共事務，都必然涉及許多利害關係。利害關係人的出現，其目的無非是希望在政策賽局中獲得利益，或者表明自己的立場。政策利

害關係人可分為三類：政策制定者、受益者與受害者。每一個利害關係人都必須緊緊相扣，如有缺一，便會阻礙整個政策發展。公私協力常是出於處理公共事務的需求，由於公共事務範圍廣大，因此民眾是當然的利害關係人，推動協力關係實必要有民眾參與。若公私部門的協力計畫案，僅有少數幾個利益團體涉入，必然會造成其他人的不平之鳴或無法配合的情況，因此在推動公私協力的策略上，應增加利害關係人的參與。

（二）加入中介團體來協助推動，並賦予準合法性地位

公私協力關係的推動有時需要透過公益型或專業型的中介團體來協助。這些中介團體必須針對某種議題提供實用的原則或模式來促使公私部門行動和資源的結合。因此，在推動公私協力時，若能有其他中介團體，也就是公私部門以外的「第三部門」來協助、推動，並授予一定程度的法定權力，將可減少協力過程中許多執行上的障礙。

（三）透過立法規範公私部門協力的運作

在協力過程中，若雙方沒有確實遵守誠信原則，便很容易流於無秩序狀態，甚至有犯罪的情況發生。因此政府必須訂定相關法案或在法案中訂定相當條文來約束公私部門協力的運作，諸如監督制度、控制的幅度、利害關係人的範圍、以及專業人才的評鑑標準等等，這些都必須制度化。如此，公私協力關係才不會有模稜兩可與私相授受的情況發生。

（四）利用全民教育的推廣，使民眾具有公私協力的觀念

公私協力關係的建立必須要有民眾參與的精神，才能展現它真正的力量。在 21 世紀的今天，人類對於權利的概念進化快速，公共事務既然是

全民的事務，人民自然對其有知的權利和行動的義務。公私部門應透過不同媒介激勵公民，提供人民最新的資訊和觀念；如此，公私協力的觀念就有可能更深化及普及。

二、協力關係成功之要件

根據研究指出（NCVO, 2000，轉引自謝儒賢，2002：92）：協力關係的優點在於能創造出更多的附加價值、促使創新、預防重複、解決複雜的需求、提昇永續經營的能力、更容易回應地方問題及促成社會的凝聚。同時，協力關係需建立在下列的前提條件之下：(1) 建立協力者之間的信任；(2) 發展共同的遠景；(3) 需要時間建立願景；(4) 接納不同意見；(5) 強化協力的能力；(6) 建立處理危機的模式；(7) 協力關係的過程與結果並重；(8) 瞭解徵信對象及如何建立公信力；(9) 開放資訊給對方。而上述這些前提要件乃意圖建構出雄厚的「社會資本[4]」，期望在「信任」且「平等」的共識基礎下，降低部門合作時的「交易成本」，並減少外在環境的不確定性，以奠定責任分工與供給的基礎。

在公私協力過程中，也許會碰到許多不論是在政策面或是執行面上的問題，如欲使公、私部門的協力關係成功達成預定的目標，必須注意公私協力之基礎因素，才能使公、私部門協力關係順利，成功達成預定目標。公部門與私部門究竟要如何協力才能成功，達到預期的目標，是目前各界所關注的議題。作者整理相關之研究說明如下（江明修、鄭勝分，2002：96-97；林淑馨，2010：42-43）：

---

4 簡言之，社會資本（social capital）的內涵為人民透過各種志願性團體與社區，發揮自我組織的能力，無須事事仰賴政府，人民可以從彼此的互動當中，自覺地培養合作與協調的默契（林淑馨，2008：43）。

（一）清晰的目的

目的清晰有助於任何協力參與者都能清楚分享目的之願景，以及瞭解協力所欲達成之目標，因此，清晰的目的扮演攸關協力成功與否的重要因素。另外，清晰的目的也可使參與者容易共事，進而提昇角色認知與提高績效。

（二）對等之關係

一般論及公部門與私部門的關係，多認為兩者是「主體」與「客體」的關係。但是過於強調這種主從關係，反而使得私部門的彈性、效率、多元等特性受到限制而難以發揮。基於此，有部分學者認為，如欲達成兩者間的共通目標，應尊重彼此的立場而行共同事業，彼此應以充滿信賴，而且處於「對等」關係為前提，政府部門如以支援姿態來對待私部門，即非為所謂的對等關係。

（三）互信與互敬

由於私部門能彈性解決公共問題，因此如何發揮私部門的該項長處乃極為重要，對於該組織的自主性需予以尊重。同時，信任與敬意也會使溝通、分享敏感性資訊與學習更加順暢，改善雙方的關係並提昇協力的成效。

（四）目的共有

由於公共問題的解決是以解決不特定多數的第三者之利益為目的。因此，私部門與公部門雙方需共同瞭解合夥的目的究竟為何，並予以確認。若協力的雙方缺乏共同的目的，在協力過程中將容易出現爭議，影響協力的成效。

第五節　我國公私協力的施行現況與困境

一、我國公私協力的推展現況

　　台灣受到民主政治與經濟快速發展的影響，民眾參與公共事務的意識越來越高，而人民對生活品質和公共服務水準的要求也日益提昇。面對如此多元的需求，政府如何透過合理的社會資源管理以滿足民眾需求，即成為一個迫切需要解決的課題。大抵而言，自民國 80 年代起，由於社會福利及經常性財政支出大幅增加，以致國家財政急速惡化，使得可用以支應公共建設之經費相對縮減，故傳統單獨仰賴政府預算支應之方式，已無法因應時需。在此情況下，為突破政府財力困頓的困境，便考慮藉助民間之力來參與大型公共建設，期能達成促進國家社會的經濟發展，幫助提昇公共建設效率與服務品質，減輕政府財政負擔，以及精簡政府組織人力等目標，著名個案如台灣高速鐵路、高雄捷運、台北港儲運中心的興建等。根據財政部民眾參與公共建設電子報資料顯示[5]，自 2002 年至 2016 年 5 月底止，我國民間參與公共建設案件累積為 1,406 件，計畫總規模約 11,641 億元，預期契約期間可減少政府的財政支出約 12,649 億元，可增加政府收入約 7113 億元。從上面這些數據不難看出，政府對於民間參與公共建設似乎抱持著高度的期待，希望藉此不但能減少財政支出，甚至還可進而增加政府財政收入，同時擴大雇用機會，提供優質的公共服務。

5　資料來源：財政部民眾參與公共建設電子報，http://ppp.mof.gov.tw/ppp.epaper/home/news.aspx?serial_no=2016051700001&no=2016051700002，檢閱日期：2017/5/4。

二、公私協力的運作困境

公私部門在互動的過程中，可能因爲利益觀點不同，造成公私部門無法形成唇齒相依的工作團隊，而複雜的政府機關組織導致權責歸屬的不明確，以及政策倡導不足所造成的執行上的阻礙等等，這些都足以使公私協力關係的過程無法順暢。研究指出，公部門與私部門的協力關係會遇到下列幾項困境（吳英明，1996：88-91；行政院人事行政局，2001：32-39）：

（一）政府機構層級複雜，私部門難以配合或貫穿

公私協力關係的推動是爲了有效率的整合社會資源，而社會資源的整合有賴公私部門資源充分的互動。然而政府機關的龐大和層級複雜，是因爲公共事務範圍廣泛，同一任務往往由許多不同單位共同負責，造成權責歸屬的模糊及不明確。私部門往往因爲此種因素而無法在政府機構裡找到適合的專責機構一起共同協商，而制式的溝通方法造成政策的延遲效果，許多時效性的決策最後便失去了意義。

（二）協力過程監督、審議太多，削弱競爭契機

公私部門在協力過程中，要接受雙方的監督、審議。公部門議會審核方案的程序必須三讀通過，才能進入執行階段。許多議案常常無法順利地排上議程，因此在推動協力關係時若每一方案都須經過議會的通過，這容易因爲時間的延誤而降低了企業商機。

（三）公私部門對公共事務認知差距

公部門與私部門兩者對利益著眼點的不同也會形成公私部門互動的障礙。不管是主張國家利益優先或人民利益優先，政府都是從大層面的環境來考量，追求全民利益是政府的基本使命；私部門則以本身的考量爲重，

追求利潤才能維持他們的生活，因此在公共事務管理的體認方面，公私部門有很大的認知上的不同。如何做好政策溝通（policy communication）和政策倡導（policy advocacy）的工作，是政府縮短公私部門認知差距的辦法。

（四）公部門資訊具壟斷性，無法流通

在公部門方面，資源壟斷有時是為了公平性的考量；在私部門方面則是為了競爭的因素。為了達到公平性與競爭性的目的，公私部門的資訊往往無法以開誠布公的精神相互交流達成協力關係，因此，如何將公私部門各自壟斷的資訊變成共同分享的資訊，是在推動公私協力關係時必須考量的重點。

（五）協力機構的承接能力問題

政府思考要將某種業務交由民間辦理時，需先評估民間機構是否有能力提供等於乃至於高於政府原本自辦該業務的水準。由於部分協力或委託業務過去多屬於由政府獨占經營或具有特殊性的事業，若民間機構沒有承接的能力，或是承接的結果比政府自己辦理還差的情形下，即暫無交由民間辦理的必要性。如欲解決此問題，政府除應積極創造協力誘因外，還應培養私部門承接業務或協力經驗。

公私協力個案：蓮潭國際文教會館 [6]
——「第 8 屆金擘獎」民間經營團隊獎【優等】

獲獎原因：打造五星級水準之會議場館，並以大學生見習及實習制度培養儲備幹部，有效運用人力資源；針對客群量身訂作，提供會議一條龍服務，使會議室使用率超過五成，經營績效良好；創造在地就業率，並全力配合地方需求和觀光行銷活動，認養社區維護及建設自行車天橋。

公共建設類別：文教設施

辦理方式：ROT

計畫規模：5 億元

民間投資金額：5 億元

營運期間：94 年 10 月 4 日至 114 年 10 月 3 日，共 20 年

民間機構名稱：財團法人台灣首府大學附屬機構蓮潭國際文教會館

政府主辦機關：高雄市政府公務人力發展中心

一、背景

　　2003 年，高雄市政府欲規劃整修位於左營區新下里的公教訓練中心（蓮潭國際文教會館前身），但其原既有建築共 221 間住宿房間、13 間教室及大型會議廳，多數設施並未有效充分利用，且市府財政拮据，難以長期負擔中心維護、經營管理經費和建設品質。高雄市府在考量自身情況後，希望藉由委外經營方式，促使中心積極轉型。2004 年，高雄市政府公務人力發展局提出「擴張境界、跨域合作、散播感動力、營造共同體」的政策理念，導引變革。

---

6 資料來源：公共工程委員會第八屆金擘獎民間經營團隊獎優等，http://ppp.pcc.gov.tw/ppp.website/Refers/Refer/View1.aspx?fId=1351，檢閱日期：2012/05/09；以及李柏諭（2011：41-76）。

二、招商過程

ROT 委外旨在引進民間參與，由於公教訓練中心地理位置位於蓮池潭、春秋閣等觀光景點，加上離高鐵站僅五分鐘的交通利便，從而強化民間參與委外誘因與意願，再者，推動 ROT 委外時，市府亦多次向社區居民溝通行銷，獲得在地支持。該案 ROT 招商過程中，有台灣首府大學與六福開發股份有限公司提出申請，最後由台灣首府大學中選。市府選擇台灣首府大學主要有兩考量，其一為內部知識傳承考量（蓮潭國際文教會館可為休閒管理與餐飲管理大學部學生及研究生實習訓練場域），另一則為台灣首府大學學校經營策略（獲得委託案後，台灣首府大學即成為全台唯一擁有五星級大型住宿場地經營大學，可進行服務流程的中階管理人才培訓，對台灣服務產業升級有助益）。

三、轉折：2005 年為市府和台灣首府大學合作

蓮潭國際文教會館 ROT 案委外計畫期程為 20 年，但只要業者經營績效能夠獲得高雄市政府認可，業者可再續約 10 年經營權。政府可藉業者翻修蓮潭國際文教會館，減少成本，更可享受到更高服務品質，提供公務員訓練和舉辦研討會議。會館內除行政會議區一至三樓劃作辦公用地，四樓大禮堂每年更保留 120 小時供市政府使用。2005 年 12 月 3 日，高雄市人發中心交由台灣首府大學正式接管擴建與後續營運安排，最後於 2008 年 3 月正式完成整建和營運。

四、執行成效

（一）確保財政平衡與降低成本

市府透過 ROT 案每年除可收取定額權利金 500 萬元，另外經營權利金依經營者每年稅前總營業收入 4.5% 計收，委託營運 20 年可為高雄市政府創造 4.65 億實質收益（權利金 2.51 億＋相關稅收 2.14 億）。另外，市府可減少原高雄市政府公務人力發展中心所負擔之維護、清潔、

園藝、水電及修繕等管理經費成本每年約 600 萬元，委託營運更可節省 1.2 億元。最後，政府可節省委外經營者所投入擴建本館約 2 億元之資金、數千萬元維護支出與人力成本。

（二）設備升級與服務提昇

蓮潭國際文教會館委外案，於 2008 年正式營運後，培訓服務總人數每年都有所增長，且培訓項目由原本在職訓練、運動選手訓練、國際事務人才培訓，擴大至國際運動賽事、國際專業認證等多元化、多樣化內容。另外，委外後設備大幅升級，住宿餐飲區、教育訓練區、行政會議區及公共空間區亦重新整修，空間新穎且硬體設施建全。

（三）周邊效益——對於周邊居民生活環境與就業條件的改善

蓮潭國際文教會館委託經營管理契約書曾訂定，經營者承諾每年免費提供左營區公所、附近各里（新下里、新光里、菜公里）辦公室及附近社區營造發展協會會議場地各二次；高雄市政府暨所屬機關、學校洽借各項設施時，依訂價之八折計費；興建游泳池開放供鄰近學校及社區居民使用，亦採訂價八折計費。

歷屆考題

1. 試說明政府業務委託民間辦理之涵義及其必要性。（095 年交通事業港務人員升資考試—士級晉佐級事務管理）

2. 何謂 BOT 模式？ BOT 模式之優缺點為何？試說明之。（095 年交通事業港務人員升資考試—士級晉佐級事務管理）

3. 政府業務委外辦理有哪些模式？試分項舉例說明之。（095 年交通事業港務人員升資考試—佐級晉員級事務管理）

4. 試從社會監督的角度，論述如何強化「公私協力」的課責機制。（096 年公務人員、096 年關務人員升官等考試—薦任一般行政）

5. 以 BOT 模式推動公共建設，曾在世界各國蔚為風潮，請問此一模式的主要意涵和特徵為何？它具備哪些優點？而我國政府在推動過程中，曾遭遇到哪些主要的阻礙或限制？試逐一說明之。（097 年特種考試地方政府公務人員考試—三等一般行政）

6. 新公共管理改革風潮的焦點之一，就是公部門與私部門之間，為了提供公共服務所建構的合作關係，請舉例並說明下面三種模式的異同：合產、外包、特許。（098 年三等退除役軍人轉任考試—三等一般行政）

7. 公私協力（public-private partnership）意指政府、企業、第三部門及公民，共同合作參與公共服務。試問公私協力成功的關鍵因素有哪些？並以一個公私協力實例說明之。（098 年特種考試地方政府公務人員考試—三等一般行政）

8. 何謂 BOT 模式？政府當局為何採用 BOT 模式？操作上有何挑戰？試舉實例說明之。（099 年公務人員特種考試原住民族考試—四等一般行政）

9. 面臨 21 世紀「無疆界的世界」的來臨，企業、政府及非營利組織等將分享權力，進行協力治理。試問如何以公私協力夥伴關係提昇公共服務品質？（099 年特種考試地方政府公務人員考試—三等一般行政）

10. 試說明 BOT 的意涵；並舉例說明採用此模式對政府的潛在風險。（100 年公務人員特種考試身心障礙人員考試—四等一般行政）

11. 請說明非營利組織的意義，並論述非營利組織在公共服務中扮演的角色。（100 年公務人員特種考試國家安全局國家安全情報人員考試—三等政經）

12. 受到政府財政困境日益加深的影響，公私協力儼然成為政府提供公共服務的重要選項之一。請問公私協力的意義為何？公私協力在運作時可能面臨哪些困

境？（101 年特種考試地方政府公務人員考試—三等一般行政）

13. 非營利組織在公共服務上扮演什麼角色？與政府部門應該如何互動？（102 年公務人員特種考試原住民族考試—三等一般行政）

14. 何謂非營利組織（Non-profit Organization）？其有什麼特徵？並請說明非營利組織在公共服務上扮演的角色與限制為何？（102 年公務人員升官等考試—薦任一般行政）

15. 何謂「公私協力」（public-private partnership）？其與「民營化」（privatization）有何差異？並就己見，分析論述公私協力運用在公共財或生產及公共服務提供上的優勢與限制。（102 年國立臺北大學公共行政暨政策學系碩士班一般入學考試）

16. 台北市長柯文哲上任之後，大幅度批判台北市進行中之 BOT 案件，請說明 BOT 制度的定義、背景、由來、主要優缺點，並以台北市的兩例，說明規劃 BOT 案件時，應該注意的事項。（103 年國立臺灣大學公共事務研究所碩士班招生考試）

17. 近來由於高鐵 BOT 的營運問題，使得「政府與民間合作」成為公眾關注的焦點。請問何謂「Public-Private Partnership（PPP）」？PPP 出線的理由為何？在討論 PPP 的時候大都採取哪一種理論來解釋？在此理論下，Information Asymmetry 會導致哪兩項主要的問題？政府可以透過何種途徑來避免上述問題？（103 年國立政治大學公共行政學系碩士班招生考試）

18. 近年來非營利組織成為政府提供公共服務的協力對象。請問非營利組織與政府間的協力有哪些特點？可能會面臨哪些問題？試申論之。（104 年公務人員高等考試—三等一般行政）

19. 何謂 BOT？以 BOT 方式來完成重大公共建設的優點與缺點各為何？（104 年公務人員特種考試身心障礙人員考試—四等一般行政）

20. 非營利組織與政府如何建立協力關係，已逐漸成為學術界與實務界所關心的課題。試問非營利組織與政府之間所建構的協力關係經常存在哪些限制？請論述之。（104 年特種考試退除役軍人轉任公務人員考試—三等一般行政）

21. 何謂非營利組織？請論述其意涵、類型、特徵、功能與侷限，並舉例說明其與公部門及私部門的互動關係。（104 年公務人員升官等考試—薦任一般行政）

22. 隨著公共議題日趨複雜，公共行政領域更加重視第一部門、第二部門及第三部門之跨部門協力夥伴關係，請舉一個我國政府推動之跨部門協力政策，說明其成效及限制。（105 年國軍上校以上軍官轉任公務人員考試—上校轉任一

般行政）

23. 試比較 BOT（build-operate-transfer）模式與 OT（operate-transfer）模式。（105
年國立中山大學公共所碩士班招生考試）

➢兩者主要差異何在？

➢什麼情況下採用 BOT 較採用 OT 理想？

➢什麼情況下採用 OT 較採用 BOT 理想？

參考文獻

一、中文資料

江明修、鄭勝分，2002，〈非營利管理之協力關係〉，江明修（編），《非營利管理》，台北：智勝，頁 81-14。

行政院人事行政局，2001，《推動政府業務委託民間辦理實例暨契約參考手冊》，台北：行政院人事行政局。

吳宗憲，2002，〈論策略管理對政府設計與非營利組織互動關係之啓示〉，《考銓》，30：113-130。

吳英明，1996，《公私部門協力關係之研究：公私部門聯合開發與都市發展》，高雄：麗文。

吳英明，2000，〈公共管理 3P 原則——以 BOT 爲例〉，黃榮護（編），《公共管理》，台北：商鼎，頁 585-632。

吳德美，2009，〈英國民機融資方案（PFI）的政治經濟分析〉，《問題與研究》，48（1）：33-69。

吳濟華，1994，〈推動民間參與都市發展：公私部門協力策略之探討〉，《台灣經濟》，208：1-15。

吳濟華，2001，〈公私協力策略推動都市建設之法制化研究〉，《公共事務評論》，2（1）：1-29。

李宗勳，2004，〈公私協力與委外化的效應與價值：一項進行中的治理改造工程〉，《公共行政學報》，12：41-77。

李宗勳，2006，〈歐美委外化治理模式的機會與挑戰：協力夥伴的觀點〉，《中央警察大學警察行政管理學報》，1：53-80。

李柏諭，2011，〈跨部門治理與實踐：以蓮潭國際文教會館委外經驗爲例〉，《公

共行政學報》，40：41-76。

林淑馨，2005，〈日本型公私協力之析探：以第三部門與 PFI 為例〉，《公共行政學報》，16：1-31。

林淑馨，2007，《日本非營利組織：現況、制度與政府之互動》，台北：巨流。

林淑馨，2010，《日本型公私協力：理論與實務》，台北：巨流。

林淑馨，2013，《檢證：民營化、公私協力與 PFI》，台北：巨流。

林傑、曾惠斌，2011，〈英國 PFI 制度：政府長期購買民間機構公共服務之民間參與公共建設新模式〉，《土木水利》，38（4）：46-54。

孫本初、郭昇勳，2000，〈公私部門合夥理論與成功要件之探討〉，《考銓季刊》，22：95-108。

許世雨，1995，〈非利組織與公共行政〉，《中國行政》，58：61-85。

程明修，2005，〈行政行為形式選擇自由──以公私協力行為為例〉，《月旦法學》，120：37-65。

黃崇哲，2012，〈政府與民間合作推動公共建設新方向──導入 PFI 機制〉，《當代財政》，21：8-17。

詹鎮榮，2003，〈論民營化類型中之「公私協力」〉，《月旦法學雜誌》，102：8-29。

劉憶如、王文宇、黃玉霖，1999，《BOT 三贏策略》，台北：商鼎。

鄭錫楷，1999，〈新結盟主義（Neo-Coalitionism）之 BOT 模式本質〉，詹中原（編），《新公共管理──政府再造的理論與實務》，台北：五南，頁335-378。

謝儒賢，2002，〈在盟約共識下重建福利提供部門間「理想夥伴關係」之初探：以社會服務民營化政策為例〉，《台灣社會發展研究學刊》，4：75-105。

二、日文資料

松下啓一，2002，《新しい公共と自治体》，東京：信山社。

野田由美子，2003，《PFI の知識》，東京：日本經濟新聞社。

總務省，2006，〈地方自治体と NPO 等との協推進に關する調查〉，東京：總務
　　省自治行政局地域振，http://www.soumu.go.jp/s-news/2006/pdf/060512_1_1.
　　pdf，檢閱日期：2017/06/29。

18
跨域治理

學習重點

▶統治與治理的差異為何？治理的內容為何？

▶跨域治理的意義與目的為何？

▶跨域治理發展的驅力為何？

▶跨域治理的理論基礎為何？

▶我國跨域治理的成效與困境為何？

前　言

　　20世紀末，在全球化思潮的席捲之下，國際性組織與跨國企業的影響力日增，具有絕對性權威角色的國家開始受到挑戰與質疑，同時伴隨著資訊科技的發展與網際網絡的興盛，虛擬空間改變了人類現實生活的時空環境，使得當代的公共問題更顯複雜與多變。傳統公共部門針對事務性質而單一劃分的權責體系，在面對及回應此類多元的公共議題時常顯得力不從心。尤其在國家權威體系中，相較於中央政府而言，權力較為薄弱的地方政府在處理多元利害關係人與目標價值衝突的結構不良問題時，更顯示出其困窘與侷限。因此若僅仰賴中央政府，而不進一步提昇地方政府的治理能力，除了造成中央與地方政府間關係的扭曲，同時也違背了地方自治的立意與精神（林水波、李長晏，2005：1）。

　　「治理」概念的出現，意味著政府部門從事改革思維的一種演變。過去政府再造的途徑是師法企業，而朝向政治經濟學或是制度經濟學的領域，治理模式則是轉向公民社會，結合政策網絡的概念（孫本初、鍾京佑，2005：107）。「跨域治理」（across boundary governance）可說是治理概念的延伸，相較於治理，更納入區域、領域的概念，例如以往對於地方公共事務的理解與運作，多關注行政區域內之單一議題，如社區發展、教育文化與公共安全等；惟面對前述多項內、外在因素的衝擊下，現今所面對往往是多面向、跨部門的複雜議題，如河川整治、交通運輸及環境保護等。因此，學理上有關地方政府的研究已逐漸從「地方自治走向跨域治理」，地方政府必須結合各界的力量，以提昇公共服務的品質與能力（林水波、李長晏，2005：2）。

　　雖然跨域治理概念的出現，能整合資源並達到解決問題的目的，然而，跨域治理因涉及範圍廣與利害關係人複雜，在執行過程中常出現問題。以我國而言，地方政府間的跨域合作可謂成敗互見，毀譽參半。除了法制因素外，涉及縣市間利害關係及派系恩怨等多重因素者，往往使合作充滿變數及爭議，而未涉及者則較容易成功。少數成功案例如嘉義縣市跨域合作的「嘉義縣鹿草焚化

廠」運作的案例，嘉義市同時委託達和公司操作焚化爐，在嘉義縣處理上有餘裕，嘉義市卻爆發垃圾處理危機的狀況下，縣市政府透過協商過程，建立起有利的誘因結構，達成一個縣、市政府與民營公司三贏的協議，而避免可能的鄰避衝突（黃子庭，2007：426-427）。由此可見，跨域治理是目前地方政府落實公共政策的方式之一，在國內由於法制的不夠周延，無相關法令的配套，屬於尚在起步的階段。然而，即便如此，地方政府跨域合作仍有其必要性、時代意義與迫切性。

　　基於上述，在本章中首先釐清「治理」一詞所代表的基本意涵，進而介紹跨域治理的概念與發展背景；其次，分別從政策網絡、新管理體制與協力關係來整理跨域治理的相關理論基礎；接著，分析我國跨域治理之應用情形與面臨的課題；最後則探討影響跨域治理的因素與其因應措施。

第一節　治理的基本意涵

一、概念的釐清

（一）從「統治」到「治理」

　　近年來，「治理」（governance）一詞廣泛受到討論，除了可以將其視為是研究公共事務的流行概念外，也儼然成為政府實際運作的重要原則，其概念不但適用於國家的範圍，也適用於跨國界的國際社會。在許多國家不但學術界多方討論治理的意涵、類型與適用性，各級政府更試圖將治理概念援引至行政改革中，用以解決政府財政困窘和功能失靈的問題。

　　如分析「統治」（government）與「治理」概念之差異發現，傳統的「統治」意味著調整國際機關、國家、地方、自治體、企業、法人和其他團體等社會性集團在執行途徑決定、秩序維持，以及不同意見或利害對立的一種活動，而國家則為此社會性集團的最重要主體，擁有獨占的強制手段。而「治理」則是指構成人類社會性集團的統治系統中，各社會性行為者的相互關係結構，以及行為者之間相互作用的方法。簡言之，治理即是新的統治系統結構和統治模式之組合。對此，有學者認為，相較於集權意味濃厚的「統治」概念，「治理」代表政府和其他多元行動者在對等關係下所構築的協力關係。另有學者則分析「統治」與「治理」的關係，認為相對於以正式權限為活動基礎的「統治」行為，「治理」則是以共有目標作為活動基礎，雖然「治理」行為未必基於法律、正式權限或強制手段，但其所涵蓋的範圍卻較政府統治更為廣泛。申言之，為因應二十一世紀複雜的社會問題，需要擁有不同能力與資源的多元行動者共同來解決問題，「治理」概念的出現為原本因不同社會或文化背景，而容易產生緊張或對

立關係的利害關係人帶來合作的可能（林淑馨，2010：44-45）。

　　整體而言，相較於以國家或集權爲基礎權威的「統治」概念，「治理」可以視爲是實現公民社會的一種「方式」，其以「共有目標」爲基礎，雖不一定具有正式或強制性權限，但能解決問題的範圍較爲廣泛，其打破長期以來以政府作爲單一統治主體的垂直治理模式，將傳統資源配置與提供公共服務的權力與民間部門或非營利組織等共享，而形成水平的多元中心治理模式，象徵政府意義的變遷與新的統治社會方式之出現，同時也意味著傳統公共性的提供者與維持者由政府部門擴及到社會全體。

（二）地方治理

　　至於「地方治理」（local governance）一詞，從行政學的角度來解釋，是指相對於「中央」的「地方」行政單位在公共服務供給上，已由傳統的政府部門移轉至區域社會全體。根據學者的說法，地方治理重視公共性，是指以地方政府、地方居民、企業和非營利組織等利害關係人之間所構成的複雜協力關係。在地方治理概念和資源有限的情況下，地方政府不再是地方事務的唯一主導者，也不能完全基於本位考量或強制手段來達成目標[1]。其需考量多元因素，藉由地方政府與民間企業或非營利組織等各個行動者所建立的合作關係，以促使資源能發揮綜效，用以確保組織的順利運作並達成目標。由此可知，地方治理雖意味著政府部門在公共服務供給範圍與能力的縮小和後退，但另一方面卻也代表著以民間參與者作爲公共服務供給主體之觀念轉換。「地方治理」強調合作，尋求政府與民間的協力關係，提供政府以外的公、私組織、志願性團體和民眾加入治理的機會，而政府的組織型態也成爲「整合型政府」（join-up government）（林淑馨，2010：47；2012：96）。

1　相關論述請參閱松井真理子（2006：37）。

二、治理的概念

　　由以上所述得知，從不同的觀點來解釋治理的意涵，其內容有相當差異，但也因而十分模糊。大抵而言，Rhodes 所提出的治理概念在國內學界最常被援引，然而其所提出的治理概念卻也非一層不變，而是陸續進行修正，從最初 1997 年的六項用法擴充到 2000 年的八項內容，故目前多以這八項內涵為主。茲分述如下（Rhodes, 1997: 47-52; 2000: 55-63；孫本初、鐘京佑，2005：113-115；蔡允棟，2001：113-116；孫本初，2010：195-199）：

（一）最小限度的國家（as the minimal state）

　　這種途徑乃引進市場或準市場機制來輸送公共服務，重新界定了公部門的範圍與類型。此概念認為小而能的政府是最好的政府，可藉由民營化與減少公共服務來縮減政府的規模。

（二）公司治理（as corporate governance）

　　此途徑意味著利用私部門的引導與控制方式，以達到治理的目的。因此建議政府部門應該採取更具商業形式的管理方法，來改善傳統行政部門組織的文化與氣候，脫離傳統公共行政之窠臼。

（三）新公共管理（as the new public management）

　　具有兩種意涵，可從管理主義與新制度經濟學來分析，前者意味著將私部門管理方法引用到公部門，強調專業管理、績效標準與評估、結果管理以及顧客導向；後者係引介誘因結構（例如市場競爭）至公共服務領域，強調分立的官僚、簽約外包、準市場機制和消費選擇權。

（四）良善治理 [2]（as good governance）

根據世界銀行的定義，治理是管理國家事務的政治權力，良好治理具有下列特質：（1）有效率的文官、獨立的司法和法律制度，以確保契約的履行；（2）獨立的審計人員，有回應能力的立法人員；（3）有責信的運用公共資金；（4）各層級政府對於法律和人權的尊重；（5）多元的制度與言論自由。

（五）國際相互依賴（as international interdependence）

治理在國際關係和國際政治經濟領域的文獻逐漸增加，其中與公共行政有關者為國家空洞化與多層次治理之文獻。國家空洞化係國際相互依賴已經侵蝕國家的權力；民族國家由於商品國際化、關稅貿易等問題促使治理逐漸減弱，有必要將權力向上移轉於國際層次，並將權力向下移轉於次國家機構，例如歐洲聯盟證明跨國政策網絡的出現。

（六）社會操縱系統（as a socio-cybernetic system）

此途徑強調中央政府行動的限制，認為社會並無單一的權威者，許多政策領域都是由各種行動者共同參與行動，這些社會、政治與行政行動者相互依賴，彼此有共同目標。公部門、私部門及志願部門之間界限模糊，是一種多元、新型態的行動、干預與控制。簡言之，治理是一個政治、社會互動的管理型態，正如學者 Kooiman 認為治理是社會上主要行動者互動、干預的結果。

---

2 聯合國對良善治理下了如下的定義，認為其主要內涵包括：分享全球性的共識，並落實於政府實際政策執行之中；國家層次的政府組織，應與民間企業、公民社會積極締結夥伴關係；鼓勵政府與社會的各階層組織，共同對治理問題提供意見；在都市層次中，強化夥伴關係將有助於處理生態與社會等公共政策問題；經由政府部門、民間企業與公民社會彼此間的密切結合，有效提昇民眾能力（呂育誠，2005：4）。

（七）新政治經濟（as the new political economy）

此途徑重新檢視國家在經濟體制的角色，以及國家、公民社會與市場經濟在界限日趨模糊情形下的關係；亦如 Lindberg 等學者所認為的，治理是經濟行動者在政治與經濟過程的協調活動，並不只是關心如何增進經濟效率，同時也關注於社會控制的議題，因此認為治理即是在經濟變遷下，如何調控策略與權力的運作。

（八）自我組織的網絡（as self-organizing networks）

在公共行政的研究當中，網絡是治理概念的分析核心。治理是協調與分配資源的網絡結構（相對於市場或官僚體制），而最重要的在於它是自組式的治理結構。自組式意味著網絡是自主的與自我管理的，強調網絡成員之間的信賴與相互調適作為主要的運作機制。

三、治理的鉅視觀點

由於治理是一個容易讓人混淆的名詞，因此透過鉅視的觀點，從不同的路徑來思考，會較以單一觀點來檢視，更能獲得完整的理解。以下分就結構（structure）、過程（process）以及分析架構（analysis framework）等三個面向來論述治理的內涵如下（Pierre & Peters, 2000: 14-24；翁興利，2003：103-106；劉坤億，2003：242-245）：

（一）將治理視為一種結構

官僚體制之層級節制，由於運作彈性的不足，難以解決主要的社會與經濟問題，因而政府治理必須與科層體制、網絡、市場以及社群等概念相連結。為求社會資源效用的極大化，官僚體制必須結合市場結構，將適合

委外之業務透過市場機制予以解決；而社會福利服務之提供，通常由宗教團體、慈善團體與民間社團所組成的社群治理結構較能有效滿足需求。此外，各類利害關係人與團體也會形成一種看不見的網絡結構，從而影響政策走向與社會資源之分配，此種網絡遍及各種組織，包括中央與地方、公私部門與第三部門、營利與非營利組織等。

（二）將治理視為一種過程

組織結構與制度的安排固然重要，但以過程觀點來理解治理此一概念，則結構元素（行動者）間的互動關係即為論述重點之一。也就是說，組織結構之行動者彼此之間的互動關係，是治理績效與治理結果的關鍵要素。就政治系絡而言，中央與地方政府之間的府際關係，公部門與私部門、第三部門之間的互動關係，對政策結果的影響皆屬治理過程所關心之議題，前者如在分權化的思潮下，為因應地方自主性組織實體之驟增，中央與地方須共同制定政策；後者例如非營利組織、智庫、專業性組織以及利益團體等，透過系統議程來影響政府議程。

（三）將治理視為一種分析架構

治理如果被視為一種分析架構，則其分析假定為不同治理模式會影響不同的治理結果，而不同的治理結果又會回饋影響不同治理模式的選擇。在此假定之下，政府治理至少包括下列幾項特性：（1）多重治理；（2）多元治理；（3）資源或權力互賴；以及（4）網絡管理。上述四項特性所強調的分析面向，除包括「過程」所著重的結構元素之間的互動關係外，更重視整個政策議題的發展與結果。

四、治理的三個層次──政治權力的移轉

國家在整個治理結構中，呈現三種權力移轉型態，其一為向上移轉至國際行動者與組織；其二為向下移轉至區域、城市與社區；其三乃是向外移轉至其他眾多裁量行動者，分述如下（Pierre & Peters, 2000: 83-91；劉坤億，2009：61-62）：

（一）向上移轉至國際行動者與組織

國際行動團體或組織的重要性日益增加，乃是因為國家決定將某些政策部門的主權讓渡給這類跨國機構。國際貿易管制的發展是國際制度鞏固的一項例證。細究其原因，第一，大部分當代西方世界的政治菁英所遭遇的重要問題，並不是以國家的疆域為限，而是區域的甚至是全球性的；第二，國際統合乃是達成解除管制所必要的方式；第三，與金融及通貨市場的解除管制有關；第四，不同國家所提出的政策問題日益相似，因此發展出促進跨國政策學習的制度，進而成為新政策概念的一項重要策略。

（二）向下移轉至區域、城市與社區

係指國家分權給地區性與地方性機構，較強化國家結構更受到注意。在地方政府之制度性授能，某些權力正在城市內部擴散，即政府在賦予更多影響力及更大的財政責任的同時，也能促進更為直接的公民參與以及對政治議題的掌握。同時分權是被廣泛的政治目的所驅動的，亦可視為對民族國家內部之結構變遷的一種回應。更重要的是，公共服務在過去十年的擴展，在某種程度上分權化曾以專業知識的釋出與資本化為目標。且同時分權化的目的是使許多公共服務逐漸變得非標準化，使得服務的提供能更貼切地回應與適應地方的需求。

（三）向外移轉至其他眾多裁量行動者

指將傳統上由國家所控制的權力與能力，移轉給遠離政治菁英所控制的機構與組織。若尚未將這些功能全部予以私有化，則是協助設立大量的非營利組織以從事公共服務的輸送。政策活動的輸出可以採取不同的形態，亦即設立半自主性的代理機構，來執行原本由政府所執行的任務。因此公私合夥已經成為增進政治機構之能力的一項流行工具，在地方的層次上更是如此，這類的夥伴關係可以被視為政治與私人資源之特殊混合。

上述三種國家權力移轉的動向與多層次的公共治理結構，如圖 1 所示：

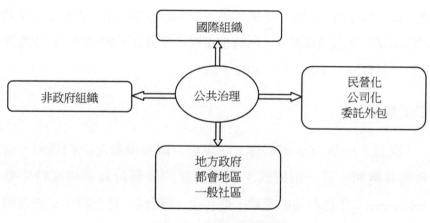

▲圖 1　多層次的治理

資料來源：劉坤億（2009：62）。

第二節　跨域治理的概念與發展

一、跨域治理的具體意涵

（一）概念的演變：從府際合作到跨域治理

　　一般對地方政府間的關係，常使用「府際關係」或「府際合作」概念，以強調中央（聯邦）政府與地方政府間，或是地方政府間的互動或相互支援協助。然而，隨著地方事務的內涵日趨複雜多元，前述上下與水平關係形式乃漸行整合，同時加入跨部門的多元跨域概念（李長晏，2006：23）。因此，從「府際」到「跨域」，意指今日地方公共事務的影響範圍，已經從政府體系內部的連結，擴大納入更多的考量因素，也就是不僅關切政府體系間的靜態權責關係，同時也重視各參與者間動態的互動或政策執行流程（呂育誠，2008：17；2012：87）。

（二）意義

　　「跨域」一詞有兩種解釋：一是指以國家層級之上的區域、國際社會為其範圍；另一則將國家領土內部的某個行政區域或特定轄區（jurisdiction）作為討論的範疇。簡言之，「跨域」是指跨領域或管轄權之意。此種定義上的區分，近年來也反映在跨域治理的研究方向與研究社群領域上；如國際關係學者傾向把研究焦點置於區域跨國議題的管理、區域主義的發展以及超國家機制的效能與設計等課題的討論；而從事發展政治學或比較政治經濟學的學者，則關注各國在民主化過程中，如何透過分權化（decentralization）與權力下放（devolution）來追求地方區域繁榮、發展與良善治理（good governance）等目標（李長晏，2008：45）。至於

「治理」則包含統治過程中的所有制度層級和互動關係。因此，有學者定義「跨域治理」係指跨越轄區、跨越機關組織藩籬的整合性治理作為（孫本初，2010：221）。若更進一步探究，跨域治理可以視為是針對兩個或兩個以上不同的部門、團體或行政區，因彼此之間的業務、功能或疆界相接及重疊而逐漸模糊，導致權責不明、無人管理與跨部門的問題發生時，藉由公部門、私部門以及非營利組織的結合，透過協力、社區參與、公私合夥或契約等聯合方式，以解決棘手而難以處理的問題（李長晏、詹立煒，2004：5；葉嘉楠，2011：5）。與其相類似的概念有英國的「區域治理[3]」（region governance）或「策略社區」（strategic community）、美國的「都會區治理」（metropolitan governance），以及日本的「廣域行政[4]」等。不過跨域治理揉合多層面的治理方式，並不侷限於地方自治團體之間，還包括了中央與地方之間跨部門問題的處理（林水波、李長晏，2005：3-4）。

（三）目的

　　「跨域治理」之目的，乃為了解決目前因經濟發展及拜當代科技所賜，使得原有區域空間型態與規模發生重組與變化，地方基礎設施規模和社區結構發生重大轉型，進而對原有地方行政管理模式提出新的要求與挑戰的回應。此種回應凸顯出當今面對公共政策上棘手困難問題和跨越部門議題時，跨域治理理念與機制建立之需求性與必要性（李長晏、詹立煒，

3　跨域治理亦有稱之為區域治理，但「區域」一詞的概念在空間尺度上往往具有很大的差異。小至台灣計畫體系中區域計畫所指稱的「區域」，大至跨國的「區域」，如歐盟。因此以跨域治理的名詞能夠同時強調「穿透」行政的界線較能符合其意，同時跨域治理因為涉及兩個以上的地方政府，故也有採用「府際」一詞。至於與跨域治理有關的名詞，還包括「跨域合作」、「共同治理」、「區域政府」及「府際治理」等（吳濟華等，2006：34-35）。

4　在日本行之有年的「廣域行政」，亦係跨越既有行政區域對政策運作的限制性。「廣域行政」的實施方式大致可分為四大類：將相關事權移至中央或上級地方自治團體，由其做通盤的處置，以方便設置功能性區域組織；設立國家派出機關於地方自治團體中，以整合相關業務與職能；促進中央與地方公共團體間、或地方公共團體間的合力處理；促進行政區域的再重組或擴大。其中對於設立中央或地方政府間的合作、協力共營組織、加強政府間活動，具有相當大的助益（轉引自趙永茂，2003：54）。

2004：5；林水波、李長晏，2005：2）。

　　綜上所述，跨域治理涵蓋組織單位中的跨部門、地理空間上的跨區域、跨公私部門的夥伴關係，以及橫跨各政策領域的專業合作，因此是一種以同心協力和互助合作方式的跨領域、跨區域及跨部門的治理模式，無論是公部門、私部門或第三部門都是治理網絡裡的參與者（李武育，2008：44）。另就研究焦點與範疇而言，本章所稱的跨域治理，則擬將跨域治理限縮在分析地方區域層級的治理概念之探討，而非國家層級之上的區域、國際社會等國際層次。

二、跨域治理興起之因

　　關於跨域治理興起的背景，雖然沒有確切的說法，但有研究整理如下（丘昌泰，2012：3-5）：

（一）城市競爭日趨激烈，非府際合作 無法提升政府效率

　　全球化浪潮襲捲著全球每個國家，不僅是中央政府面臨全球化的挑戰，而地方政府亦時時受其衝擊，為了確保國家高度的競爭力，提升政府的行政效率，中央政府必須重新整合國內所有地方政府的力量，俾為國民創造卓越的治理績效，以達到福國利民的目標。倘若中央與地方政府發生嚴重的政治與社會衝突，則勢必造成國力的薄弱，最後受害者仍為國民，故府際之間的協力乃不可免。

（二）公共議題日趨繁複，非跨域合作無法破解問題癥結

　　當前的公共議題有愈趨繁複的趨勢，可以用「剪不斷，理還亂」或「一波未平，一波又起」加以形容，中央政府不僅要推動府際之間的跨域

合作，更要整合公私部門的力量，才能爲複雜的公共問題提出解決對策。例如，金融大海嘯後所引發的經濟危機問題，以出口爲導向的台灣自然受其嚴重衝擊，這種衝擊已從金融市場、產業市場惡化到就業市場，而且每日中央政府都必須面對來自於歐美與中國大陸的雙重衝擊，若處置不當，則可能衝擊到我國日後的發展。

（三）政策資源日益稀少，非跨域整合 無法發揮以小博大的綜效

政策資源是指人力（manpower）、經費（money）、物料（material）等推動公共事務所需要的 3M 資源，由於資源有限，而民眾需求無限，以有限之資源，實無法滿足無盡之民眾需求。然而，作爲一個民主國家，政府仍須加以因應，因而唯有加強跨協調與資源整合，才能發揮政策資源的綜效，創造「一加一大於二」的正面效果。

（四）網際網路日益發達，非建構密切的網絡關係無法因應多元參與者的治理需求

透過網際網路的建構，資訊傳遞的速度更爲快速，治理結構的參與者愈來愈多，使得行政轄區之間的邊界亦愈來愈模糊，政府的服務功能亦有愈趨整合化的趨勢。因此，中央政府必須要與地方政府或民間組織建構合作夥伴關係，以形塑密切的網絡關係，滿足民眾需求。例如，台北市政府爲了滿足民眾的服務需求，特別整合各局處成立「1999 市民當家熱線」，民眾只要一通電話，就可以得到市府相當快速的公共服務。事實上，單是此一熱線就足以說明了透過市府內部各局處綿密的網絡關係，才可以因應多元參與者的治理需求。

（五）資源分布未能配合台灣行政區域需求，導致行政區劃未能與地方同步發展

　　台灣目前的行政區劃由於並未適度考量當地的自然與人文資源之配置，導致部分縣市之規模狹小，而財政資源過於貧瘠，導致區域發展落差持續擴大，不利提升地方與區域的競爭力，滿足地方民眾之需求。適當的行政區劃是地方發展的關鍵，然而，由於行政區劃涉及相當敏感的政治因素，行政區劃被視為各政黨兵家必爭之地，即便是已經討論多年的區域整併計畫都往往無法順利推動。行政區劃本身就是跨域整合的最終目標，唯有透過合理的行政區劃，才能使行政區域之資源分布平均，滿足縣（市）民眾的治理需求。因此，需透過「地方制度法」、「財政收支劃分法」及「行政區劃法」等推動跨區域的合作，實為台灣迎戰全球競爭的重要發展策略。

　　基於上述，跨域協力概念的出現，使得中央與地方政府的垂直關係或地方政府之間的水平關係，已經形成一種權力重疊或關係交錯的現象。中央政府已非為民服務最重要的權力來源，而中央或地方權限的劃分與爭議亦無必要，而應發展出不同層級政府之間、平行政府之間、不同政策領域之間、或政府與民間社會共同協力的運作機制。

三、跨域治理之特質

　　跨域治理是一種系統性的思維模式，除了可從不同的分析層次來加以論述之外，亦強調眾多參與行動者間的互依互賴關係，以下就跨域治理之三個特質，分述如下（孫本初，2010：223-224）：

（一）跨域治理蘊含系統性的理念

系統思維強調綜觀全局（holist）的視野。換言之，跨域治理內涵其實蘊含系統思維的理念，亦即它是一個整體性的思維。主張的是公共治理應具備一種全局的視野，因此對公共問題的解決或是公共政策的推動，不應侷限於單一機關、單一政府、單一轄區的狹隘眼光與思維，而應採取一種機關之間、府際之間以及跨越轄區通力合作的思考模式。例如位於新竹縣市交界處的竹科，本身仰賴新竹縣市所提供的服務，如水資源、土地、經濟環境，以及對外交通系統，若各自爲政將成爲災難。

（二）跨域治理兼具宏觀與微觀兩種層次的意涵

從理論與實務的角度而論，跨域治理具有兩種層次的意涵，從微觀面到宏觀面分別爲組織內部（intra-organization）及組織間（inter-organization），其說明如下：

1. 組織內部的跨域治理

意指將組織內部各功能部門的疆界予以打破，採取一種整合的觀點和作爲去解決組織所面對的問題。從組織理論的相關文獻之中，可爲此一層次跨域治理找到貼切的理論，如 Morgan 所提出的「全像圖組織設計」。

2. 組織間的跨域治理

指涉府際關係當中協力合作（inter-government collaboration）的概念，亦即此一層次的跨域治理主張，由不同層級或不同轄區的政府間，在處理相同或相關公共問題與政策時，應該採取一種超越府際藩籬的觀念，而將不同轄區與層級的政府部門納入同一組織網絡當中。

（三）跨域治理的參與者兼具相依性

參與跨域治理的組織會形成一種組織網絡，而組織網絡的意涵即在突

顯跨域治理的參與者間存在著相依性，也正因為彼此間的相依性，促使跨域治理之參與者間的通力合作。

由上述可知，跨域治理是一種系統性的治理思維，打破傳統單一權限劃分的體制安排，並透過綜觀全局的思維來分析議題，改變過去單一思維與本位主義，進而強調多元參與者間的協力合作，而彼此間的互助互惠所形成之組織網絡關係，正是其相互發展的主要基石與誘因。

四、跨越治理發展的驅力

形成跨域治理發展的因素眾多，包含了全球化的影響、經濟與資訊的發展、民眾多元需求與議題複雜性，以及相關理論概念的延伸等。有關跨域治理形成的驅力及論點，分述如下（林水波、李長晏，2005：5-8）：

（一）全球化下的城市變遷

由於全球化的影響，國家的角色逐漸變得模糊，發展策略明確且定位清楚的城市益發顯得出色，進而使得城市之間的競爭與合作，不再侷限於本國周邊地區。換言之，競爭的對象也從鄰近國家擴散到全球各大都市，城市間的交流趨於頻繁與密切；如高雄市積極向中央爭取「市港合一」政策，則是為了提升城市競爭力，期望能夠早日完成高雄港合併計畫，才能和上海、釜山、香港等亞洲鄰近港埠都市競爭。

（二）快速競爭的經濟發展

一國經濟發展程度的高低，以及優勝劣敗的競爭力，除倚靠私人企業的不斷創新與積極開拓之外，政府部門的職能統整完備與否，以及對問題處理的敏捷性，同為影響因素；如各國有關投資協議的簽訂，攸關投資環

境是否足以吸引企業深耕發展。又如 2003 年 9 月 25 日高雄市、高雄縣和屏東縣成立「高高屏聯合招商委員會」，以整合三縣市資源和特色，吸引企業前來投資，以期振興南台灣經濟並建立高高屏共榮圈為目的，成為我國第一個跨縣市地方招商機制。

（三）資訊傳遞的便利迅捷

隨著電腦科技的發展、網際網路的興盛以及通訊產業的發達，使得資訊的截取與流通得以即時傳輸，大幅縮短過去因為傳遞上的耗時耗費，而降低了資訊的立即性，更跨越了地形與距離上的限制，減少了資訊獲得的困難度。因此，資訊傳遞的便利，打破了傳統上疆界的區隔分離，使得彼此的界線更加模糊不清；如衛生署為了加強國內偏遠地區的醫療服務品質，於 1995 年開辦「遠距醫療先導計畫」，結合大型醫學中心資源，藉由視訊方式，使金、馬等離島或偏遠地區的衛生單位能獲得如榮總等醫院的技術協助。

（四）生活環境的品質要求

隨著產業的轉型與環保意識的抬頭，以及無煙囪工業的推廣，除了政府須有全盤的規劃外，還需要民間團體的參與並和公部門形成協力夥伴關係，以朝永續發展的目標前進；如 1994 年由文建會所推動的「社區總體營造」政策，當初雖然地方民眾和社區組織積極參與，但仍發生資源分配不均的情形，故需要各部會進行資源整合與橫向聯繫。

（五）公共政策的複雜多變

從 SARS、禽流感等新興案例顯示出，公共政策所涉及的問題與處理的複雜性，已非單一部會的職權所能完全因應與處理。政府部門若仍以傳統的一次性解決一件事的觀念，來面對多變複雜的環境，而欠缺以全面性

的思維來建立合作機制，整合跨部會或結合其他民間資源，將導致官僚失能而無法有效解決問題。

（六）傳統改革主義

區域合併主義或大型都會政府，企圖針對涉及整個都市區域的政府進行變革，除去所有或大部分都會區內的小政府，以單一、全功能、有力和普及整個都會區的政府取代。換言之，管轄區域的合併將有利於政府規模的合理化，協助資源不足之地方政府獲得發展，如透過縣市合併與行政重劃等，使資源不足的地方政府獲得發展。

（七）公共選擇

公共選擇是將政治經濟學運用在都會政府研究中，主張多中心或多核心的政治體系，最能回應公民需求。該理論認為，都會區內若存在許多不同的地方政府且管轄權彼此重疊，將可以透過相互競爭來提昇效能並回應民眾之需求。因此，公共選擇理論在都會治理體制上提供公民更多的選擇權以處理轄區內共同事務，而這些體制的選擇乃鑲嵌於地方政府間的協議、公私夥伴關係及職能移轉等。

（八）新區域主義

新區域主義融合了傳統改革主義與公共選擇理論所主張之競爭與合作兩種體制應兼用，重視地方政府、社區組織、企業及非營利組織之間，所構成的策略性夥伴關係（local strategic partnership），強調決策非傳統之多數決，透過審議形成之共識或協調所產生的協議，才能有效解決都會區的問題。

跨域治理乃在前述五個驅力因素以及三個概念主張的衝擊下，逐漸發

展而成的主流趨勢。這項治理的願景與意義，在於能夠形塑涉入問題的組織或行動者，藉由建構協力關係，結合多方資源之利用並發揮綜效，以解決公共問題。

第三節　跨域治理的理論基礎

跨域治理可由政策網絡（policy network）、新管理體制（new managerial regime）及協力關係（collaboration）等三個理論作為分析的面向，分述如下（趙永茂，2003：56；林水波、李長晏，2005：8-18；呂育誠，2007：98-110）：

一、政策網絡理論

所謂政策網絡是指：「一群組織基於資源依賴（resource dependencies）原則相互連結，並藉此資源依賴關係與其他群組織相互區隔。」該理論依照成員組成、互賴程度與成員間資源分配分成五種類型政策網絡，包括政策社群、專業者網絡、府際網絡、生產者網絡、議題網絡，其差異在網絡結構之開放性和穩定性，需視議題性質以及所牽涉利害關係人特性，採不同之政策網絡治理模式。政策網絡理論主要在描述公私部門、利益團體、社區組織與非營利組織的各種跨域治理模式，針對公共議題進行參與、意見與資源交換，達成共識並解決問題（陳一夫、林建元、鄭安廷，2015：156）。

當政府在執行重大爭議的政策或政策本身結構至為複雜時，由於規劃前常因欠缺與民眾或壓力團體溝通而導致政策執行引發抗爭，抑或政府部門間缺乏協調，以及行政一體的觀念而有互踢皮球及推諉卸責之情況。因

之，政策網絡的概念提供了一個值得參考的方向，特別是跨域治理的運作，其乃為解決權責不明、管轄權模糊或跨部門的議題，所應運而生的治理機制。

二、新管理體制理論

所謂體制是一種政治制度安排（a political arrangement），將中央與地方政府在政策推動中，所涉及的行政、社會、政治、經濟組織做一種制度化的安排。而管理體制建立的核心概念是指各行動參與者之間參與協調、合作所顯現的權力關係。換言之，就是各參與者之間架構出一項制度安排，並創造出一個系絡，促使參與者能夠合作達成目標。然而，這並不意謂各參與者的共同利益會自動衍生出合作，而是要探測制度安排過程，是否存在促進合作誘因的一些系絡或機制。此種制度化安排表現在跨域治理上可分為二方面：

第一、體制論要呈現出行動者之間權力分享的意涵。因之，主事者欲解決跨域問題就有必要引入夥伴關係的機制，藉此強化中央與地方、地方與地方的跨區域關係。當然，這種夥伴關係不僅侷限於中央與地方、地方與地方水平關係上，甚至與私人組織、志願團體之間，均可形成公、私部門的合夥關係。但值得留意的是，為了避免造成 Stoker 所謂「**心不甘情不願的夥伴**」（relunctant partners）[5]，在制度安排的過程中，必須注意到促進中央與地方、地方與地方，以及公、私部門之間有利合夥的誘因結構。

第二、因管理體制理論強調權力被賦予，管理體制的建立乃在獲取或融合行動的能力。因此，欲建構跨域治理體制，中央政府應減少集權，

---

5 公、私部門合夥關係的建立，係希望藉由資源分享、相互調適，以及風險分擔等手段，來達成目標並創造出協力的綜效。不過此種植基於「功能主義」之論調，似乎過於簡化組織間的發展與合作。公部門常受限於法令規範、分工與制衡，以及輿論壓力等多重制約因素，因此若公、私部門間缺乏維持某種互信關係，夥伴關係的運作將最終淪為「不情願夥伴」（曾冠球，2011：83-84）。

而要多賦予地方政府權能（enabling authority）或「導航型政府」（steering authority）。換言之，跨域治理結構應朝向效率導向、市場導向及社區導向等方向設計，如此才能成為具有自我課責能力的治理體制。

　　綜上所述，此理論的核心概念乃是建立在各行動者之間，參與協調、合作所顯現的權力關係，如落實於府際管理層面，亦即在中央與地方政府之間的府際運作必須在公部門彼此之間及公私部門之間均具有合夥觀念。

三、協力關係

　　Wood 與 Gary 兩位學者針對協力做了以下的定義：「協力是一種過程，由具自主性的參與者，彼此透過正式與非正式的協商管道互動（negotiation），共同創造出規則（jointly creating rules），進而透過此一架構規範與管理彼此之間的關係，促使參與者在議題處理中共同決定和執行；而這種過程結合了規範分享與共益互動。」協力形式之所以出現，乃因現今的公共議題往往涉及相當廣泛的層面，且又棘手複雜而不易處理，常常需要跨越不同的部門。以我國地方政府遊民收容輔導為例，從遊民之查報至輔導安置機構之過程，結合了民眾、警察局、區公所、社會局及相關社政主管單位等共同協力處理，並依權責分工辦理之[6]。過去的科層體制或市場模式的治理機制，因其侷限性而發生「政府失靈」或「市場失靈」的情況。為了能夠改善前述的缺失，協力的形式與發展便在此一系絡下應運而生。協力關係的運作模式強調建立起一種公私協力關係的協調體制，透過行政參與、行政委託、公私部門建立契約等方式，解決跨部門的治理問題。

---

6 可參考「新北市政府遊民收容輔導處理要點」（資料來源：新北市政府社會局網站，http://www.sw.ntpc.gov.tw/archive/file/AW_Regulation_Law_1000720_2.pdf，檢閱日期：2017/7/2）。

第四節　我國跨域治理之現況、成效與課題

一、跨域治理的現況

　　近年來我國跨域合作的例子不少，但大部分是以地方政府間為解決共同問題而自願發起的組織為主，通常以「聯繫會報」這種非正式、結構較鬆散、且組織間不具強制約束力的型態出現。這種區域性網絡的型態，是台灣目前跨域合作的主要模式。目前跨域合作類型，大約可分為三種類型，垂直型、水平型跨域治理以及跨部門夥伴關係。垂直型的像是科學工業園區與新竹縣市首長高層會議、南部八縣市首長會報及中部六縣市首長會報；水平型則有台北水源特定區管理局（委員會）、高高屏首長暨主管會報、南部七縣市首長論壇、區域間都市垃圾處理緊急互助協議書、北台區域發展推動委員會、五福論壇等等；跨部門夥伴關係則有高高屏永續發展委員會及高高屏聯合招商委員會（葉嘉楠，2011：8-9）。

二、跨域治理之成效

　　我國過去數十年跨域合作案例的成效為何？有研究指出（紀俊臣，2006）認為雖有成功的案例，但失敗案例亦不少，究其原因可分為下列幾項：

（一）多功能跨域合作尚未成型

　　依地方制度法第二十一條，地方自治事項之跨域合作仍由地方自治團體辦理為原則，上級政府僅扮演統籌與協調的角色，因此不適宜代行處理。再加上目前我國跨域合作的法制不足，以致於地方政府間的多功能跨

域合作尚未出現十分成功的案例，甚至可說是尚未成型。比較成功的案例，是前述的「台北水源特定區管理委員會」。該委員會負責水資源開發的管理及破壞的取締等多項事務。翡翠水庫因有此專責機構，以致能適時制止濫墾、濫建的一再發生，而得以有效管理水資源，但其他跨域合作案例多未能成型。

（二）單功能跨域合作已有成功案例

台灣地方政府間的跨域合作之案例，則以台北市與基隆市的垃圾處理最爲成功。台北市與基隆市於 2003 年 7 月，經雙方議會同意，簽訂「區域間都市垃圾處理緊急互助協議書」，是唯一以行政契約方式出現的協議。該協議以台北市垃圾焚化爐提供基隆市垃圾的焚化，而台北市焚化之垃圾灰爐，則可傾倒在基隆市垃圾場，形成互惠共享，有效解決兩市間的垃圾處理困境，此爲台灣地方政府間跨域合作單功能事項中，最成功的個案。從此一跨域合作的成功經驗來看，足以說明跨域合作因涉及地方政府間各自的政治生態，在法制不足的情況下，則以單功能合作較易推動，也較易成功。

（三）硬體建設跨域合作容易推動

台灣地方政府間跨域合作的形式中，硬體建設的跨域合作，因容易掌握需求與功能，因此較易推動。台北市與台北縣曾爲跨越淡水河、新店溪而興建多座水泥橋，兩地合作基礎，雖僅建立在「東橋西管；南橋北管」的「行政契約」上，卻能運作順利，合作愉快，而使跨越淡水河、新店溪的兩岸橋樑逐座興建完成，這對提昇大台北都會區的發展大有貢獻。而分析這項公共設施合作成功之因，主要是硬體設施民眾日常需求殷切且雙方經費分攤計算容易，再加上工程有其期程，雙方地方議會在監控上較易實施，因而跨域合作的阻力相對減輕。

（四）軟體建設跨域合作尚待推廣

　　跨域合作的軟體建設需要長久規劃與合作，並宜有法定職權較易運作。因此，長久持續的合作較爲不易。例如經費如何編列、如何分工、責任如何歸屬等問題，均需相關法規的配合。國內跨域合作常以任務編組方式進行，因此成效不彰。更有可能出現合作事項未見其功，反失其名。例如「高屏溪流域管理委員會」係由經濟部水利署及高雄市、高雄縣及屏東縣派員組成，以任務編組方式巡視高屏溪，雖曾巡察多件違規事件，但因非法定機關、欠缺公權力，以致須移由各該地方政府主管機關辦理，而使該委員會形同虛設，不易見到績效。

三、跨域治理之課題

　　跨域協力儘管有前述的多種方式，亦有甚多優點，但執行上仍有若干難題必須克服，茲整理分述如下（劉明德、徐玉珍，2011：67；丘昌泰，2012：13-14）：

（一）政黨屬性不同造成黨同伐異之爭，經常以「跨域對抗」代替「跨域合作」

　　台灣從威權社會轉型爲民主社會後，由於政黨屬性不同，許多公共事務與政策上形成兩極對立的衝突情勢，經常以「跨域對抗」代替「跨域合作」，因而引發無有止境的政黨惡鬥。從台灣四個區域合作組織來看，「北臺」以及「中臺會報」的成員幾乎都是國民黨籍，而「南部七縣市首長論壇」或「高高屏首長暨主管會報」或「雲嘉南區域永續發展推動委員會」的成員都是民進黨籍。換言之，不同黨籍卻要參加同一個合作組織，在目前的政治生態下很難。特別是選舉之後，一旦首長換人，許多重要職位便

跟著異動，以致所有跨域治理必須重新來過或者重新協商，其至因而破局。陳朝建（2008）認爲在制度設計上，如何降低政黨及政治的負面影響因素，將是推行橫向跨域治理成功與否的重要因素（轉引自劉小蘭、陳志霞，2014：74）。

（二）本位主義作祟，擔心土地管轄權受到限制

各地方自治團體往往過分強調地方自主權，引起本位主義的作祟，擔心土地管轄權受到限制，即便是互蒙其利的跨域事務，亦可能斤斤計較土地管轄權的喪失而導致跨域協力推動上的層層困難。例如，大台北地區的淡水河與基隆河的流域整治問題，多年來治理成效始終不彰，除整治經費龐大，地方政府無法負擔外，該流域涉及台北市、新北市、基隆市之行政轄區管轄權，受限於轄區割裂而未能以區域發展爲基礎，造成對立的錯亂現象。許多跨縣市的相關問題，也在此情況下協調起來困難重重。「合則利，分則弊」，這是跨域協力者必須深思的課題，當前爲知識經濟時代，電子政府的出現導致行政轄區已超越地理空間與土地地域的侷限，而成爲虛擬的行政區域，既然是虛擬化的空間世界，則傳統的行政轄區觀念自應配合時代潮流加以改變，使跨域協力更易推行。

（三）地方制度法的規定不夠細緻完整，影響跨區域合作之意願

「依法行政」爲公務人員的普遍心態，跨域協力所涉及地方自治團體與人民之權利義務甚廣，若執行失敗，則失敗責任將由何人承擔？雖然現行「地方制度法」已有若干法源（第二十一條與第二十四條），皆明訂跨域協力的條文，但仍不夠完備，似可在「第四章中央與地方及地方間之關係」加上相關跨域協力條文，或者另訂有關跨域協力的辦法，使其規範更爲明確具體，在推動跨域協力事務上才有所遵循。

（四）參與對象眾多導致協商與交易成本增加，成案的難度提高

在跨域協力的網絡中，參與者除了政府部門（中央與地方）外，還包括個人、社區、企業、民間團體、非營利組織等。面對如此為數眾多的參與對象，其意見之協調與整合自然相當困難，特別當其所處理的跨域事務又相當複雜時，折衝協調必然曠日費時，其所累積的交易與協商成本必然不斷增加，導致跨域協力的難度提高，降低成案機率。

跨域治理個案──以台北市與基隆市垃圾處理合作案為例[7]

一、特色與成效

此為全國首宗不同縣市以合作互惠方式共同處理垃圾的案例,自先期試燒至民國 94 年 5 月合作案終止,台北市共代替基隆市焚燒約 12 萬噸的家戶垃圾,兩市均節省可觀的掩埋容積,達成當初預期之效益。同時有鑑於此次合作案件的成功,基隆市議員甚至由原本堅決反對該市焚化廠代燒其他縣市垃圾,轉而建議依循此模式,與鄰近鄉鎮協商合作處理垃圾。

二、合作誘因

就基隆市而言,民國 88 年間,該市焚化廠工程因承包商發生財務危機無力續建而中途停工,勢必無法於民國 90 年年中完工,而第二掩埋場闢建計畫尚處於選址評估作業階段,因此該市立即面對嚴重的垃圾處理問題。雖透過延長天外天掩埋場的使用年限,如加高掩埋場以擴大掩埋容積外,並積極推動資源回收以求垃圾減量,且獲得不錯的成效,但終以實施垃圾焚化才能根本解決此一問題。

另一方面,就台北市而言,自從實施垃圾費隨袋徵收後,其所有之三座焚化廠逐漸面臨可燃性垃圾不足的問題,且該市山豬窟垃圾掩埋場預估使用年限至 93 年 6 月,但第三(水尾潭)垃圾掩埋場尚處於環評審查階段,預估最快需至 95 年 6 月方能啟用,因此該市亦有減少掩埋容積、延長山豬窟垃圾掩埋場使用壽命之需求。

因此,雙方環境保護局積極研商合作方案,亦即協議由台北市代為焚化基隆市垃圾,並透過由基隆市代為掩埋台北市焚化灰渣。以有效紓解基隆市垃圾場工程延宕及第二垃圾掩埋場闢建不順利所面臨的垃圾處理壓力,且台北市亦因此使得山豬窟垃圾掩埋場使用壽命延長,於短期

---

7 資料來源:劉正元(2005:47-49)。

內不需再行闢建新的垃圾掩埋場。

三、契約協議依據與多元參與者

　　兩市均為自治團體，乃依據行政程序法行政契約的規定，將合作內容擬為「區域間都市垃圾處理緊急互助協議書」，並送兩市議會審議。儘管本案為台北市與基隆市兩市之垃圾處理合作，然而參與者非僅侷限該兩市。由文獻所提供的資料可知，尚包含了行政院環境保護署（相關費用的補助及爭議之仲裁）、台北縣政府（後改制為新北市政府）、學者專家（監督小組）、兩市議會及其議員等。

四、運作爭議

　　在此過程中，有來自兩市議會議員的質疑，如基隆市信義選區議員就該合作案會增加垃圾車行經該區的頻率而持保留意見，甚至擔心本案的實施將會導致天外天垃圾掩埋場又封場；台北市議員亦關心基隆市尚未實施強制性垃圾分類，擔心代為焚化基隆市垃圾會損害該市垃圾焚化爐並造成空氣污染。

　　基隆市議會已於民國90年6月15日通過議案，惟台北市議會仍就基隆市垃圾分類之成效存在疑慮，即使逐一拜會台北市議員尋求支持外，還積極透過安排訪視基隆市垃圾分類處理情形，以及天外天掩埋場的實地參訪，配合增設監督機制，由中央行政院環境推薦學者專家組成監督小組，進行監督試燒等事項，終難獲得台北市議會之支持。後又逢縣市長選舉，基隆市長與環境保護局長之更迭，新任市長初期對於協議書亦持有不同之意見，惟經該市環境保護局向市長詳加分析，才終獲新任市長同意繼續執行。

　　本案已於議會審議歷時兩餘年，仍無法獲得議會進一步的認可。最後係台北市長採取政治途徑與手段，藉由透過議會黨團表決通過，該市環境保護局長先行請辭，方促成本案能於該市議會順利通過。值得注意

的是，原係基隆市尋求台北市代爲焚燒該市家戶垃圾，最終卻導致台北市環境保護局局長的辭職下台，足見跨域合作的過程中，雜揉來自各方角力的折衝與妥協。

歷屆考題

1. 何謂「治理」（Governance）途徑的公共管理？治理失靈（Governance failure）的可能原因為何？善治（Good governance）具有哪些特徵？（095 年特種考試地方政府公務人員考試─三等一般行政）

2. 美國「國家公共行政學院」（National Academy of Public Administration）曾於1999 年針對可知的未來，經審慎檢視數十個對公共行政發展最具影響力的因素與課題之後，一致認為「治理」（governance）的概念與實務是影響公共行政與管理最重要的關鍵因素，亦是最值得重視的行政發展課題。雖然「治理」代表許多不同之意涵，不過請從「人們想要的是政府少一點、而治理多一點」此一面向，來論述政府應如何利用網絡（networks）以及網際網路（internet）來達到治理的目的。（095 年特種考試地方政府公務人員考試─四等一般行政）

3. 全球化下政府「治理」模式的意義為何？此模式遭遇到何種挑戰與困境？因應策略為何？試申論之。（096 年公務人員高等考試三級考試暨普通考試─三等一般行政）

4. 「……透過全球治理網絡，地方政府已不再侷限於『地方』事務的管理或中央政策的委託辦理，其已能將其觸角直接延伸至區域或國際舞台，並在更多的課題上與不同的治理夥伴尋求合作管理，而這正是『地方治理』（local governance）的概念。」試分析與闡述之。（096 年公務人員高等考試三級考試暨普通考試─四等一般行政）

5. 請問何謂「治理」（Governance）？其與「新公共管理」（New Public Management）間有何相同與相異之處？（097 年特種考試地方政府公務人員考試─三等一般行政）

6. 當前許多公共管理學者已經開始進行多元觀點之研究，企圖將傳統公共管理由效率單一主導的理論觀點予以擴張，請藉 Guy Peters 所提出之四種政府未來之治理模式予以詮釋，並比較分析。（097 年公務人員高等考試三級考試暨普通考試─三等一般行政）

7. 近來公共管理的理論與實務深受「治理」（governance）概念之影響，甚至強調「毋需政府的治理」（governance without government），而這也意味著政府的角色與功能在公共管理的過程中可能會逐漸式微。試問政府能在「治理途徑的公共管理」過程中扮演何種角色？（098 年特種考試地方政府公務人員考試─三等一般行政）

8. 請分別說明「治理（governance）」與「善治（good governance）」的意涵？而「跨域治理」又應具有哪些特質？（101 年特種考試地方政府公務人員考試—三等一般行政）

9. 何謂跨域治理？請分別就組織理論中的組織設計、領導模式、控制幅度與溝通途徑四面向加以討論。（世新大學行政管理學系 101 年碩士班招生考試）

10. 何謂跨域治理？跨域治理受到重視的背景為何？試說明之。（102 年公務人員特種考試原住民族考試試題—四等一般行政）

11. 近來公共管理理論強調政府、市場與公民社會三者間的合作治理關係，試從「跨域合作」的角度來解析政府應採取哪些策略，以達成合作治理的理想。（102 年公務人員升官等考試試題—薦任一般行政）

12. 何謂「多中心治理」？多中心治理的概念為何？亦請試舉一公共事務之實例，藉以分析說明採行多中心治理之優點及其可能面臨的挑戰為何？（國立臺北大學公共行政暨政策學系 102 年度碩士班一般入學考試）

13. 因全球化導致許多重大議題發生，試就經濟與環保議題說明我國政府之因應措施。（103 年公務人員特種考試身心障礙人員考試試題—四等一般行政）

14. 跨域治理乃環境系絡變遷下，當代政府治理的新途，造成此途徑的環境驅力因素為何？試問這些因素對公共管理者帶來哪些問題？應該如何回應？（103 年公務人員高等考試三級考試—高考三級一般行政）

15. 試問「治理」的基本界定與意涵為何？何謂「跨部門治理」？跨部門治理應用在我國公共政策的環境之中可以得出哪些啟示？（103 年特種考試地方政府公務人員考試—三等一般行政）

16. 請就跨域治理相關研究，說明我國在推動跨域治理事務時，所遭遇的問題，並以 921 大地震救災及重建論述之。（103 年特種考試地方政府公務人員考試—四等一般行政）

17. 何謂「協力治理」（collaborative governance）？何謂「跨域治理」（cross-boundary governance）？請試就所知，說明並闡述此二概念有何異同之處？（國立臺北大學公共行政暨政策學系 103 年碩士班一般入學考試）

18. 跨域治理中府際關係之意涵為何？府際互動過程中發生衝突問題的根源為何？試說明之。（104 年公務人員高等考試三級考試—普通考試一般行政）

19. 何謂跨域治理（Across boundary governance）？影響跨域治理的因素有哪些？以及跨域治理達成的策略途徑又為何？試分述之。（104 年特種考試退除役軍人轉任公務人員考試—三等一般行政）

參考文獻

一、中文資料

丘昌泰，2012，〈彌補政策管理上的黑洞：建立公共組織跨域協力機制〉，《研習論壇》，137：1-17。

呂育誠，2005，〈地方治理意涵及其制度建立策略之研究──兼論我國縣市推動地方治理的問題與前景〉，《公共行政學報》，14：1-38。

呂育誠，2007，《地方政府治理概念與落實途徑之研究》，台北：元照。

呂育誠，2008，〈落實跨域治理概念：英格蘭區域整合體系的啟示〉，《研習論壇》，92：17-27。

呂育誠，2012，〈跨域治理概念落實的挑戰與展望〉，《文官制度季刊》，4（1）：85-106。

李武育，2008，〈以跨域治理概念論計畫型補助政策執行力管理〉，《研考雙月刊》，32（2）：41-49。

李長晏，2006，《府際合作治理制度之規劃研究》，行政院研考會委託研究計畫。

李長晏，2008，〈英國跨域治理的制度發展〉，《研考雙月刊》，32（5）：34-45。

李長晏、詹立煒，2004，〈跨域治理的理論與策略途徑之初探〉，《中國地方自治》，57（3）：4-31。

吳濟華、葉晉嘉、朱俊德、王翔煒，2006，〈地方永續發展跨域治理操作機制研究──以高高屏地區為例〉，《城市發展》，1：28-53。

林水波、李長晏，2005，《跨域治理》，台北：五南。

林淑馨，2010，《日本型公私協力：理論與實務》，台北：巨流。

林淑馨，2012，〈日本地方政府促進非營利組織協力之理想與現實〉，《政治科學論叢》，51：91-128。

紀俊臣，2006，〈跨域合作組織體制之設計〉，《中國地方自治》，59（6）：2-18。

孫本初，2010，《新公共管理》，台北：一品。

孫本初、鐘京佑，2005，〈治理理論之初探——政府、市場與社會治理架構〉，《公共行政學報》，16：107-135。

葉嘉楠，2011，〈新竹縣市跨域合作之研究〉，《中國地方自治》，64（9）：3-22。

翁興利，2003，〈治理模式與委外決策之研究〉，《中國行政評論》，13（1）：97-126。

陳一夫、林建元、鄭安廷，2015，〈跨域治理模式的建構與評估〉，《都市與計劃》，42（2）：153-170。

黃子庭，2007，〈以日、德經驗論台灣跨域治理的法制思維及策略〉，《國立嘉義大學通識學報》，5：417-446。

曾冠球，2011，〈為什麼淪為不情願夥伴？——公私夥伴關係失靈個案的制度解釋〉，《臺灣民主季刊》，8（4）：83-133。

趙永茂，2003，〈台灣府際關係與跨域管理：文獻回顧與策略途徑初探〉，《政治科學論叢》，18：53-70。

劉小蘭、陳志霞，2014，〈跨越城市治理之決策新模式的理論與運用〉，《東亞論壇》，485：67-76。

劉正元，2005，〈跨域治理——以台北市及基隆市垃圾處理合作案為例〉，《人事月刊》，41（2）：47-49。

劉明德、徐玉珍，2011，〈地方政府跨域合作模式與案例分析——台灣與德國之比較〉，《公共行政學報》，41：37-72。

劉坤億，2003，〈地方治理與地方政府角色職能的轉變〉，《空大行政學報》，13：233-268。

劉坤億，2009，〈政府課責性與公共治理之探討〉，《研考雙月刊》，33（5）：59-72。

蔡允棟，2001，〈官僚組織回應的概念建構評析——新治理的觀點〉，《中國行政

評論》，10（2）：89-134。

二、日文資料

松井眞理子，2006，〈自治体における「新しい公共」と NPO の社会変革性
　　—NPO セクター会議の設立に向けて—〉，《四日市大学総合政策学部論
　　集》，5（1/2）：37-55。

三、西文資料

Pierre, Jon & B. Guy Peters. 2000. *Governance, Politics and the State*. London:
　　Macmillan Press.

Rhodes, R. A. W. 1997. *Understanding governance: policy networks, governance,*
　　reflexivity, and accountability. Buckingham Philadelphia: Open University Press.

Rhodes, R. A. W. 2000. "Governance and Public Administration." In *Debating*
　　Governance: Authority, Steering and Democracy, ed. Jon Pierre. New York:
　　Oxford University Press, 54-90.

19

公共關係與政策行銷

學習重點

▶公共關係的定義、功能與特性為何？

▶政府公共關係的定義、原則與困境為何？

▶社會行銷與置入性行銷所指為何？

▶政策行銷的理由與功能為何？

▶政策行銷的核心概念與困境為何？

前　言

　　民主國家的政府施政，必須以民意為依歸。簡言之，就是要瞭解民眾所需，以建構富裕、安康與和諧的生活環境，更重要的是，要讓民眾知道政府在做什麼？目的是什麼？因此，如何建立一個有效率（Efficinet）、負責任（Accountable）、有應變力（Responsive）的傾聽型（EAR）政府，乃是公共管理者應嚴肅面臨的課題，也是公共關係（Public Relation，簡稱 PR）與政策行銷（Policy Marketing）受到重視的主因（黃榮護主編，2000：520）。

　　公共關係最主要的對象是人，無論政府對民眾、企業機構對消費大眾，或是人與人之間的關係，無非是透過人與人的交往、人與人的溝通，以取得彼此的瞭解、信任與支持。也因此，公共關係就是一個社會組織與公眾之間的一種傳播溝通，這種溝通，並非漫無目標，而是有計畫且有系統的依其步驟進行（鄭貞銘，2000：7）。在政府機關中公共關係的核心在與媒體之互動，以美國政府與記者的互動為例，如開放政府活動、接受記者採訪、主動發布新聞稿等，顯得較為積極主動。至於我國則遲至 1987 年以後公共關係才開始受到政府機關的重視，其背後的因素是大型機構的成長、社會變化與對立、傳播科技的發達及公眾意見的受重視等環境的變遷。檢視我國公共關係的發展，第一代的任務在廣結善緣、減少敵人，第二代公共關係則強調主動面對大眾、強化危機管理，近代公共關係則強調專業素養，越來越重視議題行銷（何吉森，2011：35）。

　　由以上所述得知，公共關係與行銷有著密不可分的關係。近年來，行銷已不再是企業的「專利」，號稱第三部門的非營利組織為求永續發展，必須進行善因行銷，而政府部門的統治為了得到人民的衷心支持，當然更需要行銷（丘昌泰，2011：1）。因為一個再好的公共政策，如果欠缺良好的溝通與說明，不僅事倍功半，也無法獲得人民的支持。特別是在今日的民主時代，如何讓民眾能經由溝通與宣傳瞭解公共政策，更進而支持公共政策，則成為民主時代政府的必要技能（劉兆隆，2011：14），而公共關係與政策行銷正可以協助政府機

關達到此目的。過去在台灣，政府並不是沒有政策行銷的觀念，最常使用的是「政令宣導」，然而隨著時代的演進，僅用「政令宣導」已經不合時宜，政府一定要善用政策行銷的技巧與手法。例如 2009 年，政府為了提振國人消費信心，每人發放 3,600 元的消費券，為了吸引民眾到該地消費，以爭取財政收入，各縣市長無不盡力行銷，其中，台中市政府以「抽豪宅」方式創造全國最高知名度、台北縣政府以「十五兩黃金」為餌鼓勵民眾到該縣消費，而偏遠的澎湖縣政府更以「擔任無人島主」為號召，發揮極大的消費效果（丘昌泰，2011：2）。

　　基於上述，在本章中，首先介紹公共關係的基本概念；其次，整理公共關係的運作原則、企劃活動、類型與政府公共關係；接著，介紹行銷的基本概念，闡述政策行銷的定義、理由、功能、特性與原則等；最後則探討政策行銷的核心概念與可能面臨之困境。

第一節　公共關係的基本概念

一、公共關係的定義

關於公共關係一詞，美國著名的公共關係學者雷克斯 · 哈羅（Rex F. Harlow）曾有如下的定義：「公共關係是一種特殊的管理職能。有助於建立和維持一個組織與其公眾之間的交流、理解、認可與合作；懂得如何運用媒介，並與其密切配合，參與處理各種問題與事件；幫助管理部門瞭解民意，並對之做出反應；並作為社會趨勢的監視者，幫助企業保持與社會變動同步。」由此定義得知，公共關係具有一種特殊的經營管理功能（鄭貞銘，2000：9；胡豪東，1985：10）。

至於英國公共關係中心（British Institute of Public Relations）將公共關係定義為「名譽管理」，最為簡潔。公關實際上是照顧名譽，以贏取大眾的理解與支持、公益與行為影響力為目標的方法，此乃意謂著個人所說所做的一切結果以及別人對其的總評價，能不能夠取得公眾的信任，理解與支持，就是公共關係（成天明，1998：72）。國內研究指稱，所謂**公共關係是個人或組織為強調內外關係溝通之管理功能，藉以承擔社會責任，走入公眾之間，並建立善意關係**（何吉森，2011：35）。

由以上所述得知，公共關係基於組織機構對社會環境應變的需要，其內容常隨著社會結構與價值觀念的變遷而異。目前雖尚無一致的定義，但對政府的公共關係而言，至少有下列意涵（黃榮護，2000：529）：

（一）瞭解組織內、外公眾的感覺、意見（觀念）、態度及行為，以為預警，並主動因應。

（二）處理組織與公眾關係。

（三）分析組織本身政策措施及其對公眾之影響。

（四）根據上項分析結果，認爲對公衆之利益及政策措施之基本目的有不利影響者，提請決策管理階層加以調整。

（五）向決策管理階層提出建議，以建立公衆與組織雙方均屬有益之政策措施。

（六）建立並維持組織與公衆雙向溝通的管理。

（七）促使組織內、外公衆的感覺、意見（觀念）、態度及行爲成爲所預期之改變。

（八）就上列各項擬定計畫，並持續執行之管理工作。

二、公共關係的功能與特性

（一）功能

公共關係在組織體系究竟可以發揮何種功能，茲整理相關研究說明如下（鄭貞銘，2000：109、115、120；熊源偉，2002：64-65、68、70；樂和，1985：17）：

1. 訊息的功能

公共關係首先要發揮蒐集訊息，監測環境的作用，即作爲組織的預警系統，透過各種調查研究方法，蒐集訊息，監視環境、回饋輿論、預測趨勢、評估效果，以幫助組織在複雜、多變的公衆環境中保持高度敏感性與警覺性，以對組織社會環境之不同動態保持平衡。

2. 監測的功能

組織環境是由公衆以及其他影響組織生存、發展的社會政治、經濟、文化等因素組成，這個環境不斷變化，公共關係希望透過訊息的蒐集、處理和回饋，以達成監測作用，而得以掌握組織內部和外部的各種變化，合理地制訂或調整組織本身的目標。

3.宣傳的功能

宣傳的功能乃是在為組織樹立良好形象,透過各種傳播媒體將訊息即時、準確、有效地傳播出去,大力宣傳組織做出的成績,從而影響或引導公眾輿論,使之有利於組織本身。宣傳應本諸於事實,不能有絲毫虛偽,質言之,宣傳是以基本政策為經、以事實為緯。如何使宣傳有效,除了應留意在宣傳技巧上透過各種宣傳媒體外,還需有堅持的原則和在小節上讓步的雅量。

4.決策的功能

公眾是否會接受組織提出的決策,是當今社會組織決策時應考慮的重要因素,公共關係部門必須就有關組織環境問題、公眾關係問題向組織決策機構提供諮詢,參與組織決策的整個過程,只有當公共關係成為最高管理層進行決策的一部分時,公共關係才能最有效率。

(二)特性

公共關係的特性約可以整理說明如下(劉秀曦,2001:16-17):

1.公共關係是一團隊工作

公共關係的推展並非僅是組織領導者的責任,而應由全體成員共同參與。因為唯有組織中所有成員明瞭組織所進行活動的目標並產生認同感時,活動才能收到成效。因此,組織要確認是否將整體組織成員納入公關活動的運作中,藉由全員的共同參與,發揮其對社會大眾個別影響力。

2.公共關係是一持續性的歷程

有學者將公共關係分為「預期的公關」(proactive PR)與「危機處理公關」(reactive PR),前者屬於策略性的公關活動,藉由一連串的調查、規劃、決策與行動,以產生有效的策略;後者則是針對突發狀況作及時有效的處理,使組織因該狀況所導致的危害程度降至最低。一般而言,有計畫的公關策略才可以使活動推展易於成功,因公關的成效並非一蹴可幾,

組織與公眾的互信、互賴關係亦非一朝一夕可建立，必須經長期持續的努力才能達到效果。

3. 公共關係是一有系統、有步驟的行動

有效的公共關係應是一有系統、有步驟的行動，而非興之所致，隨意而為。換言之，組織發展公共關係應是整體組織發展計畫的一部分，經由輿論調查、問題界定、計畫發展、擬定決策再付諸行動，最後還需經評估修正的程序，才算圓滿達成，因此是經過審慎計畫的一套工作。

4. 公共關係是手段而非目的

公共關係是組織為達成目標所經歷的過程，在組織中，經營者為促進行政溝通與人際關係，常運用公關活動來爭取公眾的瞭解與支持，因此它是一種手段而非目的。無可諱言地，今日仍有部分組織的領導者，由於對公共關係缺乏正確的認知，誤把手段當目的，成為人所詬病，此乃亟待導正和澄清的錯誤觀念與做法。

5. 公共關係的運作需符合誠信原則

誠信的目的在建立組織的公信力。以誠信為基礎的公共關係，自然有別於利益輸送、人情關說的交流方式。組織的公共關係活動是為達成組織的目標而進行，故當行政人員與外界進行溝通協調時，要以組織整體利益為考量，在個人的操守上也應保持超然的態度，避免不法行為。

第二節　公共關係的運作原則與企劃

一、公共關係的運作原則

公共關係原則就是指在公關活動中處理關係、進行傳播活動時所依

循的根本法則和價值標準取向，其深刻制約著公關行爲活動的出發點、目的、方法等，是使公關行爲活動更具自覺意識的理性依據（姚惠忠，2006：79）。以下將分述公共關係的原則（盛元清譯，1978：5；王德馨、俞成業，1990：21；姚惠忠，2006：88-89）：

（一）信任

相互信任是良好公共關係的基礎，要他人相信自己，就先要相信他人。在現實社會中，儘管「害人之心不可有，防人之心不可無」，比較正確的做法是先肯定他人，而非先否定他人的一切。

（二）誠實

公共關係忌諱的是，組織爲了爭取公眾的好感或產品的銷路，竟不惜以虛假僞造的訊息欺瞞公眾，這種欺騙的行爲不但會使組織形象毀於一旦，也無法再取信於大眾。誠實原則並不意味著「知無不言或言無不盡」，當眞有難言之隱或基於某些原因無法說明情境時，組織應該說明理由，相對的，組織也不應一味的以業務機密爲由，不願對外透漏任何有關訊息。

（三）言行一致

組織的任何作爲都看在大眾眼裡，代表一種訊息，組織發出的訊息必須前後連貫並保持一致性，才不會讓公眾的認知混淆、無所適從。舉例而言，許多組織想要透過公益活動來加強其本身的社會形象，以大筆經費贊助公益活動，但在服務和對待顧客的態度卻沒有相對應的改善，這裡要強調的意思是，參與公益活動並沒有錯，但必須與組織的形象產生聯繫，在產品和服務上做相應的配合，從而發揮預期之功效。

（四）溝通

縮短人際間的距離就是溝通，溝通也是促進互相瞭解的手段，溝通應以坦率的心態來進行，藉著交換意見而更瞭解對方；在溝通同時，公關人員應牢記對等的理念，因爲對等的目的是要獲得大衆的瞭解與接納，唯有讓大衆接納組織，組織才能夠營造出最有利的環境，也才能夠順利完成公關目標。

二、公共關係的企劃步驟

根據 John Marston 的看法，可以「RACE」四個英文字來含括組織公關活動的主要內容（Kinzey, 1999: 11，轉引自黃新福、盧偉斯，2006：162-163）：

（一）公關計畫的背景研究（Rearch）：係指探討公關活動所欲處理的問題內容、問題原因的分析、公關策略的環境情勢分析，據此設定公關計畫的目標和預期效益。

（二）公關行動的規劃（Action）：係指公關活動企劃書的構想與撰寫，包括公關計畫的目標、公關活動的標的對象、採行的宣傳策略重點、活動經費、活動舉辦所需組織和人力、公關活動成效的評估基準。

（三）公關計畫的執行與溝通（Communication）：根據計畫付諸執行，而在計畫執行的過程中，爲避免活動執行偏離計畫本質，也爲了有效處理計畫執行過程中非預期的問題，緊密的聯繫溝通作業是不可或缺的動作，最常見的做法就是定期的工作會報。

（四）計畫執行後的評估（Evaluation）：計畫執行完畢後，除了針對預算執行的成效進行討論外，還得就公關活動成效的評估基準，考察預期目標和實際結果間的差距，從中發現問題和相應對策，以作爲後期公關企劃的參考。

第三節　公共關係的類型與政府公共關係

　　公共關係在不同的專業領域有不同的運作方式。公共關係部門的結構與特色，基本上可以反映不同組織的活動背景、經營重點與組織文化。一般來說，若從組織特性來區分，或許可以分別從政府、企業與非營利組織三種不同類型來討論公共關係，但由於企業為私部門，不具有公共性，因此在本章中暫時予以省略。而非營利組織雖具有公共性，然非為政府部門，故在本小節中僅簡略介紹，而將論述的重點置於政府部門。

一、非營利組織公共關係

　　隨著社會變遷與媒體快速發展，越來越多的企業部門增設公關部門，或委託公關公司執行公關宣傳活動，藉以建立企業形象或提高企業的知名度。相形之下，非營利組織和企業在組織目標上有所不同，自然影響其公共關係。非營利組織雖然也需要透過公關活動和社會大眾溝通，吸引服務對象、捐助者和大眾的關注，並建立組織形象或提高組織知名度，但因受限於人力、專業、經費和資源不足等問題，鮮少有非營利組織能如企業般有完善的公關人員編制或預算，因而顯得弱勢，但這並不表示非營利組織就不需重視公共關係。每個非營利組織應以本身的使命為基礎，建立一套公共關係目標。

　　由於非營利組織與政府、企業不同，因此在運用公共關係時，其內容也有所不同。整理相關研究發現，由於大多數非營利組織在社會資源方面相當欠缺，所以對於組織而言，積極開發更多社會資源，進一步拓展組織影響力乃是非營利組織運用公共關係的最終目的。為了達到此目的，其公共關係的內容有下列幾項（孫秀蕙，2009：24-25）：

（一）出版刊物，鼓吹理念

為了讓更多的人認同組織理念，許多非營利組織會出版刊物，說明組織的目標、介紹活動內容、推廣組織基本政策並宣揚其成就。這類型的刊物多以免費或讀者捐贈（贈閱）形式發行，由於不採行商業發行方式流通，因此在閱讀的普及方面常打折扣，傳播效果自然有限。例如家扶基金會定期出版《扶幼 E 季刊》和《愛心援外月報》等，藉此讓外界瞭解家扶的相關訊息。

（二）建立媒體關係

由於物質資源有限，所以非營利組織會更加珍惜近用新聞媒體資源的機會，因為一則對該組織有正面報導的新聞，不但能拓展組織的知名度，也能為組織帶來許多實質的資源，如讀者的好奇、詢問、興趣，甚至是捐款等。對於非營利組織而言，媒體報導可視為是免費的宣傳（free publicity），如何以最節省的方式達成最好的宣傳效果，是非營利組織公關最重要的目標。

（三）政治遊說，推動立法

多數非營利組織成立的目標之一，就是要充當特定的公眾代理人，透過與一般社會大眾及政治人物溝通的方式，爭取特定的公眾權益。近年來，台灣有許多弱勢團體，如殘障聯盟、婦女團體、勞工團體、環保團體等，在爭取立法保障弱勢權益的過程中非常積極，也有越來越多的組織對於公關媒體的操作日趨嫻熟，其媒體造勢與公關策略的制度化，並不亞於一般企業組織。

二、政府公共關係

（一）定義

　　洛克曾說：「政府的成立是受到人民所普遍支持的理想、信念和原則而存在。」政府部門要談論公共關係的原因是：政府施政要使民眾知道，民眾才能與之配合；民眾亦根據資訊評估政府的政策是否正確；民眾要知道政府有何種服務可供民眾利用（張在山，2004：15）。成天明（1998：77-78）認為政府公共關係可粗分為國內公關與國際公關，國內公關可視為「政府施政成績」或是「名譽管理」；國外公關則牽涉外交政策的執行，如國際政治傳播與國際宣傳。因此，所謂政府的公共關係能力，是指政府在自身的公眾資訊管理、公眾輿論管理、公共關係管理和公眾形象管理方面所具備的能力（陳一香，2007：215）。

　　政府公共關係的目的有二：一是促進公共認知，提高政府聲譽以及公眾的信任感；二是實現公共利益，提高社會效益。由此可知，政府追求的公關價值是公共取向的，也就是政府在制定公共政策和實施公共活動時，必須堅持公共利益至上，不斷提高政府在對應公共問題和公共危機過程中的公關能力，成為現代政府發展，進而維護社會穩定的必要條件。

（二）對象與原則 [1]

1. 對象

　　政府公關的對象，與一般企業在處理的面向上仍有不同的情況。其公關對象大致可分為六類：上級機關、平行機關、下級機關、民意代表、社會大眾以及新聞媒體。

　　（1）與上級機關的公關：其著重的無非是想爭取較多的人與經費，

---

1 相關資料請參閱陳一香（2007：216-218）。

有幾項原則須掌握，即放低姿態、先溝通再行文、逐級溝通以及注重上級機關中基層同仁的意見。要先讓負責簽辦的人瞭解所提出的案子（有關人事或經費等），這對該機關正常的運作是有必要的。

(2)**與平行機關的公關**：主要為取得合作共識默契，因此多溝通、協調及適度妥協為不二法門；另外，前述與上級機關做公關所採取低姿態、先溝通再行文以及注重基層同仁意見的原則還是適用的。

(3)**與下級機關的公關**：除直屬機關依行政系統的運作可直接下達指令外，還是應事先多溝通，此外應作人性化考量，讓下級機關感受到來自上級機關的尊重、關懷，而非頤指氣使。

(4)**與民意代表的公關**：口訣是：「在不違法的前提下，酌作行政裁量的彈性考慮。」民意代表有審核機關的預算權，對於民意代表的請託，現實考量上不能完全置之不理，但首應判斷請託是否違法，是否為惡意、連續行為，若否，則可在行政裁量權限內，酌作彈性考慮。

(5)**與民眾的公關**：陳情案的處理常不可避免，處理的原則有四：親身、及時、現場、誠懇。民眾陳情，各有所求，最終都是希望能將陳情案送達具有決定權的最高首長。出面溝通者其職級不宜太低，態度要誠懇，且應親臨現場即時處理，讓民眾相信其陳情案肯定可上達決策者。

2. 原則

政府公關的原則與企業公關的應變原則之出發點相同，皆是為避免危機的發生或擴大，及時控制議題，並在面對媒體時能有臨危不亂、準確明白的回應。其概要原則共有兩點，分述如下：

一是真實、公開的原則，保障公眾的知情權。作為政府公關主體的政府，是從社會中獨立分化出來且又居於社會之上的特殊權威機構，也是公共問題的資訊源。因此政府應該及時、真實地提供資訊，尤其是對涉及公

民自身生命財產安危的重大公共問題。

　　當公共問題出現後，與此有關的人們出於趨利避害的本能，往往強烈要求瞭解事情的眞實狀況及自身的關係，如果缺乏可靠的資訊，則往往會做出最壞的設想，作爲自己行動的根據。在緊急事件發生時，若當地政府部門不能準確的回答實質性的問題，勢必會在某個程度上影響老百姓對政府的信心。有眞實、準確的傳播，才能獲得公衆的信任，爭取公衆的配合才有可能將不利因素轉變爲有利因素，盡快解決問題，維護社會穩定。

　　二是即時、迅速的原則。由於缺乏健全完善的監控和應對機制，致使一些政府部門對重大事件和突發事件不能做出即時、迅速的反應。政府怠慢處理的態度，將會令人懷疑相關當事人對人民的誠意和負責的程度。只有通過第一時間掌握資訊，盡快發布資訊，才能避免資訊在傳播過程中被歪曲，使民衆瞭解事情的發展狀況，樹立責任政府的形象。

（三）困境

　　目前在政府部門的運作上，因對於公共關係角色與定位仍有模糊之處，政府公關人員在職務和授權上，與企業部門相較仍有相當大的差異，加上公關費用經常有經費不足的問題。因此，政府公關人員在執行公關工作時，有下列幾項困境有待克服（梁玉竺，2002：18-19；陳一香，2007：218-219）：

1. **角色衝突的困境：**公共關係部門在中央或各縣市政府所扮演的關係角色非常多元，又因各方面的角色期望不盡相同而可能產生矛盾，令公關人員左右爲難，無所適從。例如縣市政府大多抱持「多一事不如少一事」的心態，所以期待公關部門最好是扮演「沒有聲音」的角色。然而相反的，媒體記者因爲需要採訪報導，所以常要求公關人員提供越多越詳盡的資料，最好還能給予較多採訪和資訊蒐集上的方便。這兩種情形經常讓公關部門有如夾心餅乾，陷入兩難。

此外，公關單位所擔任的「新聞行政」工作，也因常需接受來自中央的上級指揮，而體制內又應服從首長的領導，而容易出現意見不同的雙軌指揮情形，成為公關部門的一大困擾。

2. **道德多元的矛盾：** 公共關係工作應追求社會的公益，但問題是目前政府機關所面臨的社會大眾，並非是性質完全一致的團體，而是多元價值、目標互異的群體組合，公關部門在面對這種「異質性的社會組合」（heterogeneously social aggregation），其鼓吹倡導的政策，在執行上可能一方面受到接納喝采，但另一方面卻遭到杯葛抗爭。上述多元化的矛盾，使得公關人員經常需面對來自社會上各種不同利益的需求與壓力，而產生道德矛盾的困境。

3. **力不從心的無奈感：** 在政府未意識到政府公關重要性的情況下，自然在提撥公關費用上常有經費不足的問題，而在經費短絀下，公關人員也難伸大志。其次，由於組織內部的配合支持未臻理想，政府各部門不能全力支持公關人員之要求與希望，例如：在統一發言人上，各部門極可能在媒體採訪上未能配合，而造成各說各話的情況，更使公關人員疲於應付，造成工作執行的困難。另外，在職務的劃分上，由於公關尚未被肯定為一專業性的工作，編制上通常附設於其他科室之下，未有一正式編制，因此政府公關人員時常在工作內容中需參與許多職務上並未有太大相關的工作，被指派不屬於自我專業的工作內容，不僅耽擱了原本工作的進度，也面臨專業不足的困擾。

4. **對公共關係存有錯誤認知：** 政府公共關係之負面發展因素，主要則來自社會大眾對公共關係普遍具有錯誤的認知所致；如在民主政治的政府，權力的行使人是總統，總統是由人民選出的，因此只要是政府的公共關係運用，常常被誤解為是「執政黨的宣傳」，亦造成民眾不能確實知道政府公共關係人員在科層化政府和民眾間所具的

橋樑作用。此外，也有將公共關係誤認爲是文過飾非的手段，這些都是對公共關係有錯誤認知的表現。

第四節　政策行銷的意涵

一、行銷的基本概念

（一）觀念的釐清

「行銷」（marketing）不是「推銷」，因爲推銷只是行銷的一小部分，是許多行銷功能的一環。在多數人的印象裡，行銷的手法多半應用於營利事業之中，亦即企業以策略的方式讓產出的服務與產品不但能夠滿足消費者的需求，同時也能一併爲組織創造豐厚利潤。隨著時代的變遷，行銷的概念不僅只應用於私部門，在公部門及第三部門中也逐漸受到重視。

有學者指出，行銷是一種深入的追究，找出人類的需求，以作爲服務的依據（高寶華，2006：98）。根據美國行銷協會（American Marketing Association）對行銷一詞所下的定義，所謂是行銷是針對創意、想法、產品及服務來創造交易，以滿足個人與組織目標，在概念化、訂價、推廣和分配上所做規劃及執行的過程（陳定銘，2003：53）。學者 Kotler（1991）也曾賦予行銷概念明確之定義，認爲**行銷是分析、規劃、執行和控制一系列的計畫，藉以達成企業所預設的目標。爲了達成此目標，組織本身需根據目標市場的需求來提供產品，並同時善用有效的訂價、溝通及分配的技巧來告知、刺激及服務目標市場**（轉引自王順民，2006：53）。由此可知，組織運用行銷手法之目的，無非是希望能夠使顧客主動對組織所供給

的服務和產品感到興趣，使這些產品能夠不需特別著重銷售的功能便能容易地受到顧客的青睞。而為了達成這項目的，學者 Bearden 等整理出下列三項成功行銷的關鍵要素組合（王居卿等譯，2002：23，轉引自陳定銘，2003：54）：

1. 組織的基本目的在滿足顧客的需要。

2. 要滿足顧客需要，整個組織必須同心協力。

3. 組織應強調長期成功，意即長期的掌握顧客。

（二）社會行銷

至於社會行銷（social marketing），根據 Kolter 的定義，社會行銷是「應用行銷的原則與技術去影響標的群眾自願接受、拒絕、修正或放棄有助於個人、團體或是整體社會的一種行為」（轉引自魯炳炎，2007b：36）。所以社會行銷是一種計畫的設計、執行與控制，以增加民眾對社會觀感的接受度。這種結合顧客導向和社會公益關懷的社會行銷時常被政府部門與非營利組織所使用，故社會行銷的重點在於設法瞭解目標對象的真正需求，然後再針對需求來設計社會產品，同時以最有效率的方式將產品傳達給顧客（王順民，2006：54）。換言之，當顧客滿足需求時不僅能達成組織的使命任務，也可同時增進整體社會的福祉。

基本上，社會行銷所銷售的產品是行為的改變，如改善健康、保護環境、防範傷害或社區參與，希望其所服務的顧客能夠做到接受一個新的行為、拒絕一個習慣行為、修正一個現行行為和放棄一個舊的行為。從事社會行銷者強調不會運用訴諸法律、經濟等脅迫方式，要使顧客的行為能夠自願發生（Philip Kolter 等著，俞玫妏譯，2005：6-7）。

（三）置入性行銷

置入性行銷（placement marketing）是指刻意將行銷產品、品牌名稱

及識別、商標，以巧妙的手法置入既存媒體，以期藉由既存媒體的曝光率來達成廣告的效果，又稱產品置入（product placement）。產品置入之目的是將產品或品牌商標，以策略性手法放置到電視、電影等娛樂媒體當中，以達成廣告效果（丘昌泰，2013：423）。在實務上常存在於電影、音樂錄影、廣播節目、流行歌曲、電視、遊戲、運動、小說等之內容，因此，Balasubramania 將其定義為，一種由廠商付費或給予其他獎賞、報酬，經過計畫且不經意地將有品牌的產品放入電影或電視中，透過置入性行銷的手法可影響觀眾對產品訊息的態度。

然而置入性行銷與其他行銷手法的差異最主要有兩項：（1）付費情況：付費與否是置入性行銷的主要判斷條件之一，倘若節目訊息中出現某些商品、品牌或觀念時，其背後並沒有贊助狀況，這樣的訊息應被視為作者的自由創作；（2）廣告主的確認：置入性行銷乃是一種隱匿性的行銷手法，因此閱聽人士在不知不覺的情況下被影響。其次，與廣告相比，閱聽人更能將廣告的背後出資者指出來。換言之，置入性行銷是沒有明示的廣告主（王毓莉，2005）。

二、政策行銷的定義

（一）緣起

事實上，公共行政人員對於行銷觀念產生興趣，是在 1970 年代中期受到許多因素刺激所致，包括急遽減少的稅收支持與人民滿意度的降低，以及來自納稅人、法律制定者、官僚、消費者保護主義者、和其他利益團體等充滿各種不同聲音的批評。例如在美國聯邦貿易委員會的支持之下，有許多關於食品標示、藥品標籤、不實廣告的研究成果出現，利用了大量的消費者分析等行銷技術，以求能順利解決一些政策問題。這種環境上的

改變，激起許多公共管理者不得不去探測公共組織行銷的潛在性及有效地建構出規劃、執行與控制服務運送的架構（孫本初、傅岳邦，2009：29）。

（二）定義

政策行銷是政府機關及人員採取有效的行銷策略與方法，促使內部執行人員及外部服務對象，對研議中或已形成之公共政策產生共識或表示贊同的動態性過程；其目的在增加政策執行成功的機率、提高國家競爭力、達成為公眾謀福利的目標。政策行銷人員一方面扮演倡導性角色，將政策實質內涵傳達給標的顧客群體，或是政策利害關係人；另一方面，則透過政策行銷機制與利害關係人進行政策對話，以使雙方得以理解彼此之意向與需求。政策行銷欲收實效，必須採取有效的行銷策略及方法，而策略及方法之有效與否，則須視時空環境變化而定。在當前時空環境下，政策行銷應當揚棄以往「為政不在多言」、「多做少說」的錯誤觀念，而代之以「多做多說」、「做多少說多少」，以爭取服務對象認同及支持的作法（吳定，2006：338；翁興利，2004：216）。

行銷概念之所以能引入公共組織管理的領域中，可能受到下列因素的影響（孫本初、傅岳邦，2009：28-29）：

1. 強調社會需求的滿足。

2. 公、私部門間的差異日漸模糊。

3. 社會變遷的速率增快。

4. 公民參與觀念的提昇。

5. 政府行政人員服務導向的轉變。

6. 有限資源的有效利用。

7. 改善公共部門的生產力。

關於政策行銷的定義，國內外未有一致的說法。Buurma（2001：

1288，轉引自劉兆隆，2011：21）認為：「政策行銷是政府用來誘使社會行動者與政府進行行銷交換的一連串計畫與執行過程的總合，藉由發展及提供令社會行動者滿意的政策工具，以及要求社會行動者從事特定的社會行為和其他的交互活動，讓政府與社會行動者雙方都達成其目標。」而丘昌泰等人（2001：37）認為，「政策行銷是指政府機關提供一套讓市民需求得到滿足的行政服務，市民則以納稅、付費或其他成本支出的方式支持政府的公共政策，這是兩蒙其利的事。」

另外，魯炳炎（2007a：60）從政策行銷的主體、對象、手段、目的、過程與內容等六大面向來說明政策行銷，作者認為有助於增加讀者對此概念的瞭解。茲說明如下：

1. 政策行銷的主體是政府部門的機關與人員。
2. 政策行銷的對象是社會公民或是利害關係的個人、組織或團體。
3. 政策行銷的手段包括行銷的策略與工具。
4. 政策行銷的目的在於滿足政府機關和社會公民、或是照護對象之間價值交換各自的需求，並促成民眾對於公共政策的認識與支持。
5. 政策行銷的過程是一個持續循環的動態過程。
6. 政策行銷的內容除了一般既定公共政策行銷與公共服務傳送之外，還包含政策的規劃、推動與執行。

三、政策行銷的理由與功能

（一）理由

何以需要政策行銷？政策行銷有何重要性？吳水木（2006：11-12）提出下列幾項理由可供參考：

1.「民主化」政府需要人民支持

民主政治是以選舉為導向的政治，政黨必須透過民主選舉才能取得執政的機會，故所有行政措施必須讓人民瞭解，得到人民支持，否則政權無以為繼，因而必須進行政策行銷。例如，澎湖縣政府擬開設博奕事業，但此項措施受到不少環保人士與當地民眾的反對，必須要透過「政策行銷」來說服民眾，在舉行地方公民投票時，支持此項政策。

2.「專業化」政府需要人民瞭解

政府施政內涵愈來愈專業化，一般民眾難以理解，特別是涉及義務分攤的公共政策，如：提高健保費率、開徵奢侈稅、申辦新國民身分證等，都必須透過政策行銷，讓民眾充分理解。

3.「服務化」的政府需要人民配合

政府以服務人民為目的，故服務型政府是當前政府追求的目標。事實上，良好的公共服務，同樣需要透過政策行銷，讓民眾知悉並且配合使用，才能達成服務型政府的目標，若未進行系統性地行銷，政府就只能孤芳自賞，降低公共服務的使用率，民眾滿意度自然不高。

（二）功能

究竟政策行銷可以發揮哪些功能？整理相關研究大致如下（丘昌泰，1998：34；2011：7-8；翁興利，2004：217-218）：

1. 加強公共服務的競爭力

政策行銷可以提昇公共服務的競爭力，競爭可以產生不同的選擇，有選擇就可以有所比較，有比較才能使民眾得到較佳的服務，故良性的競爭是使政府部門發揮效率的最佳策略。

2. 建立良好的公共形象

透過市場機能中行銷廣告的運作，可以樹立公共部門良好的公共形象，有助於相關公共政策的推展，爭取民眾的支持。

3. 促使公共服務商品化

政府所提供的服務,可以透過行銷的方式予以商品化,使其能吸引多數民眾的購買與採納。而所謂的商品化就是將公共服務予以價格化,其中最具體的就是「使用者付費」的運用。例如我國自 2012 年開始高速公路實施「按里程計費」、以及垃圾費隨袋徵收政策皆是。

4. 博取民眾更多的好感

現代不少民主政府是靠選舉來執政的,故執政黨政府非常重視民眾滿意度,如果民眾對於政府施政感覺不滿,要繼續取得執政權就很困難。因此,政策行銷可以博取民眾更多的好感。例如,2009 年 8 月 8 日莫拉克颱風重創台灣南部地方的民眾,民眾對馬政府救災的速度與態度相當不滿,創下馬政府上任以來最低的施政滿意度,博取民眾更多好感成爲執政當局重要的行銷重點。

5. 澄清不必要的誤會

民主政治是言論自由的社會,傳播媒體成爲批評政府的公器,但傳播媒體亦經常成爲散布謠言的溫床。爲了澄清誤會,必須透過政策行銷,以澄清群眾的疑惑。例如,2009 年 8 月 8 日莫拉克颱風過後,國軍官兵協助災民整理家園期間,發生兩起 H1N1 死亡病例,一是救災民眾,一是非災區民眾,但軍中則有謠言不斷傳開,誤認爲軍中已有兩起感染死亡病例,影響軍心甚大,經澄清後情況穩定。

四、政策行銷的特性與原則

（一）特性[2]

1. 無形性（intangibility）

　　大多數政府機關的公共服務是無形的、抽象的；當民眾接受服務時，並不需要付出代價購買任何實體物品，而是享受其使用過程、使用經驗、花費時間或其他無形的服務。由於其為無形，故欲評估行銷的價值十分困難，必須花費較多的時間與精力，才能滿足民眾多元與殷切的需求，進而獲得支持，建立良好的機關信譽。

2. 易消逝性（perishability）

　　公共服務不能建立存貨，服務很容易消逝（例如必須於某段期間內報稅），因此，在某段期間未使用的服務就會消逝，形成一種浪費。服務無法像有形產品一樣可以儲存，並且到需求旺盛時再提出供應。因之，政策行銷者要平衡供需有其困難。同時，政策行銷要滿足巔峰需求的成本太過龐大，為此也常遭到社會各界批評其未能提供妥善即時的服務。例如，春節高速公路的某些時段可以「免費」通行，這種免費服務期間相當短，容易消逝，未享受到該項服務的民眾，若未事前告知，往往頗有怨言。

3. 不可分割性（inseparability）

　　許多公共服務的製造過程往往是由許多機關同時參與，無法分割，例如政府機關的生產階段往往與消費者的享受同步發生，消費者在某階段積極參與公共服務製造過程，服務提供者與服務接受者形成不可分割的關係。例如，舉辦地方節慶活動，民眾本身就是參與者，透過參與者來呼籲其他更多民眾來參與此項活動。

---

2 相關資料請參閱丘昌泰（2011：6-7）。

4. 異質性（variability）

由於政府機關之業務性質不同，且服務人員的素質不一，更何況每一政府機關對於服務品質的定義殊難一致，故往往呈現異質性的色彩而有所差異，很難標準化，導致服務品質不穩定。例如，監獄機構與戶政、地政的服務品質概念與標準必然有所差異。

（二）原則

政策行銷單位及人員在進行行銷活動時，應把握以下政策行銷的原則，才能獲得行銷對象的信服，收到實際的效果（吳定，2006：338）：

1. **公開原則：**即政策制定過程應適時及適度的公開。
2. **設身處地原則：**即應站在行銷對象的立場，以同理心進行行銷，才能夠被對象所接受。
3. **誠信原則：**即所有政策內容與相關資訊，必須透明化且據實呈現。
4. **可靠原則：**即作任何政策承諾，均應設法兌現。
5. **主動積極原則：**即政策行銷單位與人員，應以前瞻及宏觀的眼光，主動積極的進行必要的行銷活動。

最後，一項成功的政策行銷活動，除應掌握時代脈動及把握行銷原則外，尚須以下條件的配合（吳定，2006：338-339）：

1. 須擬訂卓越的行銷策略與方法。
2. 須具有明確可行的具體行銷活動設計。
3. 行銷活動需機關首長全力的支持。
4. 行銷活動需機關成員全體的參與。
5. 須擁有具備雄辯、協調、溝通、說服、專業等能力的優秀行銷人員。
6. 須具有充分政治、經濟、社會等資源條件的配合。

第五節　政策行銷的核心概念與困境

一、政策行銷的核心概念

　　研究指出，「行銷組合」之運用是行銷成功之關鍵，若透過傳統 4Ps 的行銷組合模型，並加上第五個 P 夥伴（partnership）與第六個 P 政策（policy）則可以將其運用於政府機關的政策行銷。換言之，政策行銷的核心概念是從原先行銷組合的 4Ps 發展成 6Ps，以下乃搭配實例來說明政策行銷的運用方式（蘇偉業，2007：16-17；丘昌泰，2011：8-9；劉兆隆，2011：22-23）：

（一）產品（product）

　　產品是指「政策」本身，但政策多不是實體（tangible）產品，甚至不是政府提供的無形服務，而是一套規範守則或是一套作業流程。由於社會觀念與公共服務的產品或服務通常是無形的，如何將這種無形的產品或服務成功轉化成一種價值給予目標群眾，如設計產品的 logo、標語，以加深消費者對產品的印象，則考驗著政府機構能否有效掌握該項產品或服務的特性，才能使民眾對其產生信賴，而願意投入購買或參與其任務。如台北市「祝你好孕」政策，透過北市密集交通網（公車、捷運）及網際網路宣傳政策，使專案在台北市曝光度極高，隨時可見專案圖文宣傳。

（二）訂價（price）

　　社會觀感或政策行銷的對象是「公共財」，雖然多半是採取免費服務，不需要考量價格問題，但為了避免搭便車（free-rider）的效應，往往對於使用服務的消費者亦酌收象徵性的費用，以產生「以價制量」的擁擠

效果,因此,訂價問題也非常重要。通常政策行銷的價格設定僅反映「成本」,不以營利爲導向。價格代表民眾爲取得政府部門提供的「產品」而需付出的成本或代價。其除了貨幣成本之外,也包括時間、精力、心理等各種非貨幣成本。政府部門可透過價格決策來減輕支持施政方案者所需付出的成本,例如行政院衛生署提供多項免費癌症篩檢,如30歲以上婦女每年一次子宮頸抹片檢查。另外爲嚇阻民眾不可違反政府政策,政府也常採行貨幣性的懲罰措施,讓不配合施政方案者付出較大的代價,如菸害防制新法規定,在禁菸場所吸菸罰新台幣2000元以上,1萬元以下,又菸品健康福利捐自2009年6月起從每包新台幣10元調高到20元。

(三)通路(place)

通路是指讓民眾可以方便快速地取得各項公共服務的管道或途徑。傳統行銷學是指產品如何有效到達顧客的中間渠道。由於政策產品多不牽涉實體產品,甚至沒有服務,而是一些規範,要求標的團體行爲與規範一致,所以配銷通路在政策行銷中宜指政策推動的潤滑器(facilitator),是指如何使相關民眾能方便及有效地遵守政策或獲得政策服務,這是政策順利執行之關鍵;這可能牽涉政策的相關軟體措施及硬體設備。例如要宣導青少年不要夜遊不歸,青少年聚集最多的地點——西門町,就是一個理想的行銷通路。

或者是政府部門可以設計多元化的服務地點和方式、延長服務時間、縮短等待服務時間和改善服務場所的氣氛等方式,提供給民眾多元而便捷的通路。例如民眾可以利用電話取得各項公共服務,如1999市民當熱線、113家暴防治專線,或是行政院研考會的「民眾e管家」(G2Customer)提供網路便民服務,又或是各縣市戶政的單一窗口櫃台、社福單位的「一站式」生活扶助服務,以及桃園市警察局2009年推廣「現代化」派出所,讓報案民眾可在柔和造景的接待區喝咖啡,報案好像

在談業務等皆是多元便捷通路的實例。

（四）推廣（promotion）

推廣是指如何使相關人士及政策受民眾注意，關心政策問題及政策方案，它不應是傳統說教式的政策宣導。政策推銷的目的一方面要使以上兩方面人士（也指行銷代理組織的內外部）瞭解政策，使他們對政策有正確的認知，並將政策產品的信息有效地傳播開來；另一方面使他們接受認同政策，並內化（internalize）於他們的心中。政府部門要設計有效的溝通，運用各種推廣或溝通工具，讓顧客知曉、相信、喜愛，並樂於支持政府的施政方案（黃俊英，2009：8）。常見的推廣工具有折價券、競賽、抽獎、贈送樣品、找名人代言、製定吉祥物等。如新北市環保局於 2011 年 8 月 1 日推出「撿黃金（狗糞），換黃金」政策，同時首創在 29 區清潔隊設立「黃金銀行」，鼓勵民眾撿狗黃金換真黃金，參與人次達 5 萬 3,532 人次，公開抽出 1 兩黃金存摺，以及 5 錢、3 錢、2 錢黃金狗的 5 名幸運真黃金得主。而此項政策更意外被美國時代雜誌評為八大「讓世界更美好的樂透玩法」之一。又如以限塑政策的推銷來說，環保署是以鋪天蓋地的形式進行，透過不同媒體、學校、民間團體、問答集、海報及貼紙方式宣傳，務必使全國民眾及所有飲食店都要認知政策，並學習商業機構的行銷方式，選用高知名度、有良好公益形象的白冰冰作為政策代言人。

（五）夥伴（partnership）

夥伴是指行銷代理要獲取外界合作參與政策過程。因為政策行銷往往面對社會各方面的阻力，加上公共部門繁瑣的功能分工及現今強調的網絡或參與式公共治理，政策行銷者（可能是單一政府部門）很難以單方力量推動政策理念，必須與不同組織團體（包括其他政府部門）建立理念聯盟，加入行銷隊伍，以促進政策產品在政策市場之推廣。在現今公共部門

資源不足及政策網絡在政策過程重要性之認知下，政策夥伴是政策行銷不可或缺的部分。在限塑政策上，當時的環保署長郝龍斌雖動員全體環保署內部人員推動政策，重組署內組織成為行銷團隊，也重視爭取不同政策市場的支持，但卻沒有建立政策夥伴聯盟來參與政策之推動，例如結合民間環保組織、行業公會、基層社會組織來共同協力推動政策，明顯使環保署處於孤立的狀況下推動政策，強化政策的反彈力量。

（六）政策（policy）

政策行銷所涉及的公共政策往往不是一個機關所能決定，因此，政策的內涵與主管機關都是政策行銷必須注意的對象。例如有關「防制青少年犯罪」的宣導活動中，至少就涉及三個部門的政策：警察、教育與社會三大部門，而這三部門在行銷政策之前必須對「防制青少年犯罪」的分工與職掌有所瞭解，以免到時發生職掌衝突與重複的情形，降低行銷的效果。

二、政策行銷所面臨之困境

政策行銷固然有其效用，但整體來說，一個成功的政策行銷仍必須注意到下列各項問題（劉兆隆，2011：23-24）：

（一）如何清楚傳達其所期望的訊息

除傳達訊息的時間點外，訊息本身所使用的語言及用詞，是一種藝術與技術，亦是一項相當艱辛與審慎的挑戰。建議政府在訓練公務員時也可加強相關能力的訓練，特別是在「論述」能力的培訓，相關培訓單位也必須趁早建構相關之課程規劃。

（二）如何溝通未知的不確定性

由往昔的溝通經驗觀察，未知的不確定性是在溝通上所面臨的重大挑戰，應同時兼顧讓收訊者、民眾「瞭解狀況」與安定其心智。基本上民眾對未知的事物多半恐懼，公務員如何能夠瞭解其恐懼的問題核心，更進而才能安其心。前行政院長吳敦義主張的「庶民經濟」就是從安其心的角度為核心思考，可以降低人民對未來不確定性的恐懼，有助於公共政策的落實與推動。

（三）如何利用新技術——特別是網站、部落格等工具

公務人員必須與時俱進，除了傳統的宣傳方式外，對於網路相關技術的運用也必須熟悉。現今政府各部門均有專屬網站，也有首長信箱與民眾直接對話。但現今政府部門網站多半過於靜態與死板，是必須要加以注意思考改進的問題。

（四）配合溝通對象的知識水平

如何使對方聽得懂，甚至提高溝通對象的知識水平，係一大考驗。對照中國大陸的經驗，大陸官方懂得運用順口溜成功地將政策讓不識字的庶民皆知，非常值得我們學習。因此如何引進廣告企劃的專業人才或是訓練課程，讓公務人員具備此一能力，是未來公務人員訓練的方向之一。

（五）內部溝通的重要性

對外溝通要能成功，內部溝通其實扮演相當重要的先遣部隊角色。一支不團結的部隊，永遠不可能打勝仗。因此如何能夠有效整合公部門內部各單位的力量分頭進擊，是行政首長責無旁貸的責任。甚至首長必須要能夠以身作則擔任各項政策的代言人，要能夠唱作俱佳的將政策呈現給民眾看，未來也成為首長必備的基本能力。

政策行銷個案：限用塑膠袋政策[3]

一、背景

　　近年來國內居住環境問題嚴重，環境品質持續惡化，環境品質文教基金會公布當時（民國 90 年）的環境痛苦指數為 76.05，顯示大多數民眾對生活環境不甚滿意，其中塑膠空瓶、塑膠袋氾濫為民眾有感嚴重痛苦的環境問題第二名。根據當時工研院的統計，我國消費型塑膠袋每年使用量估計約 200 億個，平均每人每天使用 2.5 個；有鑒於塑膠袋的使用量龐大且不易處理，行政院環保署從民國 91 年 7 月起採「分階段、範圍」方式，逐步限制購物用塑膠袋及塑膠類免洗餐具使用，第一批實施對象為各級政府機關、公營事業機構、軍事機關、國軍福利品供應站、公私立學校及公立醫療院所等場所，第二批實施對象為百貨公司業及購物中心、量販店業、超級市場業、連鎖便利商店業、連鎖速食店及有店面餐飲業等場所，從 92 年 1 月 1 日起實施。

二、推廣限用塑膠袋政策

（一）學校教育推廣

　　環保署的限塑政策在學校教育方面推動相當積極，當時的環保署署長郝龍斌親自至全國大專院校、高中、國中、小學宣導，並要求各地方環保局派員至各校宣導限塑政策；於全國小學推動限塑政策的教師、學生手冊；舉辦推動環境保護有功學校、教師及學生遴選並表揚入選全國性選拔名單接受總統表揚；於全國各國中小舉辦「少用塑膠袋，永保世世代代」標語設計書法比賽。

（二）媒體廣告

　　透過平面媒體（報章雜誌）、電子媒體（廣播電視）、戶外媒體（公

---

3 整理自周鴻騰（2002）、蔡岳展（2004）、林明瑞與張赫廷（2003），以及行政院環境保護署網站，http://www.ttv.com.tw/3r/reduce/p2.htm，檢閱日期：2012/8/1。

車廣告、LTD 電子視訊牆、登機廣告），並製作廣播電視節目，委託全國各廣播電視台，製作公共電視節目，同時為了加強環保署官員與民眾的溝通，安排各處室首長，參加電視台及廣播電視節目，現場扣應節目與民眾對話。而在平面媒體廣告方面也編製了教師教學手冊、學習單及宣導折頁，另一方面，以識別標章懸掛於商店門口或收銀櫃台處，用以告示民眾該商店配合市府政策不提供購物用塑膠。

（三）公共關係

環境保護署舉辦「購物用塑膠袋」及「塑膠類免洗餐具」第二批限制使用政策起跑宣導園遊會，活動主題為「永續台灣、美麗地球」。地方政府部分高雄縣環保局舉辦「絕袋風華 環保園遊會」活動、宜蘭縣政府與羅東鎮公所合辦「2002 年羅東鎮環保音樂會——敲響綠色心，玩出惜物情」、新竹縣政府舉辦「竹北市 92 年度元宵節祈福聯歡晚會暨環保宣導活動」、台中縣環保局於「2003 年台中縣大甲媽祖國際文化節」推動「限塑政策」。

（四）網路行銷

環保署成立推動購物用塑膠袋及免洗餐具限制使用政策專屬網站中有詳細限塑政策資料供民眾及地方環保局瀏覽、下載參考，另外在網站上架有網路宣傳看板；限塑政策宣傳錄音帶（MP3）。環保署還成立限塑政策論壇網站提供民眾線上對限塑政策的看法，並於線上回答民眾問題，並利用電子報固定發送給願意接收的民眾，於電子報中報導限塑政策相關訊息，電子郵件則提供民眾對此政策發表意見，並有專人回覆相關問題。

三、成果

限塑政策實施後，環保署於 95 年 11 月針對管制對象進行購物用塑膠袋使用情形調查，結果顯示限塑政策實施後，限制使用對象之購物

用塑膠袋,每年使用個數約減少 20 億個,減量率約 58%。調查結果顯示,在購物用塑膠袋限用方面,有 77.1% 的受訪民眾在塑膠袋限制使用政策實施後,有減少購物用塑膠袋的使用;而在自備購物袋的比例方面,在連鎖便利商店,有 43.4% 的民眾會自備購物袋;在量販店或是超級市場,自備購物袋的比例則高達 71.7%。另外,有 40.7% 的民眾表示不用購物袋,而會徒手把所購商品帶走。至 95 年 5 月取消有店面餐飲業購物用塑膠袋付費購買的規定後,民眾習慣是否改變?調查顯示,約有 45% 的民眾仍然不使用店家所提供的塑膠袋,與限塑政策實施前不到二成的比例相較起來,有了明顯的進步。

歷屆考題

1. 大眾傳播媒體是政府與民眾間的溝通橋樑，也是公共管理者藉以進行政府公關、社會行銷與形象塑造的重要管道。試問公共管理者有哪些具體方式來運用大眾傳播媒體達成政府公關、社會行銷與形象塑造等目標？而在運用大眾傳播媒體時又應謹守哪些基本原則？（091 年公務人員高等考試三級考試暨普通考試第二試—三等一般行政）

2. 政策行銷的功能有哪些？試申論之。（096 年特種考試地方政府公務人員考試—四等一般行政）

3. 晚近政府官僚體系面臨整體治理環境的巨大挑戰，以及政治運作方式的改變，使得公共管理者已不只侷限於擔任一個技術性官僚，而應扮演公關與行銷的角色。試問：何謂政府公關與行銷？政府機關何以日益重視公關與行銷？一位稱職的公共管理者，要能發揮公關與行銷的效果，應具備哪些政治管理的技能？（096 年特種考試退除役軍人轉任公務人員考試試題—三等一般行政）

4. 近年政府推動公共政策的過程中，逐漸重視政策行銷的觀念，許多實務者開始應用市場行銷 4P 的概念，作為思考政策行銷策略的框架。請先說明 4P 的內容要點，接著討論這 4P 在公部門應用可能的限制所在。（097 年特種考試地方政府公務人員考試—三等一般行政）

5. 媒體對於民眾與政府的影響力日益增加，對於公共管理者而言，媒體究竟可以扮演何種角色？公共管理者又應如何因應？（098 年公務人員高等考試三級考試暨普通考試—三等一般行政）

6. 何謂政府公關？政府公關的策略有哪些？請分別論述之。（098 年特種考試地方政府公務人員考試—四等一般行政）

7. 試述政府機關進行媒體行銷的原則、倫理與運作方式，並舉例說明之。（099 年特種考試地方政府公務人員考試—四等一般行政）

8. 試說明政府與民眾溝通的重要性、功用及具體作法。（100 年公務人員特種考試原住民族考試—三等一般行政）

9. 在政府公關與行銷的議題日漸受到重視之下，一位稱職的公共管理者若要能發揮公關與行銷的效果，應該具備哪些管理的技能？請以臺北聽障奧運或高雄世運為例說明之。（101 年公務人員特種考試身心障礙人員考試—四等一般行政）

10. 試分別就政府部門運用媒體行銷的基本原則與運作方式兩方面，說明如何做好

媒體行銷的工作。（102年特種考試退除役軍人轉任公務人員考試─三等一般行政）

11. 政府公關與行銷的意義為何？而一位稱職的公共管理者要能發揮公關與行銷的效果，應具備哪些基本技能？試分析論述之。（102年公務人員高等考試三級考試─三等一般行政）

12. 政策行銷的類別有哪些？試舉例說明之。（103年公務人員高等考試三級考試─普通考試一般行政）

13. 何謂政策行銷？請舉一例子說明城市治理中運用政策行銷之策略。（103年公務人員特種考試外交領事人員外交行政人員考試─四等）

14. 試說明政府公共關係的涵義，以及政府處理公共關係運作的原則。（104年公務人員特種考試原住民族考試─四等一般行政）

15. 從政府公關與行銷的方面來看，行政部門推動的政策或法案，若要獲得議會的支持，有哪些技巧可加以運用？（104年特種考試地方政府公務人員考試─三等一般行政）

16. 近年來政府依賴政策行銷加強與民眾的溝通宣導工作，必要時也使用「置入性行銷」。何謂「置入性行銷」？政府使用「置入性行銷」時，應注意哪些規範事項，以免違反行政中立？請詳細論述之。（104年特種考試地方政府公務人員考試─四等一般行政）

17. 請比較「政府行銷」與「政策行銷」之異同？並請說明政策行銷的 4P 組合為何？（105年公務人員特種考試原住民族考試─四等一般行政）

18. 政府公關與行銷的主要目標在於動員支持、強化正當性與合產公共價值，因此公共管理者需具備辨識以及描述各種目標公眾的能力，試舉出一些常出現的關鍵目標公眾並說明其重要性。（106年公務人員高等考試三級考試─普通考試一般行政）

參考文獻

王順民，2006，〈當代台灣地區非營利組織的社會行銷及其相關議題論述〉，《社區發展季刊》，115：53-64。

王毓莉，2005，〈政府運用「置入性行銷」從事菸害防治工作之初探性研究〉，《中華傳播學刊》，8：115-159。

王德馨、俞成業，1990，《公共關係》，台北：三民。

丘昌泰，1998，〈市政府政策的宣導：行銷管理〉，《公訓報導》，80：33-40。

丘昌泰，2011，〈政府施政與民眾感受之間的連結器：政策行銷〉，《研習論壇》，129：1-13。

丘昌泰，2013，《公共政策（第五版）》，高雄：巨流。

丘昌泰、余致力、羅清俊、張四明、李允傑，2001，《政策分析》，台北：國立空中大學。

成天明，1998，〈政府公共關係研究之探析〉，《立法院院聞》，26（11）：71-84。

何吉森，2011，〈媒體公關與政策行銷〉，《研習論壇》，129：35-45。

吳水木，2006，〈政府行銷〉，《研習論壇》，70：11-15。

吳定，2006，《公共政策辭典（第三版）》，台北：五南。

周鴻騰，2002，《社會行銷於政策決策過程中之應用——以推動購物用塑膠袋及免洗餐具限制使用政策為例》，高雄：義守大學管理研究所碩士論文。

林明瑞、張赫廷，2003，〈購物用塑膠袋限用政策實施成效暨塑膠袋與不同材質購物袋之比較研究〉，《台中師院學報》，18（2）：165-185。

俞玫妏譯，2005，《社會行銷》，台北：五南。譯自 Kolter, Philip, Ned Roberto & Nancy Lee. *Social Marketing: Improving the Quality of Life*. Thousand Oaks, Calif.: Sage. 2002.

姚惠忠，2006，《公共關係學原理與實務》，台北：五南。

胡豪東，1985，〈公共關係的探討〉，《石油通訊》，405：10-11。

孫本初、傅岳邦，2009，〈行銷型政府的治理模式：政策行銷與政策網絡整合的觀點〉，《文官制度季刊》，1（4）：25-55。

孫秀蕙，2009，《公共關係：理論、策略與研究實例》，台北：正中書局。

翁興利，2004，《政策規劃與行銷》，台北：華泰。

高寶華，2006，《非營利組織策略經營管理》，台北：華立圖書。

張在山，2004，《公共關係學（三版）》，台北：五南。

梁玉竺，2002，〈政府公共關係之研究 III〉，《消防月刊》，5：13-29。

盛元清譯，1978，《公共關係》，台北：徐氏基金會。

陳一香，2007，〈公共關係：理論、策略與應用〉，台北：雙業。

陳定銘，2003，〈非營利組織行銷管理之研究〉，《社區發展季刊》，102：218-241。

黃俊英，2009，〈政府行銷的理念與實踐〉，《文官制度季刊》，1（4）：1-24。

黃新福、盧偉斯編，2006，《非營利組織與管理》，台北：空大。

黃榮護主編，2000，《公共管理（第二版）》，台北：商鼎。

熊源偉編，2002，《公共關係學》，台北：揚智。

劉兆隆，2011，〈政策溝通與政策行銷的理論及實務〉，《研習論壇》，129：14-24。

劉秀曦，2001，〈我國大學公共關係之探討〉，《學校行政雙月刊》，11：14-24。

樂和，1985，〈談談公共關係運作〉，《展望》，225：17-18。

蔡岳展，2004，《政策行銷之研究──以限制使用購物用塑膠袋及塑膠類免洗餐具為例》，高雄：義守大學管理研究所碩士論文。

鄭貞銘，2000，《公共關係總論》，台北：五南。

魯炳炎，2007a，《公共政策行銷理論之研究：應然面與實然面的對話》，台北：韋伯。

魯炳炎，2007b，〈政策行銷理論意涵之研究〉，《中國行政》，78：31-53。

蘇偉業，2007，〈政策行銷：理論重構與實踐〉，《中國行政評論》，16（1）：1-34。

20

公共部門課責

學習重點

▶行政責任與課責所指為何？

▶公部門課責的理由與目標為何？

▶公部門課責的類型為何？

▶非營利組織課責的特性與內容為何？

▶非營利組織的課責方式為何？

前　言

　　20世紀末，世界主要經濟發展國皆面臨「雙重困境」（Catch-22），即政府財政危機日益惡化，但民眾需求卻日益增多，因此各國政府無不致力於政府再造工程，希望以「師法民間」精神改善政府績效（江明修、鄭勝分，2002：81）。長期以來，政府在公共服務的提供上具有獨占性，政府留給民眾的是「不能立即因應問題及有效處理公共事務」的刻板印象。然而，反觀企業，由於在其所生產或販賣的同類商品或服務中有相近的顧客群，所以有高度彼此競爭特質。企業如欲在該環境中求得生存，除了要能迅速因應環境的變遷外，還需能充分掌握所處環境未來的脈動（吳英明，2000：586-587）。也因此，若能引進民間部門的特性，使其能協助政府共同來提供公共服務，或是將公共服務委託由民間部門（含非營利組織）來執行，或許能改善政府部門官僚僵化的行政效率，快速因應民眾的需求。

　　然而，隨著政府公共服務的外包與移轉，公私之間的界線也逐漸變得模糊不清，在公私部門所建構出的協力或委託關係中，受委託的企業或非營利組織的身分已經不再是單純的民間部門，而是逐漸轉變成具有公共行政功能，因此，所承擔的責任也不僅只於契約責任，更包含憲政責任，必須接受民主政體的公共課責（public accountability）。但是在我國，外包或協力方案的執行成果的評估標準尚未建制完全，隨著契約數量的增加，政府監督契約執行的機制則顯得不足，而容易產生課責失靈（accountability failure）的情形（江明修，2005：1）。由以上所述可知，課責議題在民主政治中所顯現的重要性，以及對於該議題進行深入瞭解的必須性。

　　由於課責屬於較抽象且新的概念，在本章中僅做概念性介紹，而為避免發生混淆和易於討論，作者將公共部門區分為公部門和非營利組織，分別從這兩個都具有公共性卻有相當差異的主體來探討其課責之內容。因此，在本章中首先整理課責一詞的意涵；其次介紹公部門課責的概念與類型；最後則以非營利組織為主，分別從其課責特質、內容與方式，來探討非營利組織的課責概念。

第一節　課責的基本概念

一、責任、義務與課責

　　由於課責（accountability）一詞具有多樣化特性，且存在許多可相互轉用的相似詞或相似概念，往往容易與責任（responsibility）或義務（obligation）之概念意涵混淆。因此，在瞭解課責一詞的概念之前，首先須先釐清責任、義務與課責三個概念之差別。

　　根據《韋氏大字典》所言，責任是意指一方所需承擔之事務，或是如道德、法律或精神課責的義務，至於義務則被定義為代表基於承諾或契約等形式，使得一方必須有所行動的過程，或是必須去做之職責。此外，國外學者 Hughes（1998：230，轉引自呂苔瑋等譯，2006：341）認為，相較於課責，責任的意義較為模糊，乃是透過層級結構而進行，每個人均對於下屬的行動「負有責任」，至於為何事負責，或負責的範圍多大等問題，卻無法精確表示，以致責任的意義顯得模糊不清。而 Day 與 Klein（1987:5）則認為課責與責任往往為同義詞，且除非雙方皆具有責任，否則單方面無法對於其他人加以負責，申言之，即其認為課責並非是單方面的，而是具有雙向互動之特質。因之，責任可被界定為行動的義務，而課責則是進一步要求履行對行為結果負起責任之義務（轉引自劉淑瓊，2005：37）。

　　另一方面，Cooper（1990，轉引自 Kearns, 1996: 8-9）認為：義務與課責在概念上是有所區別的，課責代表對上級或監督機構等的一種責任或回應性，而義務則是對於具體的績效目標或是無形的目標加以負責（如公共利益之責任）。換言之，義務與課責之差距即存在於對象之差異。

二、行政責任

關於行政責任（administrative responsibility）的意義，根據學者菲斯勒（James W. Fesler）和凱多（Donald F. Kettl）之界定，指出行政責任具有系統層次意義的綜合性概念，由負責行為與倫理行為構成，前者是指忠誠地遵循法律、長官指示，以及效率經濟準則，後者乃是指堅守道德標準，以及避免不倫理行為的發生（轉引自吳定等，2007：196）。

根據吳定等人（2007：196-200）的整理，行政責任之內涵約可分為回應、彈性、勝任能力、正當程序、負責、廉潔，茲分述如下：

（一）回應（responsiveness）

回應是指行政機關快速熟悉民眾的需求，不僅包含「後應」民眾先前表達的需求，更含洞識先機，「前瞻」性主動行為，研擬公共問題的解決方案，甚至確認問題的發生。民眾對政府的常見批評不外乎指責政府行動遲緩或無能為力，就是指責政府回應力不足。

（二）彈性（flexibility）

行政機關及人員在規劃及執行政策時，不可忽略與政策目標達成有關的個別團體、地方關懷或情境差異。在多數的情況下，機關組織無法以相同的條件去服務所有的標的民眾，需決定服務對象的優先順序，此乃彈性之做法。

（三）勝任能力（competence）

行政機關推動職掌、貫徹公權力的行為必須謹慎，並顧慮後果。簡言之，行政機關要有完成所應履行任務的能力，而且又表現出行政績效，既有「效率」又有「效能」。

（四）正當程序（due process）

正當程序是指任何人未經法律正當程序，不得被剝奪生命、自由、權利或財產。正當程序應用在政府運作，是指政府要「依法行政」（rule of laws, administered by laws）。

（五）負責（accountability）

accountability 中文譯爲課責或是負責，其概念是「當行政人員或政府機關有違法或失職之情事發生時，必須要有某人對此負起責任，屬於狹義的行政責任」。課責的情況雖大多有法令之規範，但眞正發生功用者，還是在於個人的倫理判斷。

（六）廉潔（honesty）

廉潔是指政府運作在正面上要能坦白公開，在負面上要能抑止腐化。前者是指政策的制定與執行在某些階段要對外公開，接受外界的檢核；後者則是要求政府相關人員（政務官與事務官）不能受賄或圖利他人、自己與親人。

三、課責

關於課責一詞，因屬於多層次與多面向的概念，國內外學者有多樣解釋，並未有一致的定義。課責的基本概念是指「在一組相對應的關係中，一方（A）有義務對於自己的行爲或活動，對另一方（B）提出解釋、說明與回覆，在此情況下，B 有權對 A 課責，而 A 則是被課責的對象，一旦 A 的行事出現違失或不當，就必須負起責任」（陳志瑋，2005：133）。簡言之，課責乃指向高層權威（higher authority）負責，向某種權威來源

「解釋說明」個人行動的過程，處理的是有關監督和報告之機制（Kears, 1996；江明修、梅高文，2002；郭昱瑩，2011：195）。

根據《韋氏大字典》的說法，課責係指「一種義務、自願接受責任或是對於一方的行為加以說明」。而《公共行政辭典》則將課責界定是「有權受到外部機制與內在律則[1]限制的一種情況」。Hughes（1998: 226-230）認為「課責是一種委託人與代理人之關係，代理人代表委託者執行任務，並報告其執行狀況的關係」。由以上可知，上述定義無論何者，其所強調的都是在一種科層體制中，有關監督與報告的機制，其所意含的是外部監督、獎懲與控制等意義，透過清楚的法規命令和正式的程序、監督來達成期望的目標。

國外研究對於課責有相當程度的探討，其中 Kears、Mulgan 與 Koppell 的論述經常被國內學者所引用，具有高度的代表性。Kears（1996）認為，課責的本質是一種控制的行為，而有效的課責機制設計，須建立在資訊（information）、監督（monitoring）與強制（enforcement）三者的基礎上。Mulgan（2003: 1、9）認為課責是指某人或某組織有義務被他人所監督，是讓公眾知情並且是一種權力制衡的方式，亦是使犯錯者負起責任，使委託人對於代理人有權制裁及實施補救措施。

至於 Koppell（2005: 95-99，轉引自江明修、鄭勝分，2010：13-14）則分別從透明度（transparency）、義務（liability）、控制能力（controllability）、責任感（responsibility）以及回應性（responsiveness）五個面向來說明課責的內容。透明度是指組織必須要能夠解釋其行動，以避免醜聞的發生；義務則是偏向績效議題，並隱含懲罰的意思，例如民選官員若績效不彰，則選民可以在下次利用選票加以懲罰，而非民選官員或組織若績效不彰，

---

1 所謂外部機制包括公民、代議士、民選或政治任命的首長、法院的指令或命令。而內在律則包括了各級政府所公布的法律、命令、規章、行政規則等，甚至道德規範、善良風俗、民間習慣等非正式規範，也可對公共的行政運作產生影響力（史美強，2010：108）。

同樣也會受到降低資金補助等的懲罰；控制能力是建立在透明度與義務上，此面向最核心的概念就是控制，其概念方程式為：如果 X 能夠引導 Y 的行為，則表示 X 能夠控制 Y，也就是 Y 必須受到 X 的課責；責任感則是指組織必須受到法律、規則及規範的限制；至於回應性則是指組織直接訴諸顧客或服務對象的需求，此面向強調顧客導向途徑。有關 Koppell 的課責概念如表 1 所示。

▼表 1　課責的概念

課責的概念	課責的要素
透明度	組織是否能夠顯露出其績效的實況？
義務	組織是否能夠面對其績效結果？
控制能力	組織是否符合首長的要求？
責任感	組織是否遵循法規？
回應性	組織是否符合顧客的期待？

資料來源：Koppell（2005：96），轉引自江明修、鄭勝分（2010：14）。

另外，在《國際公共政策與行政百科全書》（*International Encyclopedia of Public Policy and Administration*）之中，Romzek 與 Dubnick 將課責定義為一種「關係」，在這種關係中，「個人或是單位在被授權的行動中，有義務向授權者回答有關授權行動績效的問題」。因而藉由此簡單定義中，可以將課責概念歸納出下列三個重點（轉引自陳敦源，2009：32-33）：

（一）課責是一種關係，這種關係應該至少包含「課責者」（accountability holder）與「被課責者」（accountability holdee）兩種角色，個人或單位間的某種互動關係，這種關係十分適合運用資訊經濟學當中代理人理論來理解。

（二）被課責者因授權的關係，有義務「回答」課責者關於授權行動的表現問題，這種義務的設計，應該包括資訊公開的法律義

務，與資訊表達結構的「可理解性」(comprehensiveness)。

(三) 課責者與被課責者之間關於彼此關係互動的資訊焦點，是課責者所關心的「績效」問題，也就是被課責者受託應完成事項的達成程度問題，通常這種績效資訊是不對稱地儲存在被課責者身上。

　　在國內，近年來開始重視課責議題的探討。由於國家行政的管理是社會大眾、政府領導人及公務員之間彼此透過制度安排與政治互動而緊密的聯結。政府被人民賦予期待，其任何的行動結果皆會關係到公民的利益，因此對政府部門課責是為確保回應公眾的需求。課責的最狹義解釋，係指向高層權威負責，要求向某種權威來源「解釋說明」個人行動的過程，處理的是有關監督和報告之機制。此種課責概念採用的是「命令與控制」(command-and-control) 的定義方式 (江明修、梅高文，2002：24)。若再具體而言，課責指涉的是一種權威關係，即行政人員基於他在制度中的角色去履行特定的職責，而其制度上層的權威者依據法令，以外在強制性的判斷標準對於行政人員順服與否以及績效高低進行獎懲，迫使行政人員對其直屬長官、民選行政首長或民意機關負擔起正式責任 (孫本初，2007：212)。

第二節　公部門的課責

一、公部門課責的理由與目標

　　在民主治理的發展過程中，如何使政府向人民負責是一個重要的課

題，特別是 1980 年代隨著新公共管理風潮興起，公部門開始積極導入企業化的管理模式與精神，並將部分公共服務或業務交由私部門或非營利組織來提供，致使公私部門間的界線越來越模糊，「如何課責」（how to be accountable）的問題則更顯得重要。有學者認為，這股政府改造運動的趨勢不僅改變了許多國家公部門的治理型態，也造成公部門傳統的課責觀念無法適用於一些具有複雜網絡關係的政策領域，也難以替相關行動者導引出清楚的課責關係架構（張世杰，2009：108）。講究經濟、效率與效能固然重要，但真正本質問題，乃是公部門如何對人民負責的問題，當人民有管道接受政府的解釋、說明與報告，且政府部門能因此被課以責任，亦即透過課責機制的設計，以達成治理所欲建構的目標，此時民主課責才算是真正獲得落實（陳志瑋，2005：133；2006：174）。

根據英國學者 Mattew Flinders（2008）的分析，政府課責的目標有下列七項：（1）避免公權力受到濫用、腐化、誤用；（2）確保公共資源依其公共目的來使用，並堅持公共服務的價值；（3）改善公共政策的效率與效能；（4）增強政府的正當性，以及提昇對於政治人物與政治制度的公眾信任；（5）記取教訓，避免錯誤重蹈覆轍；（6）提供可達成、具改善效果的社會功能；（7）在複雜的政策網絡中釐清錯誤（轉引自劉坤億，2009：67-68）。由上述的內容可以得知，課責在現代政府的民主治理過程中具有相當的重要性。

二、公部門課責的內涵

關於公共課責的概念國外有許多討論，一般在論述「公共課責」時多將課責的焦點置於公部門中。簡言之，公部門課責的核心概念是指具有公共職責的人，應該能夠向「人民」回答其在職務上的績效表現（劉坤億，2009：60）。Romzek 與 Dubnick 認為，公部門課責為公部門機構和員

工回應組織內部和外部的多項期待，而 Dowdle 對公部門課責的定義雖與 Romzek 與 Dubnick 相似，但 Dowdle 更進一步從英國、美國民主政治的歷史發展脈絡來探討公共課責的內涵，並認為公共課責涵括了以下五項概念，簡述如下（Dowdle, 2006: 3-6，轉引自王琪，2012：15-16）：

（一）**選舉**（**elections**）：美國從建國以來，選舉制度一直被給予很大的信任，藉由選任出可以代表全民意見的官員，對選民負起政治責任。

（二）**理性官僚**（**rationalized bureaucracies**）：對選舉出來的官員有了疑慮，因此轉而認為建置一個完善理性、專業官僚框架可以促進公共利益的實現。

（三）**司法審查**（**judicial reviews**）：當美國轉向理性官僚制度時，英國學者則希冀借助「司法」的力量以解決民主和官僚制度的問題——「法治」可以監督行政機關的所作所為。

（四）**透明化**（**transparency**）：1960 至 1970 年代，經過越戰和水門事件的衝擊，美國人開始反省是否應該透過其他形式來監督政府。那就是將政府作為透明化讓民眾可以進行監督，而具體的方法則有，例如：1966 年通過資訊公開法案、1976 年的陽光法案等。

（五）**市場**（**market**）：1970 年代，經濟發展停滯，公部門的浪費、無效率及回應性低落，使得改革者尋求私部門市場的機制，以提高政府效率。

另外，Nancy Roberts 所提之「行政課責模式」（administrative model of accountability）指出公部門課責包含三個課責機制，Roberts 認為這三項機制，可以詮釋並涵括幾乎各個層面的公部門活動，其內涵為（Roberts, 2002：659，轉引自王琪，2012：16-17）：

（一）**以目標導向爲基礎的課責**（**direction-based accountability**）：
確保組織目標與政治權威及選民利益都相符合，組織行動依此
爲據。

（二）**以績效導向爲基礎的課責**（**performance-based accountability**）：
清楚釐清組織的產出和結果，以備後續的成果評估，並審視是
否與目標相連結，過程需符合管理實務的規範。

（三）**以程序導向爲基礎的課責**（**procedure-based accountability**）：
建立法律、規則、與規範，以限制和引導政府執行的方向。

　　不同於 Dowdle 利用年代進行公部門課責概念的演進分析，Roberts 的
著眼之處，則以三種課責機制來詮釋公共課責整體內涵，認爲公部門活
動，並非在於達成確保目標達成符合政府與選民利益、將課責與績效作連
接進行評估與形成約制政府的力量。

三、公部門課責的類型

　　關於公部門課責的分類相當多樣，受限於篇幅，無法一一整理介紹，
僅能選取較常被國內學者專家所提及者。對 Romzek（2000: 22）來說，課
責之所以成立，必須是在有合法性的權威關係中，委託人才可以要求代理
人對其績效表現之結果提出說明。Romzek 與 Dubnick（1987: 228-230）以
及 Romzek 與 Ingraham（2000：242）認爲，公共行政課責意指行政機關
及其組織成員處理組織外部分歧之期望過程，因此根據「課責關係的權威
來源」（課責之期待或控制是出自組織外部或內部？），以及「官僚機構受
控制程度的高低」，亦即組織本身的「自主性程度」兩項關鍵要素，提出
下列層級節制、法律、專業和政治四種課責關係（參考表 2），每種課責
都有不同的價值強調與重視，但層級節制與法律課責的自主性較小且比較

接近監督的關係,至於專業與政治課責則允許較大的自主性存在,擁有較大的裁量權。茲說明如下(轉引自張世杰,2009:118-119):

(一)層級節制課責關係(hierarchical accountability relationships)

這是最爲人們所熟知的課責關係,其特徵是個人時常受到上級的監督,而工作上的許多行動需依照程序規則來辦事,故個人的自主性很低。由於權威的控制來源出自於內部,故這層關係主要表現在上級和部屬之間的課責關係。根據 Romzek 的觀點,直屬長官的工作監督與定期績效審核乃是這方面課責關係的典型代表。

(二)法律課責關係(legal accountability relationships)

當權威的控制來源是出自外部,而個人對於是否要遵守這些外部權威所制定的規則或期待之結果來辦事,沒有多大的自由裁量權時,此時的課責關係便是所謂的法律課責關係。Romzek 認爲,「潛藏在法律課責關係之下的是一種委託人與代理人的關係;課責的標準是針對代理人是否遵守委託人的期待(外部驅使的)。」雖然可以預期委託人會對代理人進行詳細的監督,但是這種課責形式是有點被動的。例如,國會對行政部門的監督或外在監督機關對某官僚機構人員申訴案件的審議等。值得注意的是,法律課責關係標榜的是「法治價值」,因此監督的重點在於檢視官僚機構是否有依法行政。

(三)專業課責關係(professional accountability relationships)

專業課責關係主要是反映在某些工作任務方面,若能給予個人高度的自主權,並使其根據內化的(internalized)專業規範與判斷來作決策時,這種工作任務的制度安排便是專業課責關係的具體表現。這類型的課責關係強調對行政專業知識的尊重,只要在可接受的實務範圍內,官僚機構公

務人員的自由裁量權之行使，被期望是一種負責任的專業行爲。因此，績效標準乃是根據同儕團體之間的專業規範、共同議定的準則與普遍盛行的實務規則來訂定。

（四）政治課責關係（political accountability relationships）

政治的課責關係給予官僚機構人員相當多的自主權來回應外在主要利害關係人的期望，例如民選官員、服務對象與一般大衆。根據 Romzek 的說法，在這層關係上，公務人員擁有自由裁量權來決定是否要或如何來回應這些利害關係人的關注與期待。此外，目前所強調顧客服務取向與對服務對象需求的回應性，也可視爲是這種課責關係的展現。

▼表 2　課責系統的類型

	內部控制	外部控制
低度的自主性	層級節制	法律
高度的自主性	專業	政治

資料來源：Romzek（2000: 24），轉引自張世杰（2009：118）。

另外，如表 3 所示，Richard Mulgan（2003: 65-66）的課責的機制則顯得更爲精緻。其認爲無論透過哪些課責途徑，任何課責制度都必然能夠回答下列問題：由誰負責？對誰負責？負什麼責？如何負責？以及負責的步驟。他進一步將政府的課責機制詳細分成：「選舉、立法監督、政策對話、媒體、司法監督、政府審計、調查與監控、民意反映及個人課責」九個面向。以「政策對話」這項課責機制爲例，在民主國家中，民選政府和行政官僚須對其所制定和執行之政策負責，其所負責的對象包括無組織的社會大衆、明確的利害關係人和利益團體，並對他們負整體政策之責任。在政策對話機制之下，舉凡專業諮詢機構、政策社群的倡議和參與，乃至

於藉由抗議手段，都是落實課責的方法（劉坤億，2009：68-69）。

▼表 3　政府課責的機制

課責機制	誰負責	對誰負責	負什麼責	如何負責	負責步驟
選舉	執政政府 個別議員	選民	總體績效	競選 政黨	討論 矯正
立法監督	執政政府 政府機關 個別官員	議會 大眾	總體績效 整體績效 個別決策	說明與報告 行政責任 委員會調查	資訊揭露 討論 矯正
政策對話	執政政府 行政官僚	利害關係人 利益團體 大眾	整體政策	諮詢機構 政策社群 抗議	資訊揭露 討論
媒體	執政政府 行政官僚	新聞工作者 大眾	整體政策 個別政策	新聞報導 採訪 揭弊	資訊揭露 討論
外部審查： 司法監督	執政政府 行政官僚	法院 調查機關	依法行政 個別決策	聽證會 報告	資訊揭露 討論
外部審查： 政府審計	執政政府 行政官僚	審計官 議會 大眾	財政適法性 總體績效	定期審計 績效考核	資訊揭露 討論 矯正
外部審查： 調查與監控	行政官僚 公共服務之 提供者	監察官員 督察人員 大眾	個別決策 成績 績效	調查 建議書	資訊揭露 討論
民意反映	行政官僚	大眾	整體政策 個別決策	申訴程序	資訊揭露 討論 矯正
個人課責	政治人物 個別官員	上司 法院 大眾	績效 依法行政	向上負責 揭弊	資訊揭露 討論 矯正

資料來源：Mulgan（2003: 109-110），轉引自劉坤億（2009：69）。

第三節 非營利組織的課責

一、非營利組織的課責概念

　　課責一詞雖然最先用於政府部門，但課責並不純然是政府部門的概念，在企業部門中課責的途徑反而更加明確且有效。課責的觀念基本上有授權人及代理人間的關係，代理人代表授權人執行任務，並向授權人報告進度。授權人對代表人課以責任，最終的成果無非即是希望經營能夠獲得利潤的回收。因此，課責可說是一種外在的判斷標準，讓組織中的某個人必須因為其決策或行動而接受責難或獎勵（孫本初，2007：179-181）。

　　一般來說，課責使受託人與委託者之間建立一種特殊的關係，藉由這種關係的建立和展現，受託者必須受委託者的監督並向其負責或有所交代。不過，政府部門及企業部門的責任概念無法完全適用於非營利組織，主要的原因有下列幾項（張瓊玲，2008：7-8；孫煒，2004：146）：

（一）因為成員的互動多是基於理念的契合及信任，缺乏明確的層級關係。

（二）組織的責任不侷限於法律的遵守，更重要的是公共利益與公共信任的維持，故績效的指標並不明確。

（三）社會大眾對非營利組織追求公共利益的評價不盡相同，而且組織也多是以主觀的認定去落實組織的責任。

（四）非營利組織面對的團體多元，肩負著多重的責任，難以對全體對象負責。

　　此外，課責是規範組織內、外之相關的人、事是否達到有效治理的關鍵因素。若將上述課責的概念援引至非營利組織中，則非營利組織的課責

是「藉由遵守明確的法規命令等正式機制的使用，避免違法與不當行為，並對財務進行完善的管理」（江明修、梅高文，2002：24）。另外，有研究從組織的關係人以及責任的性質兩方面來討論非營利組織的課責，指出就關係人來說，非營利組織的課責可從與組織互動的群體（提供組織財貨或勞務的人、直接或間接受益的顧客和內部的董事、專職人員、志工三者）來觀之，看組織的經營管理可否被這些群體所信任，組織對所倡議、關懷議題及捐募的財源是否負責等。若以責任來說，則是檢視組織是否公開、釐清組織的經營責任隸屬，以及探討組織的經營成效應該由誰負責，這主要針對支薪的專職人員和執行長而言，認為這些人需對組織決策的選擇負擔成敗所致（洪宇成，2005：22；孫煒，2004：147）。

二、非營利組織課責的特性

如上所述，課責一詞並未有確切且公定的說法，關於課責的意涵也相當多元，但本質上仍脫離不了權威單位有強制的監督機制，而被課與責任的單位則有解釋的義務，提供關於其行動與決策訊息給大眾或權威單位知悉組織表現過什麼與想發展的目標等內容。根據周佳蓉（2007：2-27-2-32）的整理，非營利組織課責至少具有七項特性，試整理說明如下：

（一）透明度是基礎課責

非營利組織數量多且型態多樣，再加上社會大眾鮮少瞭解組織體制的設計，也不清楚何謂「非營利」，更不清楚組織是如何生存，而捐款人的錢到其手中之後又是如何的運用等，所以常對非營利組織有所誤解。但由於非營利組織的資源取之於大眾，因此如何善用金錢及建立資源使用和結果連結的財務報告，以展現組織的透明度乃是建立課責的基礎步驟。

（二）強調向使命宗旨負責

　　非營利組織課責的最終體現，即是在環境、利害關係人與治理壓力的氛圍之中可以選擇出另一條更舒適、安全的道路，組織的領導人仍能負責的闡釋、誠實且積極提倡組織使命。課責可視爲一種管理策略，不管其模式和策略爲何，首先須確立宗旨與使命，再作發展策略、環境及資源偵測，並隨組織的使命、宗旨擬定相應的組織課責內容或利害關係人關係。

（三）強調向價值課責

　　非營利組織的價值基礎與許多課責過程、支持者角色、非營利組織的自主性及其組織運作有關，而且組織的價值觀亦會影響組織如何對其支持者負責。多數的組織皆認爲若將價值視爲主要的關注與動機，即是做到了負責任，但在組織中少有明確的機制展現，所以往往讓其他的因素稀釋了組織的價值和弱化組織與支持者的關係。

（四）強調組織的治理、表現與效能之課責

　　非營利組織課責在根本上是對組織的董事會或理事會的治理與經營管理之要求。組織治理的課責核心即是在組織使命的宗旨之下，經過程和結果的觀點於一定的時間架構下檢驗其表現。而課責與效能的關係乃是組織若具備在開放且課責的環境下運作，目標也能清楚明瞭，則效能便可提高。

（五）強調情境依賴的多方對話與溝通

　　非營利組織的課責是以組織認同或自陳目標的情況下，許多利害關係人之間的對話或是協調過程。組織欲展現的課責不能僅以監督或制裁的手段對待之，可加入上下間的對話溝通或是組織間相互約定及要求等非正式

的課責機制來達到對社會的責任。

（六）強調非營利組織在公民社會的之角色

非營利組織作為公民社會的一員，應促進政治行動對動員、強化社會制度回應需求，以及促進社會制度的整體民主課責。非營利組織欲推動公民社會蓬勃，需奠定組織的自主性、與弱勢者接近、成為具有代表性的結構，並花時間與民眾進行對話工作。雖然很難要求組織同時具有這些特質，但某程度缺乏課責，會導致組織表現不佳和代表性喪失的可能性。

（七）強調非營利組織課責與正當性

非營利組織課責是正當性管理與發展的一種過程，在制度的環境中除了組織自我努力外，也需要反映社會的觀感以提高社會的支持度與接受度。非營利組織的課責與正當性多表現於內容上及行為程序上，如：組織的目的可接受知識的驗證、行為合乎道德倫理或具社會代表性。

三、非營利組織的課責內容

課責的概念來自於公部門，相形之下，非營利組織的課責機制則顯得模糊而不明確。Romzek 與 Dubnick（1987，轉引自劉坤億，2009：70）曾提出「課責系統之外部控制——自我控制光譜」來說明公部門課責的來源，則如圖 1 所示，左側為外部控制，右側為內部控制；政治、法律課責的力量來源自多為組織外部，而層級、專業與道德倫理則較偏向組織內部。若將此課責系統光譜援引至非營利組織，受到組織特性的影響，政治與層級課責較不適用，僅剩下外部控制的法律課責，以及屬於內部控制的專業課責和道德倫理課責。

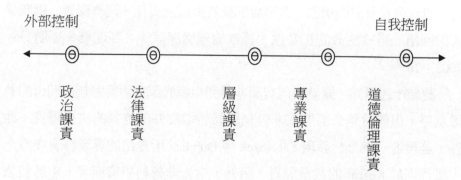

外部控制　　　　　　　　　　　　　　　　　　　　　自我控制

政治課責　　法律課責　　層級課責　　專業課責　　道德倫理課責

▲圖 1　課責系統之外部控制──自我控制光譜

資料來源：劉坤億（2009：70）。

此外，Kearns（1996，轉引自江明修、鄭勝分，2002：25）提出四種課責內容，希望非營利組織能將其整合於組織的策略規劃中：

（一）**法律課責**（legal accountability）：要求清楚的權威層級，遵守法律的精神和法律條文。

（二）**協商課責**（negotiated accountability）：要求對關係人的需求的高度回應。

（三）**裁量課責**（discretionary accountability）：要求在行使自由裁量權時，以知識和專業進行正確的判斷。

（四）**預期課責**（anticipatory accountability）：要求預測未來趨勢，並主動參與及倡導相關立法和行政創制。

然而，對非營利組織的課責並不侷限於法律或規則的限制與遵守，重要的是公共利益與公共信任的維持。這種課責的概念超越了監督控制的技術性課責，主要強調非營利組織對其關係人承諾的社會性課責，包括一般公眾、新聞媒體、捐助者、董事、志工和其他利害關係人的責任與義務。由於非營利組織的課責對象相當多元，因此所涉及的課責面向也隨之廣

泛，包含公共資訊的揭露、董事會的監督與信託責任、同儕課責、對關係人的回應、組織使命的正當性、募款倫理與廉潔等（江明修、鄭勝分，2002：26）。

總結上述得知，雖然目前有關非營利組織的課責內容並無一明確的共識基礎，但無論是公部門或非營利組織皆需要外部控制的法律課責。此外，若再進一步分析發現，Romzek 與 Dubnick 所提出的專業課責在概念上實等同於 Kearns 的裁量課責。另外，對於非營利組織而言，由於較強調社會性課責，因此道德倫理課責應也適用於非營利組織中。也因之，非營利組織的內部控制內容至少應包含協商、裁量／專業、預期與道德倫理課責等項目。

四、非營利組織的課責方式

大抵而言，由於上述有關非營利組織的課責內容還是停留在較為抽象的層次，以下則嘗試整理較具體的非營利組織的課責方式：

（一）他律管制

一般而言，政府會制定相關法律，從公共服務、公共政策與財務法規等實務面向來監督非營利組織的運作。目前我國規範非營利組織的他律法規有民法、人民團體法、各部會財團法人的設立標準及監督準則、免稅法規及募捐法規（馮燕，2000：77-88）。由於政府以他律管制來對非營利組織進行管理，主管機關不僅可藉由組織所公開的資訊來偵察舞弊，也提供主管機關掌握組織的行動（許崇源，2001：545）。不過，政府以法令對非營利組織的作為進行課責，可能會產生角色衝突的情形，亦即一方面要組織協力合作提供公共服務，另一方面又要負起監督組織之責。其次，非營利組織多元的目標及任務常涉及數個政府機關業務，層級間可能協調不

易，致使監督發生困難。因此，若僅憑政府他律的方式來監督非營利組織的作爲，難以保證課責的有效性（孫煒，2007：220）。

（二）自律規範

自律的規範是由專業人員相互約定自願遵循的準則。一般而言，非營利組織的自律規範內容可從較低層次的職工、志工活動規定、對外社交原則到較高層次的職工、志工倫理要求與道德標準。多數非營利組織的自律規範以董事會爲重心，期望執行長對組織資源運用的績效負責，較忽略了自身表現的課責。其實非營利組織的董事會也應重視對內的課責，其自律的規範的內容包括以下各項（孫煒，2007：221-224）：

1. **明確表達使命與願景**：依非營利組織線型的使命與追求的願景，形成組織整體、個別成員的責任和義務或是制訂組織策略，使得組織行爲不致偏離核心組成的價值。

2. **利益迴避原則**：董事會雖不宜完全排除與組織利益相關的人士爲其成員，但卻也必須強調制定相關政策時，利益關係人應主動迴避，以保證決策的客觀公正。

3. **確認議題的優先順序**：根據非營利組織的未來目標在諸多重要議題中設定優先順序，用以責成執行長運用資源、發展策略來處理這些議題。

4. **與關係人進行溝通**：爲確定瞭解關係人眞正情況與需求不無問題，董事會應定期對組織各關係人進行直接、開放的雙向溝通，使這些關係人的代表能直接得知董事會的決策，並將其意向納入討論與決策之中。

5. **設定即時自身評鑑指標**：董事會可在每次開會之後，以口頭或匿名問卷的方式，對會議議程的合理性、報告資料完整性與適用度、行動方案可行性、會議過程或結構的有效性等事項，作爲改進董事會

自身的指標。

6. 定期的正式評估：董事會應每年或每兩年對本身的績效做系統性地深入評估，對於董事會的各項功能進行完整的評估並以正式報告的形式在開會時確實討論。

7. 嘗試新的工作態度與方式：董事會應以持續學習的態度，利用上述評估的方式反饋至董事會的運作，針對董事會提出新的工作思維與程序。

　　在台灣，「台灣公益團體自律聯盟」即可視為是非營利組織自律的表現，在聯盟裡所訂的自律規範，極力強調恪守組織合法性、不分配盈餘、注重組織治理與監督、誠信募款、訂定服務目標及流程評估、財務透明、資訊公開、利益迴避等，都意味著非營利組織欲透過公開透明的自律方式以爭取社會大眾的信任。

（三）結果評鑑

　　非營利組織由於缺乏利潤的概念，因此若不重視績效管理，不僅難以提昇效率，組織使命也無法落實。因此，績效管理是非營利組織長期求生存發展，得到社會肯定的關鍵要素（司徒達賢，1999：310）。績效結果的評鑑不僅可以瞭解單位部門個別職位的表現，更可以確知各部門績效的加總是否能夠成就組織整體目標的達成（黃新福、盧偉斯，2006：375）。衡量非營利組織的績效可從使命達成度與社會接受度、效率（成本效益的比率、作業程序合理性的確保）、外界投入資源的充沛程度、捐款人及同仁的滿意度、組織資源與力量配置的平衡度、轉換度等指標來進行評估（司徒達賢，1999：314-324）。

　　然而，相較於政府和營利組織，非營利組織不僅輸入與影響間的因果關係、產出與整體社會影響的關係難以明確界定，組織所提供的輸出更是

經常以某種服務的型式提供，不容易使用具體指標來加以衡量。此外，非營利組織在追求多重目標的優先順序時，往往也會牽涉組織內部政治活動以及各種關係人間的權力結構，故組織多半不願意正面處理目標不一致的問題。其次，績效評鑑的監督功能有降低非營利組織適應環境能力的可能性，甚至形成排擠效應、投機作為、目標轉換等的負面效果。因此，在進行非營利組織的結果評鑑時需注意應將評量達成使命的程度視為是評量績效的首要工作，對於不同類型的非營利組織應該採取不同的績效評量機制。不僅要以客觀的指標進行評估，也需納入關係人的主觀認知判斷，而且因為組織的績效無法化約為單一層面，故可在評量時將組織的績效視為一個多重層面的階級體系，由不同的角度予以評量（孫煒，2006：182-202）。

歷屆考題

1. 課責（accountability）與責任（responsibility）有何區別？課責的類別有哪些？公共管理的課責模型有何重要特徵？此對公共管理者本身有何意涵？試說明之。（094 年公務人員高等考試三級考試暨普通考試第二試—三等一般行政）

2. 公部門的某些獨特性往往與私部門有著基本上的重大差異，使得公共管理在課責與績效的方法與技術也必須適時調整。試論述公部門在本質上有哪些異於私部門的特徵？（100 年公務人員高等考試三級考試暨普通考試—三等一般行政）

3. 試就所知，說明 public governance 和 public accountability 這兩個概念的意涵，並進一步論述這兩個概念之間的關係。（102 年國立臺北大學公共行政暨政策學系碩士班甄試招生考試）

4. 當代政府體制對於行政責任的確保有各種不同的途徑，試以我國中央政府體制為例，分類並說明各種不同確保行政責任的途徑與機制。（103 年特種考試地方政府公務人員考試—三等一般行政）

5. 如何透過「全面倫理管理」或稱「全面品德管理」（Total Ethic Management）來減少政府部門可能發生的貪腐問題？（103 年公務人員特種考試原住民族考試試題—四等一般行政）

6. 如何施以有效的課責（accountability）乃是當代民主國家確保政府忠實履行職責之重要環節，學者吉伯特（Charles E. Gilbert）從課責來源（內部／外部）及性質（正式／非正式）兩個構面，提出四種確保行政責任之途徑。請敘述其內涵並說明各途徑下之課責方式為何。（103 年公務人員特種考試原住民族考試—三等一般行政）

7. 哈蒙（M. Harmon）主張行政倫理的責任實踐，有賴於行政的政治責任（political responsibility）、專業責任（professional responsibility），以及個人責任（personal responsibility）三者合成共同促進；其中，政治責任將行政視為政治的執行工具，專業責任強調文官的專業知能與職業倫理，個人責任重視文官內在的價值觀與個人意志的展現。請逐一闡釋行政的政治責任、專業責任，以及個人責任等三項概念之核心意涵為何？並說明行政倫理的責任實踐觀點，對於落實我國公務人員倫理具有哪些重要的啟發？（103 年國軍上校以上軍官轉任公務人員考試—上校轉任一般行政）

8. 學者們曾就「課責」（accountability）的概念做過深入且豐富的討論。請就所知，說明課責具有哪幾種不同層面的意涵？另亦請說明，在近年愈來愈強調透

過「網絡治理」（network governance）的形式，以提供公共服務的趨勢下，我們應如何對涉入服務網絡的行動者課責？這樣的課責機制該如何設計呢？（103年國立臺北大學公共行政暨政策學系碩士班甄試招生考試）

9. 民主政治所強調的「課責性」或「責信」（accountability）已然成為推動行政革新的主要概念，如開放政府。行政部門怎麼回應這樣的外部要求？又建立了什麼樣的課責體系？（103年國立中央大學法律與政府研究所碩士班入學考試）

10. 民國 101 年 6 月 7 日行政院函頒「國家廉政建設行動方案」，其中政策方向之一為「透明政府」。試述政府推動行政透明的目的；並述行政透明的內涵，以及行政機關應如何對其運作進行透明度的檢視？（104年公務人員特種考試一般警察人員考試試題—三等行政警察）

11. 近來，「如何建置完善的政府課責機制」已成為公共行政學界與實務界的重要議題，請說明「課責」（accountability）的意涵與類型，並請提出「三個」目前我國針對公共機關（或公務人員）課責的方式或做法，並討論其優缺點。（104年國立政治大學公共行政學系碩士班招生考試）

12. 課責（accountability）與責任（responsibility）常相互混用，因此其概念甚難界定。請分別舉例說明何謂課責及責任？又管理主義模型的課責會產生哪些問題？（105年公務人員特種考試身心障礙人員考試試題—四等一般行政）

參考文獻

一、中文資料

王琪，2012，《政府捐助之財團法人的公共課責研究——以內政部捐助的財團法人為例》，台北：國立台北大學公共行政暨政策學系碩士論文。

史美強，2010，《都會永續發展全觀型治理下治理能力與課責之研究：以台中都會區治安面向為對象》，行政院國家科學委員會專題研究計畫成果報告，未出版。

司徒達賢，1999，《非營利組織的經營與管理》，台北：天下。

江明修，2005，《公私協力關係中台灣非營利組織公共課責與自主性之探究：理論辯證與制度設計》，行政院國家科學委員會專題研究計畫成果報告，未出版。

江明修、鄭勝分，2002，〈非營利管理之協力關係〉，江明修（編），《非營利管理》，台北：智勝，頁81-14。

江明修、梅高文，2002，〈非營利管理之法制議題〉，江明修（編），《非營利管理》，台北：智勝，頁19-44。

江明修、鄭勝分，2010，〈政府與第三部門協力關係之關鍵議題：公共課責與自主性之探究〉，《研習論壇理論與實務》，116：1-24。

吳定、張潤書、陳德禹、賴維堯、許立一，2007，《行政學（修訂再版）》，台北：空大。

吳英明，2000，〈公共管理3P原則——以BOT為例〉，黃榮護（編），《公共管理》，台北：商鼎，頁585-632。

呂苔瑋、邱玲裕、黃貝雯、陳文儀譯，2006，《公共管理與行政》，台北：雙葉。譯自Owen E. Hughes. *Public Management & Administration*. UK: Palgrave

Macmillan. 2003.

周佳蓉，2007，《環保團體課責表現衡量架構之建立與實證研究》，高雄：國立中山大學公共事務管理研究所博士論文。

洪宇成，2005，《宗教性非營利組織課責之研究──以花蓮縣爲例》，花蓮：國立東華大學公共行政研究所碩士論文。

孫本初，2007，《新公共管理》，台北：一品。

孫煒，2004，〈非營利管理的責任問題：政治經濟研究途徑〉，《政治科學論叢》，20：141-166。

孫煒，2006，〈非營利組織績效評量的問題與對策〉，《政治科學論叢》，28：163-202。

孫煒，2007，《第三部門的治理研究》，台北：翰蘆。

張世杰，2009，〈公共部門的多元課責關係困境：台灣全民健康保險制度的個案分析〉，《法政學報》，22：107-142。

張瓊玲，2008，〈探討非營利組織與政府互動的課責機制──以托育服務爲例〉，「2008 台灣公共行政與公共事務系所聯合會（TSP）夥伴關係與永續發展國際學術研討會」論文（5 月 24 日），台中：東海大學行政管理暨政策學系。

許崇源，2001，〈我國非營利組織責任及透明度提昇之研究：德爾菲法之應用〉，《中山管理評論》，9（4）：540-566。

郭昱瑩，2011，〈基金會之預算課責〉，余致力（編），《廉政與治理》，台北：智勝，頁 194-216。

陳志瑋，2005，〈邁向民主課責：透明化機制運用之分析〉，《國家菁英季刊》，1（4）：131-148。

陳敦源，2009，〈透明之下的課責：台灣民主治理中官民信任關係的重要基礎〉，《文官制度季刊》，1（3）：21-55。

馮燕，2000，〈非營利組織的行銷管理與募款策略〉，蕭新煌（編），《非營利部門──組織與運作》，台北：巨流，頁 1-42。

黃新福、盧偉斯，2006，《非營利組織與管理》，台北：空大。

劉淑瓊，2005，〈績效、品質與消費者權益保障：論社會服務契約委託的責信課題〉，《社會政策與社會工作學刊》，9（2），31-93。

劉坤億，2009，〈政府課責性與公共治理之探討〉，《研考雙月刊》，33（5）：59-72。

二、西文資料

Day, P. & R. Klein. 1987. *Accountabilities: Five Public Services*. London & New York: Tavistock Publications.

Hughes, O. E. 1998. *Public management and administration: an introduction*. N.Y.: St. Martin's Press.

Kearns, K. P. 1996. *Managing for Accountability: Preserving the Public Trust in Public and Nonprofit Organizations*. San Francisco: Jossey-Bass.

Koppell, J. G. S. 2005. "Pathologies of Accountability: ICANN and the Challenge of Muliple Accountabilities Disorder." *Pubic Administration Review* 65(1): 94-108.

Mulgan, R. G. 2003. *Holding power to account : accountability in modern democracies*. New York: Palgrave Macmillan.

Romzek, B. S. & M. J. Dubink. 1987. "Accountability in the Public Sector: Lesson from the Challenger Tragedy." *Public Administration Review* 47(3): 227-237.

Romzek, B. S. & P. W. Ingraham. 2000. "Cross Pressure of Accountability: Initiative, Command, and Failure in the Ron Brown Plane Crash." *Public Administration Review* 60(3): 240-253.